Matthias C. Hänselmann
Hörspielanalyse

Edition Medienwissenschaft | Band 115

Matthias C. Hänselmann (Dr. phil.), geb. 1985, arbeitet als angestellter E-Learning-Specialist sowie als Lehrbeauftragter an der Universität Augsburg. Er promovierte an der Universität Passau zum Zeichentrickfilm, lehrte Literatur-, Film- und Hörspielwissenschaft an den Universitäten Freiburg, Münster und Augsburg und war als wissenschaftlicher Mitarbeiter am Institut für Wirtschaftspsychologie der Hochschule Neu-Ulm tätig. Er ist zertifizierter Hochschul-Fachmediendidaktiker und wurde 2020 mit einem Junior-Fellowship des Stifterverbands für sein Projekt »Praktische Hörspieltheorie« ausgezeichnet.

Matthias C. Hänselmann

Hörspielanalyse

Eine Einführung

[transcript]

Gefördert durch den Stifterverband für die Deutsche Wissenschaft e.V.

Bibliografische Information der Deutschen Nationalbibliothek
Die Deutsche Nationalbibliothek verzeichnet diese Publikation in der Deutschen Nationalbibliografie; detaillierte bibliografische Daten sind im Internet über https://dnb.dnb.de/ abrufbar.

Erschienen 2024 im transcript Verlag, Bielefeld

Umschlaggestaltung: Maria Arndt, Bielefeld
Umschlagabbildung: Mit KI deepai erstellt durch Matthias C. Hänselmann
Druck: Majuskel Medienproduktion GmbH, Wetzlar
https://doi.org/10.14361/9783839475614
Print-ISBN: 978-3-8376-7561-0
PDF-ISBN: 978-3-8394-7561-4
Buchreihen-ISSN: 2569-2240
Buchreihen-eISSN: 2702-8984

Gedruckt auf alterungsbeständigem Papier mit chlorfrei gebleichtem Zellstoff.

Für Linda und Eva.
Für Affi und Großefux.

Inhalt

Einleitung

Mögliche Zugänge zum Verständnis eines Hörspiels gibt es verschiedene. Ein wissenschaftlicher begreift das Hörspieldispositiv in semiotischem Verständnis als ein Medium zur Herstellung bedeutungshaltiger Einzeltexte. Ein solches Medium erfüllt innerhalb einer bestimmten Kultur kommunikative Funktionen und weist Beziehungen zu den verschiedenen Bereichen der Gesellschaft auf. Jedes Einzelhörspiel erscheint dabei als ein Komplex aus Zeichen, dessen Gesamtbedeutung sich durch die Einzelbedeutungen dieser Zeichen in ihrer jeweils spezifischen Abhängigkeit voneinander ergibt. Einzelne Hörspiele stehen darüber hinaus in intertextueller Beziehung zueinander und lassen sich besonders aufgrund inhaltlich-formaler Gemeinsamkeiten zu größeren Gattungssystemen ordnen und unter komparatistischer Perspektive erforschen.

Die vorliegende Publikation bemüht sich erstmals um eine systematische Darstellung der unterschiedlichen Dimensionen und Methoden zur Analyse und Interpretation des Hörspiels. Ausgehend von einer historischen Begriffsbestimmung und einer medientheoretischen Einordnung wird das Hörspiel als Kommunikationsmittel betrachtet und auf Grundlage semiotischer Kriterien ausführlich hinsichtlich seiner Ausdruckspotenziale beschrieben. Allgemein narratologische, genretheoretische und komparatistische Ansätze sowie spezielle Ansätze u.a. der Gendertheorie werden für die Untersuchung und Deutung von Hörspielproduktionen fruchtbar gemacht. Durchweg bildet dabei die Eignung der unterschiedlichen Konzepte für die konkrete Analysepraxis den Orientierungspunkt der Ausführungen. Gemäß dieser Ausrichtung liefert der Band abschließend eine Einführung in die anwendungsorientierten Prinzipien von Hörspielnotation und -transkription.

Jedes Kapitel ist angereichert mit Beispielen aus Audiotexten. Dabei wurde besonders darauf geachtet, unterschiedliche Hörspielformen wie -genres zu berücksichtigen, sodass neben klassischen Radioproduktionen auch kommerzielle Tonträger, Buch-Hörspiel-Publikationen und Hörfiguren sowie neben Originalhörspielen auch Buch- bzw. Filmadaptionen und Collagehörspiele behandelt werden. Kinderhörspiele geraten ebenso in den Blick wie Kriminal-, Science-Fiction-, Mundart-, Historien-, Musical- und Fantasy-Hörspiele sowie zahlreiche experimentelle Produktionen. Die Produktionsdaten der Stücke liegen zwischen den 20er-Jahren des letzten bis zu den 20er-Jahren dieses Jahrhunderts. Zugleich wurde darauf geachtet, dass es sich primär um Stücke handelt, die über Onlineangebote, Hörspielpools von Sendeanstalten oder zumindest den Handel direkt verfügbar sind, um den Lesenden den Nachvollzug der Ausführungen zu ermöglichen.

1. Grundlagen

1.1 Der Begriff »Hörspiel«

In eigenen Worten zu beschreiben, was ein Hörspiel ist, fällt vielfach schwer. Zu selbstverständlich ist oft der Umgang mit diesem Medienformat, das von der frühen Kindheit an zur Unterhaltung rezipiert wird – und das bis heute, wo Streaming-Angebote bzw. Musikboxen wie Toniebox, Hörbert, Tigerbox Touch, Jooki Box oder andere die klassische CD, Kassette, Schalplatte oder auch die Direktrezeption über den Rundfunk teilweise ersetzt haben. Jeder verfügt über einen prototypischen Begriff davon, was ein Hörspiel ist, an dem orientiert periphere Erscheinungsformen mit größerer oder geringerer Verbindlichkeit als »Hörspiel« begriffen werden.

Als Begleitmedium, das beim Verrichten von Haushaltstätigkeiten, beim Sport, auf Autofahrten, zum Einschlafen etc. genutzt wird, erfuhr das Hörspiel in den letzten Jahren infolge der Omnipräsenz von Smartphones, die zur Wiedergabe genutzt werden, sowie dem parallelen Aufbau von rundfunkeigenen oder auch kommerziellen Hörspielpools sogar einen neuen Aufschwung, wie die jährlichen statistischen Erhebungen des Audible Compass zeigen.

So sehr das Hörspiel für viele Menschen einen festen Bestandteil ihres Alltags bildet, neue kommerzielle Bedeutung erlangt und selbst als wissenschaftlicher Untersuchungsgegenstand in den vergangenen Jahren wieder verstärkt in den Blick gerät, fehlt bisher eine allgemein einführende Publikation zu seiner Analyse. Vielmehr stehen – neben einer Fülle primär historiografischer Werke (u.a. Keckeis 1973, Würffel 1978, Grün 1984, Köhler 2005, Krug 2008) – einzelne methodenspezifische Forschungszugänge (Hannes 1990, Huwiler 2005), eher unscharf umgrenzte Korpora (Rinke 2018), generische oder produktionelle Facetten des Hörspiels (Vowinckel 1995, Maurach 1995, Elstner 2010, Pinto 2012) oder auch ganz allgemein »Phänomene des Auditiven« (Lehnert/Schenker/Wicke 2022) im Zentrum. Auch in diesen Veröffentlichungen fehlt zumeist eine definitorische Ausgangsbestimmung des Untersuchungsgegenstands. Selbst Rinke 2018, 23, merkt zwar an, »dass es einen Fachdiskurs über das Hörspiel gibt, in dem die Bekanntheit des Begriffs selbstverständlich vorausgesetzt wird, so dass eine Klärung nicht mehr nötig ist«, liefert jedoch statt einer eigenständigen Begriffsbestimmung lediglich eine knappe, leicht willkürlich wirkende Synopse verschiedener, zugleich von ihm selbst als ungenügend bzw. falsch erkannter Definitionsversuche.

1.2 Historische Definition des Hörspiels

»Hörspiel« als Bezeichnung für ein spezifisches Medienprodukt lässt sich definieren als dramaturgisch aufbereitetes Hörereignis definitiver Länge (50–90 Minuten) mit zwei oder mehr über Sprache, Stimme, Geräusch, Musik und Stille vermittelte Zeichen- bzw. Handlungsinstanzen, die unter dem Einsatz audiophoner Gestaltungsmittel wie besonders Schnitt, Blende und elektroakustische Manipulationen – zumindest zeitweise – in szenische Interaktion treten. Das Vorhandensein von eigentlichen, individualisierten Figuren, mit denen eine Geschichte (im engeren narratologischen Verständnis mit der handlungsbedingten Veränderung einer Ausgangssituation) entfaltet wird, ist dabei nicht unmittelbar zwingend, da insbesondere Collagehörspiele mit ihrem oftmals dokumentarischen oder sprachabstraktiven Charakter oft figurale Handlungsinstanzen ganz vermissen lassen, lediglich O-Ton-Exzerpte verblenden und entsprechend nur zwanghaft unter die Schemata der Erzähltheorie gebracht werden können. Gerade dieses Moment der szenischen Interaktion von zwei oder mehr (möglicherweise abstrakten) Handlungsinstanzen ist dasjenige Kriterium, welches eine klare Abgrenzung vom grundsätzlich verwandten Hörbuch ermöglicht, dessen Gestalt in jüngster Zeit ebenfalls wiederholt das Interesse der Forschung auf sich gezogen hat (u.a. Fey 2004, Schwethelm 2010, Rühr/Häusermann/Janz-Peschke 2010, Mütherig 2020).

Immer wieder und zugleich beim wohl ersten Mal, als der Begriff »Hörspiel« noch vor der Entstehung des Mediums verwendet wurde, nämlich im zweiten Band von Friedrich Traugott Hases anonym erschienener »Geschichte eines Genies« (1780, 231) wurde er in direkten Zusammenhang zum Begriff »Schauspiel« gesetzt (siehe auch Herder 1801, 285). Bei Hase verweist er auf die Rezeption einer Handlung allein über den Hörsinn. Gut 70 Jahre später nutzte ihn Richard Wagner in seiner Abhandlung »Oper und Drama« (1852, 32), um Kritik an der von ihm konstatierten Degeneration der Bühnenkünste seiner Zeit zu äußern, wobei er mit »Hörspiel« solche Schauspiele diffamierte, bei denen die dramatische Handlung völlig hinter dem Sprachgehalt verschwindet und Geschehen nur durch Figurenrede vermittelt wird. Denselben Bezug verwendete auch ein Vierteljahrhundert später einer der schärfsten Kritiker Wagners, nämlich Friedrich Nietzsche, im Kapitel »Die Begrüßung« aus »Also sprach Zarathustra« (1891, 65).

Auch nach der Etablierung des Rundfunks und den ersten Versuchen der generischen Ausdifferenzierung des Senderprogramms erhielt sich dieser Bezug. In einem anonym veröffentlichten Kurzbeitrag wandte ihn wohl Hans Siebert von Heister im August 1924 in der von ihm herausgegebenen Zeitschrift »Der Deutsche

Rundfunk« (1924, 1779) erstmals auf ein Medienformat an, das zu dieser Zeit zwar allmählich grundsätzlich technisch möglich geworden, jedoch noch keineswegs strukturell klar skizziert, geschweige denn etabliert war. Seither wurde er – teils in leichter Abwandlung durch die Gegenüberstellung von Hör- und Lichtspiel, wie etwa schon bei Julius Witte (1925, 447) – immer wieder bemüht, bspw. von Richard Kolb (»Die künstlerischen Elemente des Hörspiels sind jedenfalls die gleichen, wie die des Bühnenstückes.« (1932, 49)) oder auch noch von Stefan Neuhaus (»Wie eine Theateraufführung oder ein Film lässt das Hörspiel den Zuhörer über weite Strecken unmittelbar am Geschehen teilhaben.« (2009, 103)).

Ähnlich dem Film, der zu Beginn ebenfalls mit bekannten Medienformaten wie Erzählung, Drama, Theater oder Oper verglichen wurde – und dessen Theorie dadurch ebenfalls bald in konzeptuelle Sackgassen geriet (vgl. speziell das Theorem der zweifachen Gliederung in der linguistisch orientierten Filmtheorie) – wurde das Darstellungspotenzial des Hörspiels aus Vergleichen mit dem Schauspiel heraus entwickelt. Diese Analogiebildung, die sich in der Anfangszeit medienkonzeptionell und -theoretisch als recht produktiv erwies, wirkte auf längere Sicht im selben Kontext als Hemmschuh, der zu einer starken Beschränkung der Entfaltungs- und Entwicklungspotenziale des Hörspiels führte. Dabei hatte Rudolf Arnheim im selben Jahr wie Kolb bereits auf die Eigenständigkeit des Mediums Hörspiel gepocht und war entsprechend für die Anfertigung von speziell für die Verfunkung geschriebenen Hörspielmanuskripten eingetreten (Arnheim 1974, 242). Auch wenn Bertolt Brecht sich zeitgleich für progressive Neuerungen im Rundfunkbereich stark machte (1992a, 1992b, 1992c) und sein DER FLUG DER LINDBERGHS deutlich innovative Züge trägt, dominierte weiterhin uneingeschränkt das sogenannte literarische Hörspiel konventioneller Konzeption. Die Extremform dieser zunächst recht allgemeinen theoretischen Tendenz stellt sicher das Konzept der »Inneren Bühne« des Hamburger Hörspieldramaturgen Heinz Schwitzke (1963) dar, der das Hörspiel lediglich als reine, lyrisch charakterisierte Wortkunst für die individuelle Rezeption gelten lassen wollte, bei der die Zuhörenden die Figuren und Handlungen in Gestalt einer innerlich geschauten, jedoch räumlich und zeitlich unbestimmten Bühne imaginieren. Schwitzkes Hörspielkonzept wurde Anfang der 1960er-Jahre veröffentlich, knüpfte jedoch weitgehend nahtlos an Hörspielvorstellungen der Vorkriegszeit an, wie insbesondere jene von Ludwig Wegmann, der sich 1934 »Zur Frage eines dramatischen Hörspiels« habilitierte und dabei außer der Gegenüberstellung von »Hörspiel und Schauspiel« (1935, 16) bereits mit den Konzepten von »Wortvollzug im Hörer« (1935, 12) und »innere Nachahmung« (1935, 13) ebenso Gedanken von Schwitzke antizipierte wie mit folgender Ablehnung einer realistischen Raumdramaturgie:

> Auch was die Bühne bietet an äußerer Handlung und an Szenerie, dient nur [...] der Verdeutlichung seelischen Geschehens. Wo das Äußere um seiner selbst willen da

> ist, geschieht das zum Nachteil der inneren Handlung und damit zum Nachteil der Dramatik. (Wegmann 1935, 24.)

Schwitzke reagierte jedoch bereits auf progressive Neuansätze. Zwei Jahre zuvor hatte Friedrich Knilli eine Loslösung von den traditionell literarisch geprägten Hörspielvorstellungen gefordert, dabei Schwitzke als prägenden Repräsentanten dieser Richtung attackiert und stattdessen für ein »totales Schallspiel« plädiert, bei dem nicht mehr das Wort an erster Stelle, sondern alle möglichen akustischen Phänomene gleichrangig verwendet werden sollten:

> Das Hörspiel als bloßes Sprachkunstwerk aber, als Wortkunstwerk oder als Literaturwerk, wie *Schwitzke* es sieht, pflegt von der Vielzahl möglicher Schallvorgänge einen einzigen. Einen anderen Schallvorgang entwickelt die Geräuschmusik oder die konkrete Musik, die elektronische Musik isoliert sich ebenfalls und bearbeitet einen eigenen Schallbereich. Diese Aneignungen und Abgrenzungen sind historisch oder zufällig bestimmt, jedenfalls lassen sich aus den augenblicklichen Kenntnissen der Schallwelt keine solchen Einteilungen ableiten, viel eher drängt die Masse möglicher Schallvorgänge hin zu einem Totalhörspiel, das den Schall total in ein Spiel und Gegenspiel bringt. (Knilli 1961, 108.)

Die künstlerischen Entwicklungen haben der Tendenz nach Knilli Recht gegeben. Besonders die Strömung des Neuen Hörspiels Ende der 1960er- und Anfang der 1970er-Jahre trat entschieden für eine gleichberechtigte Verwendung von Sprache, Stimme, Geräusch, Musik und Stille ein und eröffnete, teils unter Rückgriff auf O-Tonmaterial, in hörspielexperimentellen Arbeiten und einer intensiven Nutzung von Collagetechniken ganz neue Zugänge zum Komplex Hörspiel. Es verwundert nicht, dass Kulturschaffende jener Zeit wie Hans Magnus Enzensberger in seinem »Baukasten zu einer Theorie der Medien« (1974, 91–129) an die Vorstellungen von Brecht anknüpften und für die Entfaltung der Eigenpotenziale des Hörspiels eintraten. Insbesondere Werner Klippert (1977) hat nachdrücklich dazu aufgefordert, das Hörspiel als genuine Kunstform zu begreifen und entsprechend »von seinen eigentlichen Grundlagen aus[zu]gehen«, denn diese sind seiner Auffassung nach »nicht Gattungen der Literaturgeschichte [...], sind nicht Nachbarkünste, die mit der Technik aufkamen wie Film und Fernsehspiel, ist auch nicht die instrumentale Klangkunst der Musik, sondern das sind das elektronische Medium und die Elemente Ton und Geräusch, Wort und Stimme« (1977, 4). Damit wurde einerseits die lange Abhängigkeit von literarischen Vorlagen aufgegeben, die im akademischen Bereich unter anderem auch dazu geführt hatte, dass unter »Hörspielanalyse« über lange Zeit die reine Beschäftigung mit gedruckten Hörspielmanuskripten verstanden wurde, während gerade der für das Hörspiel zentrale Aspekt der gesamtakustischen, speziell sprachplastischen Performanz völlig unberücksichtigt blieb. Andererseits wurde damit auch die traditionelle strikte Trennung zwischen den drei üblichen Funktionen von Hörstücken (Information/Literatur/Musik) aufgehoben und in eine frei variable Skala überführt, deren beide Pole Helmut Heißenbüttel 1968 wie folgt bestimmte:

> Man könnte sagen, *Hörsensation* hat zwei Grenzpole: die pure Nachricht auf der einen und die musikalische Sublimation des Sprachlichen auf der anderen Seite. (Heißenbüttel 1970, 35.)

Vom heutigen Standpunkt aus könnte man ergänzen, dass sich das Spektrum der hörspielerischen Produktionen zusätzlich in dem Kontinuum von »narrativ« bis »assoziativ« bzw. von einer denotativen und informationshaltigen Vermittlung bis hin zu einer rein musikalisch-asemantischen Darbietung verorten lässt.

Die innere Erneuerung des Hörspiels durch ungewöhnliche, experimentelle Produktionsverfahren in den 1970er-Jahren wurde begleitet durch eine Fülle medienkritischer und -theoretischer Diskurse, die zumeist von Hörspielschaffenden selbst angestoßen wurden und allesamt darauf ausgerichtet waren, Konventionen in Frage zu stellen, erstarrte Prozesse und Sender-Hörer-Dichotomien aufzulösen, Potenziale zu entfalten und das Hörspiel als solches jenseits fester institutioneller Strukturen zu demokratisieren (vgl. besonders Schöning 1970 und 1974a). Die Folge waren unkonventionelle, hochgradig kreative Hörspiele, die ihrerseits wieder in die Hörspieltheorie hineinwirkten und dort neue Impulse lieferten. Die alte an literarischen Prätexten, der Dominanz des Wortes oder der Orientierung am Schauspiel als konzeptuellem Muster ausgerichtete Auffassung des Hörspiels wurde dadurch obsolet und die Begriffsgrenzen stark ausgeweitet. Zugleich stand dem Hörspiel damit erstmals wieder ein Entfaltungsspielraum zur Verfügung, wie er allenfalls in der Anfangszeit des Rundfunks gegeben war, als parallel zu einem Mangel an strukturellen Verbindlichkeiten eine unglaubliche Fülle von (Bezeichnungen für) Tonkunstformen im Radio kursierten – von Hörbild, Hörfolge, akustischem Film, über Funkrevue, Funksketch, Radionovelle, dramatische Reportage bis hin zu Radiogedicht, Radioscherz, Radiolied, Radiozeichnung oder Radiokarikatur (vgl. auch Würffel 1978, 18–27, und Vowinckel 1995, 43–46).

Wenn Paul Pörtner seinerzeit konstatierte, »Hörspiele werden realisiert als Verlautbarungen und spielen sich im Hören ab« (1970, 58), betonte er damit deduktiv sowohl die prinzipielle Gleichwertigkeit aller Schallereignisse für die Hörspielproduktion, weitete aber auch induktiv den Geltungsbereich des Begriffs »Hörspiel« beträchtlich aus.

Ein daran anschlussfähiges Verständnis des Hörspiels legt keine starren Medien- oder Gattungsdefinitionen mehr zugrunde, sondern akzentuiert das im Namen enthaltene Ludische und begreift »Hör-Spiel« als Spiel mit den im Rahmen des akustisch Darstellbaren gegebenen Möglichkeiten. Ohne eine prototypentheoretische Vorstellung vom Hörspiel aufzugeben, kann auf diese Weise zum eigentlichen Kern des Phänomens vorgedrungen werden, wobei sich zugleich essentialistische Festlegungen vermeiden lassen – ganz im Sinne von Wolfgang Wondratschek, der in einer der metareflexiven Passagen seines Stücks PAUL – ODER DIE ZERSTÖRUNG EINES HÖRBEISPIELS konstatierte:

> Ein Hörspiel muss nicht unbedingt ein Hörspiel sein, d.h. es muss nicht den Vorstellungen entsprechen, die ein Hörspielhörer von einem Hörspiel hat. Ein Hörspiel kann ein Beispiel dafür sein, dass ein Hörspiel nicht mehr das ist, was lange ein Hörspiel genannt wurde.

Damit werden genretheoretische Diskussionen nicht unbedingt suspendiert, aber in ihrer Relevanz für das Verständnis von Hörspielen zumindest auf das Maß zurückgefahren, das eine frei-kreative Produktion von Hörspielen ebenso möglich macht wie eine unbefangene, vorurteilsfreie Auseinandersetzung mit selbigen. Gerade in einem Zeitalter von Medienkonvergenz, Hybridisierung, Crossover und Genremix ist dieser Zugang vielleicht ohnehin der adäquateste, indem stärker auf die Art und die Wege, wie ein Hörtext verstanden werden kann, Wert gelegt wird als auf die Definition und Exklusion akustischer Spielformen.

In diesem Verständnis begreift auch die vorliegende Publikation sich in erster Linie als Einführung in die Terminologie und Methoden, mit denen sich akustische Texte gleich welcher Gestaltungsart wissenschaftlich untersuchen lassen, und weniger als Kategorisierungsapparat, um akustische Texte zu rubrizieren. Gleichwohl liegt der Schwerpunkt gerade bei der Auswahl von Beispielstücken zur Exemplifizierung der vorgestellten Untersuchungsverfahren auf Hörspielen, die diese Bezeichnung (mittlerweile) explizit tragen, und auch dem Komplex der hörspielbezogenen Genretheorie als solchem wird mit einem eigenen Kapitel Genüge getan. Wie Jaroslav Jiránek in seiner Auseinandersetzung mit der Operndramaturgie »nur die klingende Musik« als »eigentliche, ästhetisch relevante Zeichen« (1990, 212) ansieht, werden jedoch ausschließlich die akustisch vermittelten, akustisch rezipierten Werke in ihrer jeweils spezifischen Realisationsform als Hörspiele aufgefasst – die Hörspielmanuskripte bilden dazu eine Medienform eigener Art und besitzen für die eigentliche Hörspielanalyse allenfalls im Zusammenhang einer komparatistischen Auseinandersetzung sekundäre Relevanz (vgl. Kap. 9). Auch wenn im Folgenden gelegentlich von Hörspiel*texten* gesprochen wird, sind damit die akustischen Realisierungsformen gemeint, die sich – ähnlich Schrifttexten – aus akustischen Einzelzeichen zu größeren textförmigen Gebilden zusammensetzen.

1.3 Wahrnehmung, Analyse, Interpretation

Im Prozess der Rezeption eines Kommunikats im Allgemeinen und eines Hörspiels im Besonderen, der im Idealfall zum Verständnis desselben führt, lassen sich drei Ebenen unterscheiden, die jeweils die Voraussetzung für die je höhere Ebene bilden. Es sind dies die Ebenen von Wahrnehmung, Analyse und Interpretation. Die Unterscheidung ist rein konzeptionell, denn in Wirklichkeit etablieren sie sich teils synchron, durchmischen sich wechselseitig und wirken permanent auf die je tieferliegende Ebene zurück, wo sie neue Rezeptionsprozesse anstoßen können, die wiederum auf höherer Ebene Effekte zeitigen. Gleichwohl soll diese Unterscheidung im Folgenden gezogen werden, um ein Verständnis davon zu vermitteln, was Verstehen bei der Hörspielrezeption bedeutet.

Die reine Wahrnehmung setzt ein physiologisches Hörvermögen voraus. Um die über den akustischen Kanal vermittelten Strukturen überhaupt aufnehmen zu können, muss der ihnen ausgesetzte Mensch über ein Gehör verfügen, das in der Lage ist, die Signale in ihrer rein physikalischen Erscheinung zu empfangen. Im Weiteren muss er über akustische Fähigkeiten verfügen, die Renate Zimmer (2011, 80) in sechs Kategorien einteilt. Unter *auditiver Aufmerksamkeit* versteht sie die Fähigkeit, sich auf die auditiven Reize einzustellen und das Gehörte zum Zentrum der wahrnehmenden Konzentration zu machen; die Fähigkeit zur *auditiven Figur-Grund-Wahrnehmung* ermöglicht es den Rezipierenden, in einem komplexen Höreindruck einzelne konsistente akustische Reize voneinander zu unterscheiden und bspw. rezeptiv eine Figurenrede von Hintergrund- und Nebengeräuschen zu sondern; die Fähigkeit zur *auditiven Lokalisation* ermöglicht ein Richtungshören, also die korrekte Bestimmung, aus welcher räumlichen Position heraus ein akustischer Reiz erfolgt, von woher ein Geräusch kommt; die Kompetenz der *auditiven Diskrimination* erlaubt es den Hörenden, Ähnlichkeiten und Unterschiede zwischen Lauten und Tönen zu erkennen und richtig zuzuordnen, was besonders für das Sprachverstehen relevant ist, wobei dank dieser Fähigkeit ähnlich klingende Wörter doch unterschieden und verstanden werden können; die *auditive Merkfähigkeit* bezeichnet das Vermögen, Gehörtes kognitiv speichern, erinnern und bei Bedarf wieder abrufen zu können, was bei der Hörspielrezeption eine besonders starke Ausbildung erfordert, da hier teils komplexe Sachverhalte über einen längeren Zeitraum sehr dicht und ohne die Möglichkeit der erneuten konkreten Vergegenwärtigung dargeboten werden; schließlich ist noch das *Verstehen des Sinnbezugs* von entscheidender Relevanz, denn es meint die Fähigkeit, dem Gehörten seine korrekte inhaltliche Bedeutung zuzuordnen, also Wörter ihrem Sinn nach zu verstehen, Geräusche auf ihre Quelle hin zurückzuführen (Hundebellen, Fahrradklingel etc.), Töne als Musik und ev. als bekannte Melodien zu erkennen etc., wobei in diesem letzten Fall zusätzlich die Kompetenz zur Wahrnehmung *auditiver Serialität* entscheidend ist, die es den Hörenden erlaubt, akustische Einzelreize als Bestandteile eines größeren kohärenten

Komplexes wahrzunehmen, sprich: Einzeltöne als Melodieverlauf, Geräuschfolgen als Rhythmus etc.

All diese Aspekte bilden die Grundlage für das, was man als *analytische Hörfähigkeit* bezeichnen kann, d.h. die vor allem durch wiederholte Hörpraxis, also auditive Erfahrung und Lernen erworbene Kompetenz, ein komplexes Hörereignis in seine konstitutiven Bestandteile zu »zer-hören« und dabei die kohärenzstiftenden Sinnbezüge zu erfassen. Aufgrund des epistemologischen Umstands, dass man (in einem wissenschaftlichen Sinne) nur das begreifen kann, für das man Begriffe hat, steht diese analytische Hörfähigkeit in unmittelbarer Abhängigkeit und Reziprozität zum eigenen terminologisch-methodischen und elementar: zum eigenen semiotischen Wissenshintergrund. Einen Bestandteil eines Hörspiels diskret und konkret als Zeichen verstehen und zugleich in seiner kontextspezifischen Bedeutung richtig verstehen zu können, ist als kognitiver Prozess im Zusammenhang einer rezeptiven Praxis immer auf Vorwissen angewiesen und entwickelt, schult, elaboriert sich bei jeder neuen Auseinandersetzung, wie sich auch das Vorwissen infolge einer solchen vertieft. Auch das Verstehen des Sinnbezugs erstreckt sich dabei bereits in die Ebene der Analyse. Diese ist im Alltag ein mehr oder weniger bewusster Prozess der Aufgliederung eines komplexeren Objekts in seine Komponenten mit dem Ziel, über das Erkennen dieser Komponenten das Ganze zu verstehen. Als wissenschaftliche Praxis erfolgt eine Analyse zielgerichtet nach bestimmten theoretisch-methodologischen validierten Verfahren und orientiert an objektiven Prinzipien. Bei einer wissenschaftlichen Analyse kommt es folglich zur Zerlegung eines vorhandenen Textes in seine elementaren Bestandteile und zur Ermittlung der vorhandenen Bedeutungskomponenten sowie weitergehend zur Feststellung von Leerstellen, die sich in Form von Strukturdefiziten, einem punktuellen Mangel an expliziter Kohärenz oder einem Fehlen von kontextuell Erwartbarem in der Struktur zwischen den einzelnen Elementen ergeben. An den Leerstellen erscheint der Text unterdifferenziert, deutungsoffen und/oder strukturell unverbindlich und erlaubt, ja, fordert von den Rezipierenden Hypothesen dahingehend, welcher Zusammenhang zwischen den explizit vorhandenen Elementen besteht. Jeder Medientext weist Leerstellen auf, indem er ein Modell von Welt erzeugt, allerdings durch seine textuelle Begrenztheit (er weist immer einen Anfang und ein Ende auf) und die Beschränktheit der von ihm genutzten medialen Kanäle (ein Film hat einen auditiven und einen visuellen Kanal, ein Hörspiel nur einen auditiven etc.) nie die absolute Fülle an Details bieten kann wie sie in der wirklichen Welt vorhanden sind. Ein Hörspieltext kann nur akustische Aspekte unmittelbar vermitteln, alles andere, d.h. Visuelles, Olfaktorisches, Gustatorisches und Haptisches muss er in (Figuren-)Rede übersetzen, um es für die Zuhörenden präsent zu machen. Durch die Übersetzung solcher durch Augen, Nase, Haut und Mund wahrnehmbaren Reize in Sprache, die dann durch das Gehör wahrgenommen werden kann, verliert sich unweigerlich der unmittelbare Eindruck und auch dessen sensuelle Komplexität; zugleich wird kein Hörspiel je den kompletten Reizeindruck einer Situation bieten, sondern sich auf bestimmte Aspekte aus diesem konzentrieren und zwar auf solche, die für das zu Vermittelnde wesentlich sind. Jedes Hörspiel bietet also immer nur eine Auswahl an möglichen Darbietungsinhalten, wodurch es zwangsläufig in jedem Fall bestimmte Leerstellen aufweist. Neben diesen mediendeterminativen Leerstellen, die sich aufgrund der Beschränktheit der technisch-apparativen Leistungsfähigkeit gar nicht vermeiden lassen, gibt es sogenannte »semantische Leerstellen«, die gezielt in den Medientext eingebaut werden und eine elementare Bedeutungshaftigkeit für diesen haben. Das ist bspw. in Detektivhörspielen zu Beginn die Angabe des Täters, sodass das gesamte Hörspiel sich damit beschäftigen kann, den Ermittler auf seinem Weg zur Aufklärung des Verbrechens und zur Überführung und Inhaftierung des Täters zu begleiten. Das können aber auch kleine, jedoch wichtige Details sein, die im Verlauf der Hörspieldarbietung zunächst vorenthalten werden, für das Verständnis des Gesamtzusammenhang jedoch fortwährend entscheidender werden, bis schließlich eine Explizierung durch den Text selbst oder die Präsentation eines Ergebnisses, das einen Rückschluss auf die Ursache ermöglicht, Klarheit in diesem Punkt bringt – etwa, wenn eine Figur durch die Worte »Ich bin deine Mutter.« einer anderen Figur, mit der sie über Jahrzehnte in unklaren Verhältnissen zusammengelebt hat, die eigene Verwandtschaft enthüllt. Um die einzelnen Komponenten eines Hörspieltextes adäquat untersuchen zu können, helfen die Kategorien der transmedialen wie medienspezifischen Wissenschaften, sprich: die Einteilungs-, Bezeichnung-, Bewertungs- und Deutungsprinzipien von Rhetorik, Phonetik, Narratologie, Tontechnik etc. Auf dem Analyseweg vom Kleinen zum Großen zum Ganzen helfen diese Disziplinen, die im Folgenden ihrer hörspielanalytischen Relevanz nach vorgestellt werden, den Hörspieltext in seine wichtigen Komponenten zu zerlegen, zu untersuchen und nach ihrer Bedeutung zu bestimmen. Die Analyse ist in diesem Sinne immer *empirisch*, da sie nur das Vorhandene ansieht und es nach objektiven Kriterien inhaltlich bestimmt. Sie widmet sich und wird gleichzeitig geleitet von Fragen wie: Was gibt es und wie ist es gestaltet? Auf welche alternativen Inhalte und alternativen Darstellungsformen wurde dabei bzw. dadurch verzichtet? Wie ist das vor dem betreffenden Kontext und Zusammenhang zu sehen und zu bewerten? Welche Bedeutung kommt den einzelnen Inhalten und ihrer Darstellung daher zu? Welche Folge bzw. Wirkung hat das?

Die Interpretation dagegen ist *hypothetisch* ausgerichtet, begleitet die Analyse in aller Regel unmittelbar und ist als Praxis dem Handwerk des Ermittlers im Detektivhörspiel zu vergleichen, der aus Spuren und Feststellungen weitergehende Schlüsse darauf zieht, wie die einzelnen Aspekte sinnvoll zusammenhängen und ein schlüssiges Ganzes ergeben. Interpretation ist folglich eine System- bzw. Modellbildung auf Basis der empirisch feststellbaren Bedeutungskomponenten sowie die Erstellung von Kohärenzstiftungshypothesen für die vorhandenen Leerstellen. Sie will den Hörspieltext und seine in aller Regel nach einer bestimmten Darbietungsintention arrangierten Informationen in eine streng logisch-chronologische Ordnung bringen, durch die einerseits ersichtlich wird, wo es Lücken zwischen den Komponenten der Darstellung gibt, und es andererseits möglich wird, wahrscheinliche Kohärenzen bzw. Füllungsinhalte zu konstruieren, die der Text selbst nicht explizit bietet, aber nahelegt. Das Ziel der Interpretation ist damit gewissermaßen, ein abstraktes Modell des Hörspiels zu liefern, das je nach der Schwerpunktsetzung der gewählten Forschungsfrage Klarheit über den (Aussagen-)Gehalt desselben liefert. So wird bspw. eine Figurenanalyse zunächst sämtliche im Hörspiel tatsächlich auftretenden oder auch nur erwähnten Figuren erfassen, sie in Bezug auf ihre textuelle Konkretisierung (Alter, Geschlecht, sozialer Rang, Interessen etc.) bestimmen und hinsichtlich ihrer Abhängigkeit voneinander ordnen und schließlich in die Interpretation münden, warum sich die einzelnen Figuren gerade so gegeneinander verhalten und entsprechende Handlungen ausführen, wie sie das Hörspiel präsentiert, sowie welches gesamtargumentative Ziel das Hörspiel mit seiner Darbietung bzw. Geschichte verfolgt. Die Interpretation erstellt also ein Modell des Textes, indem es dessen Gehalte in eine systematische Beschreibung überführt, gewissermaßen systematisiert nacherzählt, und dabei eine verbindliche Ordnung zugrunde legt. Eine Situation, die im Hörspieltext selbst deutungsoffen erscheint, wird bei der Interpretation zunächst als solche Unbestimmtheit festgestellt, dann in engster Orientierung an den Textangaben auf das Set möglicher Alternativen hin enggeführt und nach dem Kriterium der größten Wahrscheinlichkeit hin bewertet. Auf diese Weise erhält man ein schlüssiges, klares Modell des Textes, der als Modell von Welt in der Interpretation auch in dieser seiner modellbildenden Funktion hin bewertet werden kann. Hier hilft besonders eine fundierte Kenntnis der kulturspezifischen wie transkulturellen Diskurslinien, die für den Text aufgrund seines Entstehungs- und Wirkungskontextes relevant sind; im Letzten ist aber immer der individuelle Gehalt des jeweils untersuchten Textes das entscheidende Kriterium. Damit zeigt sich, wie essenziell für eine korrekte Interpretation eine minutiöse, faktenorientierte Analyse ist, die nicht bereits bei der ersten Auseinandersetzung mit dem Untersuchungsgegenstand subjektive Meinungen – eine Form der unbewussten, vorschnellen und meist willkürlichen Interpretation – ins Spiel bringt, sondern rein auf das empirisch Wahrnehmbare bezogen einteilt und ordnet. Jede Interpretation setzt damit eine *gesamtsemiotische Kommunikationskompetenz* voraus, die zusätzlich zur Fähigkeit, etwas Mitgeteiltes richtig verstehen zu können, jene beinhaltet, auf dieses Mitgeteilte – in Form einer Paraphrase, einer Selbstäußerung, einer Modellierung etc. – adäquat reagieren und den gesamten Prozess metareflexiv erfassen zu können, sprich: das Vorgefundene wissenschaftlich korrekt auf eine abstrakte, höhere Ebene zu übersetzen und es dabei in einen diskursiven Rahmen einzubetten, der ihm entspricht, und zwar im Bewusstsein um diesen diskursiven Rahmen. Dieser Rahmen ist jener des Wissenschaftsdiskurses der ein kontinuierlicher Prozess ist. Um diese Wissenschaftspraxis verständlich zu vermitteln, wird im Folgenden erst eine medien- und diskurstheoretische Verortung des Hörspiels vorgenommen, dann noch einmal eingehender das Prinzip der Analyse semiotisch als Segmentierung eines Zeichenkomplexes in ein System von Einzelzeichen vorgestellt, ehe die einzelnen, für die Hörspieluntersuchung relevanten Analysedimensionen ausführlich in den Blick genommen werden.

Umfängliche Primärliteratur zur Hörspieltheorie liefert Schöning 1970 und 1974a. Keckeis 1973, 9–13, und Schmedes 2002, 35–58, skizzieren die – besonders in der Anfangszeit essentialistisch geführten – theoretischen Diskussionen über Wesen, Ästhetik und Funktion des Hörspiels; siehe auch die Beiträge in Felix et al. 1997. Nach Knilli 1961 und Schwitzke 1963 versuchte vor allem Faulstich 1981 einen neuen theoretischen Schwerpunkt zu setzen. Einen allgemeinen Forschungsüberblick zur Theorie des Hörspiels bieten besonders Groth 1980, Maurach 1995, 17–106, Vowinckel 1995, 120–157, Schmedes 2002, 35–51, Peters 2005, Köhler 2005, 53–94, Rinke 2018, 23–63, und Lehnert/Schenker/Wicke 2022, 1–12 sowie besonders die darin versammelten Beiträge zu Einzelphänomenen des Auditiven.

Siehe auch die hörspielgeschichtlichen Überblicksdarstellungen von Schwitzke 1963, Heger 1977, Würffel 1978, Krug 2008 sowie die historiografischen Schwerpunktpublikationen von Hörburger 1975, von der Grün 1984, Döhl 1988 und 1992, Bolik 1994 sowie Kobayashi 2009.

Als Bibliografien haben Rosenbaum 1974 und die 1976 bis 1983 erschienenen Literaturverzeichnisse des WDR Köln noch gewissen Wert.

2. Mediensystem Hörspiel

2.1 Das Hörspiel als Medium

Das Hörspiel ist in erster Linie ein *Medium* – wie etwa das Buch, die Zeitschrift oder der stärker mit ihm verwandte Film. Das bedeutet, dass es vom Menschen entwickelt und genutzt wird, um Nachrichten »ver-mitteln«, sprich: zu erzeugen, zu übertragen und/oder zu speichern, wobei die Nachricht jeweils auf dem System der Kodierung basiert, die durch die gegebenen medialen Kanäle ermöglicht bzw. definiert und determiniert wird.

Man unterscheidet gemeinhin die *dispositive* und die *artefaktische Dimension* eines Mediums: Wird erstere in den Blick genommen, geht es um das Produktionssystem »Hörspiel«, also den gesamten technisch-apparativen Komplex, der dafür nötig ist, ein Medienprodukt wie bspw. ein Hörspiel herzustellen und wiederzugeben und damit eine Kommunikation durchzuführen. Vielfach wird für diese Dimension des Mediums auch der Begriff *Dispositiv* verwendet (vgl. auch Agamben 2008); bei ihr handelt es sich um die Bezeichnung »Medium« im strengen Sinne. Eine Auseinandersetzung mit der dispositiven Dimension ist folglich Wesentlich mit den Voraussetzungen befasst, die gegeben sind bzw. sein müssen, ehe ein einzelnes Exemplar eines Medientextes entstehen kann. Die artefaktische Dimension des Mediums betrifft dagegen exakt das einzelne Medienprodukt als solches, also bspw. ein ganz konkretes Hörspiel, und rückt damit dessen strukturelle, konzeptionelle etc. Verfasstheit im Zustand der abgeschlossenen Produziertheit ins Zentrum des Interesses. Durch die enge Abhängigkeit der beiden Dimensionen werden diese umgangssprachlich vielfach quasi gleichbedeutend gebraucht, doch ist es natürlich ein großer Unterschied, ob beim Sprechen über das Hörspielmedium vom konkreten Medienprodukt »TKKG-Hörspiel« die Rede ist oder von dem ganzen komplexen Apparat, der dessen Entstehung, Distribution, Rezeption und diskursive Behandlung überhaupt ermöglicht.

Für den Begriff des Mediums im dispositiven Sinne haben sich im Verlauf einer langen kritischen Auseinandersetzung verschiedene Definitionen gefunden. Gemeinhin wird heute eine viergliedrige Typologie der Medien vorgenommen und zwar in Primärmedien, Sekundärmedien, Tertiärmedien und Quartärmedien. Die

Nummerierung der verschiedenen Medientypen erfolgt dabei nach deren Einsatz technischer Mittel. *Primärmedien* werden auch Mensch-Medien genannt, weil sie eine direkte Kommunikation von Angesicht zu Angesicht voraussetzen. Hier kommt also weder auf Sender- noch auf Empfängerseite Technik zum Einsatz. Primärmedien sind stark durch Synchronität und durch direkte Sprechsprache, Gebärden, Mimik und Gesten gekennzeichnet.

Sekundärmedien sind dagegen Medien, die einen Technikeinsatz zumindest auf der Produktionsseite erfordern, nicht jedoch auf der Rezeptionsseite. Entsprechend sind Sekundärmedien durch Asynchronität gekennzeichnet, d.h., es findet keine zeitgleiche Vermittlung und Rezeption der Nachricht statt. Das betrifft Manuskripte, Schriftrollen, Zeitungen, Briefe, Plakate, Bücher und dergleichen. All diese Medien brauchen einen Technikeinsatz, um entstehen zu können, können dann aber ohne Technikeinsatz rezipiert werden.

Tertiärmedien erfordern einen Technikeinsatz sowohl auf der Produktions- als auch auf der Rezeptionsseite. Sie sind entweder durch Syn- oder durch Asynchronität gekennzeichnet, je nachdem, wie der Technikeinsatz konzipiert ist. Bei den Tertiärmedien Telefon oder auch Nachrichten-Rundfunk erfolgt die Produktion und die Rezeption via Telefon bzw. Sende- und Empfangstechnik zeitgleich; bei Schallplatte, Kassette, CD usw. ist dagegen ein zeitlicher Versatz gegeben, der sich dadurch einstellt, dass die genannten Medienprodukte in erster Linie Speicherfunktion haben und die mit ihnen gespeicherten Nachrichten entsprechend dieser Zweckbestimmung erst im Weiteren über ein zugehöriges Wiedergabeequipment dargestellt und rezipiert werden können.

Quartärmedien werden ähnlich den Tertiärmedien gedacht, allerdings sind sie gleichzeitig auch in einen quasi ortlosen, zeitlosen Kommunikationskontext eingebettet. Als Quartärmedien werden daher speziell digitale Kommunikationsformen wie Chats, Computerprogrammierungen, E-Mail-Korrespondenzen, Internetinhalte usw. eingestuft, die im abstrakten Kommunikationsraum des Internets realisiert werden. Hier findet die Kommunikation nicht mehr im realen Umfeld statt, sondern in einem digitalen virtuellen Raum.

Das heutige Hörspiel kann gemäß dieser Typologie zu den Tertiär- oder Quartärmedien gerechnet werden, je nachdem, wie es distribuiert und rezipiert wird. So gibt es nach wie vor Sendeplätze für Hörspielsendungen im Programm der jeweiligen Rundfunkanstalten, auf denen zu bestimmten Zeiten Hörspiele gesendet und gehört werden können. Andererseits existieren bereits seit Längerem und seit den letzten Jahren in zunehmendem Maße unter anderem Hörspielpools von öffentlichen wie privaten Sendeanstalten, Audioplattformen und Repositorien, mithilfe derer die dort platzierten Hörspiele zeit- und kontextunabhängig abgerufen, gestreamt und rezipiert werden können.

2.2 Das Hörspiel als Mediensystem

Wie eingangs ausgeführt, kann man ein Medium – in Bezug auf die dispositive Begriffsdimension – vereinfacht gesagt definieren als eine technische Vorrichtung zur Produktion definiter informationshaltiger Texte. »Texte« ist dabei (im Allgemeinen strukturalistischen Sinne) zu verstehen als ein Medienprodukte oder Datenträger, der sich gemäß den medienspezifischen Regularitäten aus kleineren Einheiten zusammensetzt. So ist Goethes »Werther« essenziell ein Medienprodukt aus dem Mediensystem Buch, das sich aus Wörtern respektive Buchstaben gemäß den grammatischen Regularitäten der deutschen Sprache zusammensetzt.

Ein Medium dient entsprechend der geregelten Repräsentation bestimmter Daten, also der Herstellung, Speicherung, Übertragung und Verarbeitung von Informationen in Form von Mitteilungen sowie dem mittelbaren kommunikativen Austausch dieser Mitteilungen. Um die unterschiedlichen Einflussfaktoren und Kontexte des dispositiven Komplexes schärfer voneinander abgrenzen und in der Folge exakter bestimmen sowie treffender bezeichnen zu können, unterscheidet man drei Dimensionen eines Mediums im engen Sinne, nämlich die technisch-apparative, die institutionelle und die semiotische Dimension.

Die technisch-apparative Dimension

Die *technisch-apparative Dimension* umfasst alles, was an technischen Apparaturen und Informationskanälen notwendig ist, um ein Medium zu konstituieren, wobei sowohl die Gerätschaften der Produktion als auch der Distribution und Rezeption zu berücksichtigen sind.

Die Apparaturen der Hörspielproduktion sind Mikrofone, Audiointerfaces, Speichermedien, Synthesizer, Mischpulte, Vorverstärker etc. Gleichzeitig gehören hierzu aber auch solche technischen Geräte, die der Postproduktion zugerechnet werden müssen, wie im klassischen Hörspiel die Schnitttische oder eben im heutigen Zeitalter Computer und entsprechende Tonschnitt- und -bearbeitungsprogramme, die sogenannten Digital Audio Workstations (DAWs). Außerdem gehören zur technisch-apparativen Dimension auch alle Apparaturen der Hörspieldistribution und -vorführung, d.h. Sende- und Empfangssysteme, das klassische Radio oder eben Smartphone, Laptop, PC, angeschlossene Lautsprecher etc. – sprich: alles, womit Hörspiele rezipiert werden (können). Diese Apparatur liefert die technischen Voraussetzungen zur Erfassung, Speicherung und Strukturierung des medienspezifischen (akustischen) Ausgangsmaterials, auf dessen Basis ein Text mit semiotischem Gehalt erzeugt werden kann. Genauso wie sich die Apparatur im Zuge technischer Neuerungen verändert und bspw. von Bandaufnahmen zu digitalen Verfahren übergeht, so verändern und erweitern sich in aller Regel auch die damit verbundenen semiotischen Ausdrucksmöglichkeiten.

Die institutionelle Dimension

Zur *institutionellen Dimension* gehören alle reglementierend wirkenden, zumeist in sozialen Körperschaften organisierten Einflussinstanzen der Produktion, Distribution und Rezeption sowie der Diskussion der Medienprodukte. Die institutionelle Dimension wird häufig in Form von Netzwerken konzeptionell gefasst, wobei die einzelnen Sphären des Netzwerks (Produktion, Distribution, Rezeption und Vermittlung) eigene Schwerpunkte, Rollen, Prozesse, Praktiken, Strukturen etc. aufweisen, jedoch zueinander in mittel- bis unmittelbarem Zusammenhang stehen.

Im Bereich der *Produktion* sind die Faktoren und Handlungsrollen der Hörspielherstellung angesiedelt; er umfasst sowohl das Personal der Schauspielschulen und anderen Institutionen der Sprechpädagogik, aus denen sich die Sprecherinnen und Sprecher der späteren Hörspiele rekrutieren, als auch diese Sprecherinnen und Sprecher selbst, neben den Produzierenden, den Regisseurinnen und Regisseuren, den Autorinnen und Autoren von Hörstücken, den tontechnisch Mitwirkenden etc. Hierzugehören außerdem auch das Casting-Team, das bestimmte Sprecherinnen und Sprecher ausfindig macht, um bestimmte Rollen in einem Hörspiel zu besetzen. Grundsätzlich ist die Produktion von Hörspielen arbeitsteilig organisiert. Das heißt für jeden Abschnitt in einer Hörspielproduktion gibt es eigene Spezialistinnen und Spezialisten, auch wenn sich dieser Umstand im Zuge der Bestrebungen des Neuen Hörspiels nach einer hörspielkünstlerischen Personalunion etwas relativiert hat.

Der Bereich der *Distribution* umfasst alle Faktoren und Handlungsrollen der Vermittlung des Hörspiels an das Publikum. Hier kommen Werbung, Verkauf, Verleih, Radiosender, Streaming-Plattformen usw. zusammen, wobei Radiosender und Streaming-Plattformen als technische Verbreitungswege der Massenkommunikation anzusehen sind. Zugleich bestimmen diese Verbreitungsmittel in bestimmter Art und Weise auch die Produktion, den Inhalt und die Stile der Hörspiele.

Die *Rezeption* betrifft die Aufnahme und die Wirkungen eines Hörspiels beim Publikum. Hierzu sind sowohl das Hörspielhören als individuelle Freizeitbeschäftigung, als Bedürfnisbefriedigung, Kompensation, im Rahmen eines universitären Hörspielseminars, als didaktische Praxis in einem musealen Kontext usw. zu rechnen als auch der pragmatische Umgang mit Hörspielinhalten in Form von Fan-Verhalten, Starkult usw. wie es bspw. bei Serienhörspielen wie bei DIE DREI ???, TKKG oder dem Starkult um Susanna Bonasewicz, der Sprecherin der Bibi Blocksberg, gegeben ist.

Im institutionellen Rahmen der *Vermittlung* erscheint das Hörspiel in Gestalt eines Medienprodukts als bedeutungstragendes Kommunikat, das metatextuell gängigen Praktiken der Kommunikation *über* dieses Hörspiel unterzogen wird. Zentrale Ausformungen der Vermittlung von Hörspiel sind die Hörspielkritik, die Alltagskommunikation über Hörspiele, die wissenschaftliche Auseinandersetzung mit dem Hörspiel, wie sie in generalisierter Weise auch in diesem Buch erfolgt, sowie der didaktische Einsatz von Hörspielen etwa zur Sprachentwicklungsförderung. Es dürfte offenbar sein, wie diese unterschiedlichen institutionellen Sphären netzwerkartig miteinander verbunden sind, interagieren und sich wechselseitig beeinflussen, ohne dabei aber ihre strukturelle Integrität zu verlieren.

Abgesehen von diesen Dimensionen lässt sich das Hörspiel auch einem institutionellen Rahmen eingliedern, der speziell aus den Sphären Ökonomie, Recht und Politik gebildet wird. Die *Ökonomie* begreift Hörspiel als Ware und als Grundlage wirtschaftlicher Distribution in unterschiedlichen Ausgabeformen, sei es als Streaming-Angebot, CD-Pressung oder auch als gedrucktes Hörspielwerk. Der *rechtliche* Aspekt des Hörspiels betrifft vor allem die Zensur von Gewaltverherrlichung, Volksverhetzung, Pornografie und dergleichen, die eben durch den rechtlichen Aspekt unterdrückt bzw. reglementiert werden sollen; gleichzeitig aber auch die Urheberrechts- oder Vermarktungsrechte, Monopolisierungen und dergleichen. Der *politische* Einfluss auf das Hörspiel ergibt sich durch Besetzungsentscheidungen bei Posten von Intendantinnen und Intendanten, durch die inhaltliche Schwerpunktsetzung, Ausrichtung und Planung der Sendeprogramme einzelner Rundfunkanstalten, durch die Auslobung von (staatlich (mit-)finanzierten) Hörspielpreisen, durch Förderungsmaßnahmen, den Einbezug von Normen- und Wertediskussionen sowie durch die Funktionalisierung des Hörspiels als Vermittlungsinstanz politischer Entscheidungen bzw. als Instrument der kritischen Auseinandersetzung mit selbigen.

Zudem ist das Hörspiel in seiner institutionellen Dimension in andere Kontexte eingebettet, innerhalb derer es zu Interrelationen zwischen verschiedenen Medien und Künsten kommt, bspw. im Prozess der Weiterverarbeitung eines Hörspiels in ein Theaterstück oder – häufiger – auf dem umgekehrten Weg.

Übersetzt man das Gesagte in ein abstraktes Modell, stellt sich das Hörspiel als ein Sozialsystem dar, das Schnittmengen mit verschiedenen gesellschaftlichen Dimensionen aufweist, mit Wirtschaft, Recht, Politik, Ethik, Populärkultur, Kunst, Literatur und anderen Medien, die ihrerseits teilweise untergliedert sind in Bereiche der Vermittlung, Rezeption, Distribution und Produktion.

Die semiotische Dimension

Letztlich gibt es noch die *semiotische Dimension* der Hörspielbetrachtung, bei der nach den allgemeinen kommunikativen Grundvoraussetzungen und Prinzipien der Sinnkonstruktion gefragt sowie – darauf aufbauend – der individuelle Bedeutungsgehalt von konkreten Einzelhörspielen rekonstruiert wird. Hörspiele kommunizieren, wie andere Medien auch, mittels bestimmter Zeichensysteme oder Kodes, also auf Basis von Einzelzeichen, die zu größeren kohärenten Zeichenkomplexen verknüpft werden. Ein Hörspiel lässt sich insofern auffassen, als ein

Text, eine Trägersubstanz für einen Hörspielinhalt, den sogenannten Hörspieltext. Die *Semiotik*, die dieser letzten Dimension den Namen gibt, ist die Wissenschaft, die erforscht und beschreibt, was Zeichen sind, wie sie entstehen und verwendet werden und wie sich mit ihrer Hilfe Nachrichten erstellen und austauschen lassen. Die Hörspielsemiotik ist damit als Grundlagendisziplin anzusehen für die analytische Auseinandersetzung mit Hörspieltexten, da sie – aufbauend auf den eingangs vorgestellten elementaren akustischen Fähigkeiten – die wissenschaftlich-objektiven Kategorien liefert, entsprechend derer sich analytische Hörfähigkeit entfaltet und vollzieht. Unter Erweiterung und Spezifizierung allgemein zeichentheoretischer Konzepte und Forschungsmethoden ermittelt sie, welche Zeichensysteme speziell im Rahmen des Hörspielmediums gegeben sind, welchen Gesetzmäßigkeiten diese gehorchen und wie diese zur Erzeugung von konkreten sinntragenden Hörspieltexten verwendet werden (können). So bedienen sich Hörspieltexte – umgekehrt betrachtet – unterschiedlicher Kodierungsverfahren, die auf Basis des einen zentralen akustischen Kanals für die Erzeugung und Vermittlung einer Nachricht zur Verfügung stehen und die Kodierungsverfahren von Stimme, Geräusch, Musik usw. umfassen. Möchte man einen solchen individuellen Hörspieltext analysieren, um dessen Bedeutungsgehalt zu ermitteln und einer weitergehenden Interpretation unterziehen zu können, bedarf es einer soliden Kenntnis hörspielsemiotischer Konzepte und Methoden. Aus diesem Grund ist speziell die semiotische Dimension des Hörspiels wesentlicher Gegenstand der folgenden Abschnitte dieses Buchs und bildet Grundlage für alle anknüpfenden wissenschaftlichen Disziplinen, insbesondere für jene der Hörspielnarratologie und -komparatistik.

Bestimmt man die semiotische Dimension des Hörspiels als die für die Analyse entscheidende, kann von diesem Standpunkt aus zunächst geklärt werden, welche Relevanz den anderen beiden, bereits besprochenen Bereichen zukommt, der technisch-apparativen und der institutionellen Dimension. Generell lässt sich sagen, dass ein Medium als technische Vorrichtung zur Produktion definiter informationshaltiger Texte klar determiniert ist durch seine *Apparatur*, da diese festlegt, welche Darstellungsmöglichkeiten überhaupt für das Medium zur Verfügung stehen. Die Apparatur des Hörspielmediums beschränkt dessen generelles Ausdruckspotenzial so bspw. exklusiv auf das Akustische. Nur, was mit Mitteln der akustischen Aufnahmetechnik eingefangen werden kann, lässt sich in einem Hörspiel verwerten, um größere akustische Gebilde zu erstellen und mit diesen Bedeutung und eine Nachricht zu generieren. Die technisch-apparativ limitierten Darstellungsmöglichkeiten bilden insofern den Pool, aus dem für die Entfaltung der semiotischen Dimension überhaupt geschöpft werden kann. Gleichwohl bildet die Hörspielapparatur mit Blick auf die konkreten Einzelhörspiele in aller Regel nur das Substrat, dem – ohne besonderen semantischen Eigenwert – als Selbstverständlichkeit keine weitergehende, sprich: aktualisierte und sinnstiftende bzw. bedeutungsgenerierende Rolle eingeräumt wird. Da die technisch-apparative Dimension bei allen Hörspielen gleichermaßen im Hintergrund steht, ist sie gewissermaßen »neutral« – man sagt auch: unmarkiert – und verschwindet bei der Rezeption in gleichem Maße wie sie für die dargebotenen Inhalte irrelevant ist. Anders sieht es dagegen aus, wenn ein Hörspiel explizit diese technisch-apparative Dimension in seinem Verlauf aktualisiert. Das geschieht entweder, wenn es bspw. Aspekte der Aufnahme oder Wiedergabe markiert, was in Form eines Schallplattenknackgeräusches, funkischer Transmissionsinterferenzen, eines »Bandsalats« oder Bänderrisses, elektroakustischer Manipulationen etc. Oder es kann auch in Gestalt einer Inszenierung von hörspielproduktiven bzw. -rezeptiven Rahmenbedingungen geschehen, sprich: wenn im Hörspiel ein Hörspiel oder ganz allgemein ein Hörtext (Musik, Sprachaufnahmen etc.) produziert oder rezipiert wird, wie dies bspw. in BIBI BLOCKSBERG – DIE VERHEXTE HITPARADE vorgeführt wird. In einem solchen Fall wird die technisch-apparative Dimension ihrer semantischen Neutralität, ihres bedeutungsbezogenen Nullwerts benommen und der Faktor der audiotechnischen Materialität als eigener bedeutungsrelevanter Aspekt des jeweiligen Hörspiels in den Vordergrund gerückt. Indem ein Hörspiel auf diese Weise unüberhörbar werden lässt, dass es ein Artefakt, etwas Gemachtes, ein technisch-apparativ Produziertes ist, möchte es diesen generellen Aspekt bei seiner Analyse und Interpretation besonders berücksichtigt sehen – und eine Untersuchung eines solchen Hörspiels, die dieses Moment vernachlässigt, bleibt in jedem Fall unvollständig, in der Analyse mangelhaft und in der Interpretation wahrscheinlich defizitär. Die Deutung eines solchen expliziten Verweises eines Hörspiels auf seine eigene Gemachtheit, Materialität, Struktur etc. ist dann immer in strenger Orientierung an dessen Gesamtaussagengehalts vorzunehmen und kann von einer Verfremdungsfunktion und einem Distanzierungseffekt über eine Versinnbildlichung übernatürlicher Phänomene (bspw. am Ende des Hörspiels DIE GEHEIMEN PROTOKOLLE DES SCHLOMO FREUD) reichen bis hin zu einer auto-, medien- und/oder metareflexiven Selbstbezüglichkeit zum Zweck der kritischen Auseinandersetzung mit den Grundbedingungen der Hörspielproduktion als solcher (bspw. im Hörspiel PAUL – ODER DIE ZERSTÖRUNG EINES HÖRBEISPIELS). Die Relevanz der technisch-apparativen Dimensionen für die semiotische Untersuchung eines Hörspiels muss entsprechend zunächst immer anhand der spezifischen Faktur des Hörspiels analytisch nachgewiesen werden, ehe sie bei der Interpretation dieses Stücks sinnvoll Berücksichtigung finden kann. Denn, wie gesagt, die materielle Dimension ist mediendeterminativ immer latent gegeben und gewinnt für die inhaltliche Untersuchung nur dann Bedeutung, wenn etwa ein Hörspiel im Hörspiel thematisiert wird, ein Hörspiel andere Hörspiele integriert, zitiert oder nennt, eine Tonaufnahmesituation thematisiert wird oder wenn gezielt eingesetzte Störungen in einem Hörspiel auftreten, die eine materielle Dimension in den Vordergrund treiben und diese so selbst zu einem bedeutungsvollen Aspekt des Hörspiels machen. Andernfalls haben technisch-apparative Aspekte des Hörspiels, indem sie unvermeidlich und insofern nicht mit einer bestimmten Intention gewählt sind, keine besondere semantische Relevanz.

Ganz ähnlich ist es mit der *institutionellen* Dimension, innerhalb der bspw. durch (Selbst-)Zensur geregelt wird, welche Darstellungsinhalte überhaupt ermöglicht werden, was wiederum Einfluss auf den faktischen Gehalt von Einzelhörspielen hat. Im Vergleich zu den Limitationen durch die Hörspielapparatur sind die zensorischen Beschränkungen jedoch theoretisch wesentlich weicher, da zwar nicht akustisch dargestellt werden kann, was sich nicht audiotechnisch aufnehmen lässt, jedoch – unter Inkaufnahme einer juristischen Sanktionierung – durchaus gegen Richtlinien und Vorgaben der thematisch-inhaltlichen Gestaltung verstoßen werden kann. Zudem sind institutionelle Rahmenbedingungen elementar kulturell-historisch relativ und verändern sich im Laufe der Zeit mitunter radikal. Themen und Verfahren bspw. des Neuen Hörspiels waren so vierzig Jahre früher im selben Kulturkreis aufgrund der nationalsozialistischen Medienregulierung unmöglich. Die institutionelle Dimension besitzt folglich für die semiotische Hörspieluntersuchung ebenfalls nur dann Relevanz, wenn sie innerhalb eines Hörspiels explizit thematisiert wird, und ist ansonsten vor allem Gegenstand historiographischer Forschungen zu Senderlandschaft, Programmentwicklung etc. oder von Metatheorien, die sich mit den kulturhistorischen, mediensoziologischen etc. Bedingungen des Hörspiels als besonderer Instanz im soziologischen oder diskursiven Gesamtsystem befassen. Solche Ansätze begreifen und untersuchen das Hörspiel als soziales Subsystem im übergeordneten Gesellschaftssystem, das der Etablierung gesellschaftlicher Diskurse dient und sich nach bestimmten Bedingungen und Vorgaben der Produktion, Distribution, Rezeption sowie der Wirtschaft des Rechtes und der Politik zu richten hat. Das generelle mediale Potenzial des Hörspiels sowie der spezifische Aussagengehalt von Einzelhörspielen spielt dabei jedoch kaum bis gar keine Rolle. Dies ist wiederum Gegenstand der semiotischen Hörspielforschung, die das Hörspiel damit in erster Linie auch als Kommunikationssystem begreift, das einen Beitrag zur Formung seiner Ursprungskultur leistet.

2.3 Das Hörspiel als Kommunikationssystem

Die Semiotik begreift Kunstwerke im Allgemeinen und so auch Einzelhörspiele im Besonderen als abgeschlossene Mengen von Zeichen unterschiedlicher Zeichensysteme in einer kohärenten, textförmigen Ordnung. In ihrer Funktion zur Herstellung, Speicherung und Vermittlung von Nachrichten kommt ihnen ein kommunikativer Stellenwert zu, wobei sie als das erscheinen, was der Semiotiker Jurij Lotman als *sekundäres modellbildendes System* bezeichnet hat (1972a, 22–37; 1972b, 19–50). Sekundär ist das Medium Hörspiel dadurch, dass es auf primäre Wiedergabe- bzw. Zeichensysteme zurückgreift, die – wie Sprache, Stimmmodulation, Musik etc. –

je über einen eigenen, spezifischen und theoretisch endlichen Vorrat an Einzelzeichen verfügen (das Lexikon einer Sprache; der Artikulationsumfang einer Stimme; die Töne in der Musik etc.), die ihrerseits eine festgelegte Zeichensemantik besitzen (Wortbedeutungen; Signal-, Hinweis-, Abtön- etc. Funktionen der Stimme; Konnotationen von Tongeschlecht, Melodien, Lautstärken etc.) und nach bestimmten Verknüpfungsregeln (Grammatik; kulturelle Prinzipien und Normen der Stimmverwendung; Harmonielehre der Musik etc.) zu komplexeren Texten verbunden werden. Bei dieser sekundären Verwendung vorexistierender Zeichensysteme werden die jeweiligen Kodes der genutzten Zeichensysteme (Semantiken, Verknüpfungsregeln) weitgehend befolgt, teilweise jedoch regelhaft verletzt, wobei die Regelhaftigkeit dieser Primärkode-Verletzung in aller Regel einen neuen sekundären Kode – eine Kodifizierung – etabliert. Der Umstand, dass diese Verletzung von Primärkoderegeln selbst nach bestimmten (sekundären) Regeln erfolgt, stellt dabei sicher, dass eine neue, übergeordnete Systematik entstehen kann, die von den Rezipierenden aufgrund der zugrundeliegenden Regelmäßigkeit auch erkannt und verstanden werden kann. Werden die – in der Alltagskommunikation grundsätzlich ohne besondere Berücksichtigung rhythmisch-metrischer Strukturen verknüpften – Worte der deutschen Sprache bspw. in einem Hörspiel so angeordnet, dass sich ein metrischer Rhythmus, d.h. eine an der Wortbetonung ansetzende Regelmäßigkeit einstellt, wird dadurch das primäre Zeichensystem der Sprache in der betreffenden Äußerung sekundär überformt und erlangt das Potenzial, selbst – bspw. in Gestalt einer stellenweisen Abweichung von einer sonst strengen Metrik – Akzente zu setzen und so Sinn und Bedeutung zu generieren.

Auch wenn das Hörspiel als mediale Form nur einen einzigen, nämlich den akustischen Kanal besitzt, über den es seine Inhalte vermitteln kann, was seine Zeichensysteme auf rein akustisch vermittelbare beschränkt, ist es dabei doch ein *multikodales Kommunikationssystem*. Die ihm zur Verfügung stehenden allgemeinakustischen Zeichensysteme von Stimme, Sprache, Geräusch und Musik (bedingt auch Stille) sowie die spezifisch radiophonen Zeichensysteme von Blende, Schnitt, Mischung und elektroakustischer Manipulation (bedingt auch die verschiedenen Formen der Raumklangsimulation bzw. der »Enträumlichung« von Klang) basieren jeweils auf individuellen semiotischen Strukturen und bieten damit ein komplexes Arsenal an Ausdrucksmöglichkeiten, mit denen narrative, argumentatorische, ästhetische und weitere Zusammenhänge hergestellt werden können.

Die mit dem Hörspielmedium erzeugten Hörspieltexte, also die Einzelhörspiele, können so zu Trägern bestimmter Inhalte werden und eine konkrete Kommunikationsfunktion übernehmen, d.h., sie eigenen sich zur Übermittlung einer bestimmten Nachricht von einem Sender an einen Empfänger, wobei sie zugleich als Kommunikate und kulturelle Speicher in die besonderen diskursiven Prozesse der zugrundeliegenden Kultur eingebettet sind. Um all die dabei beteiligten Faktoren systematisch zu erfassen, eignet sich das von Roman Jakobson (1979, 83–121) ausgearbeitete elementare Kommunikationsmodell. Auch wenn es sich dabei um ein abstraktes, allgemeingültiges Modell zur Konzeptualisierung jeder Form des medialen Austauschs handelt, besitzt es vor allem durch seine Begrifflichkeit eine große Passgenauigkeit zur Beschreibung des radiophonen Kommunikationsakts, wie er sich bei der Rezeption eines Hörspiels vollzieht.

Das Modell setzt in seine zentrale Achse einen *Sender*, der eine Äußerung bzw. eine *Nachricht* über ein *Medium* an einen *Empfänger* vermittelt. Daraus resultiert medienübergreifend häufig eine bestimmte Kommunikationsrichtung. Besonders bei *einseitig* kommunizierenden Medien wie dem Hörspiel bedeutet das, dass nur der Sender an den Empfänger kommunizieren kann, nicht jedoch in umgekehrter Reihenfolge der Empfänger eine Mitteilung zurück an den Sender schicken kann. Vereinzelte Versuche zur Publikumsintegration im Umkreis des Neuen Hörspiels, wie bspw. das Radio-Spektakel ROSIE von Richard Hey, bei dem eine live-inszenierte Hörspielperformance durch Zuschaueranrufe ergänzt und in ihrem Fortgang bestimmt wurde, also faktisch ein sonst fehlender Rückkanal eingebaut wurde, stellen die absolute Ausnahme dar und sind – strenggenommen – auch keine reinen Hörspiele mehr, sondern transmediale Kunstwerke, die das technisch-apparative Arsenal des Hörspiels modifizieren (u.a. fehlende Postproduktion) und mit dem der Telefonie verschränken.

Jede Äußerung medialer Art und insofern auch jede Hörspielkommunikation findet außerdem in einem bestimmten *Kontext* statt. Man unterscheidet dabei zwischen raumzeitlicher Situierung – also dem konkreten Zeitpunkt und dem konkreten Ort, in dem die Kommunikation erfolgt – sowie den sozialen, politischen, institutionellen und anderweitigen Implikationen. Als produktives analytisches Konzept hat sich diesbezüglich der terminologische Apparat um den Begriff »kulturelles Wissen« erwiesen, wie ihn Michael Titzmann (1999) eingeführt hat.

Als kulturelles Wissen kann man die Gesamtmenge aller Propositionen verstehen, die die Mitglieder einer Kultur für wahr halten, wobei man unter Propositionen elementare Kernwissensmengen versteht. Insofern ist kulturelles Wissen, das Wissen einer bestimmten kulturellen Gruppe zu einem bestimmten Zeitpunkt. Dabei gibt es *explizite Propositionen*, also versprachlichtes Wissen, dass sich auch in Form von Buchabhandlungen, Lexikoneinträgen und dergleichen wiederfinden lässt; und daneben *implizite Propositionen*, also nicht versprachlichte Wissensmengen, die zwar nicht sprachlich-schriftlich festgehalten sind, aber quasi »gelebt« werden und insofern auch zum Wissensgehalt einer Kultur gehören. Menschen, die spätestens in den 90er-Jahren aufgewachsen sind, begreifen bspw. unmittelbar den funktionalen Zusammenhang zwischen einer Kompaktkassette und einem Sechskantbleistift, weil sie infolge ihrer Sozialisierung das nötige implizite kulturelle Wissen pragmatisch erworben haben: Der Bleistift lässt sich durch die Zahnradöffnungen in einer der Bandwickelrollen an der Kassette schieben und die Kassette, indem man sie um den Bleistift rotieren lässt, zurück- bzw. vorspulen. Meistens unterscheidet sich das kulturelle Wissen des Senders vom kulturellen Wissen des Empfängers zumindest in bestimmten Aspekten, da es an sich undenkbar ist, dass zwei (menschlich bestimmte) Kommunikationsinstanzen genau denselben Wissensinhalt besitzen. Folglich muss bei der Analyse eines Hörspiels das kulturelle Wissen der Entstehungszeit unbedingt und konsequent als Deutungshorizont einbezogen werden, um gültige Lesarten und Interpretationen generieren zu können und nicht etwa Wissen, das zur Entstehungszeit des Stücks noch nicht gegeben war, anachronistisch zu interpolieren. Insofern bedeuten die Analyse und die Deutung eines Hörspiels immer auch eine Rekonstruktion des Wissens der Kultur, in der das Hörspiel entstanden ist, und folglich lässt sich die akademische Auseinandersetzung mit Hörspielen durchaus als Form der medienspezifischen Kulturwissenschaft verstehen.

Damit ein Medienprodukt Träger einer Äußerung werden kann, ist es, wie eingangs beschrieben, im Weiteren nötig, dass das Medium einen bestimmten *Kode*, ein bestimmtes Zeichensystem verwendet, der jeweils einen *Kanal* kodiert. Dies betrifft die Binnenorganisation des Mediums.

Jedes Medium besitzt einen bestimmten Kanal oder mehrere Kanäle. Der Film etwa verfügt über ein audiovisuelles Zeichensystem, da er u.a. optisch Bilder präsentieren und akustisch Geräusche, Musik oder Sprache vermitteln kann. Das Hörspiel dagegen ist auf den akustischen Kanal festgelegt, über den es auditiv wahrnehmbare Zeichen vermittelt. Jeder Kanal determiniert in der Konsequenz den Kode, sprich: die Zeichen, die durch ihn vermittelt werden können. Diese Zeichen verbinden sich zu einer Art kohärentem Gewebe, infolge des Umstands, dass zwischen den jeweils gewählten Einzelzeichen Beziehungen einfacherer (Nachbarschaft, Sukzessivität) oder komplexerer (Äquivalenz, Opposition etc.) Art bestehen und sie durch ihre schiere spezifische Positionierung im Verhältnis zu den anderen Zeichen ein Netz von Bezügen etablieren, das zusätzlich zur reinen Zeichenbedeutung weitere semantische Implikationen etabliert. Die drei Wortzeichen »Amseln«, »singen«, »schön« bspw. bedeuten je für sich etwas und bedeuten darüber hinaus etwas ganz Bestimmtes, wenn man sie als Zeichenkette verwendet und bedeuten zudem etwas ganz Verschiedenes, je nachdem, ob man sie in der obigen Abfolge oder in der Phrase »Singen Amseln schön?« verwendet. Gleichgültig, ob man, wie in diesem Beispiel, Wörter als Zeichen in Kombination miteinander verwendet oder aber akustische Zeichen (ein Bellen, einen Knall etc.), entsteht also ein semantisch komplexes Gewebe, das »Text« im engen oder weiteren Sinne bezeichnet werden kann. Ein »Text« in diesem – auch für alles Folgende grundlegenden – Verständnis ist also eine kohärente Kombination von Zeichen eines oder mehrerer Zeichensysteme in einer bestimmten medialen Form. Das Hörspiel kann die Zeichen der Stimme, der Musik, der Sprache sowie der Geräusche nutzen, kann daraus bestimmte komplexere Zeichenkombinationen erzeugen, diese multimodal miteinander arrangieren und als Gesamtäußerung über den akustischen Kanal kommunizieren.

Im Zentrum jeder Kommunikation steht folglich die Übertragung einer bestimmten Mitteilung. Ein Sender bedient sich also eines bestimmten Mediums, um eine Mitteilung zu kodieren und diese an den Empfänger zu richten. Jedes Medium verfügt über einen oder mehrere verschiedene Kanäle, wobei jedem Kanal ein bestimmtes Zeichensystem zugrunde liegt, in dem ein Zeichenarsenal mit Verknüpfungsregularitäten enthalten ist. Aus diesen Zeichenvorräten und den Verknüpfungsregeln konstruiert der Sender eine bestimmte Mitteilung in Gestalt eines Textes, den er dann vermittels des Mediums an den Empfänger richtet. Dabei herrscht zumeist eine bestimmte Kommunikationsrichtung, die einseitig gerichtet sein kann und dann eines Rückkanales sowie in Konsequenz einer Antwortmöglichkeit entbehrt oder aber beidseitig gerichtet sein kann und dann über einen Rückkanal verfügt. All das findet in einem bestimmten Kontext statt, der durch kulturelles Wissen, aber auch durch situationelle, zeitliche, räumliche und andere Einflussfaktoren bestimmt wird, deren Kenntnis für ein korrektes Verständnis des jeweiligen Textes notwendig ist. Ein solches Verständnis ergibt sich auf Empfängerseite dann, wenn die zum Text verschmolzenen Zeichen hinsichtlich ihres semantischen Gehalts und in ihrer besonderen Interrelation richtig erfasst werden, womit das Zeichen als elementarer Sinnträger ins Zentrum der Aufmerksamkeit rückt.

Die Literatur der allgemeinen Medientheorie ist enorm; es sei lediglich beispielhaft verwiesen auf Schanze 2002, Faulstich 2004, Münker/Roesler 2008, Kloock/Spahr 2012 und Grampp 2016. Eine besondere Erwähnung verdient die Publikation von Krah/Titzmann 2013, in der sich auch die textwissenschaftlich fruchtbare Konzeptualisierung von »kulturellem Wissen« findet; vgl. dazu auch Titzmann 1989. Zu den verschiedenen Medienkontexten und -dimensionen vom Standpunkt der Filmwissenschaft siehe Gräf et al. 2011, 14–22. Zur medientheoretischen Einordnung des Hörspiels siehe Frank 1981, 42–66.

In Müller/Raff 2007 finden sich – ohne besondere Betrachtung des Hörspiels – mehrere Beiträge zur soziologischen und institutionellen Erfassung der deutschen Radiolandschaft. Für einen Überblick zu den Einzeldimensionen des Radiomediums allgemein siehe Kleinsteuber 2012. Eine Skizze der politischen, rechtlichen, sozialen und ökonomischen Aspekte des Rundfunks mit Konzentration auf das Hörspiel sowie eine Verortung desselben im Spannungsfeld medialer, literarischer und ästhetischer Vorstellungen liefert Ladler 2001, 22–34 und 102–123. Siehe ebd., 125–201, zu den hörspieldiskursiven Einflussfaktoren. Zur Einordnung des Hörspiels im institutionalisierten Kulturzusammenhang und seiner Betrachtung als Dispositiv vgl. Wodianka 2018; siehe auch Hannes 1990 zum Hörspiel als »Medienbiotop« und Kobayashi 2009 mit Ausrichtung auf das Hörspielprogramm der 1950er-Jahre im NWDR Hamburg und NDR. Köhler 2005 erarbeitet eine medienhistorisch-mediensoziologische Einordnung des Hörspiels. Eine umfängliche Sammlung an Beiträgen zur Radioapparatur, zu den (historischen) institutionellen wie entwicklungsgeschichtlichen Rahmenbedingungen des Hörspiels, zur Ars Acustica und zu verschiedenen Konzeptualisierungsmöglichkeiten aktueller Hörformate sowie zukünftiger Sendeformate bietet unter Einbezug bedeutender Hörspielschaffender Stuhlmann 2001. Noch umfassender werden die unterschiedlichen Dimensionen von Produktions- und Übertragungstechnik; Organisations-, Programm- und Konsumentenstrukturen; kommunikativen und ästhetischen Funktionen unterschiedlicher Hörformate; sowie die Perspektiven zur Weiterentwicklung von Hörfunk und entsprechendem Programm in den Einzelbeiträgen in Leonhard et al. 2002 behandelt.

3. Zeichentheoretische Grundlagen

Das *Zeichen* stellt die Grundkonstante der semiotischen Analyse dar. Es ist daher notwendig, zunächst eine Definition vorzunehmen, was ein Zeichen ist, ehe verschiedene Funktionen, Dimensionen und Arten von Zeichen in den Blick geraten können. Weitergehend lassen sich dann Relationen zwischen verschiedenen Einzelzeichen betrachten und speziell die Formen der Zeichen und ihrer Relationen, die in einem Hörspiel dominieren. Vom bisher recht abstrakten Ausgangspunkt werden die folgenden Abschnitte immer stärker auf hörspielspezifische Aspekte eingehen und auch konkrete Hörspielbeispiele berücksichtigen.

Zunächst ist zu klären, was überhaupt *Semiotik* bzw. Zeichentheorie ist. Bei der bereits kennengelernten elementaren Darstellung einer Kommunikation steht eine bestimmte Äußerung im Mittelpunkt, die von einem Medium getragen wird. Diese Äußerung lässt sich nach semiotischen Gesichtspunkten als textuelle Kombination von Zeichen eines oder mehrerer Zeichensysteme in einer bestimmten medialen Form betrachten. Wie bereits bei der Besprechung des Kommunikationsmodells gesehen, muss, damit ein Text erzeugt werden kann, immer schon ein bestimmtes Zeichensystem im Hintergrund stehen, auf dessen Basis Einzelzeichen ausgewählt und »textuell« kombiniert werden, d.h. in einer Art und Weise, dass ein Text entsteht. Da die Zeichensysteme abhängig sind von den jeweiligen Medien, ergibt sich die Äußerung in bestimmter medialer Form (Romanbuch, Computerspiel, Film, Hörspiel etc.). Die Semiotik als Wissenschaft von der Entstehung, den Strukturen, Funktionsweisen, Regularitäten und dem Gebrauch von Zeichen bzw. Zeichensystemen betrachtet in erster Linie die allgemeinen Strukturen von Zeichen und differenziert sich darauf aufbauend nach bestimmten – vor allem medialen – Bereichen aus. Insofern steht der Begriff des Zeichens im Mittelpunkt dieser Wissenschaft und auch die Hörspielanalyse, sofern sie auf semiotischen Grundlagen beruht, kommt um den Begriff des Zeichens nicht herum.

Die wichtigsten mediensemiotischen Grundbegriffe sind das Zeichen, das Zeichensystem, Kontext und Kotext sowie Denotation und Konnotation.

3.1 Das Zeichen

Ein *Zeichen* kann definiert werden als ein Verweiselement bzw. ein Inhaltsträger. Es muss jedoch gleich zu Beginn darauf hingewiesen werden, dass es sich bei einem Zeichen keineswegs ausschließlich um ein künstliches, vom Menschen gemachtes Element handelt, das dieser zum Zweck der Kommunikation anfertigt. Vielmehr ist die gesamte menschliche Wahrnehmungsweise elementar semiotisch strukturiert: Mit dem Geruchssinn nehmen wir einen bestimmten Duft wahr und können – ohne des betreffenden Objekts ansichtig zu werden – darauf schließen, dass in der Nähe bspw. Maiglöckchen blühen müssen; wir sehen ein Objekt mit gewisser Größe, Farbe und Geschwindigkeit an uns vorüberziehen und können sagen, das ist bspw. ein Auto; wir hören ein bestimmtes Geräusch hinter einer verschlossenen Türe und können durch die Spezifik des Klangs darauf schließen, dass hinter dieser Tür ein Wecker sein muss, der gerade klingelt. Mit den verschiedenen Sinnen, die grundsätzlich wie die Kanäle eines Mediums organisiert sind, nehmen wir also bestimmte diesen Sinnen zugängliche Phänomene wahr, die in einem Folgeschritt vom Bewusstsein mit einem bestimmten »Sinn«, einer Deutung und Bedeutung versehen werden. Diese Phänomene haben entsprechend die Charakteristik eines Zeichens, da sie zunächst vom Bewusstsein interpretiert werden müssen, um als das erkannt werden zu können, was sie sind. Dass diese epistemischen Prozesse weitgehend automatisiert verlaufen, ändert nicht grundsätzlich etwas an der semiotischen Struktur ihres Funktionierens. Vielmehr vollziehen sie sich in ganz analoger Weise wie bei der Wahrnehmung eines künstlichen, vom Menschen gemachten Elements, das konkret zu kommunikativen Zwecken gefertigt wurde. Um es noch einmal plastisch zu machen, wie wenig Unterschied zwischen der alltäglichen Wahrnehmungssituation und der medialen Rezeptionssituation besteht, genügt es sich in Erinnerung zu rufen, dass der Gesang einer Amsel im Garten physikalisch nahezu identisch ist mit dem Gesang dieser Amsel, wenn er mit radiophoner Aufnahmetechnik aufgezeichnet und wieder abgespielt wird. In beiden Fällen muss vom Geräusch auf die Quelle des Geräusches und auf die zugehörige Bedeutung »Vogelgesang« geschlossen werden. Abgesehen von der Medialisierung besteht ein Unterschied primär in der Kontextualisierung – so mag der Umstand, dass man das Geräusch im Garten hört, die Deutung beschleunigen im Verhältnis dazu, wenn man das Geräusch insoliert und in einer eher für das Geräusch eher untypischen Umgebung hört, wie bspw. aus einem geschlossenen Kleiderschrank. An der kognitiven Deutungsoperation als solcher ändert das allerdings kaum etwas; umso weniger, da die konstruierte Schranksituation eher eine Seltenheit sein dürfte und ein Vogelzwitschern in einem Hörspielzusammenhang meist in ebenfalls analoger Weise zusätzlich kontextualisiert wird, etwa dadurch, dass die betreffenden Figuren im Gespräch ankündigen, in den Garten gehen zu wollen, woraufhin das Vogelgeräusch die Nähe zum bzw. die Ankunft der Figuren im Garten verdeutlicht.

Ein anderer Unterschied ist darin zu sehen, dass der Amselgesang im Garten sozusagen »von selbst« (aus dem Schnabel des zugehörigen Vogels) entsteht, während er im Zusammenhang eines Hörspiels absichtlich und gezielt platziert wird, um die Hörenden darauf hinzuweisen, dass die aktuelle Hörspielhandlung in einem Naturraum, etwa einem Garten, stattfindet. Aber auch hier, in Hinblick auf die intentionale Ausrichtung des Zeichens, ist der Unterschied nur inhaltlich gegeben, nicht jedoch strukturell, denn auch der Vogel ruft ja, um etwa ein Weibchen zu locken, während die Hörspielproduzierenden den Vogelruf einsetzen, um die Szenerie zu verdeutlichen. Das ursprünglich primäre Zeichen des Vogels »Hier bin ich, ich bin schön und stark und kann toll singen!« wird durch die Hörspielmacher lediglich in ein sekundäres Zeichen, eine Art Ortsmarker transformiert »Wie am Zwitschern erkennbar, befinden wir uns in einem Garten.«; die reine Zeichengestalt mit ihrer auditiv wahrnehmbaren Form, auf Grund derer man auf eine Bedeutung schließt, ändert sich nicht.

Aus diesen allgemeinen Hinweisen lassen sich nun spezifische Schlussfolgerungen hinsichtlich des Zeichens, seiner zeichensystemischen Abhängigkeit und seiner ko- und kontextuellen Aspekte ziehen. Ein Zeichen ist also ein Objekt, ein Element, mit dessen Hilfe ein gewisser Inhalt, eine sekundäre Information vermittelt werden kann. Das Gegenteil dazu wäre ein *Ornament*. Ein Ornament ist eine Struktur ohne Inhalt, die nur die Funktion hat zu schmücken. Ornamente haben keinen eigentlichen Sinn, tragen keine sekundäre Information, wie dies für Zeichen zutrifft. Ein Zeichen ist etwas, das etwas anderes bedeutet. Es trägt eine sekundäre Information (vgl. auch Krah 2006, 17f.).

Im binären Zeichenmodell von Ferdinand de Saussure ist ein Zeichen eine Zweieinheit, bestehend aus einem Bezeichnenden und einem Bezeichneten, einem Signifikanten und einem Signifikat, die rein mentaler Art sind und zu einer untrennbaren Einheit verschmolzen sind (vgl. Abb. 1).

Abbildung 1

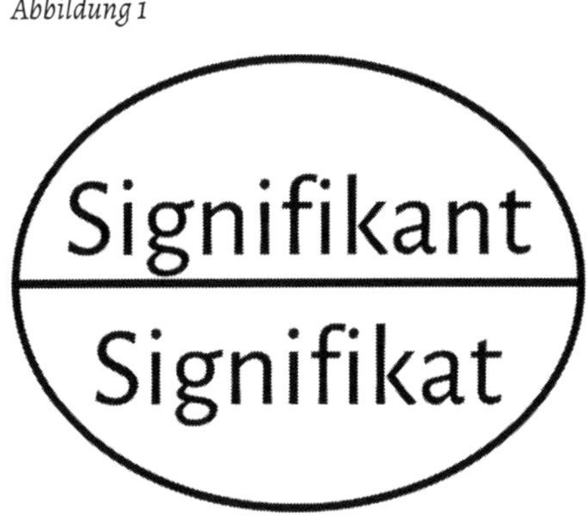

In dem elaborierteren dreigliedrigen Zeichenmodell von Charles Sanders Pierce werden dagegen ein Signifikant bzw. Repräsentamen, ein Interpretant und ein Objekt bzw. Referent unterschieden, also ein physisch-materieller Zeichenkörper oder Zeichenträger (bspw. die Schallwellen, die zu einem Hörereignis führen), der nach der Wahrnehmung durch eine Person einen Bewusstseinsinhalt bei dieser erzeugt, welcher dazu geeignet ist, die Person erkennen zu lassen, auf welches konkrete Objekt mit dem Zeichenträger verwiesen wird (vgl. Abb. 2).

Abbildung 2

Weitergehend muss festgehalten werden, dass ein Zeichen nur etwas in einem es kodierenden Zeichensystem bedeutet. Das heißt, wenn kein Zeichensystem im Hintergrund existiert, dann gibt es auch kein Zeichen. Ein Element – zum Beispiel ein mit Bleistift auf Papier notiertes »E«, »L« oder »Z« – ist ein Buchstabe, der nur im System des Alphabets etwas bedeutet; eben nur dort kodiert ein solches Zeichen einen bestimmten Vokal oder Konsonanten, also Aspekte der menschlichen Sprache. Nimmt man ein »E« aus dem Kontext der Sprache und fügt es in ein anderes Zeichensystem ein, kann es bspw. für die Physik im Kontext ihrer Formelsprache für Energie, für die grafische Darstellung bestimmter physikalischer Systemzusammenhänge fungieren. Ein und dasselbe grafische Element erhält durch zwei verschiedene Zeichensystem-Kontexte zwei verschiedene Bedeutungen.

Ein Zeichensystem ist insofern ein Komplex aus Zeichen mit je bestimmten, festen Bedeutungszuweisungen und festen Regeln, die die Verknüpfung der einzelnen Zeichen zu größeren Zeichenfolgen organisieren. Jedes Zeichensystem enthält also verschiedene Zeichen mit ganz klar definierter Bedeutung sowie die Regularitäten, entsprechend derer diese Zeichen miteinander verknüpft werden können.

3.2 Denotation und Konnotation

Die Begriffe der Denotation bzw. der Konnotation bezeichnen verschiedene Formen der Bedeutung eines Zeichens. *Denotation* meint den primären, neutralen, eindeutigen Zeichengehalt, den semantischen Kern eines Zeichens. Die Buchstabenfolge »G-R-Ü-N« bspw. bedeutet denotativ eine spezifische Farbqualität, die bei der menschlichen Wahrnehmung von Licht gegeben ist, dessen Spektrum im betreffenden Fall eine Wellenlänge von 520 bis 565 Nanometern aufweist.

Während die Denotation die Hauptbedeutung eines Zeichens darstellt, ist die *Konnotation* eine Nebenbedeutung, die der Denotation sekundär, assoziativ und meist auch wertend angegliedert ist. Insofern sind Konnotationen oft historisch und kulturell bedingt und wandeln sich wesentlich leichter als Denotationen. Die Farbe Grün, die denotativ nur ein bestimmtes Spektrum des Farbkreises bezeichnet, kann je nach Kultur anders konnotiert sein. Sie kann als Farbzeichen für Hoffnung, für Natur, für Neid, für Frühling, für den Islam und verschiedene andere Dinge stehen. Nötig für das Verständnis von Konnotationen ist daher das sogenannte kulturelle Wissen bezüglich des kontextspezifischen Zeichengehalts, also das Wissen, das von den Mitgliedern einer kulturellen Gemeinschaft aufgrund der sozialen, politischen, künstlerischen etc. Gegebenheiten und Diskurse zur Zeit der Zeichenverwendung geteilt wird und folglich semantische Relevanz hat. Konnotative Bedeutungen binden so an primäre Zeichen und besonders an sprachliche Lexeme an und erweitern diese um einen über den zentralen neutralen Bedeutungsgehalt hinausgehenden semantischen Aspekt. Wie am Beispiel des Amselgesangs zuvor gesehen, können sie aber auch Bestandteil von rein akustischen Zeichen sein: Wird in einem Hörspiel etwa dieses Vogelgeräusch verwendet, hat es nicht mehr nur seine primäre Bedeutung »Eine Amsel balzt.«, sondern auch zusätzliche sekundäre konnotative Bedeutungen. Diese resultieren aus dem natürlichen Vorkommen dieses Geräusches und fungieren im Hörspielzusammenhang etwa als Zeitmarker (»Frühling«) oder als Ortsmarkierung (»Die aktuelle Hörspielhandlung findet in der Natur/im Garten statt.«) oder können auch – stärker assoziativ – emotionale Dimensionen wie »Ruhe« oder »Frieden« in den Hörzusammenhang eintragen.

Besonders als Sprachkomponenten gehen konnotative Bedeutungen auch in den Hörspielkontext ein. Ein Beispiel findet sich im Stück BRUDERLIEBE, in dem durch Anspielung auf das kulturelle Wissen der Zuhörenden die denotative Bedeutung der Bezeichnung eines Landes funktionalisiert wird. Die Brüder Max und Jerry versuchen, mit Skiern unbemerkt über die grüne Schweizer Grenze zu gelangen, als sich bei einer kurzen Zwischenpause folgendes Gespräch zwischen den beiden entspannt:

> *Max:* Wir hätten schräg über das Schneefeld fahren sollen.
> *Jerry* (hustet)
> *Max:* Du wirst doch jetzt wohl nicht rauchen.
> *Jerry:* (Feuerzeuggeräusch) Wieso nicht?
> *Max:* Weil niemand zu wissen braucht, dass wir hier sind. Wirklich niemand.
> *Jerry:* Ich habe Winter in den Bergen Afghanistans verbracht, Max. Ein Feuer sieht man, aber nicht die Flamme eines Feuerzeugs.

Es bleibt an dieser Stelle des Hörspiels und noch einige Zeit im Folgenden unausgesprochen, was Jerry in Afghanistan gemacht hat. Das Hintergrundwissen zu den beiden Brüdern macht jedoch klar, dass sie dort weder geboren noch dorthin irgendwelche familiären Beziehungen haben. Der Umstand der offenbaren Geheimhaltung und das Wissen um Tarnung, das sich in den wenigen Worten Jerrys zu erkennen gibt, macht jedoch deutlich, dass es wohl kein Urlaubsaufenthalt war. Im kulturellen Wissen des Entstehungskontexts des Hörspiels rangiert Afghanistan jedoch als Kriegsgebiet. Es scheint daher naheliegend, aus den Worten Jerrys zu schließen, dass dieser entweder als Soldat an einer der dortigen Militäreinsätze gegen die islamistischen Milizen teilgenommen – oder, im Gegenteil, als Konvertit auf Seiten der Islamisten gekämpft hat. Letztgenannte Vermutung wird sich im Verlauf des Hörspiels erhärten. Mit dem Begriff »Afghanistan« wird hier also denotativ auf das Land in der Hindukusch-Region verwiesen; zugleich fungiert die konnotative, aus kulturellem Wissen gespeiste Bedeutung »Kriegs- und Krisengebiet« als sekundärer Bedeutungsgehalt zur Charakterisierung der Hörspielfigur Jerry.

3.3 Syntagmatik, Paradigmatik, Pragmatik

Wird, wie eben geschehen, ein Zeichen in erster Linie hinsichtlich seiner Bedeutung betrachtet, steht seine *semantische* Funktion im Mittelpunkt, sprich: sein Verweischarakter, indem es – entsprechend des Zeichenmodells von Ferdinand de Saussure – in der Funktion als Bedeutungsträger über seinen materiellen Körper auf etwas Anderes, Sekundäres hinweist. Nach Charles William Morris lassen sich daneben noch drei weitere Dimensionen des Zeichens unterscheiden, nämlich die syntaktische bzw. syntagmatische, die paradigmatische sowie die pragmatische Dimension.

Die syntaktische oder *syntagmatische Dimension* betrachtet das Zeichen im Zusammenhang zu anderen benachbarten Zeichen. Diese Dimension umfasst also Relationen, die vor allem semantische Nachbarschaftsverhältnisse von Zeichen sind. Abstrakt gesehen, lässt sich ein Text als eine Abfolge von Einzelzeichen verstehen, die entsprechend der zeichensystemischen Verknüpfungsregularitäten miteinander verbunden sind. Bei literarischen Texten sind die Einzelzeichen Worte, die nach grammatikalischen Regeln miteinander verbunden wurden; in einem Hörspiel können das verschiedene Schallereignisse unterschiedlicher Kategorien sein wie bspw. Geräusche, Tonfolgen, Sprachteile etc., die zueinander nach schnitttechnischen Prinzipien in Reihe und/oder nach dynamischen Skalierungen in Parallelität geschaltet wurden.

Aus der Syntagmatik eines Textes können bestimmte Syntagmen, also kürzere Zeichenfolgen, analytisch herausgelöst werden, bis hin zu elementaren Verbindungen, wenn die Beziehung eines Einzelzeichens zu seinem Folgezeichen betrachtet wird. Bei einer solchen syntagmatischen Analyse geraten die Bedeutungsgehalte in den Blick, die über den rein denotativen Gehalt eines Einzelzeichens hinausgehen und sich erst durch die Wechselwirkung zwischen zwei linear korrelierten Zeichen ergeben. Im Hörspiel wird die syntagmatische Dimension von Zeichen in reicher Fülle funktionalisiert und das häufig in starker Analogie zu realweltlichen Schallphänomenen, sodass bei der Rezeption diese Dimension mitunter gar nicht bewusst wahrgenommen wird. Für die Analyse, die auf dem Grundverständnis aufbaut, dass es sich bei Hörspielen um künstlich erzeugte Zeichenkomplexe handelt, ist es jedoch sinnvoll, ja, unabdingbar, auch die syntagmatischen Beziehungen der einzelnen Zeichen untereinander hinsichtlich ihrer individuellen Bedeutung bei der Bedeutungserzeugung zu beachten.

Hört man in der realen Welt ein Geräusch, hat dieses stets eine konkrete Quelle, und man kann durch die Gestalt des Geräusches meist u.a. Rückschlüsse ziehen, auf den Erzeuger des Geräusches (Bellen: Hund; Klirren: Glas etc.) sowie auf die ungefähre Entfernung der Geräuschquelle vom (eigenen) Wahrnehmungsstandpunkt. Das Geräusch hat in diesem Zusammenhang durchaus den Wert eines Zeichens, denn es ist Anzeichen für die tatsächliche Existenz eines ganz bestimmten Objekts und hilft dem Individuum, sich entsprechend des Gehörten über seinen Hörsinn in der Welt zu orientieren.

Im Hörspiel dagegen stehen Geräusche in einem ganz anderen, künstlich erzeugten Kontext. Ein Geräusch im Hörspiel wird explizit als Zeichen für ein bestimmtes Objekt hergestellt, wobei zwischen der hörspielproduktiven tatsächlichen Geräuschquelle und dem durch das Geräusch hörspielintern angezeigten Objekt keinerlei direkte Beziehung gegeben sein muss – man denke nur an die halben Kokosnussschalen, die, auf eine harte Unterlage geschlagen, ein Geräusch erzeugen, das im Hörspiel mitunter als Pferdehufschlag verwendet wird. In diesem Beispiel besteht zumindest eine ausreichend große akustische Ähnlichkeit zwischen Signifikanten (Kokosnussschalen-Geklapper) und Signifikat (Pferd), damit das Geräuschzeichen einigermaßen problemlos verstanden wird. Sobald jedoch akustisch weniger prägnante Geräuschzeichen Verwendung finden, ist das Hörspiel darauf angewiesen, über die syntagmatische Zeichenbeziehung eine Eindeutigkeit hinsichtlich der Bedeutung des Geräuschzeichens herzustellen. Dies trifft wohl auf die meisten der im Hörspiel vorkommenden, in aller Regel ja separat erzeugten und mitunter durch Audiobearbeitung überformten Geräusche zu. Isoliert man ein Geräusch in einem Hörspiel und präsentiert es einem über den ursprünglichen Verwendungskontext nicht informierten Hörerkreis, wird man eine Fülle verschiedener möglicher Deutungen des Geräusches erhalten. So gibt es – um ein beliebiges Beispiel zu nennen – im Hörspiel INSCHALLAH, MARLOV ein Geräusch, das entsprechend isoliert im Seminarzusammenhang präsentiert von den Teilnehmenden als das Geräusch einer aufspringenden Kasse, als Sägen, als Geräusch herabfallender Papierblätter, als Abrutschen einer Schneeschaufel von der Wand und in vielerlei anderer Weise aufgefasst wurde. Erst im größeren Zusammenhang des Hörspiels wurde über die syntagmatische Beziehung des Geräuschzeichens zu anderen, besonders sprachlichen Zeichen die eigentlich intendierte Bedeutung dieses Geräuschzeichens klar. Der Kontext ist dabei folgende Gesprächssituation:

> *Amin:* Wie du siehst, bin ich bewaffnet! Was lässt dich glauben, dass du mir drohen kannst?
> *Marlov:* Diese kleine Kokosnuss, Kumpel, eine Handgranate! Noch bevor du entsichert hast, habe ich den Sicherungsstift gezogen. Ich weiß übrigens nicht, worauf ich noch warte, also... Was sagt man hierzulande, wenn man sich von jemandem verabschiedet? Sag es!
> *Amin:* Inschallah.
> *Marlov:* Ja, Inschallah. Also...
> *Amin:* Nein, zieh den Stift nicht raus!
> *Marlov:* Dann leg die Waffe auf den Boden und schieb sie mir sanft zu, ganz sanft. [Geräusch] Was für ein Schätzchen von Waffe du da hast, Amin. Eine sowjetische 9x18-Makarov – ein Geschenk?
> *Amin:* Von Breschnew persönlich. Jetzt weißt du, mit wem du es zu tun hast.

Das Geräusch, das isoliert gehört inhaltlich völlig unklar bleibt und nicht eindeutig zugeordnet werden kann, also sowohl hinsichtlich seiner Quelle als auch seiner Raumposition unbestimmt ist, kann durch den größeren Kontext dank der begleitenden (Sprach-)Zeichen eindeutig als Pistole dekodiert werden. Und nicht nur das: Durch die Angaben der Figuren wird zudem klar, um welches konkrete Modell einer Pistole es sich handelt (9x18-Makarov), welche soziale Symbolik daran gekoppelt ist (ein Geschenk des Vorsitzenden des Präsidiums der UdSSR und Parteichefs der KPdSU Leonid Iljitsch Breschnew persönlich) und in welchem Bewegungszustand sie sich befindet (infolge eines Akts der Entwaffnung über den Boden schlitternd). U. a. all diese Bedeutungskomponenten erhält das unspezifische Geräuschzeichen aufgrund seiner syntagmatischen Dimension.

Die *paradigmatische Dimension* betrifft vor allem die Beziehung eines Zeichens zu möglichen anderen Zeichen, durch welche das Zeichen ersetzt werden könnte. Dabei ist zu bedenken, dass sich eine besondere Bedeutung nur dann einstellen kann, wenn aus einer bestimmten Anzahl möglicher Alternativen ausgewählt werden kann, während ein Aspekt, zu dem es keine Gegenoptionen gibt, selbstverständlich und damit semantisch neutral ist. So ist, wie im vorhergehenden Kapitel bereits gesehen, die technisch-apparative Dimension des Hörspiels grundsätzlich unvermeidbar und der impliziten Materialität kommt daher für gewöhnlich keine besondere Bedeutung zu, da sie in jedem Hörspiel gleichermaßen vorhanden ist. Sobald diese Materialität jedoch nicht nur einen unvermeidbaren Aspekt des Hörspiels darstellt, sondern als eigens akzentuierter Bestandteil explizit in den Vordergrund getrieben, somit als Thema manifest und damit zu einem alternativen Verfahren im Umgang mit der technisch-apparativen Dimension gestaltet wird, wird die gesamte Materialität hörbar zu einer bedeutungshaften Komponente des betreffenden Hörspiels. Ebenso war es für das frühe Hörspiel bspw. selbstverständlich, dass alle Sprecherinnen und Sprecher live und in einem Raum vereint ihre Figurenpassagen ins Mikrofon sprechen und diese Darbietung in Echtzeit gesendet wird, weil sich die Möglichkeiten der Aufzeichnung, tontechnischen Nachbearbeitung und des Schnitts noch nicht etabliert hatten. Diese Gestaltungsweise eines Hörspiels war die einzig mögliche und damit semantisch neutral. Wird dagegen heutzutage, da es infolge der extremen technischen Fortschritte mit Digitalton und DAWs eine Fülle an produktionellen und postproduktionellen Eingriffsmöglichkeiten gibt, ein Hörspiel auf diese altertümliche Weise gestaltet, was bspw. bei den Live-Events zur Hörspielserie DIE DREI ??? tatsächlich gegeben ist, so hat diese Entscheidung unmittelbar semantische Relevanz und muss vor dem Hintergrund und dem Inhalt des Hörspiels als eigenständiger Faktor mit in die Interpretation einbezogen werden. (Es sei an dieser Stelle noch einmal betont, dass das Live- und das Studiohörspiel medial gesehen höchst unterschiedlich sind, da ersteres u.a. aufgrund des improvisatorisch-performativen Moments, des Verzichts auf Speicherung und Nachbearbeitung sowie des Darbietungskontextes erheblich vom Dispositiv des Studiohörspiels abweicht und eine größere Nähe – statt zu diesem – zur Theaterdarstellung aufweist.) Dasselbe gilt im kleineren Umfang für alle Aspekte eines Hörspiels: Wird etwa eine Figur mit Frauenstimme besetzt, gilt zu fragen, warum nicht eine Männer- oder eine Kinderstimme gewählt wurde; scheint diese redaktionelle Entscheidung durch das Geschlecht der Figur und den offenbaren Wunsch motiviert, keine kontrapunktische Beziehung zwischen Figurengeschlecht und Stimmgeschlecht herzustellen, ist weiter zu fragen, warum gerade diese Frauenstimme mit ihrem bestimmten Stimmalter, ihrer bestimmten Tonhöhe, ihrem bestimmten Ambitus etc. gewählt wurde. Überall, wo Alternativen denkbar und möglich wären, stellt die konkret gewählte Option einen Fakt dar, dessen Begründung und Motiviertheit in einer umfassenden Interpretation schlüssig argumentiert werden müssen.

Ein Zeichen, das hinsichtlich seiner »paradigmatischen« Dimension eine besondere semantische Ausweitung besitzt, steht also immer in einem sogenannten Paradigma aus alternativen Möglichkeiten, wobei ein Paradigma eine Substitutions- oder Austauschklasse ist: eine Menge an Elementen, von denen eines gewählt werden muss. Der Begriff entstammt, was diese seine Verwendung betrifft, aus dem linguistischen Bereich der Satztopologie, gemäß der an bestimmten Positionen in einem Satz eine bestimmte Wortklasse in einer bestimmten Form stehen kann. In einem Satz bspw. mit der Struktur »Peter geht.« kann an der ersten Position statt »Peter« auch »Anna«, »Das Pferd« etc. stehen und an zweiter Position »schläft«, »hüpft« etc.: »Peter«, »Anna«, »Das Pferd« und alle weiteren möglichen Alternativen bilden demnach ein Paradigma, eine Austauschklasse für ihre Satzposition, ebenso wie »geht«, »schläft«, »hüpft« etc. ihrerseits ein Paradigma für ihre Satzposition darstellen. Während in der Linguistik vor allem grammatikalische Gemeinsamkeiten für die Feststellung eines Paradigmas maßgeblich sind, stehen bei der Hörspielanalyse in erster Linie semantische Ähnlichkeiten im Mittelpunkt.

Betrachtet man die paradigmatische Dimension eines bestimmten Zeichens, lässt sich ein bestimmtes Syntagma, ein kurzer Abschnitt herauslösen und dann fragen, wodurch sich ein konkret gegebenes Zeichen ersetzen lässt bzw. in welcher Austauschklasse es steht. Als Beispiel kann eine andere Passage des bereits betrachteten Hörspiels INSCHALLAH, MARLOV dienen, in welcher der semantisch unscharfe, ambige und in der Realität auch ungebräuchliche Begriff »Terminieren« durch das semantische Paradigma, in das der Begriff gestellt wird, geklärt wird:

> [Klappern und Quietschen von (Käfig-)Stangen]
> *Wärter 1:* Was kann's schon ausmachen, wenn ich mit meinem Knüppel noch ein bisschen zuschlage – sicherheitshalber?
> *Wärter 2:* Wir haben Befehl, ihn atmend in den Terminationssaal zu bringen. Sie reagieren zurzeit etwas überempfindlich, wenn sie Insassen terminieren sollen, die bereits terminiert sind.
> [Dumpfe Schläge und Stöhnen]
> *Marlov (innerer Monolog):* Das Schöne am Terminiert-Werden ist, dass man die Wahl hat, an was man sich erinnern will, dass man den ganzen Rest mitsamt dem Strandgut über Bord werfen kann. Was gerade an mir vorbei schwimmt, ist eine Magnumflasche armenischen Cognacs; ein tödlich aussehender Munitionsspender mit dem Etikett »9x19 mm Parabellum Luga«; ein Paar pechschwarzer glänzender Seidenstrümpfe, die in pechschwarz glänzenden, sehr hohen Stiletto-Absätzen münden – allerdings und bedauernswerterweise ohne die dazugehörigen Beine; und eine auf gebrochene Tür, auf der ich »Marl. Priv. Detek.« entziffern kann, unbeholfen hingekritzelt und etwas verwischt auf der verdreckten Glasscheibe. Ich würde Ihnen gerne sagen, wer ich bin. Aber wenn ich mein Erbsenhirn absuche nach dieser kostbaren Information, sehe ich nur die Gurte einer Zwangsjacke, Gehirnsonden, die Elektroschocks registrieren, oder Spritzen, die mit einer speziellen Märchenflüssigkeit gefüllt werden. Das soll mich daran hindern, den weiß gekleideten Genossen, die mir alle diese wundervollen Dinge verpassen, den Unterkiefer zu zerschlagen. Wenigstens bin ich jetzt an einem besseren Ort – oder vielleicht auch nicht? Denn jedes Mal, wenn ich versuche, eine dieser vorbeitreibenden heiligen Flaschen mit armenischem Cognac zu entkorken, lacht sie mir in mein dummes Punim und löst sich in einem Strudel auf.

Auch wenn das Hörspiel selbst keine Definition des Begriffs »Terminieren« liefert, wird dessen Bedeutung durch den Kontext, sprich: den paradigmatischen Rahmen, in den es dort zusammen mit anderen Wörtern und Handlungen gestellt wird, weitgehend geklärt. Diese Klärung erfolgt weniger durch syntagmatische Nachbarschaftsverhältnisse zwischen dem Begriff und anderen Zeichen, sondern der Begriff wird durch andere Lexeme, andere Zeichen in einen größeren Gesamtzusammenhang gesetzt, wobei der Begriff »Terminieren« innerhalb dieses Zusammenhangs inhaltlich verständlich wird. Der paradigmatische Kontext enthält Elemente wie Käfig, Insasse, Zwangsjacke, Knüppel, Elektroschocks, Gehirnsonden und Spritzen und ist durch eine situative Struktur gekennzeichnet, die sowohl Aspekte eines Gefängnisses als auch einer medizinischen Klinik aufweist. »Terminieren« konkretisiert sich dadurch allmählich als ein etabliertes Verfahren verschiedener institutionalisierter Formen der Gewaltausübung gegenüber einem im Grunde wehrlosen Gefangenen mit dem Ziel, unter Anwendung von Injektionen und Elektroschocks dessen Bewusstsein sowie dessen Erinnerungen teilweise oder ganz auszulöschen, wobei diese Gewaltformen gewisse Ähnlichkeit mit historischen psychiatrischen Behandlungsmethoden aufweisen.

Die letzte Dimension des Zeichens in der Kategorisierung nach William Morris ist die *pragmatische Dimension*. Pragmatik konzentriert sich vor allem auf die Erforschung der Verwendung von Zeichen zwischen verschiedenen Benutzern. Der Gebrauchsaspekt des Zeichens steht hier im Mittelpunkt. Die Pragmatik untersucht also Zusammenhänge, wie Zeichen in einem größeren Kommunikationskontext fungieren, wie und zu welchem kommunikativen, aber auch sozialen Zweck sie produziert, rezipiert und interpretiert werden. Das betrifft einerseits hörspielintern die kommunikativen Interaktionsverhältnisse zwischen den Figuren eines Stücks, Sprechakte, die Orientierung an kulturellen Konversationsmaximen etc. – also die Art und Weise, wie die Figuren eines Stücks Zeichen und besonders Sprachzeichen benutzen. Andererseits untersucht eine pragmatisch orientierte Hörspielwissenschaft hörspielextern auch bspw. die Verwendungsweisen von Hörspielen, ihre Funktionalisierung als Mittel des gesellschaftlichen diskursiven Austausches, ihren Gebrauch im Rahmen individueller Rezeption, den generellen gesellschaftlichen Umgang mit ihnen sowie etwaige aus den genannten Formen der Auseinandersetzung resultierende Handlungsmuster.

3.4 Zeichenarten

Nachdem in den vorausgehenden Absätzen geklärt wurde, wie sich Zeichen ganz allgemein hinsichtlich ihrer Struktur, ihrer Verwendungsweise sowie ihrer unterschiedlichen Dimensionen charakterisieren lassen, können im Folgenden Kriterien in den Blick genommen werden, die dazu geeignet sind, unterschiedliche Formen von Zeichen voneinander abzugrenzen.

Wie im Kommunikationsmodell bereits gesehen, besitzt jedes Medium verschiedene Zeichenkanäle und diese Zeichenkanäle sind durchlässig für verschiedene Zeichensysteme. So wäre eine Möglichkeit der Einteilung von Zeichen jene, die sich an den im Hintergrund stehenden Zeichensystemen orientiert: Ein Buch greift auf die Schriftsprache zurück, also grafische (Sprach-)Zeichen; ein Gespräch basiert auf akustischen (Sprach-)Zeichen und bezieht zudem u.a. stimmliche, nonverbale gestische und mimische Zeichen mit ein; eine CD greift auf eine binäre digitale Kodierung zurück etc. Das Problem einer solchen medienbezogenen Einteilung der Zeichen ist, dass sie allzu leicht unsystematisch und unpräzise wird, da über ein und denselben medialen Kanal teilweise unterschiedliche Zeichenarten vermittelt werden können und die Art der medialen Kodierung nicht unbedingt verbindlich ist für die Art der Wiedergabe. Ein Hörspiel kann etwa akustische Sprachzeichen vermitteln, zugleich jedoch musikalische Zeichen enthalten, wobei dann im Weiteren zu klären wäre, was genau musikalische Zeichen sind und ob etwa auch Gesang dazu zu zählen ist, ob dieser also eine Mischform aus verbalen und musikalischen Zeichen ist – wird das Hörspiel dann als CD gepresst, werden dieselben Zeichen in eine digitale binäre Kodierung übersetzt etc. Eine derartige Einteilung von Zeichen nach ihrer Zugehörigkeit zu bestimmten Zeichensystemen mag folglich mitunter pragmatischen Nutzen haben, genügt jedoch meist nicht einer wissenschaftlich-systematischen Klarheit.

Charles Sanders Peirce hat versucht, die Zeichen aufgrund der Form ihres Objektbezugs zu klassifizieren, und hat auf diese Weise eine Typologie der Zeichen entwickelt, die eine ganz exakte Zuordnung ermöglicht. Ihm war daran gelegen, zu bestimmen, aufgrund welcher Kraft ein bestimmter Zeichenträger, d.h. das konkrete physische Zeichenobjekt, als Elemente zum Verweis auf einen bestimmten Referenten, d.h. das mit dem Zeichen Gemeinte, fungieren kann. Dabei hat er drei verschiedene solcher Kräfte ausgemacht und demgemäß drei Zeichentypen unterschieden: den Index, das Ikon und das Symbol bzw. das indexikalische, ikonische und symbolische Zeichen.

Ein *Index* ist ein Zeichen, das aufgrund einer existenziellen Beziehung Verweiskraft besitzt, es besteht also eine reale, meist kausale Relation zwischen Zeichenträger und Referent. Eine kausale Relation hat i. a. R. die Gestalt eines klaren Ursache-Wirkung-Zusammenhangs. So kann Rauch als (An-)Zeichen für Feuer gesehen werden oder ein Fußabdruck für den Menschen oder das Tier, das ihn im Schnee hinterlassen hat, weil sich vom jeweiligen Zeichenträger (Rauch/Stapfen) auf die Quelle bzw. den Urheber des Zeichenträgers, sprich: auf den Referenten zurückschließen lässt. Ein indexikalisches Zeichen wird also durch einen kausalen Zusammenhang zwischen Zeichenträger und Referent konstituiert.

Bei einem *ikonischen Zeichen* beruht dieser Zusammenhang dagegen auf einem Ähnlichkeitsverhältnis, der Zeichenträger weist Aspekte auf, die geeignet sind, im Bewusstsein des Zeichenbenutzers den Referenten wachzurufen, weil dieser über entsprechende zeichenwirksame Aspekte verfügt. Die bekannteste Form des Ikons ist die Abbildung, sei es eine Zeichnung, ein Gemälde oder ein Kupferstich eines Objekts (bei der Fotografie ist dagegen der indexikalische Aspekt dominanter als der ikonische). Wie es optische Ähnlichkeiten gibt, so gibt es natürlich auch akustische

Ähnlichkeiten und insofern auch akustische Ikone, was für das Hörspiel entscheidend ist.

Symbole, der dritte und letzte Zeichentyp in der Systematik von Peirce, basieren auf Arbitrarität und Konventionalität, d.h. auf einer willkürlichen Zuordnung von Zeichenträger und Referent, wobei diese Zuordnung durch eine Absprache zwischen den Zeichenbenutzern stabilisiert wird. Es gibt also keinen natürlichen oder anderweitigen Zusammenhang zwischen dem Zeichenträger und dem Referenten als den, dass es allgemein gesellschaftlich abgesprochen ist, dass ein bestimmter Zeichenträger dies und nur dies bedeutet. Dabei ist die Zuordnung von Zeichen und Bezeichnetem völlig arbiträr, also willkürlich. Symbole sind entweder traditionell konventionalisiert, d.h. die Bedeutung eines Zeichens ist schon lange gesellschaftlich fixiert, wie das bspw. bei den Buchstaben der Fall ist, die alle für einen anderen Laut stehen; oder ein Symbol wird spontan konventionalisiert, was dann der Fall ist, wenn ein bestimmtes Objekt neu zum Zeichenträger erklärt und unter den Zeichenbenutzern hinsichtlich seiner symbolischen Bedeutung bestimmt wird. Solche ad hoc etablierten Symbole sind praktisch, ungemein flexibel und hoch kommunikativ, da sie sich je nach Bedarf neu erstellen lassen – und das gilt besonders auch für ihren Gebrauch im Hörspiel. Sehr häufig werden dort synthetisch erzeugte Geräusche, die aufgrund ihrer Künstlichkeit keinen Ähnlichkeits- und auch keinen kausalen Bezug aufweisen bzw. erkennen lassen, genutzt, um bspw. eine Gliederungsfunktion zu übernehmen. Meist ist dafür keine explizite Konventionalisierung nötig, sondern die Bedeutung des Geräusches wird allmählich durch wiederkehrend gleiche Funktionalisierung im Hörspiel implizit deutlich. Wenn ein »Boing« oder dergleichen immer wieder vor Beginn einer neuen Szene ertönt, wird den Zuhörenden rasch klar, dass dieses Geräusch genau diese funktionale Bedeutung hat, nämlich anzuzeigen: Hier beginnt eine neue Szene. Ein komplexeres Beispiel für eine spontane Konventionalisierung eines neuen akustischen Symbols findet sich bspw. auch in dem Kinderhörspiel VOM SCHNEEMANN, DER EINEN SPATZ UNTER DEM HUT HATTE. An der betreffenden Stelle heißt es dort:

> *Erzähler:* Es war einmal ein rüpeliger Spatz. Er mischte sich überall ein und suchte Streit mit jedermann. Er beschimpfte sogar den Winter, denn es schneite und schneite und schneite. Der Rüpelspatz pickte zornig nach den Schneeflocken, dann flog er auf den Wäschepfahl und stäubte mit seinem Flügel dem Schneemann eine Wolke Pulverschnee mitten ins Gesicht.
> *Schneemann:* Hatschie! Spatz, mit dir nimmt es nochmal ein böses Ende.
> *Spatz:* Mecker, aber mecker, aber Tschiep, Tschiep, Tschiep. Mecker, aber mecker, aber Tschiep, Tschiep, Tschiep...
> *Erzähler:* ... tschilpte der Spatz und kniff dem dösenden Kater in den Schwanz, der sich unter dem Vordach der Gartenlaube vor dem Schnee versteckt hatte.

Dieses Getschilpe des Spatzes wird durch eine Synthesizer-Spur unterlegt, die in der Metrik und auch im Tonhöhenverlauf genau der zeitgleichen, nur wenig inhaltsvollen Äußerung des Spatzes entspricht. Durch diese klanglich-metrische Analogie zwischen der stimmlichen Äußerung des Spatzes und der simultanen Synthesizer-Spur werden beide Komponenten in einen identifikatorischen Zusammenhang miteinander gebracht nach dem Prinzip: Das eine könnte für das andere einstehen, da es ihm weitestgehend entspricht. Dieses Prinzip wird im Verlauf des Hörspiels tatsächlich ausagiert, sodass es schließlich keiner stimmlichen Äußerung mehr bedarf, sondern lediglich die Synthesizer-Spur mit ihrem charakteristischen Verlauf eingespielt werden muss, um anzuzeigen, dass gerade der Spatz in der betreffenden Szene herumfliegt. Die Synthesizer-Spur wird auf diese Weise also als Symbol für den Spatz etabliert und die entsprechende Verweisfunktion ad hoc im Kontext des Hörspiels konventionalisiert. Das betreffende Hörspiel baut auf diesem einmal eingeführten Prinzip sogar auf und führt gegen Ende einen weiteren Vogel, nämlich einen Staren, ein, wobei dafür nicht noch einmal extra eine Identifikation von Stimme und Synthesizer-Spur notwendig ist, sondern implizit auf das Wissen der Hörenden zurückgegriffen wird: Der Star hat lediglich einen anderen Melodieverlauf als der Rüpelspatz, ist jedoch ebenfalls als Synthesizer-Spur gestaltet. Da man als Zuhörende jedoch bereits aus dem Symbolisierungsprozess des Spatzen weiß, dass eine Synthesizer-Spur einen Vogel repräsentieren kann, überträgt man dieses Wissen vom grundsätzlichen Prinzip auf die neue Synthesizer-Spur und erkennt in dieser unmittelbar einen anderen Vogel. Der Erzählerbericht, der das Auftauchen des Stars noch einmal explizit macht, wäre grundsätzlich für dieses Verständnis nicht nötig, ist jedoch wahrscheinlich dem Umstand geschuldet, dass es sich um ein Kinderhörspiel handelt, dessen Rezipierendenkreis noch nicht über ein ausreichend großes Maß an zeichenpragmatischer Erfahrung verfügt, um diese Verständnisleistung sicher zu bewältigen.

Zusammengefasst basieren indexikalische Zeichen auf einer Kausalrelation, ikonische Zeichen auf einer Ähnlichkeitsbeziehung und Symbole auf einer konventionalisierten Arbitrarität. Diese drei Zeichentypen lassen sich zwar voneinander unterscheiden, aber meist tauchen sie nicht in Reinform auf, sondern in Mischformen. Die meisten Zeichen weisen sowohl indexikalische, ikonische als auch symbolische Aspekte auf und werden nach ihrem dominanten, den Gesamtcharakter des Zeichens bestimmenden Aspekt benannt. Bspw. kommen indexikalische Zeichen im Hörspiel ungemein häufig vor, da hier nur über den akustischen Kanal kommuniziert werden kann, sodass vieles, was etwa im Film direkt visuell präsentiert wird, hier nur durch einen indexikalischen Verweis integriert werden kann. Das fängt an bei der Stimme einer Figur, die etwas sagt und zugleich über den reinen Redeinhalt mit ihrer Äußerung kausal deutlich macht: Hier ist jemand – eben diejenige Figur, die sich da äußert. Der volle Umfang indexikalischer Verweisfunktionalität zeigt sich aber bei den »natürlichen« Geräuschen: Man hört ein Knistern und weiß, da brennt ein Feuer; man hört einen Knall und weiß, da wurde eine Pistole abgefeuert; man hört ein Quietschen und weiß, die Türe ging auf, wobei es sich offenbar um eine recht schwere, zugleich alte und schlecht geölte Türe handelt etc. Gerade die zuletzt genannten Eigenschaften machen deutlich, dass das Türquietschen zwar dominant ikonisch ist, da man über den Ursache-Wirkung-Zusammenhang vom Geräusch auf die Quelle des Geräusches zurückschließt und durch das Quietschen auf die Türe verwiesen ist. Zugleich besitzt das Quietschen jedoch auch Ähnlichkeiten mit dem Quietschen einer richtigen Türe, denn andernfalls könnte man es nicht als Türquietschen erkennen. Das ikonische Prinzip wird übrigens zur dominanten Zeicheneigenschaft, wenn man künstlich generierte Geräusche einsetzt, wie bspw. das schon erwähnte Kokosnussschalengeklappter, das dem Getrappel von Pferden ausreichend ähnlich ist, um für dieses einzustehen. Aber auch eine symbolische Funktion kann in ein Geräusch wie das einer Türe integriert sein. So verwendet das traditionelle niederdeutsche Hörspiel in Anknüpfung an die Szenengliederung der Bühnendramaturgie eine »›Tür-auf-Tür-zu‹-Dramaturgie« (Hansen 2010, 64), bei der jede Einzelszene durch das charakteristische Öffnen und Zuschlagen einer Zimmertüre markiert wird, wodurch einerseits ikonisch der Abgang bzw. das Hinzukommen einer neuen Figur angezeigt wird, symbolisch jedoch ein Gliederungsabschnitt der Handlung verdeutlicht wird. Dieses Prinzip wird selbst in aktuellen niederdeutschen Hörspielen wie etwa ÜM DE ECK noch verwendet.

Ebenso wie sich ein Zeichen und speziell ein akustisches Zeichen meist aus mehreren unterschiedlichen Zeichentypen konstituiert, sind die meisten Zeichen auch nicht nur einschichtig, transportieren also nicht nur einen einzigen Bedeutungsgehalt, sondern mehrere unterschiedlich vordringliche Bedeutungsaspekte. Ein einfaches Lachen kann diesen Umstand sehr gut veranschaulichen. Hört man ein Lachen, ist der erste semantische Inhalt, den man bei der Rezeption dieses Schallereignisse wahrnimmt, der, dass die sich so äußernde Person fröhlich ist. Es treten jedoch – vor allem im Hörspielkontext – noch eine ganze Reihe weiterer semantisch wichtiger Komponenten hinzu. Im Hörspiel markiert ein Lachen zugleich und, man müsste fast sagen, in erster Linie eine Präsenz, sprich: Da man als Publikum lediglich auf den akustischen Kanal beschränkt ist und daher durch keinen anderen Sinn als den Hörsinn etwas wahrnehmen kann, bedeutet jedes Schallereignis immer auch »Da ist etwas.«. Dieses »etwas« wird durch die spezifische Art des Schallereignisses näher bestimmt; beim Lachen eben in ein »Da ist jemand.«. Zugleich lässt sich an einem Lachen in aller Regel das Geschlecht des oder der Lachenden feststellen, d.h. man kann hören »Da ist ein Mann.« bzw. »Da ist eine Frau.«; und weiter kann man meist auch das Alter der lachenden Person mit einer Präzision von plus/minus fünf Jahren exakt bestimmen – sofern es sich nicht um ein Kind handelt. Kinder nämlich besitzen in aller Regel noch keine geschlechtlich prägnante Stimmcharakteristik; aber zumindest, dass es sich um ein Kind handelt, kann man auch an ihrem

Lachen erkennen. Weitergehend können an einem einfachen Lachen oft psychologische Implikationen festgestellt werden, wie etwa, dass es sich um ein authentisches, ein gespieltes, ein übertriebenes, ein unsicheres etc. Lachen handelt, was wiederum Rückschlüsse auf die sich entsprechend äußernde Person zulässt. Im Hörspielkontext, wo derartige Feinheiten immer gezielt ausgebildet werden, ermöglichen solche Rückschlüsse, dass man kognitiv ein bestimmtes Bild einer Figur entwickelt. Hier kann das Lachen dann auch weitere tontechnische Überarbeitung erfahren haben, sodass auch weitere semantische Zusätze darin mitschwingen, wie etwa, ob es in einem halllosen Raum stattzufinden scheint – und damit einer extradiegetischen Figur zuzuordnen ist –, oder ob es im Gegenteil mit einem übertriebenen, offenbar unnatürlichen Hall versehen wurde, wodurch es dem Klischee des Horrorlachens angenähert oder nachgebildet ist und erkennen lässt, dass die sich so äußernde Figur selbst un- bzw. übernatürlich ist: ein Superschurke, ein Monster etc. Hierbei werden also intertextuelle, kulturelle Wissensmengen aktiviert, die man durch die vorausgehende Rezeption von Horrorfilmen oder -hörspielen erworben hat und die im konkreten Hörspielkontext miteinbezogen werden. Ein einfaches akustisches Zeichen wie ein Lachen kann also eine ganze Fülle von semantischen Markern inkorporieren und zugleich unter anderem Informationen liefern über Gemütszustand, Alter, Geschlecht, diegetische Ebene, moralisch-ethische Konstitution und Fantastizitätsgrad der sich so äußernden Figur. Viele dieser Aspekte nimmt man in einer gewöhnlichen Unterhaltung gar nicht bewusst wahr, da man gewohnt ist, auf die explizit kommunizierten Inhalte zu achten. Bei der Hörspielanalyse ist es jedoch essenziell, auch solche zusätzlichen Bedeutungskomponenten von akustischen Zeichen wahrnehmen, korrekt benennen und in die Interpretation miteinbeziehen zu können.

Wie ein Lachen können auch andere Geräusche einen solchen Bedeutungsumfang bzw. Skopus besitzen. Ein Knall bspw. lässt meist sofort erkennen, ob er ein Schuss ist, und wenn ja, ob er aus einer Pistole, einer Langwaffe wie einem Gewehr oder aus einem größeren Geschütz abgefeuert wurde. Zugleich erlaubt die Art des Klangs dieses Knalls Rückschlüsse auf den Ort, in dem dieser Schuss abgefeuert wurde, ob in einem kleinen Zimmer, ob in einer Halle, ob auf einer weiten kahlen Ebene.

Das Hörspiel besitzt jedoch immer auch die Möglichkeit, Zeichen, die nicht akustisch sind, mitaufzunehmen, indem es diese durch Paraphrasierung, Beschreibung oder Vorlesen hörbar macht, also in akustische Zeichen transformiert. Das gilt etwa für grafische Zeichen, die als Buchstaben des Alphabets, als Symbole der Mathematik, der Chemie, der Biologie usw. oder als Bildzeichen, Verkehrszeichen, Piktogramme, Labels, Logos, Gemälde, Comics etc. an sich nur optisch kommunizierbar und rezipierbar sind. Das gilt aber auch für alle gestisch-mimischen Zeichen, für die Gebärdensprache, Gesichtsausdrücke, Körperhaltungen und Bewegungsformen. Das gilt außerdem auch für eigentlich nur olfaktorisch registrierbare Zeichen, wie Gerüche, für taktile Merkmale wie Oberflächentexturen oder Materialqualitäten – kurzgesagt für alle Zeichen und Anzeichen, die nicht direkt über einen akustischen Kanal kommuniziert werden können. Um sich derlei Zeichen bedienen zu können, muss das Hörspiel sie in Hörbares, zumeist Gesprochenes verwandeln. Das bereits zitierte Hörspiel INSCHALLAH, MARLOV liefert einige Beispiele, wie dies geschehen kann. Die zum Terminieren gebrachte Hauptfigur dieses Stücks berichtet als Erzähler unter anderem folgende visuelle Erinnerungsfetzen:

> *Marlov-Erzähler:* Was gerade an mir vorbei schwimmt, ist eine Magnumflasche armenischen Cognacs; ein tödlich aussehender Munitionsspender mit dem Etikett »9x19 mm Parabellum Luga«; ein Paar pechschwarzer glänzender Seidenstrümpfe, die in pechschwarz glänzenden, sehr hohen Stiletto-Absätzen münden – allerdings und bedauernswerterweise ohne die dazugehörigen Beine; und eine auf gebrochene Tür, auf der ich »Marl. Priv. Detek.« entziffern kann, unbeholfen hingekritzelt und etwas verwischt auf der verdreckten Glasscheibe.

Hier werden also sowohl Objekte als auch grafische Zeichen – nämlich das Etikett »9x19 mm Parabellum Luga« sowie die Buchstabenfolgen »Marl. Priv. Detek.« – durch Beschreibung bzw. Versprachlichung hörbar und zu Bestandteilen des Hörspiels gemacht. Zugleich geben weitere deskriptive Hinweise wie »unbeholfen hingekritzelt und etwas verwischt auf der verdreckten Glasscheibe« konkretere Vorstellungen von der materiellen Verfassung dieser Zeichen. Ein anderes Beispiel kann dem Kinderhörspiel PUMUCKL UND DAS GRÜNE GEMÄLDE entnommen werden, in dem der titelgebende Kobold aus Ärger über eine Putzfrau dieselbe in einem knallgrünen Gemälde verewigt. Die betreffende Stelle wird folgendermaßen im Hörspieltext wiedergegeben:

> *Pumuckl:* Ich weiß, was ich jetzt male. Ich male etwas, das ich nicht in einen dunklen Gang hängen würde. Und weißt du was: die Frau Rettinger, jawohl! Und zwar mal ich sie grün. Von oben bis unten grün, grün wie eine Raupe, grün wie ein Frosch, grün wie eine giftige Spinne, grün wie giftige Fische.
> *Meister Eder:* Ja, was bei dir alles grün ist.
> *Pumuckl:* Ja, ich brauch jetzt Wasser! Viel, viel Wasser! Am besten brauch ich jetzt grünes Wasser!
> *Erzähler:* Der Pumuckl malte ein grünes Gespenst, vor dem man sich wahrlich fürchten konnte, und rundherum malte er lauter Putzeimer und Bürsten, die wie Tausendfüßler aussahen. Es wurde ein sehr eindrucksvolles Bild.

Durch die ambitionsreiche Rede des Kobolds und die erläuternden Zusatzangaben des Erzählers wird das Gemälde der Diegese in Sprache übersetzt und – so verbalisiert – in einen recht plastischen Höreindruck und über diesen in eine entsprechende Vorstellung verwandelt. In entsprechender Weise kann dies auch mit gestisch mimischen Zeichen geschehen; dazu abermals ein Zitat aus dem bereits mehrfach herangezogenen Hörspiel Inschallah, Marlov:

> *Marlov-Erzähler:* Es spielte keine Rolle, dass sie log, denn plötzlich überquerte er, Marlov, den Boulevard und kam langsam in meine Richtung. Er starrte mich an und achtete nicht auf den starken Verkehr, der von rechts und links auf ihn zukam. Ich schrie, um ihn zu warnen, aber kein Laut kam aus meinem Mund. Schweigend streckte er die Hand aus, flehend, damit ich ihn über die Schnellstraße zog und in die Arme nahm und dennoch... dennoch...

Alles, was sich durch Beschreibung, Paraphrasierung oder Vorlesen in Sprache verwandeln lässt, kann also als akustisches Zeichen kommunizierbar und Bestandteil eines Hörspiels werden. Daran zeigt sich noch einmal, dass eine Einteilung von Zeichen gemäß ihres zugrundeliegenden medialen Zeichensystems nur bedingt glücklich ist, da in den angeführten Fällen in erster Linie akustische Sprachzeichen gegeben sind, die allerdings gestisch-mimische oder grafische Zeichen sozusagen überkodieren.

Damit sind die allgemeinen zeichentheoretischen Grundlagen geklärt und es können im Weiteren die unterschiedlichen Zeichenrelationen in den Blick genommen werden, die für die semiotische Analyse eines Hörspiels notwendig sind.

Die Semiotik ist ein weites Forschungsgebiet. Zu ihrer Systematik und Geschichte sowie ihren Methoden und Gegenständen siehe das vierbändige Handbuch von Posner/Robering/Sebeok 1997, 1998, 2003, 2004. Speziell zur Mediensemiotik – allerdings ohne Berücksichtigung des Hörspiels – siehe den Sammelband von Nöth 1997. Allgemeine Einführungen bieten u.a. Walther 1979, Eco 1977 und 1987b, Sebeok 2001, Volli 2002 und Kjørup 2009. Zur semiotisch basierten Textanalyse siehe u.a. Krah 2006.

Die Unterscheidung zwischen der semantischen, syntagmatischen, paradigmatischen und pragmatischen Dimension von Zeichen wurde von Charles William Morris 1938 eingeführt (Morris 1972, 24) und 1946 weiter differenziert (Morris 1973, 324–328). Sie greift auf eine Fülle an Vorarbeiten zurück, insbesondere jener des Prager Linguistenkreises mit seinen Vertretern Roman Jakobson, Felix Vodička, Jan Mukařovský, Josef Ludvík Fischer etc., und erwies sich disziplinenübergreifend als eine der fruchtbarsten Einteilungen im vielfach kritisierten Werk von Morris. Schmedes 2002 knüpft hieran an (78f.) und macht die syntagmatische und paradigmatische Ebene zum zentralen Ansatzpunkt seiner Analysepraxis (191f.).

4. Allgemeine Zeichenrelationen

Alle Zeichen sind üblicherweise nicht isoliert gegeben, sondern stehen – jenseits ihrer zeichensystemischen Verortung – in einem konkreten Verwendungszusammenhang, der textuelle Form besitzt. Ein Blick auf das Hörspiel genügt, um das anschaulich zu machen: Jedes Hörspiel besteht aus einer bestimmten Menge akustischer Zeichen, die bspw. als sprachliche Äußerungen, Musikpassagen und Einzelgeräusche in der spezifischen Gestalt des Einzelhörspiels zusammengebracht, miteinander verbunden und verdichtet sind. Das konkrete Hörspiel erscheint dann in seiner Abgeschlossenheit wortwörtlich als Text (von lat. »textum«, d.h. »Gewebe«), in dem die akustischen Einzelzeichen miteinander zu einem größeren Ganzen verwoben sind. Jedes Einzelzeichen bedeutet dabei nicht mehr nur für sich alleine etwas, sondern erzeugt vor allem durch die Interaktion mit den Bedeutungsdimensionen der übrigen Zeichen des Gesamttextes eine größere, umfassende Bedeutung. Man spricht dabei von *textinterner Semantisierung*, d.h.: Die zu einem konkreten Text zusammengefügten Einzelzeichen bestimmen durch und innerhalb des Textrahmens gegenseitig ihre textspezifische Bedeutung. Die allgemeine Bedeutung der Zeichen wird dabei zwar grundsätzlich gewahrt und genutzt (z.B. »sauber ≈ rein«), sie kann durch das individuelle Zusammenspiel der Zeichen innerhalb des Textes jedoch eingeschränkt, erweitert, modifiziert oder mitunter auch ganz umgekehrt werden (z.B. »nicht nur sauber, sondern rein«).

Um diese Wirkungsweise analytisch erfassen zu können, ist es notwendig, über den denotativ-konnotativen Bedeutungsgehalt der jeweiligen Zeichen hinaus den Blick auf die Beziehungen derselben zu richten, sprich: auf die *Zeichenrelationen*. Sobald nämlich mehrere Zeichen in einen engeren Zusammenhang gestellt sind, kommt es zu semantischen Interaktionen, die sich wissenschaftlich nur über die Bestimmung der verschiedenen Relationen von Zeichen erfassen lassen.

An dem bereits thematisierten Schlittergeräusch in INSCHALLAH, MARLOV lässt sich das gut nachvollziehen, denn obwohl es als akustisches Einzelzeichen fungiert, kann seine eigentliche textspezifische Bedeutung für die Hörenden erst infolge der semantischen Interaktion mit anderen Zeichen aus dem unmittelbaren kontextuellen Umfeld definitiv erfasst werden. Ähnlich lässt sich die textuelle Wirkung der Einzelzeichen auch für den Fall nachvollziehen, wenn ein Hörspiel etwa ein sehr prägnantes und zudem eindeutig referenzielles Audiozeichen wie den Glockenschlag von Big Ben des Palace of Westminster verwendet: In einem solchen Hörspiel kann das Turmglockengeräusch dann als spezifischer Ortsmarker fungieren und alle weiteren synchron eingespielten Audiozeichen – wie bspw. Sprachäußerungen, auf Basis derer sich bestimmte Figurenzeichen rekonstruieren lassen, die wiederum als Grundlage für die Konstruktion von Handlungslinien, ja, ganzer Geschichten funktionalisiert sein können – stehen dann in einem topografischen Zusammenhang zu diesem Ortsmarker, also vereinfacht gesagt: Man hört Big Ben und weiß direkt, dass die im Folgenden entfaltete Handlung in London angesiedelt ist.

Eine Äußerung ist, wie zuvor definiert, eine textuelle Kombination von Zeichen eines oder mehrerer Zeichensysteme in einer bestimmten medialen Form. Unterzieht man diesen Text nun einer semantischen Analyse, kann man ihn in die sinnvoll kleinsten Bedeutungseinheiten, also die Zeichen, zerlegen und dann die verschiedenen Verknüpfungen betrachten, mit denen diese Zeichen zueinander in Beziehung gesetzt sind. Was so für schriftsprachliche Texte gilt, kann entsprechend auch bei der Analyse von Hörspielen gelten. Auch dort zerlegt man die textartigen komplexeren Zeichenkonstrukte in die elementaren Bestandteile und schaut sich an, wie diese sinnvoll miteinander verknüpft sind, wobei die genannten Bestandteile stimmlicher, sprachlicher, geräuschartiger, musikalischer oder sonst irgend akustischer Art sein können. Diese Bestandteile des Hörspiels lassen sich als semiotische, also zeichenhafte Elemente auffassen und ihre Beziehungen können, wie bereits gesehen, entweder linearer, syntagmatischer Art sein, also auf Abfolge- bzw. Nachbarschaftsverhältnissen beruhen, oder aber kategorischer, paradigmatischer Art, also auf semantischen Austauschklassen beruhen.

Die Fragen der Analyse betreffen insofern die Art, die Situierung, die Bedeutung, die Funktion und die Relation der einzelnen Zeichen im Kontext des jeweiligen Hörspiels. Dabei ist es üblich, vom Großen zum Kleinen eine produktive Segmentierung vorzunehmen, den Hörspiel-Gesamttext also in sinnvolle Abschnitte zu unterteilen, wobei sich in narrativen Hörspielen Einzelszenen zumeist am besten eignen. Auch diese können weiter untergliedert werden, indem man sich etwa eine konkrete Einzeläußerung einer Figur ansieht. Entnimmt man dieser Äußerung dann noch einen einzelnen Satz und betrachtet ihn bezüglich der darin enthaltenen syntaktisch verknüpften Wörter, hat man in der Regel die unterste Ebene der Segmentierung erreicht und kann von dort aus, nach der konventionell textsemantischen Bestimmung des zentralen Satzaussagengehalts, analog rekurrierend-rekonstruierend immer weitere Abschnitte in die Betrachtung miteinbeziehen, bis – vom Kleinen zum Großen zum Ganzen – alle Abschnitte des Hörspiels in ihrer Abhängigkeit voneinander und hinsichtlich ihrer semantischen Wechselwirkungen bestimmt sind.

Dieses Vorgehen entspricht der *hermeneutischen Spirale*: Ein wechselseitiges Verweisen der unterschiedlichen Bestandteile bewirkt im Zusammenspiel eine fortschreitende Sinnerhellung derselben; anfangs unklare Aspekte gewinnen durch die textuelle Kohärenz und Schlüssigkeit Eindeutigkeit; das Große wird verständlich im Licht des Kleinen und umgekehrt. Dieser hermeneutische Prozess wird auf kognitiver Ebene durch etwas parallelisiert, was als tentatives Hypothesentesten bezeichnet werden kann. Aufgrund von Anfangshinweisen aus dem Text versucht man dessen immer mit Leerstellen durchsetztes Informationsangebot in einen schlüssigen Sinnzusammenhang zu ordnen, mögliche Kohärenzen und Abhängigkeiten zu ermitteln und ein – bis zuletzt vorläufiges – Gesamtverständnis aller gelieferten Inhalte zu gewinnen. Man bildet also ununterbrochen Hypothesen für die eventuellen Sinnzusammenhänge, in denen alle Textinhalte miteinanderstehen, wird beim Fortschreiten des Hörspiels durch neu hinzukommende Informationen in seiner Anfangshypothese auf andere Vermutungen über den weiteren Textfortgang gebracht, die ebenfalls wieder teils falsifiziert, teils verifiziert, teils erweitert werden, ehe mit dem Abschluss der Rezeption eine Gesamtschau aller Textinformationen und zugehöriger Hypothesen erfolgen kann.

Der Text fördert diesen Prozess der Rezeption, indem er die Zuhörenden entsprechend eines bestimmten Konzepts von Idealhörer bei einem bestimmten Wissensstand abholt, deren Interesse durch eine gezielte Beschränkung notwendiger Informationen aufrechterhält und sie mit Serien von Hinweisen versorgt, die oftmals mehrdeutig oder entsprechend einem komplexen Error-System fehlleitend sein können, um sie nach seinen Absichten zu orientieren. Auf diese Art geraten Text und Rezipierende in ein intensives Wechselspiel, indem Letztere kognitiv stets auf Informationen des Erstgenannten reagieren, diese Informationen entsprechend eines textspezifischen Verstehensmodells aufbereiten und nicht zuletzt auch versuchen, das intellektuelle Spiel, das der Text mit ihnen treibt, selbst zu durchschauen.

Das analytische Zerlegen größerer Einheiten in kleinere Abschnitte ist also nicht allein auf den Bereich der Satzsemantik beschränkt, sondern erstreckt sich auch auf übergeordnete, teilweise auch kategorisch ganz andere Bereiche als den syntaktischen. Wenn bspw. einzelne Figuren als zeichenhafte Komplexe begriffen werden, die sich aus kleineren Zeichenstrukturen konstituieren, deren Basis die syntagmatische Folge von Einzelzeichen (sprachliche Äußerungen der Erzählinstanz bzw. der Figur selbst, Geräusche, Musik etc.) bildet, können auch diese Zeichenkomplexe hinsichtlich ihrer Beziehung zueinander betrachtet werden. Das wird ganz konkret ersichtlich, wenn man sich ein so zentrales Prinzip der narrativen Strukturierung ansieht, wie es durch das Verhältnis von Held und Widersacher gebildet wird. Es zeigt sich aber auch – wie bspw. schon vor hundert Jahren durch den russischen Formalisten Vladimir Propp dargelegt – bei der Betrachtung des Verhältnisses zwischen verschiedenen Abschnitten der Handlungsentwicklung, wie etwa Aussendung des Helden und Heimkehr desselben oder Kampf und Unterliegen und Kampf und Obsiegen. Dabei ist es also grundsätzlich einerlei, wie abstrakt bzw. wie komplex die Zeichen(gebilde) sind: Auf all diesen Ebenen, vom Einzelzeichen zu einfachen Zeichenkopplungen zu größeren Zeichenkomplexen bis hin zum semiotisch-semantischen Gesamtsystem des jeweiligen Textes, organisieren bestimmte Relationen das Zusammenspiel der Elemente.

Die Frage der semantisch gegebenen und wirksamen Relationen in einem Text betrifft also immer das Verhältnis von bestimmten, jeweils in die spezifische Betrachtung einbezogenen Elementen. Unabhängig davon, ob man sich die semiotische Beziehung von einzelnen Wörtern (wie »gut« und »böse«), einzelnen Figuren (wie »Ritter« und »Hexe«) oder einzelnen funktionalen Textpassagen (wie »Exposition« und »Katastrophe«) ansieht, erscheinen diese miteinander verglichenen Aspekte unter der gewählten Perspektive als Elemente in einer bestimmten Relation. Je nachdem, welche Textebene man in den Blick nimmt, erscheint immer etwas anderes als Element. Expliziert man dann das jeweilige Verhältnis (auf Basis von lexikalischen Definitionen bei den Wörtern, daraus resultierenden semantischen Spezifikationen bei den Figuren, figurenbezogenen Kompositionen bei den funktionalen Textpassagen), kann man auf diesem Wege das Verhältnis aller Textgrößen, seien es elementare Zeichen wie syntaktische Bestandteile oder komplexere Zeichen wie Figuren, bestimmen und damit den Gesamttext in seiner Semantik strukturieren. Dadurch erhält man letztlich ein wissenschaftlich-analytisch präzises Modell des Textes bzw. seiner jeweiligen Dimensionen, kann die Figurenverhältnisse abstrahieren, die zentralen Konfliktthemen hinsichtlich ihrer Funktion und Abhängigkeit herausarbeiten und/oder die gesamte innerhalb der Geschichte entfaltete narrative Entwicklung in ein übersichtliches abstraktes Schema übersetzen.

4.1 Äquivalenz und Opposition

Die beiden wichtigsten Zeichenrelationen, auf die sich in gewissem Umfang alle anderen, höheren Zeichenrelationen zurückführen lassen, sind die von Äquivalenz und Opposition.

Äquivalenz herrscht zwischen zwei Elementen, wenn die Unterschiede zwischen diesen beiden Elementen in einem bestimmten (Text-)Zusammenhang neutralisiert oder in einer Art und Weise minimiert sind bzw. werden, dass sich sagen lässt, diese Zeichen sind annähernd gleich. Die Gemeinsamkeiten sind bzw. werden also durch den Text dominant gesetzt und etwaig bestehende Unterschiede als irrelevant unberücksichtigt gelassen. Eine besondere Form der Äquivalenz ist die *Identität*, bei der zwei verschiedene Elemente völlig gleichgesetzt werden.

Als Beispiel hierfür kann auf das bereits angeführte Hörspiel mit dem Rüpelspatz rekurriert werden, in dem die stimmliche Artikulation »Mecker, aber mecker, aber Tschiep, Tschiep, Tschiep.« des Spatzen übergeblendet wird in eine Folge von Synthesizer-Klängen, die dem Melodieverlauf sowie der Rhythmik der stimmlichen

Äußerung nachgebildet sind. Beides, Stimmäußerungen wie Synthesizer-Klänge, werden in diesem Hörspiel im Folgenden als identisch gesetzt, indem sie gleichermaßen die Präsenz des Spatzen innerhalb der jeweiligen Szene markieren. Ähnliches – nämlich der Melodieverlauf sowie die Rhythmik – werden dabei als dominant und entscheidend wichtig gesetzt, während Unterschiedliches – Geräuschquelle (menschliche Stimme vs. Synthesizer), Inhalt (Wortfragmente vs. Töne) etc. – als irrelevant behandelt und text- sowie bedeutungsfunktional als unwichtig ignoriert wird.

Die Zeichenrelation der *Opposition* stellt das genaue Gegenteil zur Äquivalenz dar. Opposition herrscht zwischen zwei Elementen, wenn die Unterschiede zwischen diesen beiden Elementen in einem bestimmten (Text-)Zusammenhang dominant gesetzt und etwaig bestehende Ähnlichkeiten neutralisiert oder in einer Art und Weise minimiert sind bzw. werden, dass sich diese Zeichen quasi gegenseitig ausschließen. Oppositionen können entweder als Kontrarietäten oder als Negationen ausgebildet sein.

Als *Kontrarietät* bzw. Gegensatz erscheinen zwei oder mehrere Elemente wie bspw. »schön« vs. »hässlich«, wenn sie derselben semiotischen Kategorie angehören (»ästhetische Wertungen«) und dabei als einander ausschließend erscheinen. Konträre Elemente bilden damit nicht den erschöpfenden Bestand der jeweiligen semiotischen Kategorie (denkbar wären im gegebenen Beispiel etwa auch »modisch«, »ergreifend«, »interessant« etc.). Zugleich sind solche Gegensätze nicht naturgegeben, sondern meist kulturell-konventionell etabliert, können aber auch auf der je textspezifischen Entscheidung des Hörspielautors bzw. der -autorin basieren; d.h. sie lassen sich auch in Abweichung zu kulturell vorgegebenen Gegensatzstrukturen gestalten. Bei solchen sogenannten sekundär-semantischen Gegensatzstrukturen können entweder Elemente als Gegensätze behandelt werden, die im Verständnis der Rahmenkultur üblicherweise nicht als Gegensätze erscheinen (wie etwa »schön« vs. »interessant«) oder die sogar verschiedenen semiotischen Kategorien angehören (wie etwa »hässlich« vs. »gut«).

Zur Veranschaulichung sei auf eine Passage aus dem Hörspiel PINBALL von Kai Bleifuß verwiesen, in dem sich an einer Stelle zwei Personen begegnen und sich folgendes Gespräch ergibt:

> *Brigitte: Schau ja nicht her, schau ja nicht her, schau ja nicht her, schau ja nicht...*
> *Niklas: I can't get no... – Das ist doch...* Hey, hallo! *Mensch, wie heißt die nur? Ist ja so in Gedanken die Tante. Schau endlich her, Mensch!* Hallo, äh, Brigitte! Lange nicht gesehn. Was dagegen, wenn ich mich setze?
> *Brigitte: Du sitzt schon, du Arschloch!* Niklas, na, arbeitest du noch an deiner posttraumatischen Belastung?

Die hier kursiv wiedergegebenen Figurenäußerungen werden im Hörspiel von den Sprechenden flüsternd und mit einer großen Nähe zum Mikrofon geäußert, sodass sie keinen Raumhall besitzen und damit nach einer hörspielbezogenen Darstellungskonvention als interner Gedankenmonolog der Figuren zu verstehen sind. Die recte wiedergegebenen Äußerungen werden von den Sprechenden dagegen »normal«, d.h. in gewöhnlicher Gesprächslautstärke, mit Raumklang sowie szenisch integriert in das Geräuschumfeld einer offenbar städtischen Cafeteria-Terrasse artikuliert. Schon in dieser Gestaltung der Figurenäußerungsweise wird also eine Opposition aufgebaut, konkret ein konträres Verhältnis zwischen »gedämpftem« und »offenem« Sprechen, das im Kontext des betreffenden Hörspiels als Gegensatz von »Gedankenmonolog« und üblichem »Dialog« fungiert. Gleichzeitig ist dieser Gegensatz auf der Textoberfläche mit einem Gegensatz auf der inhaltlichen Ebene verknüpft, denn beide Figuren äußern jeweils sowohl »ehrliche« als auch »heuchlerische« Inhalte und zwar eben in Gedanken bzw. offen vor einander. In Gedanken nämlich beleidigen sich beide und bringen damit ihre wechselseitige Abneigung zum Ausdruck – er nennt sie abfällig »Tante« (und zwar unter Verwendung der konnotativen Bedeutung des Wortes, da beide offensichtlich gleichaltrig und, wie im weiteren Verlauf des Gesprächs deutlich wird, nicht verwandt, sondern ehemals ein Paar gewesen sind); sie nennt ihn »Arschloch«. Gleichzeitig aber täuschen sie, wenn auch offensichtlich sehr bemüht, ein grundsätzliches Interesse am je anderen vor, wenn er sich ihr annähert und dabei zumindest diskursiv vorgibt, auf ihren Willen Rücksicht zu nehmen (»Was dagegen...«); und sie sich mit offenbarem Spott in der Stimme nach seinem Gesundheitszustand erkundigt. Aus dieser Kontrarietät der Artikulationsweise und besonders auch der Aussageinhalte entwickelt das Hörspiel eine Gegensätzlichkeit zwischen den Figuren, die sich feindlich gegenüberstehen; doch damit genug.

Negation bzw. Widerspruch ist dagegen als andere Form der Opposition bei zwei oder mehreren Elementen gegeben, wenn diese hinsichtlich eines Kriteriums einer semiotischen Kategorie als einander logisch ausschließend behandelt werden. Ein solches Verhältnis lässt sich immer in Form einer Verneinung formulieren (»schön« vs. »nicht-schön«), sodass es bei Negationsverhältnissen auch – anders als bei Gegensätzen – keine semantischen Zwischenbereiche gibt (»weder schön noch hässlich«). Elemente, die in einem Verhältnis der Negation zueinanderstehen, erscheinen also in Hinblick auf ein bestimmtes Kriterium, das nur die beiden Optionen der positiven oder negativen Bestimmung zulässt, als grundverschieden. Der Negation haftet deshalb auch, anders als dem Gegensatz, nichts Willkürliches an, sondern sie stellt eine logische Relation dar, die unabhängig ist von kulturellen Konventionen. Während der Begriff »Negation« das konkrete Verhältnis zweier einander ausschließender Elemente bezeichnet (»a« vs. »nicht-a«), wird der Begriff »Widerspruch« vor allem auf Aussagen bzw. Textpassagen angewandt, die für ein Element gleichzeitig zwei einander ausschließende Bestimmungen vornimmt (»a ist x« und »a ist nicht-x«).

Zur Illustration dieser Relationen sowie weiterer, die im Anschluss noch vorgestellt werden, kann ein Ausschnitt aus dem Hörspiel DER GEWISSENLOSE MÖRDER HASSE KARLSSON nach der Vorlage von Henning Mankell dienen, in dem sich der im Titel genannte Junge Hasse Karlsson mit seiner Mutter unterhält.

> *Frau Karlsson (ins Haus eintretend):* Hassemann? Wo ist Vater?
> *Junger Hasse:* Er holt Äpfel im Keller. Ich heiße nicht Hassemann, ich mag das nicht.
> *Frau Karlsson:* Ob man mag oder nicht. Ich hatte heute in der Kneipe einen Stammgast, der zu viel trank. Er wurde laut und hat mit Stühlen um sich geschmissen. Das mag ich nicht. Aber es kommt, wie es kommt, ob man mag oder nicht. Hast du deine Aufgaben gemacht?
> *Junger Hasse:* Mhm.
> *Frau Karlsson:* Ich höre dich nicht.
> *Junger Hasse:* Ja, hab ich gesagt.
> *Frau Karlsson:* Nein, du hast nichts gesagt. – Komm her, schau.
> *Alter Hasse:* Mein ganzer Stolz...
> *Frau Karlsson:* Mein ganzer Stolz: Dieses wunderbare Schiffsmodell von der Celestine.
> *Alter Hasse:* Ist sie nicht schön, mein kleiner Dreimaster.
> *Frau Karlsson:* Ist sie nicht schön, mein kleiner Dreimaster. – Nimm die Katze weg! Wenn sie in die Takelage klettert, ist alles zu spät, dann bleibt uns nur noch ein Wrack! Weg! Pscht! Pfui! Pscht!

Diese Passage ist relativ komplex. Das fängt damit an, dass in ihr u.a. die Stimmen zweier Figuren zu hören sind, von »junger Hasse« und »alter Hasse«, die offenbar in einer besonderen Relation der Äquivalenz zueinanderstehen, nämlich in der einer Identität. Es handelt sich dabei tatsächlich um dieselbe Figur, mit der Besonderheit – und hier tritt eine Opposition hervor –, dass sie in zwei Erscheinungsformen zerfällt, die nicht dasselbe Alter haben, was die vorgenommene analytische Benennung mit den konträren Begriffen »alt« und »jung« motivierte. Diese zwei Erscheinungsformen sind also dieselbe Figur und sie sind nicht dieselbe Figur – ein klassischer Widerspruch, der nur möglich ist, wenn das Hörspiel eine Welt entwirft, die nach grundsätzlich anderen (auch logischen) Prinzipien strukturiert ist, als unsere wirkliche Welt, sprich: eine fantastische, unlogische Welt. Tatsächlich ist das betreffende Hörspiel jedoch grundsätzlich realistisch angelegt; ein fantastischer Erzählansatz, der etwa die Möglichkeit von Zeitreisen zulässt, ist bei ihm nicht gegeben. Stattdessen lässt sich der bemerkte Widerspruch auf Basis der Erzählstruktur auflösen, denn beide Instanzen der Figur Hasse befinden sich auf verschiedenen Erzählebenen (dazu ausführlich in Kap. 6.4 und 7.5). Ausgangspunkt des Hörspiels bildet nämlich eine Situation, durch die der knapp 60-jährige Hasse Karlsson (= alter

Hasse) an ein Ereignis aus seiner Jugend (= junger Hasse) erinnert wird, das dann szenisch dargeboten wird, indem von der Jetzt-Zeit des alten Hasse weg der Blick zurück in dessen Vergangenheit als junger Hasse gerichtet wird. Mit der Stimme von »alter Hasse« wird dann die wie ein aktuelles Geschehen dargebotene Handlung überlagert und auf diese Weise deutlich gemacht, dass es sich hierbei lediglich um die Erinnerungen des alten Hasse Karlsson handelt. Damit ist der zeitlogische Widerspruch aufgelöst. Ein anderer Widerspruch bleibt jedoch erhalten und besteht in dem Mehrwissen des alten Hasse Karlsson gegenüber dem Wissen des jungen: Die ältere Figureninstanz, die zugleich als Erzähler der Geschichte fungiert, weiß nämlich, wie die Handlung sich entwickeln wird, was die junge Instanz nicht weiß – und gerade aus diesem Widerspruch entspringt ein Großteil der Spannung, die das Hörspiel trägt, denn die ältere Figureninstanz von Hasse kann als Erzähler aufgrund ihres Mehrwissens bspw. Vorausdeutungen machen. Tatsächlich tut sie das auch in der oben angeführten Szene, indem sie antizipativ Phrasen wie »Mein ganzer Stolz…« oder »Ist sie nicht schön, mein kleiner Dreimaster.« quasi über die Szene spricht, noch bevor diese von den Figuren, die sie eigentlich zeitlich zuerst gesprochen haben, geäußert werden.

4.2 Redundanz, Dominanz, Korrelation, Homologie

Zur adäquaten Beschreibung dieser Verhältnisse müssen weitere Relationen eingeführt werden. Einerseits die Relation der *Redundanz*: Redundant sind in erster Linie Aussagen und zwar dann, wenn zwei oder mehrere von ihnen dieselbe Information liefern. Das ist exakt der Fall bei den antizipativen Äußerungen des alten Hasse Karlsson, die zu einer Dopplung mit den Aussagen von Frau Karlsson führen. Redundanzen können ganz verschiedene Funktionen haben, bspw. können sie im Hörspiel dazu eingesetzt sein, das Verständnis der Zuhörenden zu sichern. Ein wiederholt in gleicher Weise dargebotener Inhalt kann jedoch auch die Bedeutsamkeit dieses so besonders hervorgehobenen Inhalts für die Zuhörenden markieren. Oder es kann auf dieselbe Weise absichtlich Langeweile erzeugt werden, was in extremer Form bzw. bei einer spezifischen Strukturierung in Gestalt des sogenannten Running Gags auch komische Effekte hervorrufen kann. Im gegebenen Hörspiel hat die Wiederholung dagegen vor allem zwei Funktionen: einerseits die Aufmerksamkeit der Zuhörenden auf das Schiffsmodell zu lenken, in dessen Bauch – wie sich später herausstellen wird – ein kleines Vermögen versteckt ist, und andererseits immer wieder punktuell deutlich zu machen, dass es sich bei der szenisch dargebotenen Handlung um die Erinnerung der von seiner Vergangenheit zeitlebens verfolgten Figur des alten Hasse Karlsson handelt.

Dieser zweite Aspekt spielt mit einer weiteren Form der Relation zusammen, nämlich mit dem *Dominanz-* bzw. *Hierarchieverhältnis*. Verschiedene Elemente in einem Text stehen in aller Regel in ganz spezifischen Hierarchieverhältnissen zueinander – in rein strukturanalytischer Hinsicht war das bereits bei dem schrittweisen Verfahren zur semantischen Klärung von kleinen, größeren und großen Texteinheiten angedeutet worden, demgemäß das Gesamtverständnis eines Textes quasi hierarchisch von dem Grundverständnis seiner jeweiligen Abschnitte abhängt. Gleichzeitig lässt sich analytisch auch eine Hierarchie für die Entfaltung einer Geschichte aufstellen, bspw. auf der Figurenebene, wenn sämtliche Figuren eines Hörspiels hinsichtlich ihrer Bedeutung für die Entfaltung des dargebotenen Geschehens hierarchisiert werden, indem Hauptfiguren aufgrund ihres häufigen sowie handlungsbestimmenden Auftretens von entsprechend unterrepräsentierten Nebenfiguren und beide Gruppen wiederum von lediglich implizit erwähnten Figuren abgegrenzt werden. Oder es lässt sich erzähltheoretisch die Schichtung der verschiedenen Erzählebenen bestimmen und – in Bezug auf das Mankell-Hörspiel – feststellen, dass die Figureninstanz des alten Hasse Karlsson aufgrund ihrer Erzählerfunktion auf der obersten Erzählebene rangiert, sich darunter u.a. die Figuren des jungen Hasse Karlsson sowie seiner Mutter befinden, denn diese erscheinen nur, weil sie der alte Hasse Karlsson sich an sie erinnernd vor die Zuhörenden projiziert, darunter wiederum Figuren wie der »Vater« situiert sind, von dem im angeführten Hörspielausschnitt etwa die Mutter spricht und der daher an dieser Stelle nur als Redeinhalt der Mutter in Erscheinung tritt etc.

Als Drittes muss die Relation der *Korrelation* erwähnt werden. Eine Korrelation ist die Existentsetzung einer Beziehung zwischen zwei oder mehreren Elementen. Sind zwei Elemente miteinander korreliert, stehen sie also in irgendeiner expliziten Beziehung zueinander, die kausal, temporal, syntagmatisch oder sonst irgendwie sein kann. Korrelationen sind im Hörspiel immer Ergebnis bestimmter Textverfahren und führen dazu, dass die davon betroffenen Elemente in bestimmter Weise miteinander verknüpft erscheinen. Deshalb ist eine Korrelation im Grunde auch die elementarste Form einer Relation und bedarf häufig einer weitergehenden Präzisierung, um – nach ihrer generellen Feststellung – für die Analyse weitergehend produktiv sein zu können. So sind alle bereits genannten Relationen, also Äquivalenz, Opposition, Dominanz und Redundanz, auf elementarster Ebene immer auch Korrelationen, aber eben mit einer weitergehenden Spezifizierung. Als Textoperation können sich Korrelationen auf alle Aspekte eines Hörspiels beziehen. In der oben zitierten Passage wird die träumerische Aussage der Mutter Karlsson ab den Worten »Mein ganzer Stolz…« bspw. von einem dezenten, sehr sphärischen Klang-Cluster mit Flöten- und Celesta-Anteilen begleitet, der abrupt abreißt, sobald die Figur »Nimm die Katze weg!« ruft. Durch diese Korrelation von Musik und Figurenaussagen wird einerseits der betreffende Abschnitt syntaktisch aus dem übrigen Gespräch zwischen Hasse und seiner Mutter herausgehoben und andererseits dem dabei Gesagten eine in Bezug zu den sonstigen Gesprächsinhalten vor allem stimmungsmäßig besondere Aura verliehen. Instrumentale und musikalische Eigenschaften binden so an sprachliche Einheiten an und das Gesagte erhält insgesamt einen stark träumerischen, verklärten und irrealen Zug. Dieser erste Eindruck, der durch die beschriebene Korrelation erzeugt wird, erfährt im weiteren Verlauf des Hörspiels explizit eine Bestätigung, wenn nämlich das im Schiffsmodell versteckte Geld geraubt wurde und offenbar wird, dass die Mutter ihr Vermögen dort sammelte, um irgendwann mit ihrer Familie auf einem tatsächlichen Schiff nach Rotterdam dem freudlosen Leben ihrer jetzigen Heimat zu entfliehen. Dadurch, aber auch durch andere Verfahren wird das Schiffsmodell in ganz spezifischer Weise symbolisch aufgeladen. Wiederkehrend werden dafür Korrelationen als Textoperationen verwendet – und das geschieht bereits ausgiebig in der oben zitierten Passage: So wird das Schiffsmodell mit dem Namen »Celestine«, der ja »Himmlische« bedeutet, korreliert, außerdem mit Wörtern wie »mein ganzer Stolz« oder »schön«, wodurch die Semantik des Objekts auf eine ganz bestimmte Art konturiert wird. Der abstrakte, neutrale und emotionslose Begriff »Schiffsmodell« wird so für den Kontext des Hörspiels zu einem ganz konkreten, individuellen sowie emotional und bedeutungsbezogen ausgezeichneten Objekt. Dass dieses Prinzip grundsätzliche Relevanz besitzt für die Strukturierung der Bedeutungen in einem Hörspiel sollte damit einsichtig sein. Das gilt im Übrigen natürlich auch in Bezug auf die verschiedenen narrativen Elemente eines Hörspiels, bspw. für die Figurenkorrelation, denn indem Mutter Karlsson das Schiffsmodell ihren »ganzen Stolz« nennt, sagt das sowohl etwas über ihr Verhältnis zu dem betreffenden Schiffsmodell aus, aber auch über ihr Verhältnis zu ihrem Sohn Hasse, den sie eben nicht ihren ganzen Stolz nennt, sondern »Hassemann«, was dieser, wie er seinerseits angibt, nicht leiden kann.

Die letzte wichtige Zeichenrelation ist die der *Homologie*. Dabei handelt es sich um eine Spezialform der Relation, nämlich um eine Beziehung zwischen Beziehungen. Es wird also nicht das Verhältnis zwischen Einzelzeichen untereinander in den Blick genommen und bezeichnet, sondern die Beziehung der Ähnlichkeit, die zwischen dem Verhältnis von Einzelzeichen einer Art und dem Verhältnis anderer Einzelzeichen besteht. Was zunächst kompliziert klingt, lässt sich leicht einsichtig machen, wenn man das Prinzip der Homologie als abstrakte Struktur von a:b :: c:d darstellt: Die Elemente a und b stehen zueinander in einem ähnlichen Verhältnis wie die Elemente c und d. Zieht man noch einmal den bereits angeführten Figurendialog zwischen Brigitte und Niklas aus dem Hörspiel PINBALL heran, ließe sich an diesem Beispiel sagen, dass die Artikulationsweisen von »leise« (a) und »laut« (b) der Figuren sich zueinander gleich verhalten wie der Wahrheitsgehalt der so getätigten Figurenaussagen von »aufrichtig« (c) und »verstellt« (d). Auf einfache Negationen reduziert wäre die hier anzutreffende Homologierelation also die von leise:nicht-leise :: aufrichtig:nicht-aufrichtig. Ein Sonderfall der Homologie ist die *Analogie*, bei der vom Verhältnis eines Elements zu einem zweiten auf das Verhältnis desselben Elements zu einem dritten geschlossen wird. Die Analogie besitzt somit die einfachere abstrakte Struktur von a:b :: b:c. Am Beispiel der Nutzung einer Synthesizermelodie zur »Be-Stimmung« der Vogelfiguren in VOM SCHNEEMANN, DER EINEN SPATZ UNTER DEM HUT HATTE ließe sich sagen, dass die relevanten Elemente zueinander im Verhältnis von Spatz: Synthesizermelodie :: Synthesizermelodie:Star stehen. So wird jetzt auch klar, auf Basis welcher logischen Struktur die Symbolisierung des Stars mittels Synthesizermelodie durchgeführt wurde: Da das Prinzip, dass eine Vogelfigur durch eine Synthesizermelodie repräsentiert werden kann, anhand der Figur des Spatzen (infolge einer Äquivalenz zwischen Metrik und Tonhöhenverlauf) bereits etabliert wurde, kann dieses Prinzip auf Basis einer Analogie auf die Figur des Spatzen übertragen werden.

Durch die vorherigen Absätze sollte deutlich geworden sein, dass es im Wesentlichen die Relationen zwischen den Einzelzeichen sind, die für die Entstehung eines bestimmten Textes sowie besonders auch für dessen spezifische Semantik ausschlaggebend sind. Zugleich dürfte klar geworden sein, dass die verschiedenen Relationen von Äquivalenz, Opposition, Dominanz, Redundanz, Korrelation und Homologie auf den unterschiedlichsten Ebenen eines Textes wesentlich für die Strukturierung und Entfaltung von Bedeutung sind, sei es allein auf der syntaktischen Ebene, auf der Figurenebene, bei der Koordination der Erzählebenen oder bei der reinen Ausstattung von Figuren oder Objekten in einer Geschichte mit bestimmten Eigenschaften oder Merkmalen. Im Umkehrschluss bedeutet das, dass unter Anwendung der betreffenden Begrifflichkeiten die verschiedenen Ebenen und Aspekte eines Hörspiels wissenschaftlich präzise erfasst, zergliedert, untersucht und bezeichnet werden können und damit im Verständnis der semiotischen Elementarkategorien von Zeichen und Zeichenrelationen der Schlüssel für die kompetente Hörspielanalyse liegt.

Da, wie in Kapitel 3.4 gesehen, allgemein die Zeichenarten und der Zeichenvorrat eines Mediums von dessen jeweiligen medialen Grundstrukturen abhängen und dabei insbesondere von der Organisation der verfügbaren Kanäle, besitzt auch die Gestaltung der Relationierung der verwendbaren Zeichen eine je spezifische Ausprägung. Beim Mediensystem der Schriftsprache, das im Grunde ein reines Augenmedium und essenziell räumlich strukturiert ist, sind etwa die in den produzierten Texten genutzten Buchstaben- bzw. Wortzeichen immer linear auf einer Trägerfläche (Papierblatt, Display etc.) organisiert, müssen nacheinander rezipiert, entschlüsselt und verstanden werden, ehe zu einem anschließenden Textabschnitt vorangeschritten werden kann. Dabei ist den Lesenden volle Entscheidungsfreiheit überlassen, mit welcher Geschwindigkeit die Rezeption vonstattengehen soll. Beim Hörspiel dagegen, das ein Ohrenmedium und essenziell zeitlich strukturiert ist, sind die akustischen Zeichen sowohl linear als auch simultan organisiert, indem zwar progressiv ein Schallereignis nach dem anderen wahrgenommen werden muss – das liegt schon in der Natur des Hörspiels als Zeitkunst –, zugleich aber mehrere Schallereignisse auch gleichzeitig stattfinden können, wenn bspw. eine

Figurenäußerung mit einer Melodie unterlegt wird. Das Medium des Hörspiels legt im Übrigen eine definitive Wahrnehmungsgeschwindigkeit fest, wodurch jeder Eingriff in dieser Beziehung eine Art Störung verursacht (Beschleunigungen oder Verlangsamungen verändern die Gestalt der Töne, indem sie deren »natürliche« Periodendauer unnatürlich stauchen bzw. strecken; Pausierungen eines Hörspiels unterbrechen dessen gesamte Raumakustik und zerstören damit die oft als »Atem« des Hörspiels bezeichnete Klangatmosphäre etc.). Insbesondere die Möglichkeit der synchronen Interrelationierung von akustischen Zeichen ist etwas, das sich direkt aus der Produktionsweise des Hörspielmediums ergibt.

Da das Verständnis davon, wie ein Hörspiel hergestellt wird, es stark erleichtert, das Hörspiel als synthetisches Gebilde, akustischen Text und semiotisches Gewebe zu begreifen und einen wissenschaftlich strukturierten, analytischen Zugang zu ihm zu finden, wird im Folgenden genauer auf die Prozesse der Hörspielproduktion eingegangen. Mit den Herstellungsabschnitten und ihren semantisch wirksamen Akteuren und Instanzen geraten dabei bereits die wesentlichen Zeichensysteme des Hörspiels in den Blick und zwar in jener organischen Interaktivität, die bei der anschließenden separaten Betrachtung der einzelnen Zeichensysteme zugunsten größtmöglicher Konzision und Pointiertheit unterbleiben muss. Zugleich gewinnt so das Bild des akustischen Gewebes, das jeder Hörspieltext darstellt, größere Plausibilität.

Das Prinzip der Semantisierung auf Basis der besprochenen Zeichenrelationen beschreiben u.a. Titzmann 1977, 358–367, und 2003, 3054f., sowie Krah 2006, 77–85, und 2013b. Siehe in denselben Publikationen zur textanalytischen Interpretation der verschiedenen Zeichenrelationen und deren Beschreibung. Allgemein zu den zeichentheoretischen Prinzipien der Interpretation siehe u.a. Volli 2002. Zum Konzept des idealen Rezipienten bzw. Musterlesers siehe ebd. und Eco 1987a; siehe auch Schmid 2005, 65–71. Einen Überblick zur Methodik und den Anwendungsfeldern der Hermeneutik, allerdings ohne Berücksichtigung des Hörspiels, bieten Franzmann et al. 2023. Zum erwähnten frühen narrativen Strukturmodell siehe Propp 1972.

Schmedes 2002, 92–95, unterscheidet zwischen semantischen und strukturellen Zeichenrelationen im Hörspiel, was sowohl terminologisch als auch definitorisch problematisch ist (strukturelle Bezüge als »auf die interne Organisation der Zeichen« bezogen; semantische Bezüge auf »die interne Struktur«). Dabei räumt er ein, dass eine »eindeutige Trennung zwischen beiden Ebenen [...] nicht möglich« ist. Als konkrete Relationen spricht er explizit nur Korrelation und Hierarchie an.

5. Prinzipien der Hörspielproduktion

Die Herstellung eines Hörspieltextes ist üblicherweise arbeitsteilig organisiert und klar standardisiert. Die für die verschiedenen Produktionsabschnitte zuständigen Spezialisten bedienen sich dabei der spezifischen Apparatur des Mediums, um zunächst das akustische Rohmaterial zu erstellen und es in Folgeschritten immer weiter zu verfeinern und zu verdichten, bis es die finale Gestalt eines Hörspieltextes angenommen hat. Im Prozess der Herstellung eines solchen Hörspieltextes lassen sich im Wesentlichen vier Abschnitte mit je besonderer Apparatur unterscheiden, nämlich Aufnahme, Rohschnitt, Feinschnitt und Mischung, der sich meist der finalisierende Schritt des Mastering anschließt (vgl. Abb. 3).

Abbildung 3

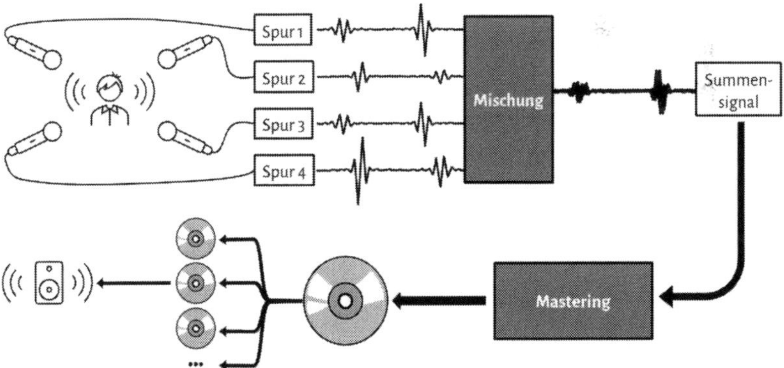

Zunächst erfolgen die *Ton-* und *Musikaufnahmen*. Die realen Schallereignisse, die Sprechkünstlerinnen und -künstler zumeist in der akustisch geschützten Umgebung eines Studios mit ihren Stimmen erzeugen, werden dabei von der Aufnahmetechnik erfasst. Bei der Artikulation ins Mikrofon entstehen Töne und Geräusche und da ein Ton eine Erschütterung der Luft ist, kann diese Erschütterung durch ein Mikrofon als Schwingungen aufgezeichnet werden. Die Mikrofone besitzen schwingungssensible Membranen, mit denen die Artikulationsschwingungen in elektroakustische Signale übersetzt werden. Diese können in Form von einzelnen Audiospuren auf geeignete Trägermaterialien gespeichert werden, seien es magnetische oder optische oder digitale Trägermedien. Mittlerweile geschieht das im Grunde ausschließlich softwaregesteuert mit entsprechender Computertechnik. Beim Einsprechen sind vor allem zwei Optionen gegeben: Entweder befinden und äußern sich die Sprechkünstlerinnen und -künstler, die den Figuren einer bestimmten Hörspielszene ihre Stimmen leihen, gleichzeitig in einem Aufnahmeraum, wodurch wesentlich stärker Interaktion und auch Improvisation möglich ist; oder es kommt zum sogenannten X-en, was speziell bei dezidiert kommerziell und ökonomisch ausgerichteten Hörspielen eingesetzt wird und wobei die Sprechkünstlerinnen und -künstler jeweils an einem Stück einzeln und separat ihre Sprechpassagen ins Mikrofon einsprechen. Die Regie wirkt dabei auf Basis eines Gesamtkonzepts auf die Sprechenden ein, versucht also aus den reinen Worten des zugrundeliegenden Manuskripts eine spezifische Hörspielstruktur herauszuarbeiten, ambige Äußerungen zu konkretisieren oder eindeutigen Äußerungen eine schillernde Mehrdeutigkeit zu verleihen, das Einsprechen in eine ganz bestimmte Richtung zu lenken, figurenpsychologische Aspekte, aber auch feine Spannungen, latente Konflikte herauszuarbeiten – sprich: auf Grundlage des Ausgangstextes ein künstlerisches Werk im eigenen Recht, mit spezifischer Struktur und mit eigener Charakteristik zu erschaffen, das nicht nach dem Papier klingt, das ihm zugrunde liegt, sofern das nicht intendiertes Ziel ist, sondern das – obwohl vollkommen bildlos – plastisch, anschaulich und lebendig sein soll.

Entsprechend wird mit den Musik-, Atmosphären- und den Geräuschaufnahmen verfahren. Dabei greift man in aller Regel auf ein Mehrspurverfahren zurück, bei dem jedes kohärente Schallereignis als separate Spur aufgezeichnet wird, also die Äußerungen der Sprechenden für sich – beim X-en sogar die Äußerungen jeder einzelnen Sprecherin bzw. jedes einzelnen Sprechers für sich –, die einzelnen Geräusche bzw. Atmosphären für sich sowie die Musikeinspielungen für sich. Dieses Prinzip erlaubt eine größtmögliche Kontrolle bei der Qualitätssicherung (Versprecher machen keine komplette Neuaufnahme einer Szene nötig etc.) und auch hinsichtlich der späteren Koordination der unterschiedlichen Schallereignisse. Die Aufnahmen auf den einzelnen Spuren werden dann vor allem ästhetischen Korrekturen unterzogen, Atmer – wo störend – getilgt, aber auch – wo passend – künstlich ergänzt; Ploppen, Klicken und allzu scharfe Frikative (»s«/»f«), wenn sie nicht direkt bei der Aufnahme technisch unterbunden werden konnten, abgemildert etc. Um im Bild des Gewebes zu bleiben, entstehen mit den akustischen Einzelspuren die Fäden und Perlen, die im Weiteren zum Teppich des Hörspieltextes verwoben werden.

Das Aufnahmematerial hat an dieser Stelle der Produktion Rohstoffcharakter erhalten und wird anschließend im Fertigungsschritt des *Rohschnitts* nach den Vorstellungen der Regie nachbearbeitet, gefiltert, beschleunigt, in der Tonhöhe verändert, in der Lautstärke angepasst, verfremdet, mit Hall versehen, stilisiert, auf eine bestimmte Stereoposition gelegt etc. Vor allem aber wird es nun zerlegt und arrangiert. Die Montage löst die unterschiedlichen Aufnahmen in kleinere Fragmente auf, wobei meist Prinzipien der Kohärenz gewahrt bleiben, die sich etwa dann ergeben, wenn ein Figurendialog in einer spezifischen Raumakustik aufgenommen wurde: Schnitte in die Figurenäußerungen sind dann immer auch Schnitte in die Raumakustik und können bemerkt und vom Publikum als ablenkend und störend empfunden werden. Ansonsten sind die Partikel aus diesem Rohschnitt frei »disponibel«, wie Barbara Plensat es nennt. Sie können willkürlich verschoben und selbst den »Regeln der Regellosigkeit« der Collage unterworfen werden, liegen am Ende dieses Prozesses des sogenannten Rohschnitts jedoch üblicherweise so nach- bzw. parallel zueinander, dass der Verlauf der zu erzählenden Geschichte bzw. das Konzept des zu vermittelnden Themas klar ist.

Der anschließende *Feinschnitt* arbeitet im Millisekundenbereich die minutiöse Abstimmung der einzelnen Elemente zueinander heraus, akzentuiert bspw. mit Mikroschnitten durch taktgenaue Korrelation von Figurenaussage und Musik bestimmte Äußerungen, trifft Entscheidungen zum exakten Timing, zur genauen Länge von Pausen, zur Länge von Aus- und Überblendungen etc. und bringt auf diesem Weg das Hörspiel in seine definitive Gestalt.

Die einzelnen Spuren werden zum Abschluss der *Mischung* in ihrem definitiven Verhältnis zueinander festgelegt und dann zu einem einzigen sogenannten Summensignal zusammengefasst. Das heißt, all die bisher einzelnen Spuren mit ihren Schallpartikeln und größeren Sprach-, Geräusch- und Musikelementen werden zu einer einzigen Spur zusammengemischt. Dabei kommt es zur Angleichung der Lautstärken der verschiedenen Spuren, um einen einheitlichen Höreindruck zu erzielen. Gleichzeitig ist auch in diesem Schritt noch eine Überarbeitung mit elektroakustischen Effekten möglich, um bspw. einen synthetischen Raumklang, Verzerrungen oder eine Anpassung von Bass und Höhen zu erreichen. Zugleich können bestimmte Spuren stumm geschaltet werden, wenn sie schließlich an bestimmten Stellen doch als nicht relevant erkannt wurden. Das Summensignal wird abschließend zu einer einzigen Mono- oder Stereospur zusammengefasst. Die verschiedenen Einzelspuren sowie die darauf befindlichen Schallpartikel wie bspw. Figurenäußerungen, Hintergrundgeräusche und Musikbegleitung, die bis zu diesem Punkt frei gegeneinander verschiebbar und koordinierbar waren, werden so zu einer untrennbaren Einheit verschmolzen. Das Gewebe des Hörspieltextes wird sozusagen strammgezogen und versäumt; es erhält seine definitive Gestalt. Wird eine Monospur erzeugt, gibt es tatsächlich nur ein finales Schallsignal, das selbst bei der Wiedergabe durch ein Stereosoundsystem nur als *ein* homogenes Schallereignis umgesetzt wird. Wird dagegen eine Stereospur ausgefertigt, besteht diese eigentlich aus zwei separaten, wenn auch synchron gehaltenen Schallsignalen, die auch teils separate Schallereignisse enthalten, jedoch direkt und verbindlich miteinander koordiniert sind. Dadurch werden die beiden Signale bei der Wiedergabe mittels eines Stereosoundsystems über zwei Kanäle, d.h. meist einen linken und einen rechten Lautsprecher, ausgegeben. Und, weil die beiden Signale der Stereospur teils unterschiedliche Schallereignisse enthalten, ist die Erzeugung eines komplexeren Klangraums möglich, in dem sich bspw. eine Figur von links (nur linker Lautsprecher) äußert, eine andere von rechts (nur rechter Lautsprecher) und eine dritte aus der Klangraummitte (linker und rechter Lautsprecher).

Das so zu einer einzigen Mono- oder Stereospur heruntergemischte Klangmaterial ergibt das sogenannte Mastertape, das im nächsten Schritt, dem sogenannten *Mastering*, dann noch einmal einer Gesamtüberarbeitung unterzogen wird, bei der insbesondere auf eine Einheitlichkeit der Klanggestalt und Lautstärke ein Auge gelegt wird.

Beim Mastering werden also vor allem die generellen Tonqualitäten des Tonmaterials noch einmal optimiert und oft wird auch darauf geachtet, dass dieses eine möglichst optimale Wiedergabe auf verschiedenen technischen Geräten erlaubt. Soll das Hörspiel als CD ausgegeben werden, wird in einer industriellen Fertigung auf Basis des Mastertapes ein sogenannter Premaster und mit diesem ein Glasmaster hergestellt. Der Glasmaster ist dabei die positive Pressvorlage, von der eine Negativvorlage genommen wird, von der dann auf industriellem Wege zur Herstellung verschiedener CDs Kopien gezogen werden können. Das Ergebnis dieses letzten Schritts ist das fertig produzierte Hörspiel in Form einer CD bspw. von DIE DREI ???, die dann in einem CD-Spieler wiedergegeben und deren Inhalt hörspielanalytisch untersucht werden kann.

Betrachtet man das Hörspiel vom Standpunkt seiner Apparatur und technischen Fertigung aus, sind prinzipiell all seine Elemente semiotisch gleichwertig. Es ist also zunächst gleichgültig, ob sie verbaler, nonverbaler, paraverbaler, geräuschhafter, musikalischer oder sonstiger Art sind, denn all diese Elemente fungieren als akustische Zeichen, die über die Kanäle eines Audiosystems vermittelt werden, und sind insofern für die Analyse relevant. Das, was dem Publikum mit einem Hörspiel in aller Regel entgegentritt, ist insofern ein sehr homogenes Schallereignis, ein kompakter geschlossener Hörtext, in dem die verschiedenen verbalen, nonverbalen, paraverbalen, geräuschhaften, musikalischen und sonstigen Bestandteile zu einem harmonischen Gesamteindruck verschmelzen, obwohl – wie gesehen – von Anfang an bis zum Schluss und im Grunde bei jedem Fertigungsschritt des Hörspiels mit Klangpartikeln hantiert wird, die entsprechend spezifischer dramaturgischer Vorstellungen und aufgrund ebensolcher Entscheidungen koordiniert werden, ehe erst zum Abschluss die fertige Komposition der Elemente in Form des Hörspieltextes entsteht.

Die Analyse eines Hörspiels hat insofern einen im Prinzip inversen Weg zu gehen und muss den kompakten Text, das geschlossene dichte Gewebe des Hörspiels wieder Faden für Faden aufdröseln, die einzelnen Spuren und Elemente wie vielfarbige Bindfäden herauspräparieren und hinsichtlich ihrer Beziehung und Abhängigkeit voneinander bestimmen. Die verschiedenen Elemente des Hörspieltextes wirken also gewebeartig dadurch aufeinander, dass sie in Relationen zueinanderstehen und erst durch diese Relationen eine über die Einzelbedeutung der verwendeten Elemente hinausgehende Bedeutungshaftigkeit erzeugen, die letztlich die Gesamtbedeutung eines Hörspiels bilden. Ein Geräusch kann einen synchronen Sprechinhalt bspw. präzisieren, erweitern oder in irgendeiner anderen Form hinsichtlich seines Bedeutungsgehalts beeinflussen und das gilt generell für jedes einzelne Element eines Hörspiels, das in dieser Hinsicht als Zeichen fungiert.

Um ein Hörspiel nach dem beschriebenen Prinzip zu »zerhören« und analysieren zu können, ist es also nötig, sich ein Bewusstsein von den verschiedenen Basiselementen des Hörspiels zu verschaffen, damit diese in ihrer semantisch-semiotischen Einzelmächtigkeit beurteilt und besonders auch entsprechend der zuvor kennengelernten Relationen bewertet werden können. Wenn hier von Basiselementen gesprochen wird, so liegt dem die Vorstellung zugrunde, dass sich verschiedene Komponenten eines Hörspiels zu sinnvollen Gruppen bzw. Kategorien zusammenfassen lassen, die sowohl hinsichtlich ihrer technisch-produktionellen Entstehung als auch in Bezug auf ihre semiotische Charakteristik eine solche Gruppierung nahelegen. Damit ist die Frage gestellt nach den einzelnen Zeichensystemen, die im Hörspiel vorkommen. Ihr soll im folgenden Abschnitt nachgegangen werden.

Eine eindrückliche Darstellung der verschiedenen hörspielproduktionellen Abschnitte, ihrer Abhängigkeiten und Schwierigkeiten vom Standpunkt der Herstellenden gibt die Hörspielregisseurin Barbara Plensat 2010. Siehe in historischer Perspektive auch Loebe 1970a. Zur konkreten Arbeitspraxis allgemein vgl. Crook 1999, die Beiträge in Ahern 2000, Zindel/Rein 2007 und Hand/Traynor 2011; konkret u.a. zu jener von Ferdinand Kriwet bietet etwa Novotný 2020 (u.a. 150–158) reiches Material. Weitere (autografische) Einblicke in die Arbeitspraxis von Hörspielschaffenden wie Franz Mon, Jens Sparschuh, Ronald Steckel und Heiner Goebbels finden sich in der Aufsatzsammlung von Stuhlmann 2001 unter der Rubrik »Werkstatt Radio«. Ausführlich zu den allgemeinen technischen Aspekten der Rundfunkproduktionsbedingungen siehe u.a. Ladler 2001, 9–21, Bittel/Fiedler 2002, Steinke 2002 und Wilkens 2002. Eine Skizze zu den Entwicklungslinien der Tontechnik findet sich in Flückiger 2012, 28–68. Zu den technisch-apparativen Einflussfaktoren der Hörspielproduktion siehe besonders Knilli 1961, Klippert 2012 und Maier 2015. Speziell zur hörspielproduktionellen Behandlung der Stimme und den Interrelationen von Stimme und Studiotechnik siehe Elstner 2010, 72–100, und Pinto 2012, 145–264.

6. Die Zeichensysteme des Hörspiels

Gemeinhin unterteilt man die im Hörspiel verwendeten Zeichensysteme in zwei größere Gruppen, nämlich in die allgemeinen hörspielbezogenen Zeichensysteme und die speziellen audiophonen bzw. hörspielspezifischen Zeichensysteme. Während Erstgenannte keine exklusive Bindung an das Hörspiel haben, sondern dort zwar auftauchen, aber auch in anderen Medien- und Kommunikationssystemen Verwendung finden, sind Letztere ausschließlich im Medium des Hörspiels anzutreffen und haben damit die Qualität, dieses von anderen Mediensystemen abzugrenzen.

So kommen die *allgemeinen hörspielbezogenen Zeichensysteme* von Stimme, Sprache, Geräusch, Musik, Stille und Originalton etwa auch in Mediensystemen wie dem von Theater und Film vor; sie charakterisieren also nicht exklusiv die Gestalt eines Hörspiels. Dass das Hörspiel an diesen Zeichensystemen lediglich *auch* Anteil hat, jedoch nicht die medialen Grundbedingungen für deren schiere Existenz vorgibt, wird besonders deutlich, wenn man sich bewusst macht, dass diese – wie etwa bei der direkten Kommunikation – nicht einmal einer medialen Fixierung bedürfen, um wirksam und produktiv sein zu können.

Die speziellen audiophonen bzw. *hörspielspezifischen Zeichensysteme* von Blende, Schnitt, Mischung, Stereophonie und elektroakustischen Manipulationen dagegen sind mit ihrer speziellen Anwendung auf reine Schallphänomene typisch nur für das Hörspiel und sind ohne eine konkrete mediale Speicherung in Form einer Audioaufzeichnung überhaupt nicht denkbar.

Zugleich umfasst die erste Gruppe der beiden genannten Zeichensysteme eigenständige semiotische Elemente, die zweite dagegen sekundäre bzw. gebundene Zeichensysteme. Während nämlich mit Stimme, Sprache, Geräusch, Musik, Stille und Originalton autonome Einzelzeichen wie bspw. ein von einem Mann geschrienes »Warum?« oder ein Harfenglissando produziert werden können, wird für die Anwendung von Blende, Schnitt, Mischung, Stereophonie und elektroakustischen Manipulationen ein vorausgehendes Audiomaterial wie bspw. die Aufzeichnung eines von einem Mann geschrienen »Warum?« oder eines Harfenglissandos benötigt, auf das diese Zeichensysteme dann in einer Art Überkodierung einwirken können. Etwas unscharf könnte man deshalb auch sagen, dass die allgemeinen hörspielbezogenen Zeichensysteme eine Materialbasis liefern und die speziellen audiophonen bzw. hörspielspezifischen Zeichensysteme ihrerseits Verfahren liefern, mit denen diese Materialbasis überformt bzw. sekundär semantisch angereichert und erweitert werden kann.

Bei der Produktion eines Hörspiels wird also gewissermaßen auf den Fundus dieser beiden Gruppen von Zeichensystemen zurückgegriffen; es werden bestimmte Elemente ausgewählt, kombiniert und korreliert; verschiedene Stimmen werden herangezogen, die bestimmte sprachliche Inhalte transportieren, Geräusche werden dazugegeben, eine Musik unterlegt, Blenden werden eingebaut, Schnitte vorgenommen, eine Mischung erstellt, stereophonische Effekte ergänzt und schließlich erhält man bspw. ein TKKG-Hörspiel. Im Gegensatz zu diesem Weg der Herstellung, geht man auf dem Weg der Analyse von einem konkreten Hörspieltext aus und untersucht diesen hinsichtlich der Fragen, ob es einen Stimmeinsatz gibt, und, wenn ja, wie viele Stimmen welcher Art es gibt, welche sprachlichen Inhalte diese transportieren, ob auch Geräusche zu finden sind und, wenn ja, welche und so fort. Dabei ist es relevant zu sehen, dass die verschiedenen einzelnen Zeichen in Abhängigkeit zueinanderstehen und diese Abhängigkeiten die Gesamtbedeutung eines bestimmten Hörspiels definieren. Die Gesamtbedeutung eines Hörspiels ergibt sich insofern aus dem Zusammenspiel der verschiedenen konkret vorliegenden zeichensystemspezifischen Zeichen. Insofern ist es essenziell, klare Kenntnis von den Arten der unterschiedlichen Zeichensysteme und ihrer Verwendungsmöglichkeiten zu haben, um in analytischer Auseinandersetzung mit einem konkreten Hörspieltext die Kategorien seiner Sinnstiftungspotenziale sowie die einzelnen semantischen Komponenten umfassend und systematisch erfassen zu können. Daher werden im Folgenden die Zeichensysteme im Einzelnen ausführlich besprochen.

Allgemein zu den einzelnen Zeichensystemen des Hörspiels siehe – aufgrund seiner semiotischen Präzisierung – vor allem Schmedes 2002; daneben u.a. auch Knilli 1961, Frank 1963, 91–130, Klippert 2012, Frank 1981, 78–100, Weber 1997, 41–61, Ladler 2001, 36–43, und Huwiler 2005a, 53–90. Siehe auch Lermen 1983, der die Produktionsbedingungen und Zeichensysteme des traditionellen literarischen Hörspiels im Vergleich zu jenen des Neuen Hörspiels betrachtet und dabei die technische Komponente als Konstitutive des Letztgenannten sieht.

6.1 Die Stimme

Stimme und Sprache sind essenziell für das narrative Hörspiel. Die Stimme erscheint als zentrale Instanz, über die es zur Verkörperung der Figuren kommt, wobei die je spezifische Physiognomie der Stimme am entscheidendsten eine Plastizität, Psychologisierung und Vergegenständlichung der dargestellten Welt und ihrer Bewohner und Bewohnerinnen in diesem so ephemeren Medium bewirkt. Zugleich ist die Stimme die Trägerin der Sprache und geht mit dieser in der üblichen mündlichen Kommunikation eine im Grunde untrennbare Einheit ein. Das, was gesagt wird, steht in unmittelbarer Dependenz zur Art, wie es gesagt wird, und umgekehrt. Stimme und Sprache sind so die am engsten miteinander verknüpften Zeichensysteme des Hörspiels.

Gleichwohl können Stimme und Sprache auch jeweils für sich alleine in Erscheinung treten, bspw. die »sprachlose Stimme« in Form eines unartikulierten Schreis oder – außerhalb des Hörspielkontextes – die »stimmlose Sprache« in Form eines gedruckten Textes. Zugleich können bspw. dreißig verschiedene Personen Goethes »Erlkönig« vorlesen und zeichnet man diese Vorträge elektroakustisch auf, erhält man dreißig Tonspuren, die in stimmlicher Hinsicht sehr unterschiedlich sein können, die in sprachlicher Hinsicht jedoch grundsätzlich identisch sein dürften. Das hängt damit zusammen, dass die Stimme jedes Menschen individuelle Merkmale besitzt, ein einmal niedergeschriebener Text aber, egal wie oft man ihn reproduziert, derselbe bleibt. Außerdem kann prinzipiell auch ein und dieselbe Person einen identischen Text auf verschiedenste Weise artikulieren. Es ist deshalb grundsätzlich sinnvoll, beide Zeichensysteme analytisch zu unterscheiden und getrennt voneinander zu untersuchen. Das bedeutet, obwohl eine Stimme oft einen sprachlichen Inhalt transportiert, besitzt sie eine eigenständige, von sprachlichen Aspekten völlig freie Charakteristik und kann daher als solche hinsichtlich ihrer semantischen Aspekte betrachtet werden. Und andererseits ist die Sprache nicht auf eine Realisierung auf Basis einer stimmlichen Artikulation angewiesen, sondern kann allein hinsichtlich ihrer wortwörtlich mitgeteilten Inhalte untersucht werden.

Im Übrigen war es tatsächlich bis in die 1990er-Jahre und darüber hinaus gängige fragwürdige Praxis, im Selbstverständnis, eine Hörspielanalyse anzufertigen, sich mit seinen Untersuchungen lediglich auf den niedergelegten Manuskripttext zu beschränken und alles eigentlich Hörspielspezifische unberücksichtigt zu lassen. Doch auch ein gegenläufiger Ansatz, der sich allein auf die sprachlichen Aspekte konzentriert, würde zu kurz greifen; das Hörspiel ist im Regelfall u.a. spezifisch stimmlich realisierte Sprache. Ehe aber bei einer Analyse auf die konkreten Formen der Relationierung von Stimme und Sprache eingegangen wird, sollten stets beide semiotischen Dimensionen zunächst separat voneinander ins Auge gefasst werden.

Die prinzipielle Autonomie der Stimme erweist sich im Hörspielkontext besonders in Fällen, wenn die Stimme in ihrer rein klanglichen Gestalt eingesetzt wird, ohne dass sie sprachliche Inhalte transportiert. Einer der Pioniere einer solchen autonomen Stimmverwendung war Kurt Schwitters, der zwischen 1923 und 1932 mehrere Fassungen seiner sogenannten SONATE IN URLAUTEN verfasste, die wesentlich auf eine stimmlich-performante Umsetzung angelegt ist. Dieses auch URSONATE genannte Stück besteht insgesamt lediglich aus einer lautpoetischen Folge von vokalisch-konsonantischen Stimmphänomenen und wurde von Schwitters selbst am 5. Mai 1932 in einem Studio der Reichsrundfunkgesellschaft Stuttgart auf Schallplatte aufgezeichnet. Ein kurzes Transkript daraus soll einen Eindruck davon vermitteln:

Fümms bö wö tää zää Uu,
pögiff,
kwii Ee.
Oooooooooooooooooooooooooo,
dll rrrrrr beeeee bö
dll rrrrrr beeeee bö fümms bö
rrrrrr beeeee bö fümms bö wö
beeeee bö fümms bö wö tää,
bö fümms bö wö tää zää ,
fümms bö wö tää zää Uu:
Fümms bö wö tää zää Uu,
pögiff,
Kwii Ee.
Dedesnn nn rrrrrr,
Ii Ee,
mpiff tillff too,
tillll,
Jüü Kaa?

Im Vordergrund der Ursonate steht klar die akustische und performative Gestaltung der vokalisch-konsonantischen Lautmassen. Bei all ihrer Abstraktheit lassen sich diese durch eine Lautschrift-Transkription und/oder mit den phonetischen Beschreibungskategorien zumindest elementar notieren und erfassen. Der spezifisch akustische, individuell-materielle Gehalt der Äußerung entzieht sich dabei jedoch der Erfassung, zumal die Äußerung als solche assemantisch ist und sich daher mit den Mitteln deskriptiver Sprache nur recht allgemein beschreiben lässt. Die Stimme – und das wird anhand der grafischen Realisierung besonders deutlich – kodiert keine sprachliche Mitteilung, sondern tritt vor allem in ihrer materiellen Eigenständigkeit auf.

Das erweist die Stimme als theoretisch autonomes semiotisches System im Hörspiel und macht es erforderlich, nach den Aspekten und Kategorien ihrer wissenschaftlichen Erfassung zu fragen. Bei der Analyse der Stimme unterscheidet man für gewöhnlich zwischen ihren paraverbalen und nonverbalen Aspekten – gegenüber der direkt ans Wort geknüpften verbalen Dimension. Die Stimme ist zwar Trägerin und Vermittlerin des in einem Hörspiel gesprochenen Wortlauts. Zugleich markiert sie aber in der Regel eine individuelle Figurenpräsenz, denn wenn man eine Stimme hört, weiß man sofort: Dort ist eine Instanz, die spricht – sei es eine konkrete historische Person, eine fiktive Figur, ein unbestimmtes Irgendwer oder eine abstrakte Entität der Erzählvermittlung, unabhängig davon, was genau durch die Stimme gesagt wird. Das unterscheidet das Hörspiel auch grundsätzlich von der Lesung, denn während in Letzterer die Lesenden die Stimmen der Figuren lesen, spielen die Sprechenden im Hörspiel die Figuren.

Die *paraverbalen*, d.h. »neben-sprachlichen«, Aspekte beziehen sich daher auf den spezifischen Klang einer Stimme als solcher sowie auf konkrete Formen der Realisierung der davon abstrahiert zu betrachtenden Wörter. Macht man sich bewusst, dass etwa das Wort »Apfel« so, wie es hier gedruckt steht, von verschiedenen Menschen ausgesprochen, immer eine ganz unterschiedliche Realisierung erfährt, gelangt man zum Paradigma der paraverbalen Stimmaspekte. Dieses konstituiert sich zum einen dadurch, dass jeder Mensch eine eigene Stimmcharakteristik besitzt, also mal tiefer, mal höher, mal schnarrender, mal nasaler, mal glatter etc. spricht; zum anderen kann auch ein und derselbe Mensch dasselbe Wort auf ganz verschiedene Arten aussprechen, etwa durch eine leichte Verschiebung des Wortakzents, durch eine gedehnte oder sehr schnelle Aussprache, durch eine überdeutliche oder aber nachlässig-nuschelnde Formulierung etc. Zugleich verfügt einerseits tendenziell jede Stimme über eine andere konative Charakteristik und Gestik im Vergleich zu einer anderen Stimme und andererseits kann an jede unterschiedliche Artikulationsform ein und derselben Stimme eine andere semantische Nuance geknüpft sein, die das ausgesprochene Wort seinem Sinn nach verändert. So besaß bspw. nach Angabe von Konstantin Sergejewitsch Stanislawski ein Schauspieler seines Kollektivs die Fähigkeit, die Phrase »heute Abend« auf 40 verschiedene Arten auszusprechen, wobei das Publikum diesen artikulatorischen Varianten auch wirklich 40 unterschiedliche Bedeutungen bzw. Bedeutungsnuancen entnehmen konnte (vgl. Fischer-Lichte 1983, 44, und die dortigen Verweise auf Stanislawski). In der Folge können die Paraverbalia, also die einzelnen analytisch erfassbaren Komponenten der sprachbegleitenden Stimmcharakteristik, in eine generelle Dimension, die Stimmqualität, sowie in eine artikulationsbezogene Dimension, die Sprechweise, unterschieden werden.

Stimmqualität

Generelle paraverbale Aspekte charakterisieren die spezifische Stimmqualität, sind also die stets vorherrschenden individuellen Charakteristika einer bestimmten Stimme, gewissermaßen der »Fingerabdruck« bzw. das »Gesicht« der Stimme, und unabhängig von einer speziellen Benutzung etwa beim neutralen Einlesen eines Textes, bei der emotionalen Verkörperung einer Figur oder der Äußerung unartikulierter Laute. Die Stimmqualität ist maßgeblich für die akustische Unterscheidung sowie rezeptive Unterscheidbarkeit der verschiedenen Figuren in einem Hörspiel. Werden Sprecherinnen und Sprecher mit sehr ähnlichen Stimmqualitäten für die

Besetzung von unterschiedlichen Figurenrollen eines Stücks gewählt, ist es für die Zuhörenden meist schwer, unterscheiden und bestimmen zu können, welche Figur gerade spricht. Das kann in Ausnahmefällen eine absichtliche dramaturgische Entscheidung sein, etwa um auf Basis einer Äquivalenzrelation die semantische Nähe zweier Figuren zu betonen – zumeist ist es jedoch Ergebnis einer Fehlentscheidung der Regie und daher nur selten anzutreffen.

Da sich im Hörspiel mit den Stimmen die Figuren manifestieren und sich gewisse physische, aber auch psychische Merkmale aus dem Klang der Stimme schlussfolgern lassen, ist die Wahl der jeweiligen Sprecherinnen und Sprecher zentral für die meisten narrativen Hörspiele. Macht man sich bewusst, dass es ohne geschehenstragende oder -vermittelnde Stimme(n) im Hörspiel weder Figuren noch Sprache geben kann, wird erahnbar, welch großer Stellenwert ihr zukommt. Die Stimme ist im Hörspiel die Figur, denn, weil andere Indizien der sekundären Charakterisierung, wie Kleidung, Körperhaltung, Bewegung, Blickverhalten etc., immer nur durch einen Erzählkommentar geliefert werden können, sind sie im Vergleich zur direkten Manifestation der Figur in der Stimme stets nur nachrangig und zugleich von potenziell zweifelhafter Aussagekraft. Die Stimmen geben den Figuren eine Präsenz, ein Gesicht, eine Persönlichkeit; und die Figuration des Hörspiels mit bestimmten Stimmen legt dessen spezifische Prägung fest und ist – wenn die Besetzung der Figuren »stimmig« ist – nicht zuletzt mit entscheidend für die Glaubwürdigkeit und das dramaturgische Glücken der Geschichte.

Wie bereits gesehen, lassen sich in aller Regel ungefähres Alter und Geschlecht aus den Stimmen heraushören; durch die Resonanzstärke, also die Klangfülle, können außerdem Rückschlüsse auf den Körperumfang gezogen werden. Daran bindet im Weiteren eine Fülle von hörspielkonventionellen, oft genretypisch etablierten sowie stereotypen Semantiken an, die daher, weil sie als kognitive Schemata weit verbreitet und leicht aktivierbar sind, auch häufig genutzt werden. Solche nach Figurenrollen geprägten Stimmcharakteristiken besitzen besondere Stabilität in Erzählgattungen, die per se auch auf relativ statischen Handlungsstrukturen beruhen, wie vor allem das Kriminalhörspiel. Sie sind in der Analyse dann auch besonders transparent für tatsächliche gesellschaftliche Stereotype und Geschlechternormierungen.

So besitzt der Detektiv zumeist eine tiefe, harte, zugleich raue und resonanzreiche Stimme mit großer Lautung und gibt seine Abgeklärtheit durch konsequentes Verweilen in der Indifferenzlage zu Gehör – also eine ähnliche Stimmcharakteristik, wie man sie (bis auf die Rauheit etwa) auf weiblicher Seite für die Besetzung einer Professorin verwenden würde. Das weibliche »Opfer« hingegen hat in der Regel eine (zu) hohe Stimmlage mit sanfter Klanghärte, geringer Resonanz und artikuliert sich oft kraftlos und gehaucht – Stimmqualitäten also, die für männliche Figuren fast undenkbar sind, am ehesten noch mit parodistischer Absicht oder für eine Typenfigur wie den »Feigling« genutzt werden können. In dieser (durchaus konventionellen) exklusiven Zuweisung von Stimmqualitäten an bestimmte geschlechtlich definierte Figurenrollen lassen sich, wie gesagt, gesellschaftliche Rollenmuster und Normierungen erkennen und einer gendertheoretischen Dekonstruktion unterziehen (vgl. dazu auch Kap. 8.3).

Da die Stimmqualität sozusagen den Körper der Figur ausmacht und in diesem Verständnis nur in gewissen engen Grenzen moduliert werden kann, entsteht der spezifische semiotische Wert dieser verschiedenen Stimmen in einem Hörspiel vor allem in ihrer Relation zueinander. Wesentlich wichtiger als ein eventuelles Changieren der jeweiligen Stimmqualität ist also die Diskrepanz der Qualität der einen Stimme gegenüber einer anderen. Wie an das Aussehen einer Figur im Film bestimmte Semantiken geknüpft bzw. über diese kommuniziert werden, so werden an die Stimmqualitäten im Hörspiel bestimmte Semantiken geknüpft bzw. über diese vermittelt. Auch hierbei bilden konventionelle Korrelationen eine solide Basis, die zwar ebenfalls immer kritisch hinterfragt werden können, nichtsdestotrotz aber aufgrund ihrer breiten Etabliertheit zugleich sehr produktiv sind. Die tiefe raue Männerstimme kommuniziert klischeehaft das »Männliche« per se, sprich: Härte, Abgeklärtheit, Intellekt, Stärke. Die hohe sanfte Frauenstimme kommuniziert klischeehaft das »Weibliche« per se, sprich: Zärtlichkeit, Verletzlichkeit, Emotionalität und Schwäche. Abseits der Geschlechterdichotomie, jedoch nicht jenseits einer stereotypen Semiotisierung besitzen einzelne Stimmqualitäten eine spezifische Semantik. So korreliert bspw. die geschlossen nasalierte Stimmresonanz konventionell mit »Elitarismus«, »Hochkultur«, aber auch »Überheblichkeit« – was bis dahin geht, dass ein entsprechendes Stimmspektrum im Kulturprogrammsektor vieler Rundfunkanstalten weit verbreitet ist.

Eine semantische Sonderdimension existiert bei *bekannten Stimmen*. Wenn berühmte Personen – vor allem aus dem Bereich Schauspiel und Synchronisation, aber auch aus dem öffentlichen Leben – den Figuren eines Hörspiels ihre Stimmen leihen, überträgt sich meist in gewissem Umfang etwas vom auratischen Paradigma des Figurenrepertoires bzw. der Rollensemantik, für das diese Personen durch ihre Arbeit bekannt geworden sind. Dieser Umstand wird natürlich bereits bei den Besetzungsüberlegungen zu Beginn einer Hörspielproduktion mit bedacht und stellt entsprechend bei der Analyse eines fertigen Hörspiels einen zu beachtenden Untersuchungsaspekt dar. Wenn Christian Brückner, die deutsche Stimme u.a. von Robert De Niro und Martin Sheen, oder Luise Helm, die deutsche Stimme u.a. von Scarlett Johansson, Megan Fox und Emma Stone, Hörspielfiguren verkörpern, klingt in dieser Performanz in aller Regel auch etwas vom Starimage und dem Rollentyp der mit den Stimmen verknüpften Schauspielerin bzw. des Schauspielers mit. So weist die von Brückner gespielte Hauptfigur in DER GEWISSENLOSE MÖRDER HASSE KARLSSON über die Stimme Bezüge zu den von de Niro verkörperten, häufig im Bereich der Illegalität agierenden Figuren (Mafioso, Teufel, Kinderschänder, Taxifahrer etc.) auf und findet mit Brückner eine passende »Be-Stimmung«.

Sie Stimme lässt sich nach den Kategorien von Höhe, Farbe, Härte und Fülle einordnen. Wie an den Begriffen schon deutlich wird, bei denen es sich im Grunde um Bezeichnungen aus visuellen bzw. taktilen Zusammenhängen, also dezidiert nicht akustischen Bereichen handelt, macht es mitunter Schwierigkeiten, etwas so Unanschauliches und Ungreifbares wie den Klang einer Stimme korrekt zu beschreiben. Synästhetische Metaphern können helfen, dieser Schwierigkeit zu begegnen, wobei zugleich topografische Vergleichungen (»hoch« vs. »tief«, »eng« vs. »weit« etc.) ein Grundprinzip unserer Kultur sind (vgl. Titzmann 1977, 150) und bei der Beschreibung stimmlicher Gesichtspunkte und ihrer semantischen Dimensionen gerade sehr treffend sein können. Entsprechend gibt es mehrere unterschiedlich gelagerte Systeme zur Beschreibung der paraverbalen Aspekte; das hier vorgestellte hat sich jedoch im Kontext einer langjährigen Praxis der Hörspielanalyse als allgemeinverständlich, leicht anwendbar, probat und aussagekräftig erwiesen.

- Stimmhöhe (hoch – tief; Indifferenzlage – (zu) hohe Stimmlage – (zu) tiefe Stimmlage)
    - dazu gehört auch: Tonumfang/Ambitus (groß – klein)
    - zudem: Höhenverlauf (gleichförmig – variationsreich)
- Klangfarbe/Klangtemperatur (Timbre; Tenor – Bass – Sopran – Alt; Dur – Moll, warm – kalt usw.)
- Klanghärte (sanft/weich – scharf/hart)
- Stimmfülle/Volumen/Resonanz (große Lautung – kleine Lautung; voll/resonanzreich – eng, gedrückt; kraftlos/gehaucht – offen nasaliert/geschlossen nasaliert

Bezogen auf ihre Höhe besitzt jede Stimme eine individuelle natürliche *Indifferenzlage*, d.h. eine Höhe, in der die Stimmbänder weniger angespannt sind und in der mit geringerem Atemdruck artikuliert werden kann als in allen anderen Stimmlagen und in der die Stimme dennoch mit ihrem vollen Resonanzraum, also quasi am ökonomischsten arbeiten kann. Allgemein wird die Indifferenzlage bei Sprechern zwischen F und H, bei Sprecherinnen eine Oktave höher, zwischen f und h, angesetzt. Alles, was von dieser Indifferenzlage nach oben oder unten abweicht, ist mit einem Mehraufwand an Kraft und Atemdruck verbunden, entsprechend als »mühevoller« wahrnehmbar und im Weiteren spezifisch semantisierbar.

Zur Stimmhöhe gehört auch der Ambitus bzw. *Tonumfang*. Mit ihm lässt sich die Spannweite zwischen dem höchsten und dem tiefsten Ton ermessen, zu der eine bestimmte Stimme fähig ist. Für gewöhnlich wird diese Dimension in einem Hörspiel jedoch nie in ganzem Umfang aktualisiert. Die stereotype Semantik, die mit einem gering gehaltenen Ambitus gemeinhin kommuniziert wird, ist die, dass es sich bei der stimmtragenden Figur um eine solide, charakterstarke Persönlichkeit handelt.

Dagegen ist der ebenfalls zur Stimmhöhe zu rechnende *Tonhöhenverlauf* einer Stimme im Hörspiel definitiv ausgeprägt und bestimmbar. Mit ihm werden die Ebene, die Bewegung und der Umfang der Tonhöhenveränderung während des Sprechens erfasst, also die Gestaltung der Auf-und-ab-Bewegung der Stimme bezüglich der mittleren Nulllinie ihrer Tonhöhe. Die Beweglichkeit des Tonhöhenverlaufs dient in der Regel der Vermittlung von Emotionalität oder von Gedankenprozessen der Figur. Stereotyperweise werden daher Figuren mit dynamischer Persönlichkeit mit einer stark ausgeprägten Tonhöhenvariationsbreite gekennzeichnet und Figuren mit einem gleichförmigen, »langweiligen« Charakter entsprechend mit einem minimal ausgebildeten Tonhöhenverlauf.

Die *Klangfarbe* einer Stimme lässt sich u.a. relativ gut mit Begriffen der Musikwissenschaft für die Bestimmung der musikalischen Stimmlagen fassen, also mit den Bezeichnungen »Tenor«, »Bass«, »Sopran« und »Alt« und darüberhinausgehend auch mit »Mezzosopran« oder »Bariton«.

Die *Klanghärte* bezeichnet daneben weitere, besonders in den Ausdruckseffekten einer Stimme wirksame Charakteristika.

Die Fülle bzw. *Resonanz* einer Stimme schließlich bemisst sich an den theoretischen physischen Klangkapazitäten einer Stimme sowie an deren faktischer Nutzung. So kann sich eine Stimme das ganze volltönende Volumen des Brustraums zunutze machen; oder sie kann sehr eng auf den sogenannten »Maskenklang« im vorderen oberen Gesichtsfeld zusammengezogen werden, wodurch sie scharf und schrill klingt; oder sie kann in den Nasenresonanzbereich konzentriert sein, was in einen entsprechend nasalen Klang resultiert; oder sie kann auch ganz kraftlos und gehaucht gebildet werden, also gleichsam nur im Mundraum entstehen. Besonders diese letzte Form der Stimmfülle reduziert erheblich die Körperlichkeit der Stimme, da hier eben die mitschwingenden, konkreten klangwirksamen Merkmale des Körpers vernachlässigt werden, was im Extremfall dazu führt, dass die Flüsterstimme einen ganz entindividualisierten Klang besitzt. Je nach der gewählten Resonanz einer Stimme lassen sich so unterschiedliche semantische Komplexe an die stimmtragende Figur knüpfen oder teils auch in direkter Rückbindung an die so artikulierten Sprachinhalte anbinden.

Natürlich können über den Einsatz elektroakustischer Manipulationen (siehe dazu im Folgenden) die einmaligen, individualisierenden Aspekte einer Stimme stark verändert und auch so etwas wie eine abstrakte Stimme erzeugt werden, die derart verfremdet ist, dass sie etwa nicht mehr nach geschlechtlichen oder altersspezifischen Dimensionen bestimmt werden kann. In Mauricio Kagels DIE UMKEHRUNG AMERIKAS, einem experimentellen Stück, das eine Fülle von stimmlichen Sinn- und Grenzbereichen austestet, wird u.a. auch mit rückwärts eingesprochenen, invertiert wiedergegebenen und entsprechend aufgezeichneten Sprachspuren gearbeitet, wobei dieses Verfahren zwar die Verständlichkeit der sprachlichen Inhalte weitestgehend wahrt, jedoch die stimmlichen Charakteristika extrem distanzierend, gleichsam ins »Unmenschliche« verzerrt.

Stimmen erscheinen im Hörspiel jedoch in aller Regel nicht isoliert (das Monologhörspiel bildet hierzu die Ausnahme): Stimmen interagieren, treten in Austausch, manifestieren die Figuren des Hörspiels und realisieren durch (performative) Rede und Gegenrede meist einen beträchtlichen Teil der Handlung. Entsprechend ist jede Untersuchung, die die einzelnen Stimmen rein isoliert betrachtet, ungenügend, da sich die jeweilige Stimmführung, die Klangfarbe, Klanghärte immer in Reziprozität zu den Äußerung(sinhalt)en der mit ihr im Gespräch stehenden anderen Stimmen befindet und sich entsprechend anpasst. Ganz allgemein gilt, was die Klangcharakteristiken der auftretenden Stimmen anbelangt, dass das Verhältnis der Stimmen untereinander zu berücksichtigen ist und auch ein Blick darauf gerichtet wird, ob bestimmte Stimmen eher ähnliche bzw. kontrastierende Charakteristiken haben. Dieser Umstand kann in einem Hörspiel gerade, was die paradigmatisch-semantische Figurenkonstellation anbelangt, gezielt funktionalisiert sein (vgl. Kap. 7.4), indem bspw. die Führungsfiguren zweier verfeindeter Gruppen sehr ähnlich oder aber auch deutlich unterschiedlich »be-stimmt« sind.

Auch das Arrangement verschiedener Stimmen, also die Art und Weise, wie zwei oder mehrere unterschiedliche Stimmen zusammengebracht werden, kann vielfältige Bedeutungen erzeugen. Ein einfacher *Dialog* basiert auf dem Prinzip des Austausches: Zwei Stimmen treten in Kontakt zueinander und die Fragen der einen rufen die Antworten der anderen hervor und umgekehrt. Eine Stimme ruft, da sie es selbst nicht hat, das Wissen der anderen Stimme ab, fragt, erhält Antwort und so nähern sich die Bewusstseinsinhalte beider Stimmen allmählich an. Diese dialogische Struktur kann dazu führen, dass die Figuren einander näherkommen, sofern das ausgetauschte Wissen den Interessen beider Figuren gleichermaßen entspricht (Eingeständnis der Gefühle zwischen Liebenden, Zusammenführung von Detektionsergebnissen im Gespräch zweier Kriminalermittlungsbeamter etc.), oder es kann dazu führen, dass die Figuren sich entzweien, was meist der Fall ist, wenn das ausgetauschte Wissen eine Differenz in den Interessen der beiden Figuren erkennbar macht (unvereinbare Wunschvorstellungen, Enttäuschung der Annahme einer Figur). In jedem Fall wird im dialogischen Austausch das Wissen erst im Prozess des Sprechens generiert.

Zugleich können Stimmen aber auch gleichsam *synlogisch* zusammengeführt werden. Zum Ausweis der höchsten seelischen Einheit in der Liebesbeziehung zweier Frauen werden bspw. in Lena Kazians LIEBESFETT die Stimmen der beiden Protagonistinnen in manchen Passagen des Hörspiels so zusammengebracht, dass sie wechselweise nacheinander und stellenweise sogar gleichzeitig Abschnitte ein und desselben Satzes sagen. Eine Stimme beginnt dabei ein Aussagefragment zu sprechen, die andere Stimme greift unmittelbar das letzte geäußerte Wort auf und führt es fort, indem sie einen weiteren Aussagenteil anknüpft, worauf wieder die erste Stimme das letzte Wort der zweiten Stimme aufgreift und direkt daran einen neuen Aussagenteil knüpft etc. Zugleich werden bestimmte bedeutungsschwere Worte wie »Liebe« immer von beiden Stimmen gleichzeitig gesprochen, um den symbiotischen Charakter im Verhältnis der beiden Stimmen zueinander hervorzuheben. Der dadurch erzeugte Eindruck ist der eines einzigen Bewusstseins, so als hätten die beiden Frauen, auch wenn sie mit verschiedenen Stimmen sprechen, doch ganz denselben Gedanken, den sie dann konzertiert, gleichsam synlogisch hervorbringen und äußern. Statt einer dialogischen Struktur, die durch einen stetigen Wechsel der Bezugsrichtung geprägt ist, haben die Aussagen hier denselben Ausgangs- und denselben Zielpunkt: Die Stimmen sprechen gewissermaßen in dieselbe Richtung.

Bei einem *diskursiven* Austausch zwischen mehr als zwei Stimmen, kann es ebenfalls zu einer »Lagerbildung« kommen, d.h. bestimmte Figuren stimmen sozusagen in ihren Ansichten überein und gehen dadurch zugleich auf Distanz zu den anderen Figuren. Oder eine Stimme kann auch als intermediäre Instanz eine Vermittlerrolle zwischen zwei stimmgetragenen, oppositionären Meinungen bilden. Die elementaren Zeichenrelationen können hier zur präzisen Beschreibung der Verhältnisse eingesetzt werden.

Sprechweise

Während mit den Aspekten der Stimmqualität gewissermaßen unveränderbare Eigenschaften bzw. Variationskonstanten einer Stimme erfasst und der Analyse zugänglich gemacht werden können, wobei dann primär die betreffenden Eigenschaften einer Stimme im Verhältnis zu jenen einer anderen Stimme in den Blick geraten; erfasst man mit den Aspekten der *Sprechweise* in erster Linie Eigenheiten ein und derselben Stimme in unterschiedlichen Artikulationssituationen und zieht dabei Schlüsse auf eventuelle emotionale, kognitive etc. Ursachen für die Veränderung der Sprechweise. So kann eine Stimme hinsichtlich ihrer Stimmqualitäten bspw. ein sanfter voller Tenor mit geringem Tonumfang und gleichförmigem Tonhöhenverlauf bei relativ konstanter Indifferenzlage sein, jedoch hinsichtlich der Sprechweise mal lauter artikulieren, mal leiser, mal schreien und mal flüstern. Vereinfacht könnte man daher auch sagen, dass im Hörspiel in Gestalt der spezifischen Stimmqualität eine Figur mit einem bestimmten individuellen Aussehen und einer dezidierten Charakteristik auftritt, die über ihre jeweilige Sprechweise dann zu handeln beginnt, Gefühl und Kalkül zeigt und eine Persönlichkeit ausbildet. Wenn also ein und derselbe Schauspieler in verschiedenen Hörspielen glaubhaft ganz unterschiedliche Figuren verkörpert, dann liegt das in erster Linie an der je unterschiedlichen Sprechweise, die er auf Basis seiner grundsätzlich gleichqualifizierten Stimme entfaltet.

Die Sprechweise betrifft also Wahlfaktoren der Artikulation. Ein und derselbe Sprechinhalt kann auf unterschiedlichste Art realisiert werden und die im konkreten Hörspiel jeweils getroffene Entscheidung steht in Opposition zu den entsprechend nicht gewählten Optionen, die als Hintergrund den semiotischen Rahmen bilden. Dabei gilt für die Interpretation, dass, wann immer eine Abweichung von einer Norm gemacht wird, erschlossen werden muss, was diese Abweichung begründet. Schreit eine Figur »Guten Abend!«, anstatt diese Worte in Zimmerlautstärker zu sagen (was zumindest in Orientierung an der zunächst immer gültigen Norm der außertextuellen Realität »normal« wäre), ist gerade diese Entscheidung für die Bewertung der entsprechenden Sprechweise signifikant – genauso wie es ein Flüstern derselben Worte wäre. Ausgehend von dieser Signifikanz der getroffenen Wahl – »geschrien« vs. »gesagt« vs. »geflüstert« – muss im Folgenden ermittelt werden, was am wahrscheinlichsten Ursache für diese spezielle Wahlentscheidung war, sprich: Es muss die semantische Motivation der jeweiligen Sprechweise bestimmt werden. Auch hier sind die bereits eingeführten semantischen Relationen funktional. Äußert sich die Figur als einzige in dieser Art und Weise, tritt sie offenbar in Opposition zu den übrigen eventuell anwesenden Figuren und scheint, sofern nicht andere Indizien dagegensprechen, diese Distanzierung auch zu beabsichtigen. Der Grund für ein solches Betragen kann darin liegen, dass es sich bei der Figur bspw. um einen halbstarken Provokateur gegenüber seinen Eltern, um einen Moralapostel beim Eintritt in ein Wirtshaus, um einen geltungsbedürftigen Obergefreiten bei der Begegnung mit seinen Rekruten, um einen psychisch Kranken im Zustand einer akuten Psychose oder auch schlichtweg um einen Hochbetagten handelt, der sich aufgrund seiner Altersschwerhörigkeit in einer Lautstärke äußert, die für ihn selbst als »normal« erscheint. Jede dieser unterschiedlichen narrativ-situativen Kontextualisierungen liefert ganz eigene, von den anderen Rahmungen grundverschiedene Implikationen, die eine korrekte Hypothese über die Ursachen der signifikant auffälligen Sprechweise der betreffenden Figur erlauben. Auf diese Weise werden die verschiedenen Aspekte der Sprechweise, die analytisch immer als alternative Optionen verstanden werden müssen, dazu eingesetzt, das narrative Gebilde eines Hörspiels zu strukturieren, Figuren voneinander abzusetzen bzw. zu gruppieren, Weltauffassungen und Selbstbilder der Figuren sowie entsprechende Vorstellungen über Handlungsprinzipien, Werte und Normen herauszuarbeiten, Emotionalität und Rationalität zu unterscheiden und auch verschiedene Erzählebenen klar zu separieren, wie besonders jene einer extradiegetischen Erzählinstanz von jener der intradiegetisch handelnden Figuren (dazu ausführlicher in Kap. 6.4 und 7.5).

Das differenzierte Spiel mit der Sprechweise, über das sich ein beträchtlicher Teil der Gesamtsemantik eines Hörspiels entfaltet, besitzt in der analytischen Betrachtung eine Vielzahl an Anknüpfungspunkten, die sich in jenen acht Bereichen zusammenfassen lassen, die im Folgenden aufgeführt sind.

1. *Lautung*:
   a) *Artikulation* (undeutlich – deutlich – überdeutlich; undeutlich – scharf; genuschelt – klar; Staccato – Legato; Eulalie – Dyslalie)
   b) *Aussprache* (Standard/Umgangssprachlich/Dialekt/Mundart/Akzent)
2. *Lautstärke*/Lautheit (laut – leise; dem Raum/Gegenüber (nicht) angemessen)
3. *Sprechtempo* ((zu) langsam/(zu) schnell, gleichförmig/wechselnd)
4. Betonung/Akzentuierung/Strukturierung:
   a) *rhythmischer Verlauf* (gleichmäßig – ungleichmäßig, pausendurchsetzt – flüssig usw.)
   b) *Melos*: Sprachmelodieverlauf samt den Atemgeräuschen
   c) *Pausenstruktur*/artikulatorische Gliederung: wie wird die Rede durch Pausen segmentiert
   d) *Akzentstruktur*: intonatorische Relevantsetzung von Redeteilen
   e) *Dynamik*/Lautstärkenmodulation: Unterschiede in der Artikulationsintensität mit verschiedenen Lautstärkestufen (piano – forte)/-übergängen (crescendo – decrescendo)/-akzenten (subito piano – subito forte)
   f) *Agogik*: Artikulationsgeschwindigkeit mit verschiedenen Geschwindigkeitsstufen (schnell – langsam)/-übergängen (accelerando – ritardando)/-akzenten)
   g) *Intonation*/Tonmusterselektion: Hebung und Senkung der Stimme; terminal (fallend), interrogativ (steigend), progredient (linear)
5. *Stimmspannung*: euton (wohlgespannt), hypoton (unterspannt), hyperton (überspannt); anfangsbetont – endbetont etc.
6. *Gestus*/rezeptive Sprechwirkung (freudig, ängstlich, ironisch, beruhigend, erstaunt, traurig, wütend, gleichgültig, bestimmt, ungläubig etc.)

Eine bestimmte Stimme kann also ein und dieselbe sprachliche Äußerung in ganz unterschiedlicher Weise realisieren. Am markantesten sind dabei sicher die Möglichkeiten der *Lautung*, da diese vornehmlich darüber entscheiden, ob ein Sprechinhalt verständlich ist oder nicht.

Während die *Artikulation* rein akustisch die Verständlichkeit beeinflusst, bilden sich bei der *Aussprache* in erster Linie in phonetisch-lexikaler Hinsicht entsprechende Einschränkungen, aber auch eine Fülle weiterer Optionen und semantisch-semiotischer Bedeutungsdimensionen. Gleichwohl kann auch gerade im Rahmen der Dichotomie von Eulalie und Dyslalie eine figurencharakterisierende Semantik erschaffen werden. Diese beiden Begriffe bezeichnen eine korrekte bzw. eine von Sprechfehlern gekennzeichnete Artikulationsweise. Während Eulalie die Fähigkeit meint, Sprachlaute korrekt und fließend zu bilden, und diese als solche den Standard der Sprechweise im Hörspiel darstellt, sind markante Formen von Dyslalie etwa ein generalisiertes Stottern oder Lispeln, die in dieser Gestalt und insbesondere in Abweichung vom Eulalie-Standard zur Konturierung einer Figur herangezogen werden können. Im Kinderhörspiel RITTER ROST – DER DOPPELTE KOKS bspw. spricht Felix Janosa so einmal die Figur des echten Drachen Koks mit der für diese Figur typischen Stimmqualität (zu hoch, nasal, gedrückt-eng etc.), jedoch, was die Sprechweise anbelangt, in Eulalie und zugleich die Figur des falschen Drachen Koks mit identischer Stimmqualität, allerdings mit einem Sigmatismus, also mit einer auf dem Konsonanten »S« konzentrierten Dyslalie, bei der dieser Laut konsequent als »F« wiedergegeben wird (»Fuppe« statt »Suppe«). Für die Zuhörenden wird so offenbar, dass die beiden Figuren intradiegetisch zwar dasselbe Aussehen haben (Stimmqualität) – tatsächlich verwechseln die übrigen Figuren des Stücks die beiden Drachen fortwährend –, es sich aber trotzdem um zwei grundverschiedene Figuren handelt (Artikulation). Wie sich schließlich herausstellt, hat nur die Hexe Verstexe die äußere Gestalt des Hausdrachen Koks angenommen, um sich so unerkannt ins Innere des Schlosses schleichen zu können. Eulalie und Dyslalie werden hier also funktionalisiert, um zwei verschiedene Figuren mit identischem Aussehen zu realisieren.

Noch deutlicher als durch generalisierte Besonderheiten in der Artikulation können über den Aspekt der *Aussprache* Figuren auffallend differenziert und charakterisiert werden. Wenig charakterisiert eine bestimmte Figur jenseits ihrer Stimme stärker als der Umstand, dass sie sich nicht in Standardhoch- oder Umgangssprache äußert, sondern in einer bestimmten *Mundart*. Denn aufgrund der regional spezifischen Verbreitung von Mundarten und Dialekten, lässt sich bereits anhand von deren Verwendung durch die Figur(en) relativ präzise feststellen, aus welchem Teil des Landes die Figur stammt, ja, eventuell sogar, in welcher Region die gesamte Handlung verortet ist. Darüber hinaus sind seit jeher ganz bestimmte semantisch-semiotische Präskripte (Images, Stereotype, Vorurteile und Semantisierungen) an die unterschiedlichen Mundarten geknüpft, die immer, wenn das mentale Skript »Dialekt« aktiviert wird, latent wirksam werden, durch das konkrete Hörspiel explizit aktiviert und durch die Figuren inkorporiert werden können. Dabei können sowohl generelle semantisch-semiotische Präskripte im Zusammenhang von »Mundart vs. Standardsprache« bedeutungsbildend funktionalisiert werden, als auch entsprechende Präskripte, die für die jeweiligen einzelnen Mundarten im Einzelnen gültig sind. Betrifft Ersteres den stereotypen Gegensatz von »Mundart« und »Standardsprache« über die – grundsätzlich ambivalenten – Sinnlinien wie bspw. »Natürlichkeit, Lebendigkeit, Echtheit, Authentizität, Humor, Vergangenheit, Bildungsferne, Rückständigkeit etc.« vs. »Kultur, Moderne, Aktualität, Intellektualität, Jugendlichkeit, Rigidität, Distanz, Anonymität, Künstlichkeit etc.«; zielt Letzteres auf konkrete Stereotype von Einzeldialekten wie bspw. die »Gemütlichkeit, Bierseligkeit, Naturverbundenheit« bzw. den »Konservativismus, Nepotismus, Katholizismus« des Bayerischen oder auf die Berner »Behäbigkeit«, den »Frohsinn« des Kölschen respektive den »Neonationalismus« des Sächsischen. Derartige semantisch-semiotische Präskripte können ganze Hörspielbereiche und speziell das Regional- und Mundarthörspiel prägen und strukturieren sich im Zusammenwirken mit anderen davon abhängigen Implikationen wie besonders Figureninventar und Handlungsmilieu zu stabilen genrespezifischen Narrationsschemata und Plotmusterstereotypen aus (ausführlicher dazu in Kap. 8.1). Selbst wenn von den konventionellen Präskripten abgewichen wird, bildet die unumgänglich im Hintergrund stehende Opposition von Mundart und Standardsprache die Grundstruktur für den Einsatz der Mundart im Hörspiel. Das gilt sowohl, wenn durch dialektale Einschläge und milieuspezifische Sprechweisen eine scheinbare dia- bzw. soziolektale Authentizität und Alltäglichkeit angestrebt wird, als auch wenn eine mundartliche Lautung als »Gegensprech« in Opposition zum als »Amtssprache« fungierenden Hochdeutsch eingesetzt wird; genauso aber auch wenn durch die Verwendung von Mundart neben Standardsprache phonetisch die soziale Tektonik der Gesellschaft vermessen und damit bspw. Selbst-, Fremd- und Feindbilder konturiert und plastisch ausgeformt werden; und ebenso, wenn die Ausdrucksarmut der Mundart in den Vordergrund getrieben wird, um etwa einer Sprachlosigkeit älterer Generationen angesichts der rasanten Entwicklung der Welt Ausdruck zu verleihen.

Bei der Beschäftigung mit Mundarthörspielen ist zu berücksichtigen, dass es sich bei der so verwendeten Mundart immer um eine radiokompatibel stilisierte, gewissermaßen »geglättete« Mundart handelt, deren Hauptfunktion eben darin besteht, als semantischer Marker für »anderssprachlich« bzw. »nicht-standardsprachlich« wahrgenommen zu werden. Ihr Gebrauch etabliert also eine Differenzkategorie – dabei sollen die Mundart gleichwohl über ein möglichst großes Sendegebiet hinweg für die Zuhörenden verständlich sein. Eine »authentische« Mundart in einem Hörspiel hören zu wollen, ist damit ein weitgehend naiver Anspruch und wird den beiden zentralen semiotischen Aufgaben der Mundart im Hörspiel nicht gerecht, sprich: dem Ziel, eine Differenz von »Eigen« vs. »Fremd« akustisch zu installieren – gleichgültig, ob das »Eigene«, also sympathische Identifikationsfiguren, nun Mundart spricht oder im Gegenteil gerade das »Fremde« –, und dem Ansatz, auf Grundlage dieser basalen semantischen Demarkation weitergehende textspezifische Semantisierungen vorzunehmen (bspw. das »Eigene« semantisch als »religiös«, »überaltert«, »depressiv« etc. zu präzisieren).

Sehr ähnlich wie eine mundartlich eingefärbte Lautung werden auch *Akzente* im Hörspiel verwendet, die auf eine in Bezug zur Standardsprache des Hörspiels fremde Sprachlichkeit des sich so Artikulierenden hinweisen, – oder gar *Fremdsprachen* per se (Brechts DER FLUG DER LINDBERGHS war die erste deutsche Hörspielproduktion, in der zum ersten Mal neben Deutsch auch englische und französische Sprache genutzt wurde). Auch hier tritt die auffällig abweichende Sprachvarietät der akzentdurchsetzten Sprache bzw. der Fremdsprache in Differenz zur Standardsprache und etabliert noch deutlicher und in aller Regel klar definiert die Dichotomie von »Eigen« vs. »Fremd«. Zugleich greifen umso stärker stereotype Präskripte, entsprechend denen das »Fremde« bspw. als »feindlich«, »kriminell«, »brutal«, »korrupt« etc. semantisiert ist. Erscheinen in Tomer Gardis Schlageroperetta DIE FEUERBRINGER überwiegend Figuren mit einem ausgeprägten fremdländischen Akzent, ist das durch die narrative Verortung des Hörspiels im Flüchtlingsmilieu motiviert und, wenn man so möchte, durch die Produktion mit einem diversen Sprecherinnen- und Sprecherstab sowie die positive Charakterisierung der Figuren »legitimiert«. Wenn sich in INSCHALLAH, MARLOV dagegen die Hauptfigur gegen sprachlich markierte Mudschaheddin zur Wehr setzen muss, werden viele der sprachverknüpften negativen Stereotype bedient und das Hörspiel gerät, wie viele andere ähnlich verfahrende Stücke, in den Verdacht des »Racevoicing« (Schenker 2022b). Immerhin ist es bei den meisten Hörspielproduktionen mittlerweile gängige Praxis, für die Besetzung fremdsprachlich akzentuierter Rollen nicht auf deutsche Sprecherinnen und Sprecher zurückzugreifen, die einen Akzent klischeehaft und stereotypenbehaftet improvisieren.

Es sei noch einmal generell darauf hingewiesen, dass es für die Funktionen der sprachbezogenen Differenzbildung und Semantisierung grundsätzlich unerheblich ist, ob ein Akzent, eine Mundart oder auch eine Fremdsprache »authentisch« bzw. korrekt ist bzw. ob es sie überhaupt gibt. In seinem Stück MOIN VADDR LÄBT verwendete Walter Kempowski bspw. einen aus jiddischen und schlesischen Elementen konstruierten Kunstdialekt; ähnlich auch Gert Jonke mit seinem pseudoösterreichischen Phantasiedialekt in DAMALS VOR GRAZ. Gleichwohl gelingt es in beiden Fällen, das so sprachlich Markierte als das »Andere« zu instanziieren und mit einer spezifischen Bedeutung aufzuladen. Das funktioniert selbst dann noch, wenn man wie Hans G Helms in FA:M' AHNIESGWOW phonetische Splitter aus dreißig Sprachen zu einer Privatsprache vermischt, wobei speziell in dieser Extremform der Sprachspielerei einerseits auch die Grenzen des rein lexematisch Verständlichen ausgelotet und andererseits die Bruchkante zwischen Sprachlichem und Stimmlichem gesucht wird.

Gleichgültig, ob für die Sprechweise einer Figur eine an der Standardsprache orientierte oder von dieser abweichenden Lautung gewählt wurde – auch Mischformen und signifikante Wechsel im Hörspielverlauf sind natürlich semantisch hoch relevant –, kann die *Lautstärke* einer Sprechweise als Quelle semantischer Markierung genutzt werden. Auch hier sind vor allem Abweichungen von einer hörspielspezifischen Normalform zeichenhaft zu verstehen, etwa, wenn eine Figur im Gegensatz zu anderen Figuren auffallend laut bzw. leise spricht bzw. ihre Lautstärke plötzlich im Gespräch bedeutsam verändert. Als zeichenhaftes Moment bemerkt, muss dann sogleich ermittelt werden, wodurch dieser auffällige Umstand im Kontext der betreffenden Hörspielsituation motiviert sein kann – vielleicht durch eine starke emotionale Erschütterung der Figur, die ihrerseits dann wieder auf Basis von Textdaten hergeleitet werden muss, damit die Hypothese der emotionalen Erschütterung aufrechterhalten werden kann.

Ganz ähnlich sieht es auch mit dem *Sprechtempo* und der *Stimmspannung* aus, über deren geschickten Gebrauch eine Sprecherin oder ein Sprecher oftmals unmittelbar einen emotionalen Impetus widerspiegeln kann. Auch auf dieser Ebene der Sprechweise greifen teilweise noch stereotype Muster, etwa, wenn durch ein merklich hohes Sprechtempo und die damit verbundene Atemlosigkeit der Sprechenden die starke Erregung oder auch Extrovertiertheit der so gestalteten Figuren herausgestellt werden. Die Stimmspannung besitzt dabei mit dem Zustand der Eutonie gleichsam einen natürlichen Normalzustand, eine Mittellage ökonomischer Sprechweise, von der durch eine stärkere (überspannt) bzw. schwächere (unterspannt) Forderung der Atem- und Kehlkopfmuskulatur signifikant und insofern deutungsrelevant abgewichen werden kann. Das Sprechtempo kann zugleich direkt handlungskorreliert sein und damit unmittelbar mit Aspekten auf der Handlungsebene interagieren. Musterhaft gilt das für das »langsame ›schreibende‹ Lesen« (Vowinckel 1995, 197) oder besser: für das schreibende Sprechen, das in aller Regel durch das Kratzen einer Füllerfeder, dem Quietschen eines Filzschreibers, dem Tackern einer Schreibmaschine oder Ähnliches begleitet wird (Beispiele aus ZEIT SEINES LEBENS und DIE APOKALYPTISCHE GLÜHBIRNE werden nachfolgend noch besprochen). Hierbei gibt der Vortrag den Bewusstseinsinhalt einer Figur wieder, die gerade etwas niederschreibt, und der schleppende Vortrag verdeutlicht gewissermaßen indexikalisch den Umstand, dass die wiedergegebenen Gedanken im Entstehen aufnotiert werden und dabei durch die naturgemäße Langsamkeit des Schreibprozesses in ihrer Fortentwicklung gehemmt und gebremst werden. Typisch sind dabei sowohl eine raumlose Akustik sowie eine gemurmelte, eher monotone Tonmusterselektion und meist werden zudem sprecherpsychologische Pausen integriert, die im Zusammenspiel mit Wort- bzw. Wortteilwiederholungen daraufhindeuten, dass es sich bei dem so Wiedergegebenen um etwas handelt, was der bzw. die Sprechende schriftlich aufzeichnet und simultan mitliest.

Der *rhythmische Verlauf* bzw. die Rhythmizität, die *Sprachmelodie*, die *Pausensetzung*, die *Akzentuierung*, die Regulierung von *Lautstärke* und *Geschwindigkeit* sowie die *Intonation* liefern weitere Stellschrauben für die Modulation der Sprechweise. Es sind dies Aspekte, die in erster Linie den dynamischen Bereich der Sprechweise betreffen und die im Verlauf einer Äußerung verändert werden können, um auf diese Weise bestimmte Relevantsetzungen einzelner Redepartien, Wörter oder Silben vorzunehmen. Eine Betrachtung dieser Einzelheiten kann extrem feingranular werden, jedoch für die Ermittlung und Bestimmung gewisser entscheidender Veränderungsmomente in der Figurenpsyche auch sehr ergiebig sein.

Gleichsam als eine Art holistische Gesamtwirkung aus den zuvor genannten Aspekten kann der *Sprechgestus*, auch Stimmführung bzw. die rezeptive Sprechwirkung angesehen werden, von dem fast unmittelbar die direkte Vermittlung emotionaler Nuancen wie jene der Grundprägungen abhängt. Dass wir eine gewisse Aussage als fröhlich, traurig, ironisch oder melancholisch empfinden, hängt im Grunde überhaupt nicht von ihrem spezifischen sprachlichen Inhalt ab, sondern nahezu ausschließlich vom Gestus der Äußerungsart. Dieser unterscheidet sich, was den emotionalen Gehalt bzw. die rezeptive Affektion anbelangt, ausgesprochen stark je nachdem, ob ein trauriger oder heiterer Effekt erzielt wird, und ist hinsichtlich seines Zustandekommens zumeist zu komplex, um im Rahmen einer üblichen Hörspieluntersuchung en détail analysiert zu werden, kann jedoch in einer entsprechend gelagerten Schwerpunktuntersuchung durchaus zum Forschungsgegenstand werden. Das ganze Repertoire der unterschiedlichen Sprechweisemöglichkeiten spielt hierbei zusammen, zudem Atmer, nonverbale Fragmente wie bspw. ein kondensiertes Lachen etc., um einen eindeutigen emotionalen Zug herauszukristallisieren, der vom Publikum unmissverständlich aufgefasst werden kann. Die Art und Weise des Artikulationsgestus lässt dabei nicht nur in gewissem Umfang Rückschlüsse darauf zu, wie die Körperhaltung, Körperspannung etc. des Sprechenden ist, sondern auch, wie dessen psychische Verfassung ist. Gerade der Umstand, dass sich die Art, wie etwas gesagt wird, grundsätzlich von dem Inhalt, der gesagt wird, entkoppeln lässt, macht es relevant, bei der Analyse besonders auch auf dieses spezifische Verhältnis zu horchen und zu überprüfen, ob jeweils eher ein homogenes oder aber ein kontrapunktisches Prinzip verfolgt wurde. In Claudius Lünstedts KRIEGER IM GELEE wird bspw. die Entführung und versuchte Ermordung eines Jungen thematisiert und u.a. aus der subjektiven Erzählperspektive des Täters geschildert. Gerade durch den Umstand, dass der Handlungsbericht dieser Figur selbst in Momenten höchster Dramatik nahezu nüchtern, ohne starke stimmliche Veränderungen, ohne eine Veränderung der Artikulationsgeschwindigkeit etc. vonstattengeht, – also allein durch den extremen Kontrast zwischen sprachlicher Mitteilung und stimmlicher Gestaltung kann diese Figur als klar psychopathologisch auffällig ausgewiesen werden. Mit der Sprache wird etwas höchst Verstörendes berichtet; die Stimme hingegen zeichnet sich durch einen mehr oder weniger gelassenen, gefassten Ton aus und die Tatsache, dass Sprache und Stimme an eine einzige Figur gebunden sind, macht deutlich, dass diese Figur offenbar psychisch gestört ist, da sie etwas äußerst Grausames wie etwas völlig Gewöhnliches berichtet.

Damit sind dann auch die *nonverbalen* Aspekte einer Äußerung angeschnitten, also Aussagenbestandteile, die als nichtsprachliche Begleitaspekte einer Äußerung in Erscheinung treten. Das können semantisch klare Strukturen sein wie etwa Schluchzen, Weinen oder Lachen, die in Analogie zu spontanen Gemütsbewegungen, emotionalen Reaktionen und kognitiven Prozessen indexikalische Anzeichen für bestimmte Denkstrukturen oder Gefühle wie Traurigkeit oder Heiterkeit sind. Es können aber auch sprachliche Beiklänge sein wie bspw. Zischen, punktuelles Stottern, Schnalzen, Schmatzen etc., die ebenfalls teils einen eigenständigen Ausdruckswert besitzen, jedoch in ihrer Semantik noch stärker kontextuell präzisiert werden müssen, als die emotionalen Nonverbalia. So kann etwa ein Schmatzen beim Genuss von Essen, beim Küssen oder als gedankenloser Tick entstehen und verändert seine Bedeutung, aber u.a. auch seinen emotionskommunikativen Wert entsprechend frappant. Fast schon als eigene Klasse der Nonverbalia lässt sich das Atemgeräusch ansehen. Es kann zu einem eigenen Sinnträger gemacht werden, der über einen rein körperlichen Zustand (Erschöpfung, Tiefenentspannung, Erregung etc.) hinaus auch einen emotionalen Impetus aufweisen kann. Je nachdem, wie der Atem eingesetzt, moduliert und gestalterisch verwendet wird, vermag er reines Erstaunen, Erschrecken, Überraschung oder auch Erleichterung zu indizieren oder kann in Korrelation mit sprachlichen Aspekten dem Gesagten einen stärkeren emotionalen Charakter, eine größere Vehemenz verleihen. Ein kurzes stoßartiges Einatmen gefolgt von bspw. einem »Das würde ich nicht tun.« oder einem »Ist das wahr?« weist sofort auf die affektive Involviertheit des Sprechenden hin, noch bevor diese durch den sprachlichen Inhalt bestimmt wird, der seinerseits dann schon mit einer gewissen emotionalen Vehemenz gesättigt ist.

Das Hörspiel als Prägnanzform der Stimmverwendung ist dazu geneigt, mitunter all die genannten Dimensionen der Stimme konzertiert zu verwenden, um ganz außergewöhnliche Schallkunstwerke zu erschaffen. Die Breite der Variationsmöglichkeiten und ihrer künstlerischen Funktionalisierungen ist immens. Eine für den Hörfunk spezifische Form der Stimmführung ist zweifelsfrei jene der *Radionachrichten*, die durch geringen Ambitus, eine Vielzahl an (Lautstärke-)Akzentuierungen, hohes Sprechtempo, auf Sprechpausen basierte und syntaktisch orientierte Rhythmisierung, konstantes Verweilen in der mittleren Stimmlage und sachlich-nüchterne Sprechgestik gekennzeichnet ist (vgl. Schubert/Sendlmeier 2005; Apel/Bose/Schwenke 2018). Wird diese Sprechweise im Hörspiel aufgegriffen, kann – unterstützt durch den gemeinsamen radiomedialen Kontext von Nachrichten und Hörspiel – die rezeptive Assoziation entstehen, beim Gesagten handle es sich um tatsächliche Nachrichteninhalte. Dies kann wie etwa in SCHWERE SEE ganz allgemein dazu verwendet werden, Pseudo-Radionachrichten in ein Hörspiel zu integrieren, um über eine solche formale Bezugnahme etwa Kritik an der Katastrophisierung bzw. Lapidarität realer Funkberichterstattung zu äußern. Oder es kann wie etwa bei THE WAR OF THE WORLDS dazu genutzt werden, bei einer entsprechenden durchgängigen sprachlichen Gestaltung eines Hörspiels denselben Authentizitätsanschein auf die Hörspielinhalte zu übertragen, wie er echten Nachrichten eignet, und also Realitätseffekte zu erzeugen, aufgrund derer sich das im Hörspiel geschilderte fantastische Geschehen als Livebericht über gerade stattfindendes Geschehen fingieren lässt.

Das Hörspiel ANTILOPENVERLOBUNG von Dietmar Dath und Mareike Maage ist dagegen ein Musterbeispiel der Sprechgestaltung ganz eigener Art, denn das narrative Rahmenkonzept des Hörspiels besteht darin, dass die Panlinguistin Jutta Villinger ein Computerprogramm entwickelt hat, durch das die Äußerungen unterschiedlichster Tiere eines Forschungstierparks in menschenähnliche Sprache übersetzt werden können. Die Stimmkunst der Sprecherinnen und Sprecher dieses Hörspiels treibt die Möglichkeiten der Stimmgestaltung dabei bis ins Extrem eines Übergangs zwischen tierlicher und menschlicher Lautung und erschafft damit eine akustisch völlig überzeugende Darstellung eines völlig fantastischen Szenarios. Frühe Ansätze in dieser Richtung finden sich etwa mit dem »Schlag, schlag…«-Froschquaken schon in DIE UMKEHRUNG AMERIKAS – in der ANTILOPENVERLOBUNG wird das Prinzip jedoch auf die Spitze getrieben.

So sehr bisher – im Sinne eines »Es gibt keine unpersönliche Stimme.« – auf die individuellen und figurenindividualisierenden Potenziale der Stimme hingewiesen wurde, darf der *chorische Einsatz* der Stimme nicht vergessen werden. Sobald zwei oder mehrere Sprechende simultan dieselbe Äußerung tätigen, wird es für das menschliche Ohr schwierig, individuelle Charakteristika des Gesagten auszumachen und damit auch die Äußerung auf eine einzige Person hin zu bestimmen. Das führt tendenziell zu einer stärkeren Entkopplung von Sprache und Stimme, sodass das Gesagte relativ abstrakt als Nachricht ohne stimmliche Referenz erscheint, gewissermaßen als allgemeine Mitteilung bzw. auch zur »Verallgemeinerung« von Aussagen: Das, was so vorgetragen wird, ist Commonsense und hat allgemeine Verbindlichkeit. So verwendet bspw. Bertolt Brecht chorische Stimmen in »Der Ozeanflug« zur Entindividualisierung der Stimmen. Auch Heiner Goebbels setzt im dritten Teil seiner Inszenierung der WOLOKOLAMSKER CHAUSSEE chorische Stimmen ein, um anzuzeigen, dass es sich bei dem so Vorgetragenen nicht um den Gedächtnisinhalt eines Einzelnen, sondern um eine *kollektive* Erinnerung handelt, wie es vom Autor des Stücks, Heiner Müller, tatsächlich auch intendiert war. Darüber hinaus besteht natürlich die Möglichkeit, durch einen inhaltlich nicht synchronisierten Einsatz mehrerer gleichzeitiger Stimmäußerungen, die Mitteilungsakte über die Mitteilungsinhalte zu hierarchisieren. Die Effekte sind auch hier relativ in Bezug zur Quantität der Sprechenden, d.h., je mehr synchrone Reden parallelisiert werden, desto geringer wird tendenziell der Informationsgehalt und desto größer das kommunikative Rauschen. Eine solche Extremform der chorischen Stimmverwendung, die Kottkamp 2001, 40–52, »Stimmenhaufen« nennt, kann als quasi-indexikalischer Hinweis à la »Hier wird gesprochen (gleichgültig was).« fungieren und zu einer chaotisch-undifferenzierten Annäherung der Stimmperformanz an Geräusch führen – mit all den dabei implizierten möglichen Semantiken.

Gewisse Verwandtschaft damit hat das Prinzip der *afiguralen Stimmverwendung*, wenn in einem Hörspiel also Stimmen auftauchen, die unbenannt sind und sich nicht mit handelnden Figuren gleichsetzen lassen. Solche Stimmen geben dann oft nur abstrakt bestimmte Meinungen bestimmter Personenkreise, gesellschaftlicher Schichten etc. wieder oder artikulieren Typisches, allgemeine Redeweisen, Klischees, Phrasen von Politikern, Medien etc. Statt einer Figur hat man in Gestalt einer solchen afiguralen Stimme dann eine typische Rolle oder Musterexistenz oder stereotype Denke vor sich, die als Hohlform für eine gewisse Allgemeinheit fungieren kann. Afigurale Stimmen sind daher vielfach in den sprach- und mentalitätskritischen Stücken des Neuen Hörspiels anzutreffen.

6.2 Sprache

Nimmt man die verbalen Aspekte einer Äußerung in den Blick, beschäftigt man sich ganz konkret mit deren sprachlicher Dimension, also mit Faktoren, wie sie auch bei der Analyse und Interpretation gedruckter Schrifttexte untersucht werden. Tatsächlich sind die Untersuchungsverfahren dieselben hier wie dort. Zugleich dürfte hieran noch einmal besonders deutlich werden, dass eine rein auf die sprachliche Dimension eines Hörspiels konzentrierte Analyse essenzielle Aspekte dieses Mediums vernachlässigen muss. Vor allem in experimentellen Werken aus dem Umfeld des Neuen Hörspiels wurde praktisch darauf hingearbeitet, dieses Bewusstsein zu etablieren. Es sei lediglich beispielhaft auf das sechste, mit »Excursus about the love in the Christian theology« betitelte Segment von Mauricio Kagels Hörspiel EIN AUFNAHMEZUSTAND hingewiesen, in dem der Flötist Michael Vetter seine Gedanken zur Liebe in der christlichen Theologie vorträgt, während ein wortloser melismatischer, an liturgische Psalmodie erinnernder Gesang unterlegt ist: Da die Sprache aufgrund ihrer vorherrschend kommunikativen und semantisch informativeren Charakteristik im Zusammenspiel mit der musikalisch genutzten Stimme zu dominieren und auch die Aufmerksamkeit der Zuhörenden vor allem auf sich zu ziehen droht, bringt Kagel Sprachspur und Gesangsspur konfligierend, ja, antagonistisch zusammen, indem immer wieder phasenweise der wortlose Gesang das wortreiche pseudophilosophische Gefasel von Vetter übertönt, bis den Zuhörenden anhand dieser Gestaltungsweise dämmert, dass Sprach- und Gesangsspur von Kagel wohl als gleichwertig zu betrachten intendiert sind. Dass die Musik hier die Sprache konterkariert, wird auch durch ihre spezifische Gestaltung in Korrelation zu den Ausführungen von Vetter deutlich: In Kopfstimme mit Staccato und hektischem Wechsel der Tonhöhen wirkt der Gesang stellenweise wie das Gackern eines aufgeregten Huhnes bzw. inhaltsleeres Geplapper, wodurch es die tatsächlich inhaltsvolle Artikulation persifliert. Das verschiebt punktuell den Aufmerksamkeitsschwerpunkt auf den Bereich des Gesangs, zumal die sprachlich geführte Argumentation bald unplausible Prämissen macht, also an Nachvollziehbarkeit einbüßt und die lustige Unterhaltungsoption, die der Gesang dann anbietet, attraktiver wird als die Vermittlung der (zweifelhaften) Informationen, die die Sprache weiterhin leistet. Letztlich gipfelt das Ganze in eine Materialisierung der Materialität, indem die Gesangsspur so auf die Sprachspur abgestimmt wird, dass mehrmals eine kurze musikalische Pause entsteht, in der eine zentrale Aussage gemacht wird wie »Der Mensch… liebt… sich selbst.« oder »Wenn der Mensch jetzt sich selbst liebt…«, ehe der Gesang wieder einsetzt und die Conclusio aus der Aussage übertönt. An solchen Stellen wird besonders stark spürbar, wie der Gesang gegen die Sprache und ihre semantische Inhaltsvermittlung arbeitet, denn er bietet dieser zwar kurz die Möglichkeit, sich allein zu entfalten, den Zuhörenden einen halben Gedanken zu vermitteln und deren Interesse für die Fortführung und Entfaltung des Gedankens zu wecken, setzt dann aber plötzlich wieder ein und verhindert damit gerade die ungehinderte Informationsvermittlung. Dadurch wird der auf Störung, Interferenz und gleichzeitig Ausgleich abgestellte Bau des Hörspielsegments besonders deutlich. Tatsächlich experimentierte Kagel in seinem vielseitigen Werk wiederkehrend mit der Aufhebung von zeichensystemischen Grenzen, bemühte sich um eine »Durchlässigkeit der Gattung Musik/Hörspiel« (Mauricio Kagel zitiert nach Döhl 1992, 89) und versuchte sowohl die Dominanz der Sprache zu reduzieren als auch die rein funktionale Verwendung von Musik im Hörspiel zu überwinden.

Untersucht man die Sprache eines Hörspiels, hat man grundsätzlich den ganzen kleinschrittigen Weg von der Wort- über die Satz- bis hin zur Textsemantik zu gehen und dabei die üblichen Dimensionen von Lexematik, Grammatik, Semantisierung, Intertextualität, aber auch Rhetorik und Metrik zu berücksichtigen, die in Form einer differenzierten Propositionsanalyse den Sinngehalt der sprachlichen Seite des Hörspieltextes erfassbar und modellierbar machen. Da diese Bereiche der Textanalyse mit ihrer Theoriebasis und ihrem methodischen Inventar jedoch nicht hörspielspezifisch sind, außerdem bereits in einer Fülle sehr guter Einzelveröffentlichungen zugänglich sind und in aller Regel auch die Grundlage jener philologischen Ausbildung bilden, zu der die Hörspielanalyse nur ein Exkursthema darstellt, können die Ausführungen dazu im Rahmen dieser Einführung knappgehalten werden. Die folgenden Hinweise sind entsprechend stark reduziert und unbedingt ergänzungsbedürftig um das ganze Arsenal der sprach- und textsemiotischen Methoden der allgemeinen Linguistik, Literaturwissenschaft und Kommunikationswissenschaft, denn es wird lediglich exemplarisch auf einige wenige Untersuchungsfelder hingewiesen, die für die Hörspieluntersuchung mitunter stärkere bzw. eigene Bedeutung haben.

Die Sprache betrifft den zentralen Wortlaut einer Äußerung in einem Hörspiel, also das, was die Figuren bzw. Instanzen der sprachlichen Vermittlung wortwörtlich von sich geben. Meist dominieren die sprachlichen Aspekte eines Hörspiels den generellen Gehalt eines Hörspiels und somit auch die einzelnen Vermittlungsinstanzen von Geräusch oder Musik, da die Sprache das wohl kommunikativste und informationshaltigste Zeichensystemen des Menschen ist. Gleichwohl gibt es nicht wenige Hörspiele, die völlig auf sprachliche Inhalte verzichten und bspw. lediglich durch das kompositorische Arrangement ausgewählter Geräusche und Klänge einen bestimmten Inhalt formen. Bereits eines der frühen Hörspiele, Walter Ruttmanns WEEKEND von 1930, wäre ein Beispiel hierfür; neuere soundscapeartige Stücke knüpfen hieran an.

Jenseits der allgemeinen sprachvermittelten Semantik sind für die Hörspielanalyse die stärker pragmatischen und performanzbezogenen Dimensionen der Sprache wichtig, denn Sprache erscheint im Hörspiel durchweg als gesprochene Sprache und in diesem Zusammenhang meist als stilisierte Figurenrede. Entsprechend kommt gerade dem jeweils gewählten *Stilniveau* eine größere Bedeutung zu. Die Möglichkeit, dass eine Figur, anstatt sich der gehobenen Sprache zu bedienen, auf Alltagssprache, ja, gar auf eine sozial eingefärbte Umgangssprache oder Kunstsprache zurückgreift, wird häufig im Hörspiel genutzt, um über diese lexematisch-grammatikalische Markiertheit des Gesprochenen die Figuren selbst stärker zu individualisieren und zu charakterisieren. Ob eine Figur »Hütte« sagt und damit tatsächlich eine kleine, simpel gefügte Behausung meint, oder aber flapsig ein imposantes Villenanwesen, liefert entsprechend mehr Hinweise über die sich so äußernde Figur als über das gemeinte Objekt. Teilweise wird auch, wie etwa in Benjamin Quabecks KEINE SEKUNDE SCHANZE (das »Schanze« aus dem Titel als entsprechend geschriebene schnodderige Aussprache von »Chance«), versucht, über den Gebrauch von Jugendsprache das spezifische Milieu von Heranwachsenden im Hörspiel einzufangen. Auch die Verwendung von Füllwörtern, Phrasen, ein häufiger Gebrauch von »Äh« oder »Ehm« oder redundante Mitteilungspartien sind Verfahren der Sprachstilisierung, mit denen sich eine spezifische Formung von Figurencharakteren erzielen lässt. Die Verwendung von alltagssprachlichen Ausdrücken, Anglizismen, Elisionen, die Vernachlässigung von Pronomen (»Bin grade sehr müde, muss erst mal schlafen«) etc. liefern zudem nicht nur Indizien für das generelle sprachliche Verhalten, zu dem eine Figur gewissermaßen fähig ist, und damit auf die Figur selbst, sondern sie geben oft auch Hinweise darauf, ob sich die Figur in einer ihr vertrauten Umgebung mit ihr bekannten anderen Figuren befindet, wodurch sie sich gewissermaßen berechtigt und befähigt sieht, mit der Sprache unbefangen und eher nachlässig umzugehen. Entscheidend sind diesbezüglich auch die Reaktionen der anderen Figuren, denn signalisieren diese, dass sich die Figur unpassend äußert, oder fordern sie (vergeblich) explizit eine andere Kommunikationsform ein, kann auf ein generell unangepasstes Wesen der redenden Figur geschlossen werden. Nutzt die Figur dagegen nach einer entsprechenden Vorhaltung einen neuen Sprachstil, kann dadurch auf Machtgefüge und Dominanz-Subordination-Bezüge geschlossen werden. Die bereits zitierte Passage aus DER GEWISSENLOSE MÖRDER HASSE KARLSSON wäre ein Beispiel dafür:

Frau Karlsson: Hast du deine Aufgaben gemacht?
Junger Hasse: Mhm.
Frau Karlsson: Ich höre dich nicht.
Junger Hasse: Ja, hab ich gesagt.
Frau Karlsson: Nein, du hast nichts gesagt.

Auf diese Weise lassen sich aus dem Zusammenwirken von Stimme und Sprache innerhalb von Figurendialogen Rückschlüsse auf die interkommunikative Relation der sprechenden Figuren ziehen, sprich: ob sie aggressiv, verliebt, angespannt etc. gegeneinander eingestellt sind. Das wiederum kann ein wesentlicher Bestandteil für die Ermittlung der Figurenkorrelationen sein (vgl. Kap. 7.4).

Daneben spielt auch der *Abstraktionsgrad der Sprache* eine Rolle bei der Charakterisierung der hörspielinternen Sprechenden. Äußert sich eine Figur in einfachen Sätzen mit basalen Wörtern im Rahmen pauschalisierender Aussagen oder nutzt sie im Gegenteil einen sogenannten elaborierten Kode mit umfassendem Wortschatz, großer begrifflicher Differenziertheit und komplexeren Satzstrukturen, kann dadurch bspw. ein gewisser Bildungsgrad angezeigt werden. Gleiches gilt für den Gebrauch von Metaphern, Vergleichen etc. beim Versuch, sich verständlich zu machen, und auch die generelle *rhetorische Überformung* der Mitteilungen einer Figur kann stereotyp als Indiz für deren Intelligenz, Klassenzugehörigkeit oder Bildungsniveau funktionalisiert sein. Ähnliches gilt auch für die Verwendung von *idiomatischen Ausdrücken* und Sprichwörtern (»Kind und Kegel«, »Der frühe Vogel...« etc.).

Bei hörspielinternen Dialogsituationen kommt außerdem den *interkommunikativen Relationen* eine größere Relevanz zu, also den sprachlich fassbaren Kodes der Angemessenheit, die sich aus der Vertrautheit der jeweils miteinander Sprechenden sowie dem Besprochenen ergibt. Werden intime Themen angeschnitten, tritt dieser Aspekt der Sprache deutlich hervor und lässt sich durch die Kategorien von Adäquatem oder Inadäquatem leicht fassen. Zur korrekten Einordnung ist hierbei eine eingehendere Kenntnis der sozialen Kommunikationsprinzipien nötig, die im Hintergrund des Gesprächs als konventionelle kulturelle Normierungen bestehen. Zielführend ist dabei häufig die Frage »Ist das, *was* da gesagt wird, in der Form, *wie* es gesagt wird, in Bezug auf die Person, zu *der* es gesagt wird, angemessen?«. Besonders Ausprägungen von sprachlicher Gewalt können so rasch ermittelt werden, etwa, wenn sich eine männliche Figur gegenüber einer weiblichen Figur, die sie kaum kennt, sprachlich distanzlos oder übergriffig verhält, wenn eine Figur sich flapsig zum eben erfolgten Tod eines Angehörigen einer anderen Figur äußert oder wenn eine Figur Dinge thematisiert, die das Schamgefühl einer anderen Figur offensichtlich verletzen. Sinnvoll ist es diesbezüglich in aller Regel auch, die sprachlichen Inhalte in unmittelbarem Zusammenhang zu ihrer stimmlichen Realisation zu betrachten: Das Brüllen brutaler Worte in Mauricio Kagels DIE UMKEHRUNG AMERIKAS etwa stellt dieses effektive Zusammenspiel in medienreflexiv-analytischer Weise heraus.

Aufgrund der engen Interdependenz von Stimme und Sprache und ihrer meist korrelativen Behandlung in der Forschung, werden die Literaturhinweise zu diesen beiden Zeichensystemen hier gemeinsam aufgeführt: Allgemein zur Gesprächsanalyse siehe bspw. Linke/Nussbaumer/Portmann 2004, 293–334. Allgemein zum Einsatz der Stimme im Hörspiel und den Implikationen der »körperlosen« Stimme siehe Macho 2006, Schnickmann 2007, Elstner 2010 und Pinto 2012 (Pintos Diktum »Ohne Stimmen, kein (narratives) Hörspiel« (146) ist jedoch fragwürdig) sowie die Beiträge in Hannken-Illjes et al. 2017. Zu den Sprechstilen in Funk und im Hörspiel siehe u.a. die Beiträge in Sendlmeier 2005 sowie Gutenberg 1980, Selting 1995 und – unter diachroner Perspektive – Meyer-Kalkus 2001 und Eckstein 2008. Janson 1976, 4, spricht neben Monolog und Dialog für das Hörspiel noch die wesentlichen »Sprachformen« von Erinnerung, Reflexion, Erzählung und Bericht an. Siehe auch Pfister 2001, 149–219, sowie Krech et al. 1991 und darin besonders den Beitrag von Krech 1991. In kritischer Rezeption lässt sich auch die Publikation von Fährmann 1967 zur charakterologischen Stimm- und Sprechanalyse besonders aufgrund ihrer hochdifferenzierten Betrachtung von Stimme und Sprache noch heute fruchtbar machen; dasselbe gilt für Saran 1907 hinsichtlich der Schallformanalyse. Zum Komplex der Sprache in seiner Bedeutung für das Hörspiel siehe Keckeis 1973, 43–64. Speziell zum Einsatz und der Gestaltung der Stimme im Neuen Hörspiel siehe Kottkamp 2001. Eine Typologie des Hörspieldialogs erarbeitet Vielhauer 1999. Zu Sprechen und Sprache im Hörspiel siehe auch Schwitzke 1963, 198–207, und – für eine semiotische Bewertung – Fischer-Lichte 1983, 31–47. Stereotypisierendes Sprechen ist grundsätzlich nichts Hörspielspezifisches, sondern findet sich etwa früh auch im (Zeichentrick-)Film, wo es erste wissenschaftliche Aufmerksamkeit erfuhr; siehe u.a. Davé 2005 und 2013, Lehman 2007, passim, sowie Needham 2009. Speziell zu stereotypisierendem Sprechen im Hörspiel siehe die Beiträge in Heilmann 1995, Schenker 2022a, 203f., und 2022b sowie Lehnert 2022.

6.3 Geräusch

Installiert die Stimme im Hörspiel die Figur und vermittelt die Sprache in der Regel das Gros der Informationen und Semantiken, so liegt die Hauptaufgabe des *Geräusches* meist darin, die Objekte der dargestellten Welt zu manifestieren, die diegetische Räumlichkeit zu evozieren und konkrete Handlungsverläufe akustisch zu illustrieren. Ein Vogelgezwitscher beim dezenten Hintergrundrauschen des Windes, ein gleichmäßiges Wellenschlagen, das Stampfen und Zischen von Fabrikationsanlagen, das Brausen und Hupen von Autoverkehr – all das sind einfache Beispiele für die Etablierung von Räumlichkeit anhand von Objektgeräuschen, vor deren Szenerie sich ein Gespräch entfalten kann, das dann eine relativ klare räumliche Verortung besitzt. Doch in gleicher Weise wie Wörter Konnotationen tragen können, sind meist auch Geräusche mit recht stabilen assoziativen Nebenbedeutungen versehen, die aufgrund einer längeren kulturellen bzw. einer hörspiel- oder gar genrespezifischen Konventionalisierung als semiotisches Substrat zur Verfügung stehen. Das Wellenrauschen – sofern es nicht übermäßig und nicht durch das Heulen von Wind begleitet ist, wobei es dann oft Naturgewalt und Gefahr konnotiert – trägt so bspw. die sekundäre Semantik von »Natur«, »Ruhe«, »Abgeschiedenheit«, »Erholung« und »Entspannung«. Der Verkehrslärm dagegen besitzt eine gleichsam inverse Sekundärsemantik mit Deutungsräumen wie »Urbanität«, »Hektik«, »Stress«, »Umweltzerstörung« und »Gesundheitsgefährdung«.

Neben solchen konstanten, clusterartigen und stetigen Geräuschen, die wie ein akustischer Teppich den Hintergrund einer Szene im Hörspiel auskleiden und daher auch als *szenische Geräusche* bezeichnet werden können, stehen sogenannte *Einzelgeräusche*, die kompakt, diskret und eigenständig sind, sich also analytisch problemlos isolieren und einem einmaligen Geschehen zuordnen lassen. Meist sind solche Einzelgeräusche akustisches Ergebnis von Figurenhandlungen und entsprechend dazu eingesetzt, das nicht visuell vermittelbare Tun der Figuren darzustellen. Das Klatschen mit der Hand, der Knall eines Pistolenschusses, das Quietschen einer Türe, das krachende Aufschlagen eines umstürzenden Bücherregals, aber auch repetitive Einzelgeräusche, wie bspw. Hammerschläge oder Schritte, machen direkt nachvollziehbar, dass etwas in der Szene passiert, eine Handlung vollzogen wird oder sich ein Geschehen vollzieht.

Einzelgeräusche sind dabei häufig in szenische Geräuschzusammenhänge oder -flächen eingebettet. So wie im Theater ein Bühnenbild die Szenerie, in der die Handlung stattfindet, definiert und Einzelrequisiten zur Katalyse der Handlung dienen, so stellen die szenischen Geräusche im Hörspiel den Hintergrund bereit, vor dem die Handlung mittels Einzelgeräuschen vergegenständlicht wird. Dabei kann auch auf eine komplexe akustisch-atmosphärische Geräuschdramaturgie zurückgegriffen werden, bei der durch eine geschickte Nutzung von Stereopositionen, Mikrofondistanz und Raumklang ein akustischer Hintergrund, von einem Mittel- und einem Vordergrund unterschieden wird. Sehr differenziert wird das etwa in Guido Gin Koster JERUSALEM. DESAFINADO getan, wo in einer Szene bspw. das Stadtbild Jerusalems mit Stimmengewirr, Straßengeräuschen etc. als Hintergrundatmosphäre aufgebaut wird, während sich die Figuren im Vordergrund unterhalten – bis plötzlich im Mittelgrund ein Telefon klingelt, zu dem eine der Figuren hingeht, es abhebt und hineinspricht, während das Gespräch im Vordergrund bis zu dem Punkt weitergeht, an dem die zurückgetretene Figur vom Telefon aus in den Vordergrund ruft: »Schatz, sie können deine Mutter heute nicht begraben. Die Totengräber streiken!« (siehe dazu auch Kap. 10.1).

Analytisch lassen sich Geräusche nach verschiedenen Hinsichten betrachten. An erster Stelle steht sicher die jeweilige *Prägnanz*, also die Frage nach der Eindeutigkeit eines Geräusches. Gehört das Quietschen einer alten Türe sicher zu den prägnantesten, eben weil auch durch zahllose Verwendungen extrem konventionalisierten Geräuschen des Hörspiels, besitzt das bereits besprochene Schlittern der Pistole über den Boden in INSCHALLAH, MARLOV eine sehr geringe Prägnanz. Kann das Türquietschen für sich alleinstehen und als vollgültiges akustisches Zeichen für ein bestimmtes Geschehen (Tür schwingt im Wind) bzw. eine Handlung (Figur öffnet Türe) fungieren, sind im andern Fall unbedingt zusätzliche kontextuelle Zusatzinformationen notwendig, damit der semantische Gehalt des Geräusches für die Zuhörenden geklärt wird. Die Bedeutung von unprägnanten Geräuschen ist daher syntagmatisch sehr stark vom Kontext des jeweiligen Hörspiels abhängig und kann besonders durch sprachliche Ergänzungen weiter ambiguisiert bzw. desambiguisiert, also hinsichtlich seiner möglichen Bedeutung erweitert bzw. präzisiert werden. Anders betrachtet könnte man bei prägnanten Geräuschen auch von visuell orientierten Geräuschen sprechen, denn ihre Funktion liegt in erster Linie darauf, dass die Quelle des Geräusches beim Hören des Geräusches im Bewusstsein des Publikums als klares Bild entstehen soll. Exakt deshalb müssen die Geräusche eine hohe akustische Prägnanz aufweisen und klar von anderen Geräuschen unterscheidbar und für sich erkennbar sein. Funktionalisiert wird also insbesondere der Wiedererkennungseffekt der Geräusche, ihre akustische Plastizität und wortwörtliche Anschaulichkeit, während wenig prägnante oder gar autonome Geräusche in ihrer bloßen abstrakten Materialität erscheinen und keine definitive kognitive Anbindung an eine konkrete Geräuschquelle erlauben. Bei ihnen wird der Eigenwert des Geräusches, seine Materialität, seine Abstraktheit und Referenzlosigkeit funktionalisiert.

Ergänzend zur Prägnanz von Geräuschen lässt sich auch nach deren spezifischer *Artikulationsform* fragen. So kann ein Geräusch bspw. gedehnt sein, dadurch überlappend, diffus, unklar in seiner Ausbildungs- bzw. Konturierungsrichtung, deshalb semantisch vag, daher spannungsbildend, beunruhigend, eventuell sogar unheimlich, zeitklammernd und daher raumfüllend. Es kann aber auch umgekehrt kurz, daher klar konturiert, leicht erfassbar, ausdefiniert, akzentuierend, eventuell gliedernd und systematisierend durch Wiederkehr, dadurch orientierend und stabilisierend sein. Je nach der Charakteristik eines Geräusches stehen also bereits auf elementarster Ebene Grundsemantiken und Funktionalisierungsansätze zur Verfügung, die in einem Hörspielsegment gezielt eingesetzt werden können, etwa, um durch ein Cluster diffuser Geräusche eine unheimliche Stimmung zu induzieren oder zu verstärken. Auch in Form des Gegensatzes von quasi stehenden Geräuschen (bspw. kontinuierliches Autobahnrauschen) gegenüber progredienten oder dynamischen Geräuschen, die sich entwickeln und bspw. auf verschiedene Tonhöhen anschwellen und wieder verebben (bspw. Wellenrauschen), kann die Artikulationsform von Geräuschen zum Ansatzpunkt semantischer Funktionalisierung werden. Der Eindruck, der sich – gerade auch in der Musik, aber wie immer ähnlich in jeder akustischen Klangkunst – mit stehenden Geräuschen oder Klängen erzeugen lässt, ist der einer Suspension von Zeit, als wäre alles zeitliche Verfließen arretiert und Geschehnisse, die mit einer solchen akustischen Hülle umgeben sind, ins Zeitlose, Ewige transzendiert. Dieser Umstand ergibt sich insbesondere daraus, dass stehend klingende Töne oder Geräusche in ihrem stetigen Forttönen keine Gliederung, keine signifikante Modulation, keine auffällige Metrik oder Tonhöhenveränderung etc. aufweisen, also keine Abschnitte erkennen lassen, die es den Zuhörenden ermöglichen würden, definitive Übergänge festzustellen. Die kontinuierliche Schallwelle wirkt deshalb der Empfindung chronologischen Vergehens entgegen, hebt diese auf und ersetzt sie durch den Eindruck von Stillstand. Barry Bermange hat in seiner Hörspielcollage RADIOVILLE METROPOLIS LONDON, für die er 1987 den Karl-Sczuka-Preis erhielt, vor allem solche Wanderwellengeräusche eingesetzt. Dies geschah bei ihm wohl vor allem deshalb, weil diese Geräusche in natürlicher Umgebung nicht anzutreffen und also ein Spezifikum sind von menschlich überformten und strukturierten Räumen, wie eben der von Bermange portraitierten Großstadt.

Die *Quelle* oder Herkunft eines Geräusches lässt sich entsprechend dessen Prägnanz bzw. infolge desambiguisierender Zusatzinformationen bestimmen. Zwitschern kann von einem Vogel stammen, ein Schlag kann von der Faust einer Figur herrühren, ebenso sind Schritte oder ein Kratzen des Kopfes möglicherweise von einer Figur verursacht. Der Knall stammt dagegen vielleicht von einer Pistole, von einem Feuerwerkskörper oder einem Flugzeug, das die Schallmauer durchbrochen hat. Die Frage danach, ob ein bestimmtes Geräusch direkt von einem Menschen verursacht wurde oder nicht, wie sie besonders durch die Hörspielsemiotik von Götz Schmedes als relevant etabliert wurde, ist daher eine knifflige, da im Hörspiel häufig sozusagen abgeleitet menschverursachte Geräusche Verwendung finden. Die Pistole schießt in aller Regel nicht selbst, sondern wird von einem Menschen abgefeuert; ebenso beschleunigt ein Flugzeug in aller Regel nur infolge menschlicher Einflussnahme auf Überschallgeschwindigkeit. Gerade solche abgeleitet menschverursachten bzw. sekundär menschlichen Geräusche sind aber im Hörspiel häufig zu finden, da sie sehr prägnant akustische Informationen über ein Objekt, dessen Verwendung und dessen Verwendende zusammenführen: Das Kratzen eines Bleistifts über Papier etwa, wie es in Frank Witzels DIE APOKALYPTISCHE GLÜHBIRNE immer wieder hörbar wird, gibt als Schallphänomen Aufschluss über eine (mehr oder weniger) intellektuelle Betätigung einer Figur, da es das Notieren von Gedanken akustisch fassbar macht. Zugleich informiert es kursorisch über die Ausstattung des Raumes, in dem das Schreiben stattfindet, über die Gewohnheit der schreibenden Figur, über deren technischen Stand bzw. Präferenzen etc. Wird in Jan Peters und Marie-Catherine Theilers ZEITLOCHBOHRVERSUCHE das im Grunde selbe Geschehen des Gedankenprotokollierens dagegen durch Klappern einer Computertastatur sowie computerspezifische Systemsounds illustriert, wird damit u.a. eindeutig eine ganz andere Figurenzeichnung angestrebt. Allein zu fragen, ob das Geräusch direkt oder nicht direkt von einem Menschen verursacht wurde, greift daher deutlich zu kurz und ist folglich als Analyseergebnis unzureichend.

Besonders kompliziert wird es, wenn man die *Originalität* des Geräusches mit in Betracht zieht. Es lässt sich hierbei eine semiotisch relevante Dreiteilung vornehmen. Die sogenannten *O-Töne,* also Originaltöne, besitzen meist Dokumentcharakter, bilden ein konkretes Schallereignis also in seiner historischen Spezifik akustisch ab. Dieser Dokumentcharakter kann herangezogen werden, um Authentizität zu simulieren und/oder eine Beglaubigung bzw. Bestätigung der jeweiligen Hörspielinhalte und vor allem -aussagen abzuleiten. Einen entsprechenden Gebrauch macht etwa das Hörspiel DIE SICHERHEIT EINER GESCHLOSSENEN FAHRGASTZELLE von Thilo Reffert bei der hörspielerischen Rekapitulierung der persönlichen Mauerfall-Erlebnisse des Autors. Die Diskussion darüber, was als O-Ton gelten kann, hat unterschiedliche Standpunkte hervorgebracht. Mitunter wird unterschieden zwischen *echtem O-Ton,* worunter ein durch Interviews, dokumentarische Aufnahmen, Mitschnitte etc. gewonnenes und oft auch archivarisches Tonmaterial fällt, und *inszeniertem O-Ton,* der die Charakteristika von echtem Originalton – historischer (Material-)Klang, improvisiertes Sprechen, Nebengeräusche etc. – lediglich fingiert. Im Hörspiel LARGOSCHMERZEN wird ausgiebig mit fingiertem O-Ton gearbeitet. In diesem Stück findet sich unter anderem auch folgendes fingierte Radiointerview:

> *Moderator:* Herr Schlimmohr, was würden Sie denn sagen... [Atmet.] wann hat der Horrortrip angefangen, warum hat er angefangen und – äh, ja, was soll er eigentlich?
> *Schlimmohr:* Ja, das is mir alles egal.
> *Moderator:* Ach... das ist Ihnen alles egal? Öh... oke! Häh, hä... ah so... Mm, das führt jetzt das Gespräch'n bisschen in so ne Sackgasse. Hm... vielleicht sagen Sie doch mal generell, äh, was ist für Sie »Horror«?
> *Schlimmohr:* Ja, das's schon schlimm... Horror...
> *Moderator:* So?
> *Schlimmohr:* [Atmet.] Bwwehm... du also... Horror – das is halt... wemma des... des is halt schlimm... Ja. [Atmet.] Und deshalb hab ich mich »Schlimmohr« genannt, weil es reinpasst. Mehr war das nich, da war nich viel Konzept.
> *Moderator:* Da war nich viel Konzept... [Seufzt. Halbes Lachen.] ja... [Atmet.] Das klingt doch, äh... frisch und... neu und eben auch spontan gemacht! Eben... [Seufzt.] nicht ausgedacht. Äh... das find ich... äh... find ich...

Im Kontext des Neuen Hörspiels wurde dagegen vielfach die Meinung vertreten, echter O-Ton sei nur dann gegeben, wenn die Aufnahmen quasi im Geheimen erfolgt sind, da andernfalls das Bewusstsein um das Mikrofon und die Aufnahmesituation dazu führte, dass sich die Sprechenden in der Rolle von Sprechenden »auf das Band hin« äußern – und damit eine unauthentische Sprache und Meinung präsentieren. Mauricio Kagel hat daher seine Hörspielcollage EIN AUFNAHMEZUSTAND aus Material angefertigt, das entstand, als er sechs Musiker und Sprecher zusammen mit seiner Tochter unter dem Vorwand von Mikrofontests in ein Studio einlud und dann aus dem entstandenen Material für das eigentliche Stück gerade nebensächliche Aussagen, Fragen und Antworten, Musik- und Erzählimprovisationen, Stimmübungen und -vorbereitungen, Nebengeräusche, spontane Äußerungen und Gespräche, Lachen, Husten etc. genutzt.

Andererseits gibt es die mit den O-Tönen verwandten Objekt- bzw. *Atmos*(phären)-Geräusche, die ähnlich den O-Tönen von einem konkreten Objekt hervorgerufen werden, jedoch keinen streng referenzialisierenden Dokumentcharakter besitzen. Ihre Funktion besteht in erster Linie darin, Handlungsräume auszugestalten, inhaltlich zu definieren und zu strukturieren. Sind bspw. Vogelgeräusche, das Rauschen eines Bachs und das Knirschen von Schritten auf einem Kiesweg zu hören, wird dadurch zunächst die akustische Geräuschkulisse einer Szenerie illustriert, die – im engen Sinne – »Atmos(phäre)« genannt wird. Zugleich erfährt das Publikum aufgrund der denotativen Prägnanz der Geräusche, dass die geschilderte Situation offenbar in einem Außenraum – und genauer: in einem (in Form des Kieswegs leicht modifizierten) Naturraum stattfindet. Und drittens kann durch eine effektive Nutzung der Stereopositionen diese akustische Landschaft gleichsam kartografiert werden, etwa nach dem Prinzip: links fließt der Bach, in der Mitte läuft der Kiesweg, auf welchem auch die Figur (in Begleitung der Wahrnehmungsinstanz) geht, und rechts scheint ein Wald oder Gehölz mit Vögeln zu sein.

Neben O-Tönen und Atmos stehen drittens die *Geräuschimitationen*, die – meist ganz offenbar – künstlich erzeugt sind und einem Objekt bzw. einem Geschehen hörspielkontextuell zugewiesen werden, ohne dass sie diesem natürlicherweise zugehören würden. Geräuschimitationen und -illustrationen können entweder durch Musikinstrumente oder andere Klangwerkzeuge analoger wie digitaler Art erzeugt werden und sind entweder realen Objektgeräuschen nachgeahmt oder entsprechend einer bestimmten insinuierten Homologie gebildet. Wenn Pinocchios Nase bspw. zum Geräusch eines Kolbenflöteneffekts wächst, dann hat diese Geräuschillustration an sich keine reale Vorlage, da in Wirklichkeit weder eine Nase mit der Geschwindigkeit wächst wie in Carlo Collodis Geschichte noch Wachsen grundsätzlich überhaupt ein Geräusch erzeugt – gleichwohl macht sie das Geschehen durch Homologie zur Tonhöhenveränderung des Instruments akustisch anschaulich. Als weiteres Beispiel kann auf Sergej Prokofjews »Peter und der Wolf« verwiesen werden, wo u.a. Peter akustisch das Tor öffnet und hinaus auf die große grüne Wiese tänzelt, wobei sowohl der Hopserschritt des Jungen imitiert als auch das Geschehen insgesamt illustriert wird. Eine Extremform solcher Geräuschillustrationen und -imitationen ist sicher das aus dem Animationsfilm übertragene Prinzip des sogenannten *Mickeymousing*, bei dem jede Bewegung der Figuren mit einem extrem karikierenden Effekt in Musik eingeschmolzen wird. Der sich dabei ergebende komische Effekt wird gleichwohl in reduzierter Form auch im Hörspiel und speziell im Kinderhörspiel immer wieder genutzt.

Es muss daher immer auch nach dem *Bedeutungsraum* eines Geräusches gefragt werden, sprich: nach seiner denotativen Bedeutung sowie eventuell nach seiner konnotativen oder gar symbolischen Verwendung. Denotative Geräusche, wie das Geräusch von Schritten (auf Asphalt, auf Schnee, auf Parkett, in einer Eingangshalle, in einem engen Zimmer etc.), weisen ikonisch und/oder indexikalisch direkt auf eine bestimmte Geräuschquelle (Figur/Objekt/Handlung) hin, beziehen sich auf diese und bezeichnen diese dadurch. Konnotativ erweiterte Geräusche tragen dagegen eine ergänzende Zusatzbedeutung, die entweder auf vorausgehender konventioneller oder auf innerhalb des Hörspielzusammenhangs neu etablierter symbolischer Kodierung basieren. Konventionell wäre das etwa bei manchen denotativen Geräuschen der Fall, die eine individuelle Charakteristik besitzen, d.h. die von einer einzigen, ganz bestimmten Quelle stammen, auf welche sie entsprechend hinweisen können und zugleich vor allem den topografischen Kontext zu indizieren vermögen. Beginnt ein Hörspiel bspw. mit den markanten Schlägen von Big Ben im Elizabeth Tower, so wird dadurch wie nebenbei nicht nur darauf hingewiesen, dass Big Ben zu hören ist, sondern zudem eine Zeit- wie auch eine Ortsangabe gemacht. Auf Basis kulturellen Allgemeinwissens wird den Zuhörenden sofort klar, dass die im Folgenden präsentierte Handlung im Zentrum von London spielt und zwar zu einer – je nach der Glockenschlagzahl – exakt bestimmten Tageszeit. Aber auch ein eher generisches Geräusch wie bspw. Wellenrauschen trägt eine konventionelle Kodierung, sofern sich der Bedeutungsgehalt im Rahmen der bereits genannten Semantik von »Natur«, »Ruhe«, »Abgeschiedenheit«, »Erholung« etc. bewegt. Wird es jedoch wie etwa in Christoph Buggerts DER BLAUE VOGEL verwendet, wo es stets die Hintergrundatmosphäre für den Dialog zwischen zwei Figuren bildet, von denen die eine tot und die andere geisteskrank ist, wird eine ganz eigene, hörspielspezifische Symbolik des Wellenrauschens erstellt. Diesen symbolischen Gehalt bei Buggert ganz auszudeuten, ist dann nur auf Basis einer eingehenden Analyse des Hörspiels möglich, bei der man dann feststellen muss, dass der Meeresstrand jener Ort war, an dem sich die beiden Zentralgestalten des Hörspiels zum letzten Mal begegnet sind, an dem es zu einem sexuellen Übergriff kam, infolge dessen sich die eine Figur vermutlich absichtlich im Meer ertränkt hat, was die psychische Destabilisierung der anderen Figur bedingte, die daraufhin immer wieder in einem irrealen Vorstellungsraum in einen mentalen Gesprächsaustausch mit der Ertrunkenen tritt, wobei die Hintergrundatmosphäre durch den gleichförmigen Wellenschlag des schicksalshaften Meeres gebildet wird.

Mitunter können denotative Geräusche auch durch eine spezielle Verwendung einen symbolischen Charakter bekommen. So findet sich in Jan Neumanns ZEIT SEINES LEBENS folgende Passage, die mit dem Tippgeräusch einer Schreibmaschine unterlegt ist:

> UK-Stellung des Gefolgschaftsmitgliedes Baumeister, Friedrich Wilhelm ist abgelehnt worden. Eine Wiederholung des Antrages auf UK ist zwecklos, da mit seiner baldigen Einberufung gerechnet werden kann. Dem Genannten darf keinesfalls Mitteilung gemacht werden. Heil Hitler, Lehmann.

Das Tackern der Schreibmaschine wird im Verlauf der vorgelesenen Briefpassage zunehmend dumpfer, ehe es – bereits zuvor allmählich überblendet – nach »Lehmann« völlig durch das akustisch äußerst ähnliche Tackern von Maschinengewehrsalben abgelöst wird. Die symbolische Zusatzbedeutung, die das Schreibmaschinengeräusch dadurch erhält, ist recht eindeutig: Lehmann, der über den Antrag auf Unabkömmlichstellung (»UK-Stellung«) des Wehrpflichtigen Friedrich Wilhelm Baumeister zu entscheiden hatte und damit darüber befinden konnte, ob dieser in den Krieg geschickt oder noch zurückgestellt werden solle, optiert für Ersteres und ist – als sogenannter »Schreibtischtäter« – damit für die Kriegsentsendung der Figur Baumeister verantwortlich. Lehmanns Getippe auf der Schreibmaschine bedeutet für Baumann eine existenzielle Entscheidung. Übrigens: So originell konkret diese symbolische Anreicherung des Geräusches erscheint, so wurde die in Zeit seines Lebens realisierte Form der Tonüberblendung bereits 1949 von Béla Balázs (1976, 201) in seinem filmtheoretischen Werk »Der Film. Werden und Wesen einer neuen Kunst« konzeptionell antizipiert – mit dem Unterschied, dass bei ihm das Klopfen eines Morseapparats anstelle der Schreibmaschine stand.

Nicht zuletzt gibt es rein *symbolische Geräusche*. Das sind entweder Geräusche mit extrem unscharfer Kontur, die daher im Grunde semantisch völlig unklar und entsprechend leicht von einem Hörspiel ad hoc mit neuer Semantik ausgestattet werden können, oder aber künstlich erzeugte bzw. elektroakustisch verfremdete Geräusche, die entweder keinerlei konkrete Quelle in der Realität haben oder mehr erkennen lassen und daher akustisch auch keine offensichtliche Anbindung an ein bestimmtes Objekt bzw. eine bestimmte Handlung nahelegen. Eines der bekanntesten rein symbolischen Geräusche dieser Art ist sicher das Zaubergeräusch, das in den Bibi-Blocksberg-Hörspielen immer dann ertönt, wenn die magisch begabte Hauptfigur einen Zauberspruch gesagt und mit »Hex, hex!« in Kraft gesetzt hat. Dieses Geräusch wurde vor 40 Jahren von Carsten T. Brüse, dem Tonmeister u.a. dieser Hörspielserie, eigens für die Bibi-Blocksberg-Hörspielproduktionen geschaffen, indem er das Geräusch eines Schellenbaums mit einer Verzögerung verfremdete und auf Tonband aufzeichnete. Die ursprüngliche Quellzugehörigkeit ging mit dieser elektroakustischen Überarbeitung verloren und war damit frei, um hörspielintern mit einer neuen symbolischen Bedeutung besetzt zu werden. Seither bedeutet dieses akustische Zeichen: Bibi Blocksberg zaubert – und das allein aufgrund der spezifischen Kontextualisierung in den Hörspielen.

Damit sind zwei weitere Differenzierungsmöglichkeiten von Geräuschen bereits angeschnitten, nämlich die Unterscheidung zwischen natürlichen, elektroakustisch bearbeiteten und synthetischen Geräuschen und die zwischen realen und irrealen Geräuschen. Hinsichtlich des *Bearbeitungsgrades* ist zu sagen, dass in heutigen Hörspielproduktionen tatsächlich kaum noch Geräusche verwendet werden, die nach ihrer Aufzeichnung nicht in irgendeiner Art elektroakustisch nachbearbeitet wurden, etwa um ihre Prägnanz zu steigern, ihren Klang zu optimieren etc. Diese erste Unterscheidung betrifft auch weniger De-facto-Zustände, als vielmehr die rezeptive Wirkung. Es ist bei der Analyse also auch weniger danach zu fragen, ob dieses oder jenes Geräusch bei der Produktion elektroakustisch nachbehandelt wurde, als mehr, ob das Geräusch eine entsprechende akustische Charakteristik aufweist bzw. erkennen lässt, sprich: Klingt dieses Geräusch so, wie es in Bezug zu einer natürlichen Wahrnehmungssituation erwartbar wäre, oder sind offenbare synthetische Klangveränderungen festzustellen? Denn nur dann, wenn unmittelbar und definitiv registriert werden kann, dass eine bestimmte Veränderung vorgenommen wurde, kann diese Veränderung auch als Symptom, d.h. als Anzeichen für eine bestimmte weitergehende Semantisierung wahrgenommen werden. Der zeichenhafte Aspekt eines Geräusches kann nur dann semiotisch wirksam werden, wenn er schlicht und einfach von den Rezipierenden bemerkt wird. Nur wenn, wie gegen Ende von Robert Webers DIE GEHEIMEN PROTOKOLLE DES SCHLOMO FREUD, die akustischen Signale einer offensiven elektroakustischen Manipulation unterzogen werden, kann das Publikum feststellen, dass hier etwas nicht der normalen Klangwelt des Hörspiels entspricht, d.h., dass hier in der dargestellten Welt etwas nicht stimmt. Und diese Abweichung vom normalen Klangbild kann dann zum Anknüpfungspunkt für eine spezifische Aufladung werden, die die Zuhörenden aufgrund weiterer kontextueller Hinweise deuten müssen – bei Robert Webers Hörspiel wird das recht klar, denn die Figuren selbst bemerken, dass hier etwas ganz und gar nicht stimmt, und sagen Folgendes:

> *Kommissar:* Sagen Sie, spüren Sie das auch? Alles ist plötzlich so merkwürdig...
> *Polizistin:* Was...? Chef, Sie... Da ist... Sie, Sie verschwinden!
> *Kommissar:* Sie ebenfalls! Was... was geschieht mit uns?! Ich... ich kann durch die Wände sehen! Die Stadt... alles... alles löst sich auf!

Dieses Beispiel zeigt jedoch auch, dass der *Realitätsgrad* der Geräusche zwar oft stark, aber nicht determinativ von ihrem elektroakustischen Bearbeitungsgrad abhängt. Ein produktionell stark akustisch überformtes Geräusch weist zwar oft darauf hin, dass es nicht der Sphäre intradiegetischer Realität angehört, doch ist dieser Zusammenhang keineswegs zwangsläufig. In einem fantastischen Hörspiel wie dem von Robert Weber ist im Gegenteil die Verzerrung der Akustik Hinweis auf die intradiegetisch tatsächliche Veränderung der dargestellten Welt und sozusagen diegetische Folge aus der Verzerrung der gesamten diegetischen Realität. Das die Figurenäußerungen begleitende, sich intensivierende, wabernd-hallende Geräusch ist, auch wenn es vollkommen synthetischen Produktionsursprungs ist, gerade kein irreales Geräusch, sondern – so macht das Hörspiel implizit deutlich – eben das intradiegetisch reale Klangphänomen, das sich ergibt, wenn man leichtfertig mit verschiedenen Realitäts- und besonders auch Zeitebenen verfährt. Insofern ist es bei der Bewertung des Realitätsgrades von Geräuschen immer angebracht, das jeweilige erzählhierarchische Niveau zu berücksichtigen und in Entsprechung dazu und zu dem zugehörigen Modell von Realität zu befinden. Irreal sind dann nur Geräusche, die auch in der Bewertung der jeweiligen Instanzen der Erzählung als solche rangieren, bspw. ein Geräusch, das nur eine Figur wahrnimmt, die anderen Figuren jedoch nicht, wodurch es etwa zum Hinweis für die geistige Unzurechnungsfähigkeit dieser Figur werden kann. Auch hier muss jedoch immer in Übereinstimmung mit dem einzelnen Hörspiel beurteilt werden, denn nur, weil ein Geräusch synthetisch erzeugt ist und die Figuren, wie etwa in Günter Eichs fünftem Traum seiner TRÄUME dieses Geräusch ignorieren, heißt das nicht, dass dasselbe auch tatsächlich nicht existent bzw. intradiegetisch irreal ist.

Bezieht man die diegetische Ebene bei der Beurteilung von Geräuschen mit ein, kann es auch sein, dass man auf sogenannte *autonome* Geräusche trifft, also Geräusche, die weder eine denotative noch eine konnotative Bedeutung für die dargestellte Welt bzw. in dieser haben, da sie einen unprägnanten abstrakten Klang besitzen und auch durch den intradiegetischen narrativen Hörspielzusammenhang nicht kontextualisiert werden. Solche Geräusche sind meist auf der abstrakten Erzählebene angesiedelt, haben also keinen unmittelbaren Bezug zur dargestellten Handlung, sondern eine Funktion bei der Darstellung und Vermittlung eben dieser Handlung durch die Erzählinstanz. Anstatt ein konkretes Inhaltselement des Hörspiels zu sein, dienen solche Geräusche meist syntaktischen Zwecken, etwa zur Gliederung von Erzählabschnitten, zur akustischen Markierung von strukturellen Untereinheiten des Hörspiels oder auch zur symbolischen Bewertung von Figuren und/oder deren Handlungen. Sie haben damit oft Strukturierungsfunktion und sollen die Zuhörenden innerhalb des Hörspiels, seiner Teile und Untereinheiten orientieren und Enden sowie Neuansätze markieren. In dem bereits angesprochenen Hörspiel ZEITLOCHBOHRVERSUCHE etwa führen die Hauptfiguren Listen und Protokolle und hierbei werden autonome Geräusche, die an konventionelle Computersystemsounds erinnern, immer an Stellen in diesen Protokollen verwendet, an denen die Figuren Absätze einfügen, einen neuen Gedankenpunkt setzen und nach einer Unterbrechung weiterschreiben. Diese Geräusche erscheinen auf diese Weise wie akustische Aufzählungszeichen, also wie ein klangliches Analogon zu Stichpunkten oder Gliederungspunkten in den an sich grafischen Texten, welche die Figuren im Hörspiel anfertigen. Wird ein solcher Gebrauch autonomer Geräusche systematisch ausgebaut, um wiederkehrende Handlungen, Figuren, Orte oder Situationen damit zu bezeichnen und auszuweisen, werden die Geräusche zu einem leitmotivischen Ausdrucksmittel, das eine syntaktische Funktion für die Koordination des gesamten Stücks erfüllt. In Claudius Lünstedt KRIEGER IM GELEE bspw. werden auf diese Art den drei Hauptfiguren Mervin, Martin und Katrin jeweils bestimmte Instrumente zugeordnet, nämlich Trommel, Klavier und Cello, denen Geräusche entlockt werden, indem u.a. ein Ball auf ihre Schwingungsmembran, Tastatur bzw. Saiten fallen gelassen wird. Dasselbe Ereignis – die Entführung des Jugendlichen Mervin durch den psychisch gestörten Martin unter Kenntnisnahme der Unbeteiligten Katrin – wird nacheinander aus den drei Perspektiven von Opfer, Täter und Zeugin berichtet. Dabei werden die drei Instrumente durch einen spezifischen geräuschbildenden Gebrauch genutzt, um vor allem Erregungs- und innere Gefühlszustände der Figuren zu versinnbildlichen und sind dabei direkt mit den Figuren koordiniert. Zugleich wird jeweils eine Art kurzes Solo des jeweiligen Instruments genutzt, um dadurch anzuzeigen, welche Figur im anschließenden Abschnitt ins Zentrum der Aufmerksamkeit gerückt wird.

Siehe allgemein zum Komplex Geräusch und Klang u.a. Schafer 1988, die Beiträge zum Thema »Soundscapes« in Bredella/Dähne 2013, die Beiträge in Schmidt 2014 sowie Stahl 2022. Siehe speziell zur Klangtextpraxis von Heiner Goebbels in Souksengphet-Dachlauer 2010. Zur beschriebenen Wirkung des Außerzeitlichen und Atemporalen von stehenden Klängen vgl. die Feststellung von Houben 1992, 98, in Bezug auf die »Harmonies« (1967) von György Ligeti.

Von der Anfangszeit bis in die 60er-Jahre hinein dominierte im deutschen Senderaum die Präferenz des literarischen Worthörspiels. Der Einsatz von Geräuschen – seien sie nun illustrativ, symbolisch oder sonst wie funktionalisiert – wurde entsprechend eher verpönt und gemieden; vgl. bspw. Schwitzke 1963, 228: »Der beste Gebrauch von Musik und Geräusch im Hörspiel ist geschehen, wenn die Hörer am Ende meinen, weder Geräusch noch Musik gehört zu haben – oder aber, wenn sie Geräusch und Musik gehört zu haben glauben, obwohl nichts dergleichen verwendet wurde.« Essentialistisch besprochen wird der Geräuscheinsatz im Hörspiel von Schwitzke 1963, 216–222; als Gegendarstellung siehe Knilli 1961, 25–30. Vowinckel 1995 ordnet die verschiedenen Standpunkte historisch ein. Zur frühen Praxis der Herstellung von Hörspielgeräuschen vgl. Enkel/Schütz 1954. Zur semiotischen Betrachtung des Geräusches siehe Fischer-Lichte 1983, 164–168, und Schmedes 2002, 77–79. Stumpf 1883 hat in seinem Werk auf Basis physiologisch-philosophischer Forschungen Grundlegendes zur Rezeptionsästhetik, Wahrnehmung, Beurteilung und Bezeichnung von Tönen und Tonfolgen zusammengetragen, das auch für die Analyse und Verbalisierung musikalischer Phänomene Relevanz hat. Speziell, was den O-Ton anbelangt, unterscheidet Klaus Schöning (1974b, 4) das verwendete Audiomaterial zunächst entlang des Vektors »offiziell-inoffiziell« in zwei Gruppen, nämlich einerseits in die Kategorie der O-Töne, die im Kontext offizieller Medienberichterstattung (Radio/Fernsehen) entstanden sind und deren Sprecher in der Regel bekannte Persönlichkeiten sind, und andererseits in die Kategorie der O-Töne, die in nichtoffiziellen bzw. nichtöffentlichen Zusammenhängen entstanden sind und deren Sprecher meist auch unbekannt sind. Vowinckel 1995, 200, hat jedoch darauf hingewiesen, dass sich diese Einteilung nicht für Hörspiele eignet, die primär mit O-Tönen von Umweltgeräuschen arbeiten, da sich diese »der Polarisierung öffentlich/nicht öffentlich oft entziehen«, und auch Hörspiele, die sowohl offizielle wie inoffizielle O-Töne in einer Mischung aufweisen, ließen sich mit der Definition von Schöning schwerlich fassen; siehe insgesamt ebd., 199–207. Vgl. zur O-Ton-Diskussion auch Scharang 1973, Volkmer 2000, 65f. u. ö. sowie die Beiträge in Maye et al. 2007. Speziell was das O-Ton-Hörspiel anbelangt, wurde in einem Programm-Heft des WDR folgende Definition gegeben: »Ein O-Ton-Hörspiel ist ein Hörspiel, in dem die Tonbandaufzeichnung akustischer Materialien der schriftlichen Notierung vorausgeht« (1972/2, 72). An dieser Definition orientieren sich u.a. Schöning 1973, Vormweg 1975, 175, Schöning 1982, 38, Schmedes 2002, 83, und Vowinckel 1995, 199.

6.4 Musik

Das Verhältnis von Geräusch und *Musik* – respektive von Geräusch, Musik und Stimme – ist keineswegs trivial. Bereits das eben besprochene Beispiel erweist, dass Musikinstrumente auch in einer rein geräuschgebenden Art gebraucht werden können, also als Geräuschquellen. Zugleich kommt einzelnen Tönen, wenn sie isoliert stehen, als Klangphänomenen eine Stellung zwischen Musik und Geräusch zu und entscheidend für ihre semantische Bestimmung ist dann in erster Linie ihre Funktionalisierung durch den Hörspielkontext. Der physikalische Unterschied zwischen musikalischen Tönen und Klängen auf der einen Seite und an sich unmusikalischen Geräuschen auf der anderen Seite besteht darin, dass es sich bei Tönen um gleichmäßige, einheitliche Schwingungen handelt (ein Klang setzt sich aus mehreren gleichzeitig erklingenden und einander überlagernden Tönen zusammen), während Geräusche uneinheitliche, instabile Mischungen von Schwingungen ohne periodische Wiederkehr sind.

Dabei besitzen Töne, Klänge und Geräusche – ähnlich den Stimmqualitäten und Sprechweisen – immer auch bestimmte Qualitäten und Realisierungsweisen. Um nur eine grobe Ahnung zu vermitteln, sei darauf hingewiesen, dass sich Töne, Klänge und Geräusche laut oder leise, gedämpft oder offen etc. wiedergeben lassen sowie dass sie immer auch einen gewissen »Raumcharakter« besitzen, also je nach Art ihres Erklingens, den Formen ihres Halls, der Spezifik ihrer Schallreflexion etc. Rückschlüsse dahingehend erlauben, ob sie in einem engen Zimmer, einem Keller, einem großen Saal, einer weiten Halle oder im Wald, auf einem Berggipfel, auf einem Feld etc. stattgefunden haben. Stehen produktionstechnisch für die Gestaltung unterschiedlicher Raumcharakteristiken (sowohl von Geräuschen als auch von Gesagtem) traditionell drei verschiedene Studiobereiche für Aufnahmen mit Zimmerakustik, mit Nachhall sowie in schalltotem Raum zur Verfügung (vgl. Klose 1970b, 173), spielen heutzutage digital simulierte Resonanzräume eine wesentliche Rolle.

Auch wenn sich anhand der Schwingungsspezifik meist klare Unterscheidungen vornehmen lassen, können auch Geräusche, ja, sogar ein Knall – also eine kurze, singuläre, extreme Schwingung – musikalisch überformt werden, etwa indem sie in metrischer Wiederkehr wiederholt werden und dadurch ein rhythmisches Muster ausbilden. So kann etwa ein regelmäßig wiederholtes Husten den Grundbeat für ein Musikstück bilden – ein Prinzip, das sich auch das sogenannte Beatboxing zunutze macht, wobei gleichzeitig wiederum das menschliche Sprechorgan, die Stimme, zum Einsatz kommt. So wird ersichtlich, dass die Abgrenzung zwischen den drei Bereichen Geräusch, Musik und Stimme keineswegs definitiv ist, sondern ein breiter Übergangsbereich besteht. Vertreter des Neuen Hörspiels, wie etwa Mauricio Kagel in seinem Hörspiel EIN AUFNAHMEZUSTAND, haben wiederholt mit diesen Grenzen und ihrer Verschiebbarkeit experimentiert.

Bei einem üblichen musikalischen Phänomen sind jedoch in aller Regel eine Reihe von Parametern vorhanden, die sich einer wissenschaftlichen Untersuchung zugänglich machen lassen. Die wichtigsten Aspekte der westlichen Musik betreffen die Tonalität, die Melodie, die Tonqualität, die Harmonie sowie den Rhythmus. Dabei handelt es sich um allgemeine musikalische Prinzipien; spezielle und insbesondere instrumentenspezifische Aspekte des individuellen Spiels, wie bspw. die Stricharten bei Streichinstrumenten (Legato, Staccato, Martellato etc.), die durchaus eine semantische Konnotation einbringen können, werden hier nicht besprochen, sollten aber bei einer musikzentrierten Analyse Berücksichtigung finden.

Tonalität

Unter dem Begriff der *Tonalität* unterscheidet man üblicherweise zwei Tonsysteme, nämlich das von Dur und das von Moll, neben denen es andere, jedoch im westlichen Zusammenhang kaum (noch) gebräuchliche Tonsysteme wie die Kirchentonarten oder die Pentatonik gibt und in Beziehung zu denen sich im Weiteren u.a. auch atonale Systeme abgrenzen lassen. Dur und Moll definieren ein System hierarchischer Tonhöhenbeziehungen, die auf einen Grundton (als »tonales Zentrum« einer Moll- bzw. Dur-Tonleiter) bezogen sind. Dabei dient der Grundton als Kristallisationspunkt, um den herum die übrigen Noten (meist als Dreiklänge) organisiert sind und die spezifische Tonalität ergeben.

Semantische Funktionen können durch die jeweilige Tonalität zunächst dadurch geleistet werden, dass sie heutzutage eine eindeutige emotionale Kodierung aufweisen. So hat es sich etabliert, Musik in Moll aufgrund einer entsprechenden kontextuellen Verwendung als getragen, feierlich, traurig, pessimistisch, negativ etc. zu »hören«; in Dur gehaltene Musik dagegen als beschwingt, ausgelassen, fröhlich, optimistisch, positiv etc. Diese symbolische Kodierung wird zusätzlich durch eine stetige korrespondierende Praxis im Film (Komödie vs. Drama), bei Feierlichkeiten (Beerdigung vs. Hochzeit) und ähnliche kulturelle Kontexte fortwährend stabilisiert. Auch ohne musikalische Grundbildung ist man infolge seiner Sozialisierung darauf konditioniert, Moll-Musik als traurig etc. und Dur-Musik als fröhlich etc. zu empfinden und in der Konsequenz auf (Hörspiel-/Film- etc.) Handlungen, denen entsprechende Musik beigegeben ist, die entsprechende emotionale Charakteristik zu übertragen, sprich: narrative Handlungen, die mit Moll-Musik unterlegt sind, als traurig etc. zu empfinden; solche mit Dur-Begleitung dagegen als fröhlich etc.

Diese konventionelle Grundsemantik der Tonalität lässt sich im Weiteren durch eine dynamische Verwendung produktiver machen, etwa, wenn ein Musikstück zu Beginn einer Hörspielgeschichte zunächst in Dur zu hören ist und zu einem späteren Zeitpunkt plötzlich in Moll transponiert erklingt. Durch einen solchen Wandel des Tongeschlechts lässt sich bspw. eine Veränderung auf der Ebene der dargestellten Geschichte anzeigen, also entweder eine Verschlechterung (Dur → Moll) oder eine Verbesserung (Moll → Dur) der Handlungsumstände einer Figur im Hörspiel.

Wird eine Melodie leitmotivisch gebraucht, d.h. einer bestimmten Figur direkt identifizierend zugeordnet, wie das sehr rudimentär mit der Synthesizer-Melodie in Korrespondenz zum Spatzen im bereits angesprochenen Hörspiel VOM SCHNEEMANN, DER EINEN SPATZ UNTER DEM HUT HATTE geschieht, dann lassen sich durch das Aufgreifen dieser Melodie in wechselnden Tonalitäten auch sehr dezent wechselnde Gefühl- und Gemütszustände der Figur anzeigen. Darüber hinaus ergeben sich infolge der Dreiklangpaarung in Orientierung auf einen spezifischen Grundton bei Musikstücken in Moll oder Dur auch sehr rasch deutlich hörbare Prozesse von Spannung und Entspannung, wenn sich die Musik von ihrem tonalen Zentrum entfernt bzw. sich (wieder) auf dieses zu orientiert. Auch dies kann in Korrespondenz zur Handlungs- oder Figurenentwicklung funktionalisiert werden.

Wie die Moll- und Dur-Differenz besitzen auch pentatonische oder atonale Tonsysteme im Westen vor allem aufgrund ihrer konventionellen populärkulturellen Verwendung eine spezifische symbolische Semantik und werden zumeist zur musikalischen Indizierung von fremdländischen, asiatischen oder konkret chinesischen Kontexten (Pentatonik) eingesetzt oder für die entsprechende Markierung sciencefiktionaler, futuristischer oder unheimlicher bzw. elitärer Handlungsphasen.

Melodie

Als *Melodie* bezeichnet man eine Folge von Noten, die eine einprägsame und daher wiedererkennbare Ordnung aufweisen. Insofern sind Melodien u.a. essenziell für die musikalische Referenzialisierung realweltlicher Semantiken. Im Hörspiel SCHWERE SEE gelingt es so bspw., durch dezentes Einspielen des Hauptthemas von Ludwig van Beethovens neunter Sinfonie beim Auftreten der Figur Groenewoud dessen institutionellen Hintergrund anzudeuten, noch ehe sich dieser als Sonderbevollmächtigter der EU-Kommissarin für Außenangelegenheiten vorstellt (siehe dazu auch Kap. 10.1). Das *Musikzitat*, wie es hier umgesetzt ist, erzeugt damit auch intertextuelle Bezüge. Darüber hinaus bieten Melodien die Möglichkeit zur Ausbildung von hörspielintern etablierten symbolischen Musiksemantiken, denn, indem eine Musikpassage melodisch klar definiert, prägnant und wiedererkennbar ist, eignet sie sich als Zeichenträger, der mit einer bestimmten symbolischen Semantik ausgestattet werden kann. Etwas Derartiges geschieht bei der Ausbildung von Erinnerungs- oder auch Leitmotiven.

Ein *Erinnerungsmotiv* ist dabei eine Melodie, die immer identisch wiederkehrt und primär indexikalische Funktion hat. Sie wird also – in aller Regel durch die identifizierende Korrelation von narrativem Moment und Melodieeinspielung – mit einer Person, Situation, Handlung oder Thematik in einem Hörspiel verknüpft, sodass die Melodie auf diese Person, Situation, Handlung oder Thematik, mit der sie verknüpft ist, verweist.

Ein musikalisches *Leitmotiv* wird ganz genauso wie ein Erinnerungsmotiv durch symbolische Korrelation gebildet und erfüllt zunächst auch ähnliche Funktionen wie dieses, mit dem entscheidenden Unterschied, dass sich die Melodie des Leitmotivs im Verlauf eines Hörspiels verändert und entwickelt. Man unterscheidet hierbei drei Typen von Leitmotivverwendungen, die Kennmelodie, die idée fixe sowie die elaborierte Leitmotivtechnik. Bei der *Kennmelodie* wird ein bestimmtes musikalisches Motiv einer Person oder Situation zugeordnet und tritt dann im Verlauf des Hörspiels unverändert immer wieder mit dieser Person oder Situation zusammen auf. Es hat damit im Wesentlichen nur die Funktion, punktuell auf diese Person oder Situation intensivierend hinzuweisen, sie musikalisch kenntlich zu machen. Wird das Motiv einer solchen Kennmelodie in Entsprechung zur Entwicklung einer Figur weiterentwickelt, spricht man von einer musikalischen *idée fixe*. Auf diese Weise lassen sich physische und/oder psychische Veränderungen, die eine Figur im Verlauf der Handlung durchmacht, auf musikalischer Ebene illustrieren, nachvollziehen und nachzeichnen. In komplexer Anwendung ist es (in Analogie zum bereits genannten Stück »Peter und der Wolf« von Prokofjew) so auch möglich, verschiedene – etwa mit unterschiedlichen Figuren verknüpfte – Leitmotive interagieren zu lassen, zusammenzukomponieren und eventuell sogar in eine neue polyphone Melodie zu überführen, um bspw. Beziehungen, Konflikte oder emotionale Lösungen musikalisch hörbar werden zu lassen. Geschieht dies, spricht man von einer voll entwickelten *Leitmotivtechnik*, bei der eben die Figuren- und Handlungsebene durch musikalisch komplett ausgebildete Sätze auf der Musikebene dupliziert werden. Etwas Derartiges ist jedoch selten, da die Verwendung zu vieler verschiedener Leitmotive innerhalb einer Hörspielmusik die Wahrnehmungskapazität der Zuhörenden leicht übersteigen kann.

Instrumentation

Melodien sind grundsätzlich unabhängig von einer instrumentellen Realisation; es spielt in dieser Hinsicht also keine Rolle, ob eine bestimmte Melodie von einer Flöte oder einer Trompete dargeboten wird. Das ändert sich aber grundlegend, wenn man die Dimensionen von *Tonqualität* und *Instrumentation* miteinbezieht. Während die Tonqualität bestimmte Klangfarbenunterschiede bezeichnet, die zwischen verschiedenen Musikinstrumenten sowie Gesangsformen bestehen, meint die Instrumentation die Besetzung, also die konkrete Wahl des jeweiligen Musikinstruments für eine bestimmte musikalische Stimme. Die in diesem Zusammenhang semiotisch produktiven Aspekte entstehen einerseits aus den effektiven Unterschieden in der Klangfarbe, an die – teils kulturell verbreitete – konnotative Wertungen anknüpfen, sowie andererseits aus der Vielzahl der Wahlmöglichkeiten. So lässt sich ein und dasselbe Notenensemble mit einem Akkordeon, einer Trompete oder einer Gitarre spielen, aber auch u.a. mit einer klassisch geschulten Alt-, Sopran-, Bass-, Tenorstimme singen oder aber auch mit einer stark individualisierten Stimme des Populärgesangs oder mit einer nicht ausgebildeten Stimme, wobei die Tonqualität und damit die rezeptive Wirkung jeweils eine ganz andere ist.

Die Entscheidung, welches Instrument bzw. welche Stimme tatsächlich eingesetzt wird, hat also direkten Einfluss auf die spezifische Effektivität einer Komposition. Da jedes Instrument eine ganz eigene Charakteristik und ästhetische Wirkung aufweist, kann etwa der deutliche klangliche Unterschied, der zwischen einer Flöte und einer Trompete besteht, bspw. semantisch ausgebeutet werden, um Verschiebungen im Handlungsmilieu oder in der Figurenkonstitution zu indizieren. Gerade auch bei der Gegenüberstellung grundsätzlich verwandter, jedoch klangästhetisch stark verschiedener Instrumente, wie etwa von Gitarre und E-Gitarre, kann die unterschiedliche Instrumentation ein und derselben Melodie bei der Bedeutungsstiftung sehr produktiv gestaltet werden.

Relevant ist in dieser Hinsicht auch die Unterscheidung zwischen natürlichen und synthetischen Klängen, wie sie von konventionellen Instrumenten bzw. Synthesizern erzeugt werden. Ein Synthesizer liefert einen opaken Klang, der wesentlich weniger durchlässig ist als der Klang natürlicher Instrumente. Zugleich fehlen bei synthetischen Klängen die üblichen Minimalvarianzen, die bspw. beim Bogenstrich über Geigensaiten gegeben sind und daraus resultieren, dass hier natürliches Material eingesetzt wird, das stets elementar Störungen und Variabilitäten aufweist. Das gilt auch für die Rhythmik synthetischer Musikstücke, die aufgrund der mathematischen Exaktheit der Schläge für das geschulte Ohr metrisch überexakt klingen – ein Phänomen, das zum Teil durch eigene Softwarelösungen abgemildert wird. Aus diesen Gründen werden synthetische Instrumente im Hörspiel häufig dazu eingesetzt, akustisch das »Andere« zu symbolisieren, sei es bei der Illustrierung negativer Gefühle wie Angst, Ekel, Unbehagen etc.; zur Indikation fremder, übernatürlicher Wesenheiten, wie Außerirdischer, Monster, Geister, Götter etc.; oder zum Verweis auf die Übernatürlichkeit, Transzendenz oder schlicht Abnormalität des Handlungsraums wie das bei Horror- oder Fantasy-Hörspielen häufig der Fall ist. Daher erklärt sich auch der häufige Synthesizereinsatz im klassischen Science-Fiction- und Horror-Hörspiel.

Darüber hinaus besitzen die unterschiedlichen Musikinstrumente je für sich sowohl einen spezifischen Klangcharakter als auch eine zumeist kulturell konventionalisierte Semantik. Das Massive, Schwerfällige, Raumgreifende der Tuba bspw., im Gegensatz zum Filigranen der Querflöte, wird auch in den von diesen Instrumenten gespielten Tönen hörbar, sodass sich die Physiologie des Instruments etwa leicht auf die Physiologie einer Figur übertragen lässt, wenn man deren Auftreten mit einem entsprechend instrumentierten Leitmotiv verknüpft.

Im Weiteren lassen sich natürlich auch kulturelle Stereotype zu einzelnen Instrumenten im Hörspielzusammenhang aufgreifen, etwa die symbolische Semantik der Geige, also eines Instruments das mit »Klassik«, »Hochkultur«, »Elitarismus«, »Verfeinerung« etc. verknüpft ist. Dabei kann teilweise sogar auf musikalische oder genrebezogene Klischees zurückgegriffen werden, etwa, wenn eine »romantische« Liebesszene mit einer getragenen Streichersymphonie unterlegt ist, eine Handlungssituierung im Wilden Westen durch die obligatorische Mundharmonika überzeichnet wird oder – bis zur Karikatur – das Bedauern einer Figur mit einem Seufzermotiv unterlegt wird.

Ähnlich können bestimmte intradiegetisch gespielte Instrumente auch als Hinweise für die kontextuelle Situierung des Geschehens funktionalisiert sein. Im Hörspiel SCHWERE SEE bspw. wird durch einen akustischen Hintergrund aus Orgelmusik wiederholt die Umgebung »Kirche« bzw. »Kapelle« ausgewiesen, in dem sich eine der Hauptfiguren wiederholt mit einem Geistlichen unterhält. In RITTER ROST UND DER GOLDENE KÄFER verweist zu Beginn dagegen die Melodie einer »hellen Flöte« sowohl auf den Handlungsraum (Natur) als auch auf die Handlungszeit (Frühling) der Geschichte.

Und nicht zuletzt gehörten bestimmte Instrumente, wie etwa Banjo, Dudelsack, Alphorn oder Sitar, ursprünglich ganz bestimmten Kulturräumen an, wobei sie sich die Semantik dieser Raumzugehörigkeit teilweise bis heute bewahrt haben und ihr Einsatz im Hörspiel daher bspw. dazu genutzt werden kann, die Handlung zu lokalisieren oder Figuren als »fremd« oder länderspezifisch zu markieren.

Harmonie

Die *Harmonie* eines Musikstücks bezeichnet die Rezeptionswirkung von Ausgewogenheit und Wohlklang, die sich bei den Zuhörenden wiederum infolge einer bestimmten kulturellen Prägung einstellt. Diese definiert damit auch den Geltungsbereich der inversen Begriffe der »Disharmonie« bzw. des »Unharmonischen«. Verantwortlich für diese Rezeptionswirkung sind kulturdependente konventionalisierte Kombinationen bestimmter, gleichzeitig gespielter Töne oder Tonalitäten und Tonarten. Da sie den Mitgliedern der Kultur bekannt sind, verfügen diese über zugehörige mentale Schemata, sodass jedes Mal, wenn ein Musikstück mit den betreffenden harmonischen Charakteristika gespielt wird, diese mentalen Schemata aktualisiert werden und sich der gewohnheitsmäßig entlastende Effekt von Bekanntheit, Wiedererkennen, Antizipierbarkeit, Bestätigung, Ordnung und Orientiertheit einstellt, also wortwörtlich der Eindruck von Harmonie.

Auf Ebene der einzelnen Töne manifestiert sich musikalische Harmonie in Form von *Konsonanz*, d.h. die Einzeltöne werden im Zusammenklang als stimmig empfunden. Auf Ebene der Tonalitäten tritt dieser Effekt vor allem ein, wenn die einzelnen Töne in der größeren Systematik von Dur- und Moll-Akkorden arrangiert werden. Und hinsichtlich der Tonarten entstehen musikalische Harmonieeffekte durch eine besondere Kadenz, also eine Abfolge von Akkorden, die harmonisch meist aus der Reihung von Tonika, Dominante und Subdominante, sprich: der Reihung des ersten, vierten und fünften Dreiklang-Stufenakkords resultiert. Speziell die »Mechanik« der Tonarten kann durch Umkehrungen aufgelockert und ausdifferenziert werden. Dabei lässt sich der Eindruck musikalischer Harmonie durch eine nahe Orientierung am tonalen Zentrum zusätzlich verstärken; weshalb gleichzeitig die Regel abgeleitet werden kann, dass eine Tonfolge rezeptiv umso instabiler und ungeordneter erscheint, je weiter sie vom tonalen Zentrum abrückt.

Durch eine geschickte kompositorische Beachtung der Prinzipien der musikalischen Harmonielehre kann so eine vielschichtige Rezipierendenlenkung vorgenommen und vor allem über ein Wechselspiel von Dissonanz und harmonischer Auflösung ästhetische Spannung und Entspannung induziert werden. Durch die Korrelation dieser stark emotional wirksamen musikalischen Strukturen mit vor allem narrativen Hörspielinhalten lässt sich ein Wechselspiel zwischen Musik und Geschichte erzielen und es können u.a. kommunikative, kommentative sowie argumentative Funktionen von der Musik übernommen werden, die etwa die Zuhörenden hinsichtlich ihrer Sympathie und Antipathie gegenüber auftretenden Figuren präzise orientieren oder auch bei der ethischen Bewertung von Handlungen lenken.

Rhythmus

Der *Rhythmus* ist das letzte größere Organisationsprinzip der Musik. Er dient der zeitlichen Gliederung der Klangereignisse und ihrer Koordination in Takten sowie der Akzentsetzung und ist nach der Grundeinheit des »Schlags« strukturiert. Der »Schlag« ist das wahrnehmbare Taktmaß, das das Vergehen der Zeit markiert. Durch eine regelmäßige Wiederkehr von betonten Schlägen mit unbetonten Zwischenschlägen lassen sich metrische Grundstrukturen (Betonungsmuster) ausbilden, auf Basis derer der Rhythmus spezielle Akzente setzt. Während die westliche Musik meist streng rhythmisch gebaut ist, damit in der Betonungs- und Akzentsetzung wenig komplex verfährt und folglich rezeptiv vorhersehbar organisiert ist, kennt vor allem die afrikanische und indische Musik das Prinzip des Polyrhythmus, bei dem mehrere verschiedene koordinierte Rhythmen parallel laufen. Zudem ist die Komplexität dieser Rhythmusmuster teils wesentlich größer als in der westlichen Musik, da es mitunter erst nach bis zu 108 Einzelschlägen zu einer Wiederkehr des Musters kommt. Andere Musiktraditionen, etwa des mittleren Ostens, nutzen dagegen flexible Rhythmen. Die dazu vergleichsweise schlichte Rhythmik konventioneller westlicher Musikstücke bietet jedoch die Möglichkeit gezielter, deutlich wahrnehmbarer und damit sehr effektvoller Abweichungen vom gewählten Grundmuster.

Generell stellt die musikalische Rhythmik dem Hörspiel damit ein Gliederungsprinzip bereit, an das sich auch die Hörspielhandlung, die Figurenäußerungen, Geräusche etc. angleichen können. Wird dies gemacht, verändert sich tendenziell der Charakter des Hörstücks und es eröffnet sich ein Spielraum zwischen mimetischer Performanz (Darbietung der Hörspielhandlung im Modus realitätsorientierter Verkörperung) und performativer Abstraktion (stilisierte/verfremdete Darbietung der Hörspielhandlung). Derartiges ist typisch für die experimentellen Stücke des Neuen Hörspiels wie etwa DIE UMKEHRUNG AMERIKAS von Mauricio Kagel. Es findet sich aber bspw. auch in dem explizit als »Cantastoria« ausgewiesenen Hörspiel DIE BAYERISCHE PRINZESSIN von Dominic Robertson, in dem die Figuren, aber auch die Erzählinstanz selbst immer wieder von einer verhältnismäßig alltäglichen Sprechweise in Gesangspartien verfallen und dabei fast durchweg von einer Musiklinie begleitet werden, wodurch sich insgesamt eine Art bänkelsängerischer bzw. kleinbühnenartiger Darbietungseindruck ergibt. Dabei wirksam wird teilweise das Prinzip der Überstrukturierung, wie es bei der metrischen Versgestaltung maßgeblich ist, indem der üblichen Sprachstruktur das sekundäre Strukturprinzip des musikalischen Rhythmus hinzugefügt wird, dessen rhythmische Struktur diese dann übernimmt. Werden dann noch Geräusche und weitere akustische, eventuell handlungsillustrierende Elemente in die Struktur des musikalischen Rhythmus eingeschmolzen, ergibt sich das Prinzip des *Mickeymousing*, das eben darin besteht, dass sämtliche diegetischen Aspekte durch eine musikalische Ebene hinterfangen werden, in der sie einen rhythmisch fest definierten Platz finden. Derartige Extremformen der Rhythmisierung sind jedoch äußerst selten, da sie unvermeidlich zu einem Bruch mit einer realitätsorientierten Erzählweise führen.

Zugleich muss sich Rhythmizität nicht in absoluter Stringenz bzw. generell etablieren, sondern indem das Prinzip der Wiederholung punktuell auf bestimmte Inhaltselemente eines bestimmten Hörspielabschnitts angewandt wird, können auch nur diese zum Zweck einer besonderen Hervorhebung rhythmisiert werden. Wie eingangs zum Musikabschnitt erwähnt, können prinzipiell alle akustischen Phänomene so einen metrischen Charakter erhalten und ausgestellt werden. Gerade die Verfahren der Repetition, Wiederholung, Schleifung (loop) zielen darauf ab, das Audiomaterial sich selbst unähnlich zu machen, seine Materialität zu akzentuieren und seine spezifische Struktur in den Vordergrund zu stellen. Damit kann auch intendiert sein, es dem Publikum zu ermöglichen, sich punktuell ausgiebiger mit der Faktur und Materialität des – plötzlich ungewohnten – Alltäglichen zu befassen. Eine Repetition kann dann wie eine Art Pause im sonst unkontrollierbar fortlaufenden Tonstrom eines Hörspiels wirken, die eine längere Kontemplation einer bestimmten Stelle oder Aussage erlaubt. Entsprechend drückt sich in diesen Verfahren oft das Interesse des Hörspielautors aus, die Zuhörenden zu führen, anzuleiten und auf bestimmte Aspekte genaue Aufmerksamkeit zu verwenden, womit immer auch eine ganz bestimmte implizit-tendenziöse Absicht verfolgt wird.

Recht häufig sind auch Funktionalisierungen des Rhythmus sowie speziell des musikalischen *Tempos*, d.h. der Geschwindigkeit einzelner Notenwerte, um auf diesem Wege für die Zuhörenden die Geschwindigkeit und eventuell Beschleunigung der dargestellten Handlung anzudeuten, oder auch um in Homologie zum musikalischen Rhythmus mehr formale Prozesse wie besonders den Montagerhythmus deutlicher metrisch zu organisieren oder auch um bspw. bei Aufzählungen die dahinterstehende starre kognitive Mechanik anzudeuten. Daneben weisen bestimmte Rhythmusarten, wie der Walzerrhythmus, der Marschrhythmus oder auch südamerikanische Rhythmen wie der Samba- oder Tangorhythmus klare kulturelle Kodierungen auf, die sich infolge von deren Verwendung in bestimmten sozialen Zusammenhängen wie Ball, Militär, Feierlichkeiten ergeben haben und durch bestimmte Bedeutungsvernetzungen (Karneval etc.) prätextuell semantisch ausgeweitet wurden.

Dynamik

Weitere semiotische Anknüpfungspunkte kann eine ganz konkrete Realisation einer musikalischen Partitur auch mit ihrer *Dynamik* bieten. Mit Dynamik ist die Lautstärke eines Musikstücks und deren Veränderung im Verlauf der Darbietung gemeint. So kann die Lautstärke ein einheitliches stetiges Niveau besitzen; es kann jedoch auch eine Variation von leise zu laut oder umgekehrt stattfinden, die sich entweder gleitend oder abrupt verändern kann.

Gerade die Lautstärkenmodifikation kann im Zusammenhang ihrer Zweckbestimmung zum *Underscoring*, d.h. zur stimmungsvollen Untermalung, einen intensiven emotionalen Rezeptionseffekt zeitigen, wenn Spannung induziert werden soll. Die gesteigerte oder auch übermäßige Beanspruchung der akustischen Wahrnehmung der Zuhörenden infolge einer fließend oder auch sprunghaft zunehmenden Lautstärke kann rezeptiven Stress erzeugen, der sich bei der Hörspielrezeption dann mit inhaltich-narrativen Spannungs- und Stressmomenten verbinden und diese entsprechend in ihrer Wirkung intensivieren kann. Speziell ein abrupter Lautstärkeanstieg ist sogar in der Lage, ein Erschrecken bei den Zuhörenden hervorzurufen, was sich – wiederum in Korrelation mit inhaltich-narrativen Schockmomenten – dramaturgisch ausbeuten lässt.

Beispielexkurs

Wie komplex sich mit einfachsten musikalischen Mitteln die Narration eines Hörspiels anreichern lässt, zeigt sich mustergültig im Stück KRIEGER IM GELEE. Das Hörspiel schildert eine Begebenheit (die Entführung und versuchte Ermordung eines Jungen) in drei aufeinanderfolgenden autodiegetischen Erzählepisoden aus der Sicht des Opfers Mervin, des Täters Martin und der unbeteiligten Dritten Kathrin. Jede Episode wird durch illustrative Klänge eines bestimmten Instruments aus einer anderen Instrumentengruppe begleitet, wodurch eine Korrelation von Figur und Instrument entsteht (Mervin: Schlaginstrument Trommel, Martin: Hammerinstrument Klavier, Kathrin: Streichinstrument Violoncello). Auffällig ist bereits hier, dass das Klavier, anders als die beiden anderen Instrumente, in unüblicher Weise bedient, nämlich an seinen Seiten gezupft, statt über die Tasten zum Klingen gebracht wird. Einerseits wird damit antizipiert, dass Martin, indem er durch seinen Übergriff auf Mervin die Lebensläufe von diesem und Kathrin zusammenführt, als Verbindungsfigur zwischen Mervin und Kathrin fungiert, da ein Klavier eigentlich (wie bei Mervins Trommel) durch einen Hammer angeschlagen, in diesem Fall aber (wie bei Kathrins Cello) gezupft wird. Andererseits lässt sich das Zupfen der Klaviersaite in Homologie zu dem Umstand sehen, dass Martin offenbar auch sein Seelenleben, das wesentlich durch das Klavier musikalisch ausgedrückt wird, nicht zu beherrschen vermag. Begreift man das Klavier als Konstituente, über die sich das Wesen und die psychisch-emotionale Verfasstheit der Figur Martin artikuliert, weist die ungewöhnliche Benutzung und Spielweise des Instruments und die daraus resultierende Zwischenstellung auf die schizoide Persönlichkeitsstörung der Figur Martin hin. Dies wird zusätzlich dadurch unterstützt, dass die akkurat gezupften Tonfolgen des Klaviers mit dem zwanghaft kontrollierten Charakter der Figur korrelieren, was wiederum in Korrespondenz zu dem Umstand zu sehen ist, dass Martins Äußerungen konstant gleichmäßig über linken und rechten Audiokanal vermittelt werden, während Kathrins, vor allem aber Mervins Rede teils hektisch von links nach rechts kanalisiert wird.

Als Einleitung des Hörspiels wird eine lineare Toncollage aus Geräuschen der drei Instrumente verwendet: zunächst mehrere sich im Intervall verkürzende Trommelschläge, die klingen, als ließe man einen Ball auf die Trommelbespannung fallen; dann eine Folge von Klaviertönen, die klingen, als hopse ein Ball auf der Tastatur hin und her; schließlich leicht kratzendes, sich ebenfalls im Intervall verkürzendes Spiccato des Cellos bei fester Tonhöhe, das klingt, als würde der Bogen auf die Saiten fallen und zum Liegen kommen gelassen. Diese zu einem fließenden Syntagma verbundene Tonabfolge nimmt gleich zu Beginn das »Zusammenspiel« der durch die einzelnen Instrumente symbolisierten Figuren vorweg und zeigt an, dass etwas ins Rollen kommt, das all diese Figuren miteinander verbindet. Die Reihenfolge der Instrumente zeigt zugleich die Reihenfolge der Monologe der Figuren an, die mit ihnen korreliert sind. Während dieser Erzählabschnitte finden die verschiedenen Instrumente vor allem mit emotional expressiver Funktion Verwendung. So verändert sich das Trommelspiel je nach der psychischen Verfasstheit der Figur, wechselt zwischen entspannt-gleichmäßigem Blues und scharf akzentuierten Rhythmen, manchmal wird mit dem Stick nur über das Fell gestrichen, mal wummert die Base. Gegen Ende der Erzählung von Mervin hat das Trommelspiel durch das Zusammenwirken von Lautstärke, Rhythmus und Tempo klar Suspense-Funktion. Zugleich dient ein immer wieder beim Wort »Angst« erklingendes, scharf-synthetisches und entsprechend symbolisch-semantisiertes Streichen zur Indikation der Angst Mervins. Da es aus dem Raster natürlicher Instrumentenklänge fällt, ruft es eine irritierende, unangenehme Reaktion beim Zuhören wach und vermag rezeptiv zu emotionalisieren.

Auch in den anderen Episoden werden unterschiedliche musikalische Prinzipien in Mood-Technik eingesetzt. So will bspw. Martin beim Veterinäramt den Sack, in dem er Mervin gefangen hat, verbrennen; doch wird er von einem Mitarbeiter konfrontiert, wobei zur Artikulation von Angst, Stress und Unbehagen bei Martin eine kleine Sekund ertönt, deren »Missklang« schließlich, als die Gefahr für Martin vorbei ist, in eine große Terz aufgelöst wird.

Die anfängliche Unbeschwertheit und Sorglosigkeit Katrins wird an anderer Stelle dagegen durch das flockige Zupfen der Cellosaiten indiziert. Dieselbe Spieltechnik erfährt wenig später illustrativen Gebrauch, wenn Kathrin berichtet:

> Wenn mich jetzt jemand fragt, wie, auf welche Weise wir zusammengekommen sind, dann sag ich immer, dass ich mir meinen Dieter einfach so griff. Ihn mir im rechten Moment pflückte [Zupfen].

Als sie dann von ihrem Freund Dieter angerufen und um Hilfe gebeten wird, zeigt unterschwellig ein scharfes feilendes Geräusch, das immer lauter wird und aus dem weichen Spiel des Bogens unmittelbar am Steg entsteht, spannungsindizierend die eskalierende Unruhe Katrins an. Schließlich, als Katrin vom Tod ihres Freundes erfährt und kurzzeitig Orientierung und Beherrschung verliert, dann dessen Selbstmord begreift, vom Anstaltsarzt aufgeklärt wird und zuletzt resignativ ihre nächsten Schritte bedenkt, vermag ein verhalltes Spiccato, das in einen halligen, zwischen tiefen Tönen ondulierenden und bedrückend wirkenden Klangteppich aufgeht, eindrücklich die verschiedenen Etappen ihrer emotionalen Situationsbewältigung musikalisch zu schildern.

Übergeordnete musiksemiotische Aspekte

Bei all diesen im Einzelnen besprochenen Analysedimensionen der Musik ist stets zu berücksichtigen, dass Musik ein kulturdependentes Zeichensystem ist, da jede Kultur und jede Zeit ihre eigenen Vorstellungen von und Prinzipien zur Musik besitzt. Daher kann *Musik auch als Marker* zum Ausweis eines bestimmten Landes, einer bestimmten kulturellen Gruppe, einer bestimmten Zeit dienen, in dem bzw. der die Handlung des Hörspiels angesiedelt ist – oder als Indikator für eine Mischung dieser drei Komponenten, sprich: um aufzuzeigen, dass das Hörspiel im Umfeld oder Milieu einer bestimmten kulturellen Gruppe eines bestimmten Landes zu einer bestimmten Zeit spielt. Das funktioniert im Regelfall auf Basis vorexistierender konventioneller Korrelationen von Musikgenres mit bestimmten – oft ebenfalls genremäßig organisierten – Intertexten oder auch Stereotypen, wobei mittlerweile der entsprechenden Konventionalisierung von Musik durch den Film eine entscheidende Bedeutung zukommt. Seit Yann Tiersens weitbekannter Filmmusik zu DIE FABELHAFTE WELT DER AMÉLIE bspw. indiziert eine an dessen spezifische Melodik und Instrumentation anknüpfende Walzermelodik mit Klavier, Akkordeon, Gitarre und/oder Banjo häufig »Frankreich« als Handlungsraum, so etwa in dem elsässischen Mundarthörspiel VRLORENI LAAWA.

Darüber hinaus können aber auch konventionelle Semantiken konkreter *Musikgattungen* und -richtungen sowie einzelner Musikbands im Hörspiel funktionalisiert werden. Generell kann Musik mit den semantischen Korrelaten »Land«, »kulturelle Gruppe«, »Zeit« entsprechende verknüpfte Kategorien ausweisen, wie etwa »Jugend«, wenn aktuelle Popmusik benutzt wird, oder die Zeit der mittleren 50er-Jahre des letzten Jahrhunderts in Amerika, wenn Rockabilly gespielt wird. Wird dagegen etwa Rapmusik verwendet, wird rasch das noch immer häufig von den überwiegend männlichen Vertretern dieser Musikrichtung kultivierte (Selbst-)Bild von Kriminalität, Drogen und Prostitution aufgerufen; Reggae verweist dagegen stereotyp auf den plan-, aber auch arglosen hanfrauchenden Teenager mit Rastalocken; Schlager, wie etwa in den bereits zitierten FEUERBRINGERN, auf den verlogen-heilen Gefühlskitsch einer konservativen vergangenen Generation; Jazz auf Avantgarde; die unterschiedlichen Ausformungen von Elektro, Techno und Industrial auf die – im Grunde schon namensgebende – Zukunft, aber auch auf synthetische Drogen etc. Lieder von zeitprägenden Bands oder Musikerinnen und Musikern können in dieser Hinsicht genutzt werden, um die Handlung eines Hörspiels in die entsprechende Zeit zu datieren. Und schließlich kann auf Basis dieser aufgezeigten musiksemantischen Topografie kreativ – etwa durch eine hörspielspezifische Paradigmatisierung – eine neue, individuelle Semantik aufgebaut werden: In HEROIN von Sebastian Büttner und Leonhard Koppelmann etwa, einem Historienhörspiel, das die Erfindung des titelgebenden Opioids im Bayer-Stammwerk in Wuppertal nachzeichnet, wird gleich zu Beginn des Stücks während der Titelansage und dann immer wieder im Verlauf des Stücks ein ganzer semantischer Komplex aufgerufen, indem mit Liedern von The Doors, Nirvana, Nine Inch Nails, Marilyn Manson, Amy Winehouse etc. Musikbands bzw. Sängerinnen und Sänger musikalisch zitiert werden, die fundamental vom Missbrauch dieser Droge gezeichnet waren. In diesem Fall ist also nicht die Musikgattung oder -richtung das paradigmatisch-semantisch Entscheidende, sondern der hinter bestimmten Einzelbands bzw. Einzelpersönlichkeiten stehende biografische Zusammenhang, der durch die Zusammenführung der Musikstücke aufgerufen wird. Indem Musikbands und Sängerinnen und Sänger verschiedener Zeiträume so zitiert und miteinander verknüpft werden, erhält das Spannungsfeld zwischen Segen und Fluch, in dem das zunächst als Medizinprodukt entwickelte Heroin steht und dessen allmähliche Bewusstwerdung durch das Hörspiel ausgeleuchtet wird, darüber hinaus ein zusätzliche, von der zentralen Hörspielhandlung abgehende sozusagen prophetische Ebene und zeigt implizit die Entwicklungen und die Folgen auf, die Heroin bis in unsere Tage zeitigt.

Extradiegetische Musik

Ähnlich wie der kulturelle Kontext bei der Bewertung von Musik in einem Hörspiel zu berücksichtigen ist, um vor allem die Parameter von Tonalität, Melodie, Harmonie sowie Rhythmus korrekt einzuordnen, muss immer auch beachtet werden, auf welcher *diegetischen Ebene* die Musik liegt, um ihre Funktion korrekt bestimmen zu können. Man unterscheidet in der Erzähltheorie grob zwischen zwei funktionalen Ebenen: Auf der extradiegetischen Ebene befindet sich die Erzählinstanz, die entweder als Figur konkret ausgestaltet sein oder auch nur als abstraktes Vermittlungskonzept vorausgesetzt werden kann. Die Erzählinstanz erzählt den eigentlichen Inhalt einer Geschichte und vermittelt auf diesem Wege die intradiegetische Ebene, auf der sich die Figuren und Handlungen befinden, von denen die Erzählinstanz berichtet (siehe ausführlicher dazu Kap. 6.4, 7.1 und 7.5). Diese Trennung ist analytisch sehr wichtig, da es u.a. einen großen Unterschied macht, ob eine bestimmte Musik von der Erzählinstanz einer Handlungssituation beigegeben wird oder ob die Musik in dieser Handlungssituation selbst erklingt. Man unterscheidet entsprechend intradiegetische von extradiegetischer Musik.

Extradiegetische Musik ist dabei Musik, die ihren Ursprung nicht in der dargestellten Welt hat, sondern als nicht-handlungsbedingtes Narrationselement dem Prozess der Erzählung und damit der Erzählinstanz zugerechnet werden muss. Als solche erfüllt diese Musik gleichsam auf Metaebene kommunikative, kommentative sowie argumentative Funktionen, indem sie etwa einen bestimmten Raum illustrativ ausdeutet, eine Handlung als »böswillig« definiert oder gestimmte Zusammenhänge zwischen Figur und Handlung verdeutlicht. Systematisch lassen sich dabei die drei Funktionskomplexe von Deskription, Emotionalisierung und Strukturierung abgrenzen, wobei diese Einteilung vorwiegend Organisationsgründe hat und gleichwohl breite Übergangsbereiche bestehen.

Zur *Deskription* bzw. Geräuschstilisierung oder zum Underscoring wird Musik dann eingesetzt, wenn mit ihr Handlungen oder Geschehnisse klanglich nachgebildet werden. Das kann geschehen, indem für natürliche oder zivilisatorische Schallquellen (Gewitter, Meeresbrandung, Vogelstimmen, Fabriklärm, Eisenbahn etc.) musikalische Patterns gestaltet werden, die diesen Geräuschflächen entweder additiv unterlegt oder auch alternativ an deren Stelle eingesetzt werden. Die Extremform des Mickeymousing wurde bereits angesprochen. Im Hörspiel MICHEL AUS LÖNNEBERGA – MICHEL MUSS MEHR MÄNNCHEN MACHEN etwa wird die Hauptfigur von ihrer Mutter zu Krösa-Maja geschickt, um diese schnell herbeizuholen. Kaum ist die Bitte geäußert, erfolgt ein Szenenschnitt und es setzt eine rasche zweistimmige Melodie aus zweimal eskalierenden und wieder abfallenden Tonfolgen mit Sechzehnteltriolen ein, die eine enorme treibende Wirkung entfaltet und durch die der flinke Lauf von Michel (helle Flöte) über die Hügel (dunkles Cello) hin zur Hütte von Krösa-Maja (Schlussfermate) musikalisch hörbar gemacht wird. Weniger aufdringlich sind dagegen sogenannte *musikalische Tableaus*, bei denen es sich um musikalische Patterns handelt, die vom konkreten Verlauf des Hörspielganzen mehr oder minder abgesetzt sind, kaum motivische Aktivität und harmonische Strebigkeit besitzen und in Gestalt einer ruhig bewegten Klangfläche als Chiffre eines musikalischen Naturzustands fungieren. Ihnen zentral eigen ist damit das Moment der Statik, das Fehlen einer narrativen Entwicklung. In der Konsequenz dienen sie einerseits der klangzauberischen Untermalung von Landschaftsschilderungen mit einer Betonung der »natürlichen« Aura und Stimmung; andererseits eignen sie sich – durch die Suspension der musikalischen Zeit infolge oft harmonisch funktionslos gegeneinander verschobener Akkorde ohne definitiven Leitton – auch zur Darstellung von Zeitlosigkeit, bspw. wenn Reflexionsräume, Traumzustände oder Ähnliches entworfen werden.

Zur Deskriptionsfunktion lässt sich auch das Verfahren der *musikalischen Verortung* zählen, das bereits angesprochen wurde. Folkloristische Musik kann so als musikalisches Zertifikat für die nationale, kulturelle, temporale Identität des Hörspielgeschehens bzw. für dessen Situierung oder auch für eine temporale Datierung eingesetzt werden. Authentisch ist das vor allem beim Gegenwartshörspiel, wenn Songs der Popmusik aufgegriffen werden, um »Aktualität« und »Jugendmilieu« zu indizieren. Ein Sonderfall der musikalischen Verortung ist die Verwendung von Nationalhymnen oder regional definierten Liedern, die als musikalische Regions- oder Staatszeichen direkt bestimmte Gebiete oder Länder repräsentieren und entsprechend akustisch bezeichnen können. Das Verfahren ist, wie ebenfalls bereits angedeutet, häufig an bestimmte genredeterminierte »Stimmungsinstrumente« gekoppelt wie das Cembalo (»europäischer Barock«), die Sitar (»Indien«), elektronische Musik (»Zukunft«) oder Mundharmonika und Banjo (»Western«).

In dieser Form grenzt es eng an *Genrecharakterisierung*, wenn also über eine bestimmte Musik damit verknüpfte semantische Komplexe aufgerufen werden, so etwa Rapmusik als musikalisches Indiz für Kriminalität, Drogen, Gewalt, Prostitution; Marschrhythmus, Rührtrommel und Fanfare für militärische Stoffe und Situationen; gestisch »niedliche« Musik (Spieluhrklang, Glockenspiel etc.) für das Kinderhörspiel oder Szenen mit Kindern; oder Sakralmusik zur Kennzeichnung religiöser Stoffe und Handlungsschauplätze.

Allein aus der Verknüpfung von Musik mit bestimmten Semantiken resultieren rasch spezifisch emotionale Effekte von Musik, die, wenn sie gezielt angestrebt und eingesetzt werden, sich in der *Emotionalisierungsfunktion* von Musik zusammenfassen lassen. Zwei Tendenzen können hierbei unterschieden werden, eine stärker auf die Wahrnehmungslenkung ausgerichtete Orientierungsfunktion und die sogenannte Mood-Technik, die konkret mit der Gefühlssteuerung befasst ist.

Die *Orientierungsfunktion* von Musik beginnt bereits damit, dass Musik wesentlich die *Immersion* der Rezipierenden in die dargestellte Welt erleichtert, da sie dem ansonsten auf Gespräch und Geräusch reduzierten Klangbild des Hörspiels ein Höchstmaß an klangräumlicher Tiefe und Plastizität hinzufügen kann. Indem sie ein zeitlich manifestiertes Klangkontinuum erzeugt, das sich zugleich direkt in dem Raum entfaltet, in dem das Hörspiel über ein Radio, eine Stereoanlage oder dergleichen wiedergegeben wird, sowie als Schallereignis auf diesen Raum einwirkt, entwickelt die Musik eine enorme rezeptive Präsenz, die sie auf das Hörspiel als solches überträgt und dieses dadurch zu einem ganz konkreten realen Schallereignis in der Welt macht. Gleichzeitig werden dadurch Geräusche der Realität übertönt, gleichsam ausgeblendet, und die Wahrnehmung weitgehend vollständig auf die Klangwelt des Hörspiels konzentriert. Auf diese Weise setzt die Musik zugleich die Selbstwahrnehmung und Selbststeuerung herab und motiviert dadurch einen Rückzug aus dem Wachbewusstsein in das immersive Bewusstsein der Rezeption. Der subtraktive Raumcharakter der Musik, der den Klangraum der Realität überlagert und teilweise ersetzt, erzeugt bzw. steigert insofern den Realitätscharakter des Hörspiels. Selbst wenn ein Hörspiel über Kopfhörer, sprich: ohne die Aktivierung des realen Rezeptionsraums konsumiert wird, ist dieser immersive

Effekt noch gegeben – wenn seine Wirkung in diesem Fall auch nicht auf die Manifestierung des Hörspiels als Schallereignis in der Realität bedingt wird, sondern geradezu durch die vollständige Eliminierung aller Umraumgeräusche und die damit einhergehende Verabsolutierung der Klangwelt des Hörspiels begründet ist.

Darüber hinaus kommt der Musik auch insgesamt eine wichtige Rolle bei der *moralischen Satisfaktion* im Zusammenhang der Hörspielrezeption zu. Ist das Hörspiel wesentlich auf die Simulation einer rezeptiven Teilhabe an Geschehnissen abgestellt, die in der Realität mit Diskretion, Intimität und Privatsphäre verknüpft wären und in der Wahrnehmung insofern voyeuristisch oder besser »ecoutistisch« kontextualisiert wären, erzeugt die Musik einen dezenten Rahmen von Irrealität, der diesen Voyeurismus bzw. »Ecoutismus«, wo nicht eliminiert, so doch relativiert und das spannungsreiche Wechselverhältnis von Lust und Hemmung – durchaus »entlastend« im Sinne der Psychoanalyse – zugunsten es erstgenannten Moments akzentuiert. Die Zuhörenden können in der Folge ein Geschehen – und sei es das intimste Liebesgespräch – belauschen, das dank der beigegebenen Musik als »mediatisiert« bzw. »nicht tatsächlich« bzw. »moralisch legitimiert« markiert wird, sodass die Rezeption zwischen Hörlust und intellektueller Distanzierung oszilliert. Gerade dieses Als-ob der Simulation von belauschter Intimität im Zusammenspiel mit metareflexiver (Selbst-)Betrachtung macht nicht zuletzt einen entscheiden Reiz von Hörspielen aus.

Weitergehend kann Musik hinsichtlich des *Handlungsverlaufs orientierend* funktionalisiert sein. Zwei Prinzipien sind hier besonders zu nennen, nämlich die musikalische Antizipation und die Signale. *Musikalische Antizipation* bzw. Ankündigung beruht meist auf der Leitmotivtechnik: Ist ein Leitmotiv einer handelnden Figur zugeordnet, so kann etwa durch das Anzitieren dieses Themas das Eintreffen oder auch Eintreten der zugehörigen Figur angedeutet bzw. vorweggenommen werden. Indem das Leitmotiv so teilweise die Funktion einer Stellvertretung übernimmt, zeigt das Thema also die (bevorstehende) Anwesenheit der Person auf, noch bevor diese tatsächlich in einer bestimmten Szene erscheint, was speziell zur Erzeugung von Erwartungsspannung bei den Zuhörenden eingesetzt werden kann. Es muss jedoch nicht unbedingt eine Leitmotivtechnik etabliert sein, denn bereits die Zuordnung tonaler Dissonanz zu einer an sich harmlos erscheinenden Handlung kann als Prolepse zukünftig eintretenden Unglücks Verwendung finden. Wird in diesem Zusammenhang ein Leitmotiv gebraucht, so kann dieses speziell thematisch disharmonisch abgewandelt erscheinen, um auch noch im Voraus anzudeuten, welche Figur konkret vom Unglück ereilt werden wird. Bereits angesprochen wurde der Wechsel des Tongeschlechts (Dur → Moll/Moll → Dur), mit dem sich eine Wendung der Situation zum Besseren bzw. Schlechteren insinuieren lässt. Und auch die Anzeige von Entwicklungen bzw. Verwicklungen in den Figurenrelationen durch die Kombination verschiedener Leitmotive fand schon Erwähnung.

Musikalische Signale erscheinen dagegen meist in Gestalt eines plötzlichen Musikeinsatzes oder einer sprunghaften Lautstärkenerhöhung, durch die es rezeptiv zu einer plötzlichen Wahrnehmungssteigerung kommt. Auch dieses Rezeptionsprinzip macht sich das Hörspiel häufig zunutze, um der Musik damit eine Appellfunktion zu übertragen. Auf diese Weise lässt sich jedoch nicht nur die Wichtigkeit zeitgleich zur Musik vonstattengehender Handlungsumschwünge besonders akzentuieren sowie die Aufmerksamkeit des Publikums aktivieren, sondern solche musikalischen Signale können auch antizipativ auf ein gleich einsetzendes wichtiges Handlungsmoment vorausweisen oder auch eine Rückblende einleiten.

Damit erfüllt die Musik dann schon eine wichtige Rolle bei der *syntaktischen Strukturierung* eines Hörspiels, sie übernimmt also Gliederungsaufgaben. Als *Klammerfunktion* bezeichnet man dabei das Verfahren, über mehrere Erzählabschnitte hinweg ununterbrochen durchgängige Musik zu verwenden, um auf diese Weise diese einzelnen Erzählabschnitte mittels des Moments musikalischer Kohärenz zu einem zusammengehörigen Ganzen zu verbinden. Auch wenn die Szenen inhaltlich sehr disparat erscheinen mögen, erschafft das Kontinuum der sie begleitenden Musik einen umfassenden Rahmen, innerhalb dessen sie als zusammengehörend wahrgenommen werden. Ein Spezialfall hierzu bildet die *Bindungsfunktion* von Musik, die aufgerufen ist, wenn bei einem Szenenwechsel über die Szenengrenzen hinweg eine durchlaufende Musik beigegeben wird. Dadurch kann der Übergang zwischen den verschiedenen Schauplätzen harmonisieren bzw. relativiert werden und bspw. auch eine zunächst nicht offensichtliche Relation, Abhängigkeit oder ein Zusammenhang angezeigt werden. Wird bei solchen Szenenwechseln kein harter Schnitt, sondern eine mediierende Blende verwendet, lassen sich auf musikalischer Ebene solche Übergänge auch mit einer Melodieveränderung begleiten, wodurch dann bspw. darauf hingewiesen werden kann, dass zwar zwischen den beiden so verknüpften Erzähleinheiten ein Zusammenhang, jedoch auch eine bestimmte Form der Entwicklung oder Disparität besteht. In einem solchen Fall spricht man auch von *Tonbrücken*, die dazu dienen temporal und/oder lokal getrennte Szenen miteinander zu verbinden. Gleichsam konventionell ist dabei das – leider gleich wie die spezifische Form des Leitmotivs benamte – sogenannte *Erinnerungsmotiv*, das darin besteht, dass aus einer aktuellen, präsentischen Szene heraus eine Überblendung in eine (oft sehr weit) zurückliegende Szene erfolgt, wobei eine Musikunterlage als strukturelles Bindeglied fungiert. So werden, wie bspw. im Stück Der gewissenlose Mörder Hasse Karlsson, sehr häufig Erinnerungen von Figuren dargestellt und eine diegetische Gegenwart mit einer diegetischen Vergangenheit verbunden. Allgemein lässt sich sagen, dass inhaltlich lose korrelierte Hörspielszenen durch eine Musikbegleitung an Kontur und Kontinuität gewinnen, sowie, dass vor einem musikalischen Klangteppich Verschiedenartiges die Tendenz zeigt, zu einer Einheit zu verschmelzen. Dagegen kann Musik auch zur *Segmentierung* verwendet werden. Dieser Effekt tritt dann ein, wenn nach narrativ geschlossenen Erzählabschnitten ein Musikeinwurf erfolgt, denn dieser kann so das Ende des betreffenden Abschnitts akustisch markieren und dessen Abgeschlossenheit unterstreichen. Zugleich gilt, dass, wenn die Musikbegleitung einer Szene an einer Schnittstelle ebenso wie die sonstigen hörbaren Inhalte hart unterbrochen wird, die Musikunterbrechung also mit dem Schnitt zusammenfällt, dieser Schnitt und damit das Ende der narrativen Sequenz extrem betont wird. Ein Kontinuum zerreißt – und das Gewaltsame dieses Effekts kann etwa in Homologie zum inhaltlich Gewalttätigen einer derartig beendeten Szene gebracht werden, wobei die Musik hier wesentlich nur verstärkend wirkt, der Effekt als solcher jedoch schnitttechnisch begründet ist (vgl. Kap. 6.6 zum Schnitt).

Der Einsatz von Musik entsprechend der *Mood-Technik* dient in erster Linie der Vermittlung von Emotionalität. Unterschieden wird hierbei gemeinhin zwischen expressiver und sensorischer Hörspielmusik. Die *expressive Hörspielmusik* soll in erster Linie die Stimmung sowie psychische Prozesse der Figur zum Ausdruck bringen. Sie ist also primär narrationsbezogen und illustrativ, indem sie der musikalischen Ausdeutung des Figurencharakters dient. Eine solche Artikulation der Figurenstimmung und -psyche kann etwa dadurch realisiert werden, dass Gemütsbewegungen, Leidenschaften und Stimmungen durch die bereits besprochenen musikalischen Semiosebereiche der Instrumente, Tonlagen, Tonarten, der Dynamik etc. dargestellt werden. So färbt etwa bereits eine langsame mit wenigen tiefen Bläsern instrumentierte Melodie in Moll-Tonalität deutlich auf den von ihr begleiteten Gedankenmonolog einer Figur ab und führt rezeptiv zur weitgehend unbewussten Übertragung der gedrückten, pessimistischen musikalischen Stimmungswerte auf das sich im Monolog manifestierende Figurenbewusstsein. Besonders auf Basis der Verwendung von Leitmotiven für Figuren, Dinge und Situationen können die Gedanken einer Figur im Weiteren sehr differenziert musikalisch ausgedeutet werden. Ein weiteres Prinzip besteht in der Verwendung von *Bitonalität*, also der Gleichzeitigkeit zweier Tonarten, wie bspw. C-Dur und Fis-Dur. Die Unklarheit der Tonart im Sinne einer Eindeutigkeit, die Gleichzeitigkeit des Auftretens der beiden Tonarten sowie die Reibungen, die eventuell zwischen ihnen entstehen, können zur Illustration einer innerpsychischen Verschiebung herangezogen werden, etwa um einen Zustand von Traum, Vision oder Halluzination anzudeuten, was besonders effektiv ist, wenn zwei thematisch verwandte, unterscheidbare, gegenläufige Melodien zum Einsatz kommen. Schließlich ist gerade auch die Verwendung intradiegetischer *Figuren-Musik* ungemein aussagekräftig, wenn also eine Figur bspw. durch eigenes Instrumentenspiel, vor allem aber durch eigenen Gesang einen Selbstausdruck in Musik versucht. Sofern der narrative Rahmen etwas Derartiges plausibilisiert, kann dies als Mittel zur Selbstdarstellung ungemein produktiv und aufschlussreich sein, vor allem, wie gesagt, bei Gesang, wenn in diesem zusätzlich zur Stimme und Musik auch noch eine sprachliche Ebene mit explizitem Aussagengehalt hinzutritt, wie das etwa in den bereits mehrfach erwähnten FEUERBRINGERN der Fall ist.

Sensorische Hörspielmusik soll dagegen bei den Rezipierenden selbst eine bestimmte Atmosphäre, Stimmung und psychische Wirkung anregen. Sie ist also rezeptionsbezogen und wirkungsästhetisch, indem es ihr um die musikalische Affizierung des Publikums geht. Um Rezipierendenaffekte zu generieren, kann dabei auf konventionelle und insofern teils »konditionierte« musikalische Muster zurückgegriffen werden, etwa durch den Einsatz von harmonischem Streicherklang im Walzertakt zur stereotypen Indizierung von »Liebe«, »Glück«, »Romantik« etc. Speziell den schon hinsichtlich ihrer Orientierungsfunktion angesprochenen Verfahren des Musikgebrauchs und dabei vor allem den musikalischen Signalen kommt auch eine große Rolle im Zusammenhang der sensorischen Funktionalisierung zu. Tremolo, rasche Tonrepetitionen und Triller rufen unmittelbar einen Erregungs- und Spannungszustand hervor. Zugleich kann die Musik durch derartigen Gebrauch auch zur Spannungsperpetuierung verwendet werden, um teilweise Spannungseinbrüche in einer ansonsten überladenen oder ins Schleppen geratenden Handlung zu überbrücken. Ein Ostinato, d.h. eine sich ständig wiederholende musikalische Figur, ruft ganz ähnlich Erregung hervor, deutet außerdem jedoch – da eine solche Figur definitiv nach einer melodischen Auflösung verlangt – auf bevorstehende Veränderungen voraus und stattet den so unterlegten Handlungsabschnitt des Hörspiels entsprechend mit einer Atmosphäre drohender Gefahr bzw. manifester Angst aus. Strukturell verwandt, allerdings funktional verschieden ist der Gebrauch eines unerbittlich gleichmäßigen Rhythmus, der die Unentrinnbarkeit aus einem absehbaren Handlungsverlauf, die Unerbittlichkeit des Schicksals einer Figur anzeigen kann (so verwendet etwa in DIE TOTEN HABEN ZU TUN). Plötzlich eintretende musikalische Lautstärkeveränderungen – Sforzato, Crescendo, Subito Forte – oder auch Motivveränderungen, wie dissonante Intervalle oder Cluster, rufen als Signale für aktuelle Gefahr bei den Zuhörenden und speziell den in Genrekonventionen geschulten Zuhörenden für gewöhnlich entsprechende Reaktionen von Erschrecken, Schock und Angst hervor. Das (meist) aus einem fallenden Sekundschritt, mit deutlich betontem erstem Ton und angebundenem, unbetontem und leiserem Folgeton gebildete »Seufzermotiv« wurde bereits angesprochen. Es soll ein Bedauern über einen narrativ dargebotenen Sachverhalt bei den Zuhörenden induzieren.

Neben all dem Gesagten kann extradiegetisch situierte Musik auch noch weitere Bedeutungswerte erzeugen u.a. durch *Zitation*. Werden Musik-Zitate gebraucht, entsteht eine Korrelation zu anderen Intertexten und den von diesen inkorporierten Semantiken bzw. zu deren bedeutungsrelevanten Kontexten. Ludwig van Beethovens »Neunte Sinfonie« als Europahymne in der Funktion zur räumlichen wie institutionellen Situierung in SCHWERE SEE wurde bereits erwähnt. So ist jedes Musik-Zitat immer auch eine symbolische »Anspielung«, über die ein Verweis auf andere, erweiternde Zeichenzusammenhänge eröffnet wird. Dies kann durch Anbindung an bestimmte musikalische Stereotype geschehen, die etwa für Musikrichtungen gegeben sind, sodass Punk-Rock auf die zugehörige Geisteshaltung referiert, oder über kulturell verankerte Gebrauchszusammenhänge von bestimmten Musikstücken bestehen, wie bei Chopins »Marche funèbre« als Musik bei Beerdigungen. Vorexistierende musikalische Semantiken werden so ausgewertet und in einen neuen Zusammenhang montiert. Das kann selbstverständlich auch zum Zweck der Übertreibung, ja, auch der Parodie geschehen, wenn die vorbestehende Bedeutung einer zitierten Musik – etwa der »Marche funèbre« – in einen unpassenden, disparaten oder originell neuen Zusammenhang – etwa einer gescheiterten Liebeserklärung – eingebettet wird und dann eine semantische Umdeutung – »Tod der Liebe« – erfährt. Dieses Prinzip der Intertextualität kann auch erweitert eingesetzt werden, wenn bei der Zitation eines bekannten Liedes und insbesondere Volksliedes im Hörspiel nur die Melodie verwendet wird, jedoch eigentlich auf den Text des Liedes referiert wird, also bspw. Wenn – wie in Kinderhörspielen häufig – der Anbruch der Nacht durch die Melodie des »Abendlieds« (»Der Mond ist aufgegangen«) von Matthias Claudius nach der Vertonung von Johann Abraham Peter Schulz angedeutet wird oder wenn eine Figur beim Zubereiten von Speisen die Melodie von »Backe, backe Kuchen« summt. Ein ironischer oder parodistischer Einsatz solcher Musikzitate, durch die ein Kontrapunkt zur Ernsthaftigkeit der dargestellten Geschichte geliefert wird, ist dabei ebenfalls spielerisch erreichbar und sehr naheliegend. Überhaupt kann die Hörspielmusik auch als *eigenmächtige Teilstruktur* des Hörspiels auftreten und dann – ähnlich wie bei einer parodistischen Korrelation – ihre eigene, teilweise zur sonstigen Hörspielkommunikation invers stehende Semantik kommunizieren und ironische Kontrapunkte, entlarvende Hinweise etc. geben. Letztlich sei noch auf zwei allgemeine Formen der Interaktion von Hörspielmusik mit dem Ton hingewiesen. Einerseits führt die Beigabe von Musik zu einer *Integration von Geräuschen* in den Musikfluss. Das bedeutet, dass ansonsten eventuell störend wirkende Beiklänge, die aus dem Tonmaterial nicht herausgefiltert wurden, im Zusammenklingen mit der Musik als weniger störend empfunden, ja, teils überhaupt nicht wahrgenommen werden oder, im Gegenteil, sogar besonders stimmig wirken, sodass sie sauberer im Gesamtklang aufgehen. Zugleich entsteht in Synergie mit dem Verschlucken der Geräusche durch die Musik insgesamt ein homogenes Klangganzes; die entsprechende Sequenz kann als akustisch »runder«, stimmiger empfunden werden. Andererseits gilt ähnliches auch in der gegenteiligen Tendenz, wenn die Hinzugabe von Musik explizit dem Zweck dienen soll, eine *Krachentfaltung* – vor allem im Zusammenspiel mit Explosionsgeräuschen – in ihrer Wirkung zu steigern, wobei die Musik dann als Zusatzrauschanteil teilweise völlig vom Lärm aufgezehrt werden kann.

Intradiegetische Musik

Neben der extradiegetischen Musik, deren Einsatzbereiche vorgestellt wurden, steht die *intradiegetisch situierte Musik*. Als intradiegetische Musik oder teilweise auch »Source music« wird Musik bezeichnet, die ihren Ursprung innerhalb der dargestellten Welt hat. Sie ist also in den dargestellten Handlungszusammenhang eingebettet und wird durch Figuren hervorgebracht, die singen, Melodien pfeifen oder summen oder ein Musikinstrument spielen; oder sie kommt aus einem Radio, einem Fernseher oder einem anderen akustischen Gerät in der dargestellten Welt. Ihre Funktionen sind damit wesentlich auf den Geschehensbereich beschränkt und weniger umfänglich als jene der extradiegetischen Musik.

Als *akustischer Ortsmarker* hat sie eine besondere Funktion bei der Definition von Handlungsräumen und deren Zentrum bzw. Peripherie sowie von Figurenbewegungen innerhalb dieser Bereiche. So kann ein Geschehen, bspw. die Unterhaltung zwischen zwei Figuren, zunächst in der unmittelbaren Nähe der intradiegetischen Musikquelle (etwa eines Band-Auftritts) stattfinden und die Figuren sich dann von dieser als statisch gedachten Quelle entfernen, wobei sich die Wahrnehmungsinstanz mit den Figuren vom Platz bewegt. Eine solche Bewegungssimulation wird produktionstechnisch meist durch eine Verlagerung der Musikspur innerhalb der Stereopositionen in Kombination mit einer Verminderung ihrer Lautstärke sowie einer Veränderung der Hallakustik umgesetzt und ermöglicht ein sehr dynamisches Spiel.

Die Funktion der *Selbstcharakterisierung* von Figuren durch eine von ihnen hervorgebrachte Musik – indem aus der musikalischen Darbietung der Figur deren künstlerisches Potenzial oder auch ihre psychische Verfassung ableitbar ist – wurde bereits angesprochen. Diese Funktion wird auch erfüllt, wenn die Musik nicht von der Figur selbst erzeugt, sondern lediglich durch ein ihr zugeordnetes Abspielgerät hervorgebracht wird. So sagt die Wahl der jeweiligen Platte, die die Figur auflegt, etwas über ihren Geschmack, ihren Charakter, ihre Vorlieben und eventuell auch über ihre aktuelle Stimmung aus. Figurenkommentare zu intradiegetischer Musik erzeugen derweil eine explizite Beziehung zwischen der Figur und der betreffenden Musik sowie ihrer konventionellen, mitunter stereotypen Semantik.

Ambidiegetische Musik

Die Trennung zwischen extradiegetischer und intradiegetischer Musik ist zum Teil problematisch, da beide Formen der Situierung von Musik immer gleichermaßen narrativ gewählt sind, also auch der intradiegetischen Musik eine gewisse narrative Motiviertheit zugeschrieben werden muss, auch wenn sie in den dargebotenen Geschehenszusammenhang verlagert ist. Zugleich interagieren diese erzähltheoretisch separierten Bereiche gerade bei der Musik oft stark, was bspw. in der bereits erwähnten Cantastoria DIE BAYERISCHE PRINZESSIN von Dominic Robertson oder auch der bereits erwähnten Schlageroperetta DIE FEUERBRINGER der Fall ist, wo durch die durchgängige »Musikalisierung« der Handlung eine scharfe Trennung per se nicht intendiert und entsprechend auch analytisch mitunter schwer zu ziehen ist.

In solchen Fällen, wenn die klare Ordnung in extradiegetische und intradiegetische Musik vom Stück unterlaufen wird, kann der Begriff *ambidiegetische Musik* treffend sein, der Musik bezeichnet, die sich nicht eindeutig und/oder ausschließlich einer diegetischen Ebene zuordnen lässt. Das kann passieren, wenn sich eine Figur gegen Ende einer Szene ans Klavier setzt und zu spielen beginnt, dann eine Blende zu einer anderen Szene erfolgt, die durch bestimmte Atmos eine zur vorausgehenden Szene klar verschiedene Lokalisierung aufweist, wobei jedoch das Klavierspiel weiterhin als musikalische Untermalung dieser Szene verwendet wird. Durch eine derartige Ausdehnung der zunächst intradiegetischen Musik der ersten Szene in einen extradiegetischen Funktionszusammenhang in der Folgeszene wird formal offenkundig eine Verknüpfung der beiden Handlungskontexte erzeugt, die semantisch aufgeladen ist. So kann auf diese Weise etwa angezeigt werden, dass das im Zusammenhang mit dem Klavierspiel der ersten Szene Erlebte die betreffende Figur noch nachhaltig – das heißt, noch in der zeitlich und/oder räumlich unterschiedenen Folgeszene – beschäftigt. Derartiges kann bis zu einem leitmotivischen Prinzip ausgearbeitet sein, etwa, wenn die einmal in einer intradiegetischen Szene situierte Klaviermusik über das gesamte Hörspiel hinweg immer wieder auftaucht, eventuell immer, wenn eine bestimmte Figur sich dieser Szene oder der darin enthaltenen anderen Figuren erinnert. Eine recht komplex strukturierte Verwendung ambidiegetischer Musik (vgl. Abb. 4) findet sich auch in der Hörspielumsetzung von Volker Kutschers MOABIT, in der die Geschichte von Charlotte Ritter erzählt wird, die als Tochter des Gefängnisaufsehers Christian Ritter jüngst ihr Abitur abgeschlossen hat und nun eifrig Schreibmaschine lernt, um als Stenotypistin ihr Studium finanzieren zu können. Für diese Übungen nutzt sie die Schreibmaschine, die ihr Vater sonst abends immer aus der Amtsstube mitbringt, an dem hier relevanten Tag jedoch vergessen hat und deshalb noch holen möchte. Dabei entfaltet sich folgende Szene:

> *Christian:* Ja, ich äh geh noch mal rüber...
> *Charlotte:* Dann setz ich schon einen Tee auf, der ist fertig, wenn du wieder da bist.
> *Christian:* Hach, Lotte.
> [Hier setzt ein stark verhalltes, gedämpftes Trompetensolo mit brodelnder chromatischer Tonleiter ein, das sich bei dezenter monotoner Klavierbegleitung aus einem dumpfen Trommeln und Ridebecken-Tusch herausarbeitet.]
> *Charlotte (innerer Monolog):* Ach, wenn Vater wüsste, was ich abends nach dem Schreibmaschineüben sonst noch mache, er würde sie nicht so bereitwillig holen.

Ich kann nichts dagegen tun, wenn die Nacht lockt. Dann zieh ich mir heimlich mein selbstgeschneidertes Tanzkleid an, die Schuhe und trage Lippenstift auf und mach mich auf den Weg.
[Hier geht die vorherige Musik über in eine vergnügliche leise Swing-Tanzmusik mit gedämpften Trompeten, die ein flaches, offenbar durch Passfilter beschnittenes Klangbild ohne Hall besitzt.]
Charlotte (innerer Monolog): Greta hab ich beim Einschreiben an der Uni kennengelernt. Da laufen nicht so viele Frauen rum. Und dann haben wir uns ausgerechnet im Chausseepalast wiedergetroffen.
[Ab hier erfolgt eine allmähliche Blende der vorherigen Singmusik in einen lauteren, ungefilterten Raumklang mit deutlich saalhafter Halligkeit, dazu treten Publikumsgeräusche und Gesprächsgemurmel.]
Charlotte (innerer Monolog): Da hat sie mir auch den neuen Namen gegeben. An dem Abend hatten wir zwei – Kavaliere kennengelernt, die haben uns eingeladen.
Greta: Die losen um uns – wer mit welcher!
Charlotte: Und jetzt?
Greta: Ganz einfach. Pass mal auf!
Charlotte (innerer Monolog): Und dann ist Greta zu den beiden Typen hin, hat denen gesagt, dass sie sich verziehen sollten.
Greta: So Jungs, jetzt verzieht euch mal.
Charlotte (innerer Monolog): Ihre Zeit sei abgelaufen.
Greta: Abflug!
Charlotte (innerer Monolog): Und die Typen murrten zwar noch ein bisschen herum...
Greta: Ja, haut ab da ihr da. Tschüss!
Charlotte (innerer Monolog): ... aber sie verzogen sich tatsächlich!
[Hier klingt das Swingstück mit Finale und Tusch aus, wird von Applaus gefasst und entwickelt sich durch verschiedene Instrumentensoli improvisatorisch fort.]
Charlotte: Bist du wahnsinnig?
Greta: Was denn?

Die Musik wird an dieser Stelle des Hörspiels offenbar als Tonbrücke in Form eines Erinnerungsmotivs eingesetzt, wobei sie zur Bindung von drei Räumen genutzt wird, dem Raum der diegetischen Gegenwart (Zimmer im Wohnbereich des Gefängniskomplexes), dem mentalen Raum Charlottes (Gedanken und Erinnerung) und dem Raum der diegetischen Vergangenheit (Tanzball im Chausseepalast). Zugleich rangiert sie zunächst auf extradiegetischer Ebene (mentaler Raum und Teile des Raums der diegetischen Vergangenheit), ehe sie dann ganz auf die intradiegetische Ebene rückt (Raum der diegetischen Vergangenheit). Zusätzliche elektroakustische Manipulationen am Klang der Musik (Passfilter, Hallmodulation) liefern Hinweise zu deren Funktion: So wird der Übergang aus dem diegetisch-realen Raum des Zimmers in den mentalen Raum, nämlich in die Gedankenwelt Charlottes, durch eine diffuse, unnatürlich verhallte (da es zu Klangdopplungen ohne deutliche Lautstärkenminderung kommt) und gedämpfte Bläserspur ohne erkennbare Taktordnung vermittelt.

Abbildung 4

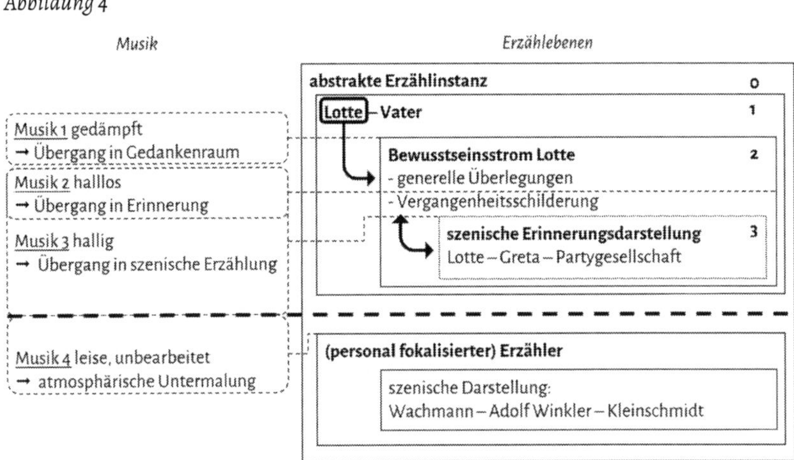

Die Beibehaltung der Instrumentation mit den dominanten gedämpften Trompetenstimmen beim Übergang in die rhythmisch exakt definierte Swingmelodie macht die Konkretisierung der Erinnerung Charlottes gleichsam hörbar. Wie die Musik in Tonalität, Melodie, Harmonie und Rhythmus eine klare Kontur gewinnt, so nehmen auch die zunächst diffusen, wohl auch von Gewissensbissen und Verdrängtem durchsetzten Gedanken Charlottes in Form der Erinnerungen an den Tanzabend im Chausseepalast eine klare Gestalt an. Die Grenzen des mentalen Bereichs werden jedoch noch eingehalten, was durch die elektroakustischen Manipulationen auch an dieser Swingmelodie deutlich gemacht wird, bis sie schließlich Raumklang erhält und damit der erinnerte Raum des Tanzsaals in seiner ganzen akustischen Plastizität geöffnet wird. Obwohl damit an sich der Wechsel von extradiegetischer zu intradiegetischer Musik vollzogen ist, wird interessanter Weise auf verbaler Ebene durch die zwischengestreuten Passagen von Charlottes Gedankenmonolog in die szenische Unterhaltung zwischen ihr und Greta die narrative Mehrschichtigkeit weiter aufrechterhalten. Die Mehrstufigkeit der Hinleitung in die diegetische Erinnerungsszene wird also nie ganz abgeschlossen, das Moment der narrativen Vermitteltheit bei der weiteren Entfaltung der Szene bis zuletzt gewahrt. Dabei übernimmt die an sich diegetische Musik der Ballhausband im Folgenden wiederholt faktisch extradiegetische Funktionen, indem sie nach Mood-Technik die Gemütsbewegungen der Figuren illustriert, deren Rede strukturiert, Gliederungsfunktion bei der Szenenstrukturierung übernimmt, Zeitraffungen indiziert und – als die Figuren schließlich selbst auch noch anfangen Schlagerpassagen zu trällern – in direkte musikalische Interaktion mit der Figurenartikulation tritt. Abschließend bildet wiederum ein intradiegetischer Tusch, der durch die Zurücknahme der Raumhallakustik auf die extradiegetische Ebene geführt wird, eine Tonbrücke hin zur Anschlussszene. An diesem Beispiel sollte deutlich geworden sein, dass der Flexibilität, mit der in diesem Hörspiel bezüglich der diegetischen Position der Musik verfahren wird, keine starre Unterscheidung von extra- und intradiegetischer Situierung gerecht werden kann. Zugleich sollten die komplexen Möglichkeiten speziell eines ambidiegetischen Musikeinsatzes sowie allgemein des Musikgebrauchs im Hörspiel vorstellbar geworden sein (siehe auch Kap. 10.1).

Musik im Hörspiel besitzt in den meisten Fällen keinen absoluten Eigenwert, sondern erscheint in dienender Funktion den eigentlichen, zumeist narrativen Hörspielinhalten nachgeordnet, indem sie – wie gesehen – essenzielle Beiträge liefert zur Unterstützung, Ausweitung und Modulation der durch die anderen Zeichensysteme (und speziell über das Spiel der Figuren) transportierten Semantiken. Entsprechend sind allgemein musik- oder auch kompositionstheoretische sowie musiksemiotische Publikationen wie etwa Faltin 1977 und 1985, Karbusicky 1990, Tarasti 1995, Köster 1995 oder auch Wildgen 2018 für ein grundlegendes Verständnis und ein vertieftes Bewusstsein nützlich, konkret für die Analysepraxis jedoch weniger hilfreich. Bis auf Hobl-Friedrich 1991 und den historiografischen Überblicken von Timper 1990 und Krug 2019 mangelt es an spezifisch hörspielmusikalischen Veröffentlichungen, sodass über das hier Vorgestellte hinaus auf Forschungsarbeiten zu anderen Mediensystemen und vor allem zum Film verwiesen werden muss, in denen Musik eine ähnliche Funktionalisierung erfährt wie im Hörspiel. Wertvolle und aufgrund ihrer guten Übertragbarkeit auf das Hörspiel sehr produktive Arbeiten sind besonders Motte-Haber/Emons 1980, Fischer-Lichte 1983, 168–179, Großmann 2008, Kreuzer 2009, Kalinak 2010 und Gräf et al. 2011, 250–284. Hänselmann 2016a, 243–272, liefert anhand des Zeichentrickfilms eine umfängliche Aufstellung der konventionellen, teils synästhetisch begründeten Prinzipien, entsprechend derer musikalische und auch allgemein akustische Elemente mit einer (zusätzlichen) semantischen Dimension ausgestattet werden können; siehe dort und in Hänselmann 2016b auch zu den ebenfalls ins Hörspiel übertragbaren Prinzipien des Mickeymousing. Jiránek 1990 bietet zudem ein hervorragendes Relationsschema der Ausdrucksmittel der Musik, durch das sich die spezifischen Komponenten der musikalischen Logik systematisch erfassen lassen. Unter historischer Perspektive siehe auch die puristischen Auffassungen zum Musikgebrauch im Hörspiel von Schwitzke 1963, 222–229. Siehe auch die Beiträge in Naber/Vormweg/Schlichting 2000.

6.5 Stille und Schweigen

Angesichts der Tatsache, dass in einem rein akustischen Medium wie dem Hörspiel grundsätzlich jeder Augenblick mit Schall gefüllt werden muss allein, um den Zuhörenden zu signalisieren, dass die Inhalte verfügbar sind, der Kontakt steht und das Wiedergabegerät funktioniert, wird vorstellbar, welche irritierende Potenz dem in der Analyse oft vernachlässigten »Zeichensystem« *Stille* zukommt. Als Stille wird hier und im Folgenden das raumlose akustische Nichts bezeichnet, das sich in produktionstechnischer Hinsicht dann einstellt, wenn der Summenregler auf Null geschoben wird, sodass keinerlei akustisches Signal mehr gegeben ist.

Stille als Zeichensystem aufzufassen, ist nicht unproblematisch und sicher keinesfalls unstrittig, da es sich bei ihr im Grunde nur um einen – wenn auch absoluten – Zustand der Nichtinformation handelt, der in der generellen Negation aller sonst verfügbaren Zeichensysteme besteht. Es ist also kein Zeichenrepertoire vorhanden, sondern lediglich die Option, sämtliche anderen audiophonen Zeichensysteme mit ihrem jeweiligen Repertoire punktuell auszuschließen, zu blockieren und zu entautomatisieren. Dass Stille, wie gesagt, bedeutungsgenerierend nur kurzzeitig eingesetzt werden kann, ergibt sich daraus, dass bei einer durchgängigen Verwendung das Kommunikationspotenzial des Hörspiels generell aufgelöst würde, da eine semiotische Minimalstruktur aus zwei Alternativen in diesem Falle aufgehoben wäre. Sinn und Bedeutung ergäbe sich bei einem durchweg aus Stille bestehendem Hörspiel à la John Cages »4'33« nur durch den paratextuellen Zusammenhang, den das Rahmenprogramm des ausstrahlenden Senders böte und bezüglich dessen Zwang zur Enunziation und Dauerbeschallung das betreffende Hörspiel dann als Gegenkonzept in Opposition treten könnte. Das bedeutet zugleich, dass Stille elementar von einem oppositionär gestalteten Umfeld abhängt und von diesem definiert wird – beziehungsweise: dass es ein spezifisch gestaltetes Klangumfeld geben muss, damit Stille wirksam werden kann – und allgemein: dass Stille elementar kontextuell und relational ist. (Übrigens ist diese Relativität von Stille auch auf ihre rezeptive Wirkung zu übertragen, denn das Empfinden des Eintretens und besonders auch der Dauer von Stille wandelt sich, sodass heute Stillepartien in älteren Hörspielen oft als unwahrscheinlich lange empfunden werden, während aktuelle Hörspiele bereits mit deutlich kürzeren Stillephasen in etwa dieselben Wirkungen zu erzeugen vermögen die diese.) In einem solchen Verständnis scheint es sinnvoll, Stille in Orientierung an Schmedes 2002, 82, – statt als Zeichensystem – als Ausdrucksmittel des Hörspiels zu begreifen.

Die Kontextualität, durch die Stille so grundsätzlich bedingt wird, macht selbige als das völlige Ausbleiben akustischer Signale zu einem relationalen Stilmittel, dessen *Wirkung* tendenziell je anders ausfällt, je nachdem, wie das einbettende Klangumfeld strukturiert ist. Werden einige Momente Stille in eine langsame, sparsam akustisch ausgestaltete Sequenz beingebettet, kann dadurch der Gesamteindruck von Ruhe, Konzentration und Essentialität der Sequenz eventuell noch verdichtet und verstärkt werden. Wird dagegen eine mit raschen Gesprächen, Geräuschmassen und Musik angereicherte Sequenz plötzlich von einer Stille abgelöst, ist der Effekt ein ganz anderer: Dann hat die Stille eher disruptive Wirkung und tritt in akzentuierter Gegenposition zum bisherigen Hörspielinhalt. Dabei sind diese beiden Wirkweisen von Stille – die affirmative bzw. die kontrastive – als Grundmomente anzusehen und im Grunde jeder Effekt, der mit Stille erzielt wird, lässt sich diesen beiden Tendenzen zuordnen.

Generell, aber gerade auch bei narrativen Hörspielen muss die Funktion von Stille daher unbedingt im Zusammenhang mit dem Gesamthörspiel betrachtet werden. So kann die Positionierung von Stille am Ende eines emotional aufwühlenden Handlungsverlaufs den Zuhörenden Gelegenheit geben, aus dem unmittelbaren Miterleben zur Reflexion zu gelangen, das eben Erfahrene weitergehend zu verarbeiten und sich der vollen Bedeutung des Gehörten bewusst zu werden. Oder es kann auf diese Weise auch ein Leerraum geschaffen werden, in dem das turbulente, aufwühlende Geschehen ein Echo finden bzw. (auch emotional) nachklingen und verhallen kann. Das kann bis zu einem *rhetorischen Gebrauch* von Stille gehen, wenn Stille metaphorisch oder metonymisch etwa nach dem Tod der Hauptfigur das Ende dieses speziellen Lebens oder auch den Tod als solchen vergegenwärtigen soll oder wenn mit ihr die innere Leere einer Seele, die Auslöschung eines Planeten oder das Nichts hörbar gemacht werden sollen.

Daneben tritt bei der Stille eine *syntaktische Funktion*: Da sie sich, wie gesagt, gleichförmig und absolut auf alle Zeichensysteme des Hörspiels auswirkt, wird sie häufig zur Strukturierung von Erzählinhalten eingesetzt, wobei sie vor allem inhaltliche Abschnitte klar voneinander abgrenzt und – ähnlich wie der leere Zwischenraum zwischen Absätzen in einem gedruckten Schrifttext – den Übergang zu einem neuen, in sich geschlossenen Teilstück markieren kann.

Entscheidend für die Wirkung der Stille ist auch ihre jeweilige *Länge*. Diese lässt sich zwar absolut in Sekunden und Millisekunden bemessen, doch ist auch hierbei die kontextuelle Referenz eigentlich entscheidend. So kann – mit oder ohne Schnitt – durch eine kurze Stille der Abschluss eines Erzählabschnitts markiert werden, wobei das dramaturgisch geschulte Publikum annimmt, dass nun ein Szenenwechsel stattfindet.

Dehnt sich die Stille jedoch über einen nur kontextuell erfassbaren »zulässigen« Zeitraum hinaus aus, wird sie auch eine *metaisierende* Wirkung entfalten, sprich: Die Zuhörenden werden durch die anhaltende Stille irgendwann dazu gebracht zu vermuten, dass die Wiedergabe des Hörspiels als solche nicht mehr funktioniert, also ein technischer Defekt vorliegt. Die Folge ist ein extremer Verfremdungseffekt, welcher der mimetischen, immersiven und fiktionalisierenden Wirkung vor allem narrativer Hörspiele krass entgegenläuft, das Hörspiel als technisch-apparative Simulationsinstanz bewusst macht und in der Konsequenz meta- und autoreflexive Potenziale entfalten kann.

Von der Stille klar abgegrenzt werden muss das *Schweigen*. Bei ihm handelt es sich an sich um eine besondere Form nonverbaler Kommunikation und es kann innerhalb einer streng systematischen Analyse im Zusammenhang der (stimmlich vermittelten) Sprache untersucht werden. Strukturell ist Schweigen ähnlich gelagert wie Stille – mit dem entscheidenden Unterschied, dass sie lediglich ein einzelnes Zeichensystem, nämlich das der (stimmlich vermittelten) Sprache, punktuell ausschließt, blockiert und entautomatisiert. Das bedeutet zum einen, dass andere akustische Zeichensysteme trotz eines Eintretens von Schweigen weiter funktionieren und bspw. weiterhin eine Hintergrundmusik oder atmosphärische Geräusche zu hören sein können, während die Figuren in Schweigen verfallen. Und zum anderen heißt es, dass die Bedeutung des Schweigens als non- bzw. interverbale Unterbrechung wiederum fundamental vom jeweils umgebenden Sprachzusammenhang abhängig ist. Zugleich vermag eintretendes Schweigen im Zusammenspiel mit einem sonst geräuscharmen oder -losen Hintergrund ihre rezeptive Wirkung zu intensivieren, da sie durch eine solche Kontextualisierung bis an die Qualität von faktischer Stille heranreichen kann.

Zwei Formen von Schweigen lassen sich dabei sinnvoll differenzieren, das Schweigen im engen Sinne und die sogenannte Aposiopese. *Schweigen im engen Sinne* ist dann gegeben, wenn ein kommunikativer Zusammenhang zwischen zwei Figuren etabliert ist und an sich auch weiterhin besteht, obwohl es tatsächlich vorübergehend nicht zu einem weitergehenden expliziten Austausch kommt. Typisch ist das in Fällen, wenn eine Figur einer anderen etwa ein erschütterndes Geheimnis offenbart, wobei dieses Geständnis der anderen Figur sprichwörtlich die Sprache raubt. Ein anderer Einsatz von Schweigen kann in einen größeren Interaktionskontext eingebettet sein, wenn bspw. durch Geräusche, die beim Verrichten bestimmter Tätigkeiten entstehen, hörbar gemacht wird, dass zwei Figuren im selben Raum, eventuell auch an derselben Handlung beteiligt sind, jedoch beide einander offenbar nichts zu sagen haben. In diesem zweiten Fall markiert das Schweigen keine plötzliche emotionale oder kognitive Veränderung einer Figur infolge der Auskunft einer anderen, sondern veranschaulicht ein generelles, eventuelles Missverhältnis oder auch, im Gegenteil, ein Einverständnis zwischen den Figuren, das keiner Worte bedarf.

Die *Aposiopese* bzw. der Redeabbruch stellt dagegen das Eintreten von Schweigen inmitten einer Figurenaussage dar. Die Figur beginnt in diesem Fall also eine Rede, stockt jedoch mitten im Satz und führt das sprachlich Begonnene nicht zu Ende. Die Aposiopese wird daher häufig dramaturgisch eingesetzt, um bspw. in Handlungszusammenhängen, über die eine Figur simultan Auskunft gibt, ein Spannungsmoment zu installieren. Die Zuhörenden können auf diese Weise das Geschehen nachvollziehen, merken am Stocken der Figur, dass offenbar gerade etwas Schockierendes vorgefallen ist, wissen aber noch nicht, worum es sich handelt. Ein solcher Einsatz der Aposiopese findet sich etwa im Kriminalhörspiel MORD IM PFARRHAUS nach Agatha Christie, in dem der Pfarrer kurz aus seinem Büro gerufen wird, worin Oberst Hampton in der Zwischenzeit auf ihn wartet. Der Pfarrer erkundigt sich, während er durch die Flure zurück in sein Büro eilt, schon bei seiner Haushälterin Mary, ob der Oberst noch da ist:

> *Pfarrer:* Mary? Mary?
> *Mary:* Ja!
> *Pfarrer:* Ist Oberst Hampton noch da?
> *Mary:* Ja, Herr Pfarrer, im Arbeitszimmer.
> *Pfarrer:* Ach ja. – Entschuldigen Sie, Herr Oberst, dass ich Sie hab warten lassen. Ein Dringlichkeitsver-... Du lieber Himmel!

Zwischen »Ein Dringlichkeitsver-...« und »Du lieber Himmel!« vergehen ganze 18 Sekunden mit Schweigen, die zunächst tatsächlich die Qualität von Stille haben, da erst nach knapp fünf Sekunden – einer halben Ewigkeit im Hörspiel – die zögernden Schritte des Pfarrers wieder auf dem Steinboden hörbar werden, da er sich dem, was ihm da die Sprache verschlägt, annähert. Durch die wortwörtlich unerhört lange Phase des Schweigens, die sich dem Redeabbruch der Pfarrerfigur anschließt, werden einerseits die Zuhörenden in ihrer Aufmerksamkeit aktiviert und zugleich in eine Erwartungsspannung versetzt. Kaum dass durch die Schrittgeräusche bei anhaltendem Schweigen die Raumakustik reaktiviert und damit der Fortgang der Handlung signalisiert wird, kommt es andererseits zu einer metaphorischen Aufladung des Schweigens: Wie der Kontakt in den Äußerungen des Pfarrers zum intendierten Gesprächspartner Oberst Hampton abgerissen ist, so hat sich offenbar noch etwas anderes aufgelöst – was das mit dem Namen Agatha Christie vertraute Publikum bereits antizipieren kann: nämlich das Leben des Oberst und zugleich die alltägliche Ordnung in der Gemeinde. Das Schweigen wird auf diese Weise mit einer weitergehenden symbolischen Bedeutung aufgeladen, die überdies mit dem narrativen Moment korreliert, dass innerhalb der Gemeinde viele Leute Kenntnis von den moralischen Verfehlungen anderer ihrer Mitbürger gewonnen, aber nie öffentlich darüber gesprochen haben, was letztlich mit zum zentralen Todesfall der Geschichte geführt hat. Die disruptive Wirkung, die durch die Platzierung der Aposiopese sowohl im Redefluss als auch in der Wortmitte besonders herausgetrieben und die durch die sagenhafte Dauer des Schweigens noch einmal unterstrichen wird, macht den Zuhörenden unmissverständlich deutlich, dass hier etwas ganz Außergewöhnliches passiert ist. Tatsächlich: Der Oberst wurde erschossen. Zugleich wird damit und der topisch-symbolischen Aufladung des Schweigens auch angezeigt, dass – wenn schon nicht hinsichtlich der Szenengliederung, so doch in Bezug auf die inhaltliche Entwicklung – ein ganz neuer Abschnitt beginnt. Das Hörspiel nutzt mit seiner spezifischen Gestaltung des Schweigens in qualitativer Annäherung an Stille so eine ganze Bandbreite der semiotischen Funktionen, die diesem besonderen Ausdrucksmittel innewohnen.

6.6 Audiophone Zeichensysteme

Bei den *audiophonen Zeichensystemen* handelt es sich um produktionstechnisch eröffnete Einflussmöglichkeiten, mit denen das akustische Ausgangsmaterial der Tonaufnahme in besonderer Weise gestaltet werden kann. Es sind dies all jene Techniken, die bereits bei der Beschreibung des Produktionsprozesses erwähnt wurden und speziell in der postproduktionellen Phase der Hörspielerstellung zum Einsatz kommen, nämlich die Verfahren von Schnitt, Blende, Mischung, elektroakustischer Manipulation und elektroakustischer Auralität. Es sind damit zugleich jene technischen Dimensionen, die wesentlich dafür verantwortlich sind, dass das Hörspiel als eigenständige Medienform begriffen werden kann. Während Stimme, Sprache, Geräusch, Musik und – bedingt – Stille auch außerhalb und unabhängig vom Hörspiel zu finden sind, ist der Gebrauch der genannten Zeichensysteme spezifisch für dieses Ausdrucksmittel. Zwar werden sie außerdem in ähnlicher Weise auch im Film verwendet – die Beschränkung des Hörspiels allein auf den akustischen Kanal und die daraus resultierenden Bedingungen für die strukturelle, stilistische und dramaturgische Vermittlung der Inhalte unterscheidet dieses jedoch vom audio-visuellen Medium des Films und garantiert seine originelle Prägung.

Begriffsbestimmung Schnitt, Blende, Mischung

Die technischen Verfahren von *Schnitt*, *Blende* und *Mischung* stellten im ursprünglichen Herstellungszusammenhang von Hörspielen, als noch auf Basis von Magnetbandaufzeichnungen produziert wurde, einen homogenen Arbeitsschritt dar. Die Aufnahmen wurden – wenn nicht bereits auf solche aufgezeichnet – zunächst auf hartes Studiotonband überspielt, das die Möglichkeit bot, geschnitten und geklebt zu werden. Dies geschah tatsächlich mithilfe einer Bandschere aus nicht magnetischem Material, mit der die kontinuierlichen Schallaufzeichnungen in Stücke zerteilt wurden (Schnitt). Anschließend konnte man die Bandschnipsel auf einer Klebeschiene mit geeignetem Tonbandkleber an den Schnittstellen wieder zu einem Kontinuum zusammenkleben. Bei der Blende wurden auf diese Weise zwei Tonbandabschnitte zusammengeklebt, deren einer bei der Aufnahme gegen Ende über den Summenregler aus- und deren anderer zu Beginn eingeblendet wurde. Oder man nutze nachträglich beim Zusammenkopieren zweier Bänder den Summenregler in entsprechender Weise. Ebenso ließ sich die Mischung im Grunde nur durch das Zusammenkopieren zweier oder mehrerer Bänder erzielen, indem deren verschiedene Aufnahmen zu einer einzigen Simultanspur zusammenkopiert wurden. Übrigens konnte Walter Ruttmann weit vor der Etablierung des Magnettonbandes dieselben Herstellungsprozesse bereits für sein avantgardistisches Hörstück WEEKEND nutzen, indem er, der schon seit Anfang der 1920er-Jahre als Filmregisseur experimentierte, die Aufnahmen zu diesem Hörspiel auf Lichttonfilmmaterial anfertigte, das er im Folgenden schneiden und montieren konnte wie konventionellen Film.

Diese produktionshistorische Verbindung von Schnitt, Blende und Mischung hat sich auch heutzutage mit dem Aufkommen digitaler Produktionstechnik weitgehend erhalten, wenn sich die konkreten Arbeitsschritte auch wesentlich vereinfacht haben. Gleichwohl gilt nach wie vor: Ein Schnitt ist eine harte Trennung mitten *im* Audiomaterial und in der Folge das harte Anstücken einer Folgesequenz; eine Blende ist eine durch Lautstärkenabsenkung harmonisierte Verbindungsstelle *zwischen* zwei Partien des Audiomaterials; und eine Mischung ist eine akustische Lagerung von zwei oder mehreren Partien des Audiomaterials *parallel* zu einander.

Die landläufige Definition, dass es sich bei Blende, Schnitt und Mischung um die technischen Verfahren zur Herstellung linearer Kontinuität im Hörspiel handle, ist insofern nicht ganz korrekt, denn ein Hörspiel kann auch als kontinuierliche monolithische Inszenierung ohne jeden Rückgriff auf Schnitt, Blende und Mischung produziert werden – was tatsächlich die übliche Herstellungsweise beim frühen Hörspiel war, nach wie vor beim Livehörspiel praktiziert wird und auch bei einigen experimentellen Hörspielen noch zum Einsatz kommt wie etwa dem One-Take-Hörspiel FÜNF FLURE, EINE STUNDE von Luise Voigt. In diesem Fall stellen die drei Techniken keine lineare Kontinuität her, denn eine solche besteht bereits. Des Weiteren ist der Schnitt in erster Linie nicht auf die Verbindung und damit lineare Fortsetzung ausgerichtet, sondern primär und vor allem ein Mittel zur Tilgung von Aufnahmeabschnitten, ein Verfahren zu Selektion derjenigen Aufnahmepartien, die überhaupt ins Hörspiel eingehen sollen. Insofern verwandelt der Schnitt im Gegenteil das ursprüngliche sozusagen vertikale bzw. syntagmatische Kontinuum der Aufnahme in ein horizontal-paradigmatisch organisiertes Arsenal an flottierenden Fragmenten, die einer kreativen dramaturgischen Organisation zur Disposition gestellt werden. Damit erzeugt der Schnitt gerade keine Kontinuität, sondern nur eine offene Eventualität; er bricht die homogene Linie der Aufnahme in ein feldförmiges Arrangement aus disjunkten Stücken auf. So kommt es tatsächlich nicht selten vor, dass etwa ein Atmer aus einer Aufnahmesequenz während der Postproduktion an eine ganz andere Stelle versetzt wird, in Bezug auf die er eigentlich keinerlei produktionelle Verbindung aufwies, an der er jedoch für die Regie inhaltlich »Sinn« macht, da er hier – bspw. als Index für die Sprachlosigkeit der Figur funktionalisiert – den Aussagegehalt zu liefern vermag, der über alle anderen Verfahren nicht vermittelt werden konnte.

Zudem liegt es bei der Mischung nicht in der Natur der Sache, Kontinuität zu erzeugen, denn hier werden zwei oder mehrere Sequenzen, die als solche bereits ein Kontinuum bilden, lediglich synchron gelegt und hinsichtlich ihrer individuellen Lautstärke aufeinander abgestimmt.

Und insgesamt sind Schnitt, Blende und Mischung strenggenommen nicht einmal gleichwertige Verfahren auf ein und derselben Ebene der Produktion, denn zunächst werden mit dem Schnitt disponible Partien erzeugt, zwischen denen dann die Blende eine Verbindung bzw. einen Übergang herstellt, und die Gesamtheit aller Blendenoperationen ergibt letztlich die Mischung. Treffender müsste man daher sagen, dass Schnitt, Blende und Mischung die technischen Verfahren sind, mit denen Einfluss auf die Verbindung der einzelnen Teile eines Hörspiels genommen wird: Der Schnitt löst eine ursprünglich bestehende Verbindung auf und initiiert – als Konjunktionsprinzip der Unvermitteltheit – eine neue abrupte Verbindung zwischen zwei sukzessiven Abschnitten; die Blende vermittelt – als Konjunktionsprinzip der Latenz – in Form eines fließenden Übergangs eine harmonische Verbindung zwischen zwei sukzessiven Abschnitten; und die Mischung – als Korrelationsprinzip – erzeugt eine Verbindung der Synchronität zwischen zwei simultanen Abschnitten (siehe Abb. 5). Entsprechend dieser Bestimmung von Schnitt, Blende und Mischung nach ihrem jeweiligen Effekt bei der Verbindung von Tonpartien sind auch die Funktionen der drei Techniken im Hörspiel zu bestimmen.

Abbildung 5

Schnitt

Der *Schnitt* bezeichnet den verfahrenstechnischen Prozess der Trennung und Selektion des für das finale Hörspiel bestimmten Tonmaterials. Die erwünschten Partien werden in den postproduktionellen Herstellungsprozess einbezogenen, die unerwünschten ausgeschieden. Damit ist der Schritt das kreative Grundmoment der dramaturgischen Hörspielarbeit, die sich dem eigentlichen Aufnahmeprozess anschließt. Alle Folgeentscheidungen gehen immer wieder auf den Schnitt und die mit ihm verknüpften Verfahren von Trennung und Selektion zurück. Folglich sind auch Blende und Mischung nachgeordnete, vom Schnitt abhängige und damit sozusagen sekundäre Verfahren, auf die grundsätzlich nicht einmal zurückgegriffen werden müsste, um ein Hörspiel herzustellen.

Unmittelbar mit dem Schnitt verbunden ist nämlich das Prinzip des *Arrangements*, denn sobald ein ursprünglicher Komplex (= Tonaufnahme) in Einzelteile (=Aufnahmeschnipsel) zerlegt wurde und darunter diejenigen ausgewählt wurden, die in den weiteren Verarbeitungsschritten Berücksichtigung finden sollen, müssen Entscheidungen dahingehend getroffen werden, in welcher Abfolge die ausgewählten Versatzstücke im finalen Hörspiel definitiv stehen sollen. Das Ergebnis dieses ästhetischen Wahl- und Konstruktionsprozesses ist eine spezifische Komposition des Ganzen auf Basis der einzelnen Einheiten.

Da ein Schnitt immer in ein ursprüngliches Kontinuum erfolgt, das infolge seines Entstehungszusammenhangs stets unmittelbar mit dem Vergehen von Zeit verknüpft ist, betrifft der Schnitt in aller Regel auch zentral den Umgang mit der Zeit im Hörspiel – und das vor allem den Umgang mit der Zeit im narrativen Hörspiel. Es ist hier sinnvoll zwischen zwei Formen des Gebrauchs des Begriffs »Schnitt« zu unterscheiden, nämlich zwischen dem *produktionstechnischen Schnitt* und dem *narrationslogischen Schnitt*. Meint der erste den trennenden Eingriff in das Kontinuum des akustischen Aufnahmematerials, ist mit dem zweiten Begriff der trennende Eingriff in das Kontinuum einer Geschichte gemeint, die durch das Audiomaterial vermittelt werden kann und die daher vom Verfahren des produktionstechnischen Schnitts eine Diskontinuität bzw. eine Lückenhaftigkeit erben kann. Während der produktionstechnische Schnitt mit der konkreten Tonaufnahme eine tatsächliche physikalische Basis hat, liegt dem narrationslogischen Schnitt – außer bei bestimmten Formen des dokumentarischen O-Ton-Hörspiels – meist nur das an der Realität orientierte Prinzip der Kontinuität von Handlungen und Geschehnissen zugrunde, das bei der Rezeption mental konstruiert wird. Der narrationslogische Schnitt bezieht sich also auf den konsequenten chronologischen Ablauf einer Geschichte. Wird in einem Hörspiel von einer linearen lückenlosen Darbietung aller Geschehensprozesse abgewichen, macht sich der narrationslogische Schnitt bemerkbar.

Bezüglich der *Geschehenszeit* im Hörspiel lassen sich in der Konsequenz drei Formen unterscheiden. Bei der *chronologischen Erzählung* wird das Geschehen eins zu eins, das heißt ohne ein Überspringen von Zeitmomenten dargeboten. Solche ungekürzten, kontinuierlichen Abschnitte einer Hörspielhandlung, in denen sich kein narrationslogischer Schnitt nachweisen lässt, werden auch als *Szene* bezeichnet. Bei der *anachronen Erzählung* tilgt der narrationslogische Schnitt dagegen Zeitmomente. Sind diese Auslassungen bzw. Lücken in der Hörspielhandlung unwichtig und dienen sie vorrangig nur der Raffung des Geschehens, spricht man von einem *Dialemma* respektive mehreren Dialemmata. Enthalten die getilgten Handlungsabschnitte dagegen offenkundig wichtige Zeitmomente, da die Situation nach dem Schnitt eine grundsätzlich verschiedene ist als vor dem Schnitt und damit unverkennbar ein massiv die Handlung beeinflussendes Ereignis geschehen sein muss, spricht man von einer *Ellipse*. Ellipsen erzeugen immer eine signifikante Leerstelle im Geschehensverlauf, indem sie deutlich machen, dass etwas für die Geschichte Wesentliches passiert ist, worüber sie aber gerade keine genaue Auskunft geben, wodurch sie zum zentralen Anknüpfungspunkt der Interpretationsarbeit werden. Etwas Derartiges findet sich häufig in Kriminalhörspielen, wenn bspw. dargestellt wird, wie eine Figur in einem Raum einer Tätigkeit nachgeht, dann erfolgt ein Schnitt, der einen Zeitsprung markiert, und dieselbe Figur wird im selben Raum tot am Boden liegend aufgefunden, woraufhin es für eine Kommissarfigur zur Aufgabe wird herauszufinden, was in der betreffenden elidierten Zeitspanne passiert ist. Letztlich gibt es noch die *achrone Darbietung*, bei der mehrere Handlungssequenzen so arrangiert werden, dass für die Zuhörenden nicht klar wird, in welcher zeitlichen Relation diese zueinanderstehen. Ein solches generelles Fehlen einer definiten Zeitstruktur ist besonders für Collagehörspiele wie Wolfgang Wondratscheks PAUL – ODER DIE ZERSTÖRUNG EINES HÖRBEISPIEL typisch, die auf diese Weise von einer dominanten Unterhaltungsfunktion des Hörspiels Abstand nehmen und dabei etwas wie einen abstrakten Diskursraum schaffen möchten, in dem unterschiedliche Gedanken ohne bestimmte (zeitlich indizierte) Hierarchisierung oder Kausalkorrelation dargeboten bzw. gegeneinander verhandelt werden können.

Auch wenn ein Schnitt immer dasselbe Verfahren ist, nämlich der trennende Eingriff in ein ursprüngliches Kontinuum, lassen sich damit unterschiedliche rezeptive Wirkungen hervorrufen, die es erlauben drei verschiedene konventionelle *Schnitttypen* voneinander abzugrenzen, den harten Schnitt, den unhörbaren Schnitt und den weichen Schnitt. Für die Analyse bedeutet diese Unterscheidung vor allem einen Deutungsauftrag dahingehend, dass die Motiviertheit von Schnitten erarbeitet werden muss, sprich: Warum wurde an dieser Stelle eines Hörspiels ein Schnitt gesetzt und warum diese bestimmte unhörbare bzw. harte bzw. weiche Form des Schnitts?

Beim *harten*, d.h. hörbaren, *Schnitt* wird direkt mitten in ein Schallereignis hineingeschnitten, sodass effektiv ein Bruch und rezeptiv ein Eindruck von Unvollständigkeit entsteht. Zwei so aneinandergestückte Sequenzen ergeben eine auffällige, unbedingt hörbare unvermittelte Konjunktion der beiden Partien. Der Bruch der sich im Kontinuum des Schallereignisses einstellt, kann in der Folge so funktionalisiert werden, dass durch einen harten Schnitt auch inhaltliche Disruptionen markiert bzw. betont werden sollen, also Gipfelpunkte der erzähldramaturgischen Spannungsentwicklung, Ereigniskonzentrationen, scharf akzentuierte Zäsuren zwischen einem Vorher und einem Nachher oder dergleichen. Außerdem kann durch eine Tilgung von Pausen das Tempo beschleunigt, die Sprunghaftigkeit von Figurengedanken homolog nachgebildet oder ein Stressmoment einer Handlung herausgetrieben werden. Es können so aber auch andere, der Handlungsschilderung zuwiderlaufende Gedanken- oder Gefühlsakzente gesetzt werden. Wird ein harter Schnitt auf Redepartien angewandt, was häufig in Collagehörspielen wie dem PREISLIED von Paul Wühr oder in extremer Form dem Stück NACHRICHTENTSTELLT von Marc Matter geschieht, hat der harte Schnitt auch eine starke metaisierende Wirkung, indem er die Aufmerksamkeit des Publikums auf die so verfremdete und entautomatisierte Sprache selbst lenkt. Dadurch lassen sich Phrasen enttarnen, Füllwörter und der ganze Sprachmüll gewöhnlicher Alltagskommunikation konzentriert ausstellen und insgesamt sehr effektiv Sprachkritik betreiben. Speziell im O-Ton-Hörspiel lassen sich durch harte Schnitte auch neue Sinnbezüge innerhalb des Tonmaterial herstellen, was umso effektiver sein kann, wenn es sich beim Ausgangsmaterial um bekannte historische Reden handelt.

In Analogie zum Film lässt sich eine Sonderform des harten Schnitts bestimmen, bei der der Effekt von Disruption und Wahrnehmbarkeit bis ins Störende gesteigert wird, was eine passiv-immersive Rezeption entautomatisiert. Man spricht dann von *Jump-Cuts*, also springenden Schnitten, bei denen die an einer Schnittstelle verknüpften Hörspielpassagen nicht zusammenpassen (»mis-match«). Das kann innerhalb einer Handlungseinheit realisiert werden, etwa, weil eine einzige Monospur mit einem Gespräch und Hintergrundmusik rein sprachbezogen geschnitten wird, wodurch aufgrund der Fragmentierung und dadurch bedingten Sprunghaftigkeit der Musik bei gleichzeitiger scheinbarer Linearität des Gesprächsverlaufs ein Missverhältnis von Kontinuität (Gespräch) und Diskontinuität (Musik) entsteht. Oder es kann an der Kontaktstelle zwischen zwei Handlungseinheiten bzw. Szenen angewandt werden, bspw. indem der Schnitt zu knapp gesetzt wird und beide Abschnitte abrupt aufeinanderprallen, was bei den Zuhörenden zu einem Moment der Desorientierung und Verunsicherung führt. Da es sich bei einem Jump-Cut im Hörspiel – wie bei der Filmeditierung – grundsätzlich um einen Kunstfehler handelt, ist der Effekt der störend-irritierenden Unterbrechung in der Regel maximal und dieses Schnittverfahren selten. In hörspielkritischen, metareflexiven Stücken und besonders Collagehörspielen wie etwa PAUL – ODER DIE ZERSTÖRUNG EINES HÖRBEISPIELS stellt es jedoch ein recht häufig eingesetztes, probates Mittel zur Rezipierendenaktivierung dar.

Der *unhörbare Schnitt* dagegen schneidet in eine Sprechpause oder eine Phase der Stille und liegt dabei zugleich in aller Regel am Ende eines inhaltlich geschlossenen Geschehensabschnitts. Durch diese klare Handlungs- und Motivorientierung sinkt der Schnitt aus dem rezeptiven Bewusstsein und ist in der Konsequenz kaum wahrnehmbar, da trotz eines eventuellen Szenenwechsels aufgrund der Abgeschlossenheit der so verbundenen Handlungseinheiten der Eindruck gewöhnlicher Kontinuität dominiert. Anders als beim harten Schnitt, bei dem ein deutlicher akustischer Bruch entsteht, der die Aufmerksamkeit gerade direkt auf das Verfahren des Schnitts und dessen disruptive Wirkung lenkt, tritt der unhörbare Schnitt also dezent zurück, ohne stärker mit der Geschehensschilderung zu interagieren. Gleichwohl – und das gilt es zu betonen – ist auch der unhörbare Schnitt analytisch vorhanden und lässt sich bei einer Konzentration auf die formale Ebene eines Hörspiels ermitteln. Aufgrund seiner namensgebenden Unhörbarkeit dient dieser Schnitt meist der unmarkierten Verbindung verschiedener Handlungsabschnitte. In dem Spezialfall, dass er auf Gesprächspartien angewendet wird, kann er aber auch wesentlich zur Stilisierung der Figurenrede beitragen und insbesondere eine hastige, rastlose, ja – sofern Atmer elidiert werden – eine unmenschlich atemlose Rede erzeugen oder gar zu einer Verfremdung der Rede bis ins papierene Abstrakte führen (was für Novotný 2020, 152, in Orientierung an Ferdinand Kriwet als »lettristischer Eingriff« gilt).

Blende

Als *weicher Schnitt* lassen sich im Grunde alle Formen des Blendeneinsatzes bezeichnen, da diese durch eine Absenkung und/oder Anhebung der Lautstärke eines Schallvorgangs einen allmählichen, dezent vermittelten Übergang zwischen zwei Hörspielabschnitten schaffen. Alle Blendenformen im strengen Sinne werden also durch eine Variation der Spurlautstärke realisiert. Daneben gibt es jedoch auch noch die sogenannte Panoramablende, bei der es zu einer Verschiebung der Stereoposition eines Schallereignisses kommt und die sowohl aufgrund ihrer unterschiedlichen Umsetzungsweise als auch aufgrund ihrer anderen Funktion nachfolgend im Abschnitt zur Auralität besprochen wird (vgl. in Kap. 6.6 den Abschnitt zur elektroakustischen Auralität).

Bei den echten Lautstärkeblenden gibt es zwei Grundprinzipien der Blendennutzung, die sich zu vier Spezialformen erweitern lassen (vgl. Abb. 6). Diese zwei Grundprinzipien sind das Abblenden und das Aufblenden. Beim *Abblenden* wird die primäre Lautstärke einer Aufnahmespur an einer bestimmten, prinzipiell beliebig wählbaren Position allmählich linear abgesenkt. Geschieht diese Lautstärkenreduzierung in extremer Form, bis man ein völliges Nullsignal, d.h. effektiv »Stille«, erhält, spricht man von Ausblenden bzw. manchmal auch von »Fade-out«. Das *Aufblenden* ist genau das Gegenteil des Abblendens, da hier die primäre Lautstärke einer Aufnahmespur an einer bestimmten Position allmählich linear angehoben wird. Auch hier gibt es eine Extremform, nämlich dann, wenn man die Aufnahmespur von einem Nullsignal aus allmählich laut werden lässt. Diese Gestaltung der Blende wird als *Einblenden* oder auch »Fade-in« bezeichnet.

Kombinationsformen von Ein- und Ausblende, die unmittelbar Konjunktionsfunktionen zwischen zwei aufeinander folgende Aufnahmepartien erfüllen, sind die Überblendung und die Durchblende. Bei der *Überblendung* wird die Lautstärke der ersten Aufnahmespur allmählich bis zum Nullsignal herabgesenkt und dann – eventuell nach einer kurzen Phase der Stille – die Lautstärke einer folgenden Aufnahmespur allmählich vom Nullsignal ins Hörbare angehoben. Bei der *Durchblende* hingegen erfolgt das Ausblenden der ersten Aufnahmespur gleichzeitig mit dem Einblenden der folgenden Aufnahmespur, sodass sich beide phasenweise akustisch überlappen.

Abbildung 6

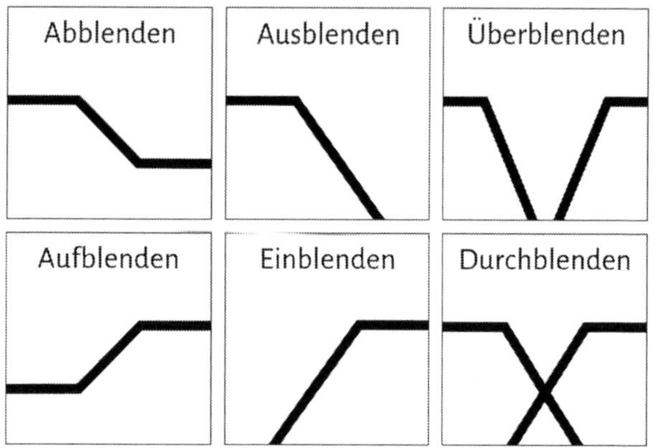

Daneben gibt es prinzipiell noch *Sprungblenden*, also abrupte plötzliche Lautstärkeveränderungen. Diese stellen jedoch ausgesprochene Ausnahmefälle dar und sind im Hörspiel sehr selten, da sie meist rezeptiv als Produktionsfehler wahrgenommen werden. Das hängt damit zusammen, dass jedes Hörspiel in aller Regel einen generalisierten Lautstärkepegel besitzt, der auch von der Normlautstärke eines Senders abhängt und garantiert, dass das Publikum nicht permanent selbst die Lautstärke am Radioempfangsgerät nachregulieren muss, sondern dem Programm mit einer einmal eingestellten homogenen Lautstärke folgen kann. Wird von diesem Prinzip mittels einer Sprungblende abgewichen, hat dies zumeist einen Störungscharakter. Teilweise werden Sprungblenden jedoch dramaturgisch zur Induktion von Schockmomenten einsetzt oder bei der narrativen Handlungskumulation, also wenn ein Geschehen einen definitiven Hochpunkt erreicht.

Eine weitere Sonderform der Blende ist eine (nach ähnlichen Prinzipien wie der sogenannte Match-Cut beim Film gebildete) Konjunktionsform, für die hier die Bezeichnung *Spiegelblende* vorgeschlagen wird. Hierbei werden zwei Hörspielabschnitte mittels Durchblende miteinander verknüpft, die hinsichtlich ihres akustischen Gehalts Entsprechungen aufweisen, jedoch gleichzeitig inhaltlich differieren. Klanganalogien, melodische Verläufe, rhythmische Entsprechungen etc. zwischen den beiden Abschnitten bilden hierbei den Ansatzpunkt, einen engeren akustischen Zusammenhang zu konstruieren (»match«) und diesen für die allmähliche Überführung des einen Abschnitts in den folgenden zu funktionalisieren. Die Folgesequenz bildet auf diese Weise partiell eine Art akustisches Spiegelbild der vorausgehenden Sequenz, wobei durch die akustische Homologie implizit ein enger inhaltlicher Zusammenhang zwischen beiden Abschnitten insinuiert wird, gleichzeitig aber klar ist, dass es sich um zwei verschiedene Komplexe handelt. Die Spiegelblende in ZEIT SEINES LEBENS, mit der das Tackern der Schreibmaschine in einem Büroraum einer Regierungsbehörde in das Maschinengewehrknattern auf dem Schlachtfeld überführt wird, wurde bereits erwähnt – diese beruhte im Wesentlichen auf Klanganalogie und rhythmischer Entsprechungen. In DIE APOKALYPTISCHE GLÜHBIRNE von Frank Witzel wird ebenfalls auf Basis einer Klanganalogie aus einer Szene, in der sich die Hauptfigur unruhig im Bett wälzt und das Rauschen und Knistern von Daunen und Bettbezug hörbar wird, mittels Spiegelblende in eine abstrakte Folgesequenz gewechselt, in der psychopathologische Zeugnisse einer anderen Figur präsentiert und elektrisches Knistern und Spannungsrauschen als Hintergrundgeräusch genutzt werden. Auf diese Weise behauptet das Hörspiel u.a. dezent einen Zusammenhang zwischen Traum- und Wahnzuständen sowie zwischen der schlafenden Figur in der ersten und der als wahnsinnig deklarierten Figur in der anschließenden Szene, um insgesamt eine subtile Kritik an strikten Definitionen von psychischer Normalität zu kommunizieren. Eine Spiegelblende auf Basis eines melodischen Verlaufs könnte bspw. dadurch geschaffen werden, dass die steigenden Schritte einer Figur in einem Treppenhaus in einer Szene durch steigende Töne in einer Melodie fortgeführt würden, die eine andere Figur auf einem Klavierspiel in der Folgeszene spielt.

Werner Klippert (2012, 71–79) unterscheidet vier inhaltliche Funktionen von Blenden, die Raumblende, die Zeitblende, die Dimensionsblende sowie die Kompositions- bzw. Ausdrucksblende. Es sei jedoch gleich an dieser Stelle darauf hingewiesen, dass ein und dieselbe Blende in einem Hörspiel gleichzeitig auch zwei oder sogar mehrere dieser Blendenfunktionen übernehmen kann – das wird im Folgenden gleich noch an einer Passage des Hörspiels 3 TAGE NORDSTADT gezeigt werden.

Die *Raumblende* ist sicher die wichtigste, da häufigste Form der inhaltsbezogenen Blendennutzung. Mit ihr wird ein wahrnehmungspsychologisches Phänomen der Realität mit den Mitteln der Audiophonie künstlich akustisch nachgeahmt, nämlich jenes, dass bei der relativen Annäherung von Schallquelle und Wahrnehmungsinstanz das Geräusch der Schallquelle lauter wird und bei einer relativen Entfernung zwischen beiden das Geräusch der Schallquelle leiser wird. Der Begriff »relative Annäherung« bzw. »Entfernung« umfasst dabei eine ganze Reihe möglicher Bewegungsformen: Entweder bleibt die Wahrnehmungsinstanz statisch an einem Ort, während sich die Schallquelle – bspw. ein Auto – mobil verhält, also annähert oder entfernt; oder es ist entsprechend umgekehrt, dass die Schallquelle – bspw. ein Glockenturm – am selben Ort bleibt, während sich die Wahrnehmungsinstanz mobil verhält, also auf die Schallquelle zubewegt; oder Wahrnehmungsinstanz und Schallquelle bewegen sich gleichzeitig aufeinander zu bzw. voneinander weg, wobei dann eine dritte immobile Schallquelle als Bezugspunkt der kon- bzw. divergierenden Bewegungen von Wahrnehmungsinstanz und Schallquelle funktionalisiert sein kann. Diese Bewegungsformen werden technisch durch Manipulation des Lautstärkereglers erzielt, wobei, sobald mehrere Spuren auf diese Weise unterschiedlich behandelt werden, korrekter Weise bereits von *Mischung* gesprochen werden sollte.

Eine einfache Bewegungssimulation auf Basis der Blendennutzung ist etwa das Herantreten von Personen aus dem akustischen Off in das bspw. durch gleichförmig laute Vogelgeräusche markierte On der Szene, wobei dann auf diese Personenspur ein schlichtes Einblenden angewandt würde. Durch Ausblenden derselben Spur ließe sich das Abtreten der Figuren aus dem On der Szene ins akustische Off darstellen. Durch gleichzeitige Nutzung der Stereopositionen, kann dabei noch eine weitere Differenzierung vorgenommen und bspw. deutlich gemacht werden, dass die Figuren sich von links in die Szene und nach rechts wieder aus dieser hinausbewegen, wobei dann das Ein- und Ausblenden dieser Spur durch eine Verlagerung derselben vom linken zum rechten Tonkanal bzw. von der linken zur rechten Panoramaposition begleitet werden müsste. Auch tiefenräumliche Bewegungen lassen sich auf diese Weise simulieren, denn wenn in einem Stereosetting das Ein- bzw. Ausblenden der Figurenspur auf die Mitte gelegt wird, scheint deren Bewegung sich aus dem Hinter- in den Vordergrund bzw. umgekehrt zu vollziehen.

Auf Basis dieser Grundprinzipien können im Weiteren recht komplexe Bewegungen von Geräuschquellen und/oder Wahrnehmungsinstanz inszeniert werden. Gleichzeitig müssen diese Prinzipien nicht auf einen realistischen Raum bezogen sein, sondern es können so auch abstrakte, bspw. mentale Räume differenziert werden, wobei sich auf die beschriebene Weise dann etwa das Auftauchen von Gedanken, Erinnerungen, Gefühlen oder dergleichen im Bewusstsein einer Figur gestalten lässt. Und auch eine Zwischenform zwischen realistischer und abstrakter Raumblendennutzung kann für das Auftauchen und Verschwinden von Stimmen im sogenannten ortlosen Spiel einsetzt werden, wenn die so miteinander in Interaktion gebrachten Stimmen keine konkreten Figuren markieren, sondern bspw. symbolische Konzepte wie »Arm« und »Reich« oder dergleichen. In einem solchen Fall würden dann durch die Blendenbestimmung keine realen Räume mehr vermessen werden, sondern gewissermaßen semantische Felder gegeneinander abgegrenzt.

Eine sehr beeindruckende Breite an Blendenoperationen bietet das bereits genannte klassische Hörspiel Mord im Pfarrhaus: Schon ganz zu Beginn des Stücks wird über die Verblendung verschiedenster Geräusche die nähere Topografie dargestellt, in der die anschließende Handlung situiert ist. So wird das Geläut eines Kirchglockenturms eingeblendet und dann in Rabengekrächze übergeblendet, das seinerseits – während das Glockengeläut noch immer entfernt hörbar bleibt – in das Vogelgezwitscher eines Gartens übergeblendet wird, in dem – ebenfalls in Form einer Raumblende – die als Erzählerinnenfigur fungierende Miss Marple redend langsam aus dem Hinter- in den Vordergrund tritt. Mit dieser orchestralen Mischung der verschiedenen Tonspuren zu einer szenischen Topografie werden direkt zu Beginn des Hörspiels nicht nur die wichtigsten Handlungsschauplätze (Pfarrhaus, Friedhof/Außenraum, Haus von Miss Marple) eingeführt, sondern – funktional ganz ähnlich wie mit einer Plansequenz im Film – die räumlichen Zusammenhänge, die Nähe und die isotopische Geschlossenheit des Mikrokosmos »Dorf« nach den Prinzipen »alles liegt in Hör- und Sichtweite zueinander« und »jeder überwacht jeden« eindrücklich hörbar gemacht.

Bei der *Dimensionsblende* werden exakt solche verschiedenen Daseinsschichten bzw. Dimensionen eines Hörspiels zueinander vermittelt. Besonders in Gestalt von Durchblenden erfolgt dann ein Wechsel von der Ebene der Realität in den der Imagination oder des Traums. Im Hörspiel DER BLAUE VOGEL von Christoph Buggert wird so die ganze Narration einem fortgesetzten, durch Blenden vermittelten Dimensionswechsel unterworfen: Fortwährend wird hier ein Sprung aus dem mentalen Raum der Hauptfigur Ulrich, in dem dieser sich mit seiner Landschulheimliebe Winnie unterhält, hin in den Raum der realen Vergangenheit vollzogen, wobei im Verlauf des Hörspiels immer deutlicher wird, dass Ulrich wohl am Tod Winnies (mit-)verantwortlich und darüber wahnsinnig geworden ist und er sich diese lediglich imaginiert, um das Geschehene und seine eigene Schuld in dieser Form der Interaktion verarbeiten zu können. Dass Winnie in den Dialogszenen im mentalen Raum Ulrichs akzentfrei spricht, während die wirkliche Winnie einen starken dänischen Akzent hat, dient dabei als besonderer Marker, um Wirklichkeit und Imagination respektive Idealisierung voneinander abzusetzen. Da der mentale Raum mit den imaginierten Unterhaltungen durchweg der Ausgangspunkt für die Rückblenden auf das tatsächliche Geschehen bildet, sodass diese im Grunde ebenso figural vermittelt sind, müsste man, um exakt zu sein, eigentlich sagen, dass die – zugleich als Zeitblenden fungierenden – Dimensionsblenden weniger zwischen der Realität und den Gedanken Ulrichs vermitteln, als vielmehr zwischen verschiedenen Ebenen von Ulrichs kognitiven Bereichen, speziell zwischen seinem aktuellen Zustand geistiger Erkrankung, der durch Schuldgefühle, Ängste, extreme Emotionalität und Traumatisierung konturiert wird, sowie seinen Erinnerungen an das Vergangene.

Dimensionsblenden können aber auch einen einfachen fließenden Wechsel aus einer Situation aktuellen Erlebens in eine Dimension der Erinnerung gestalten, wie in dem bereits behandelten Hörspiel DER GEWISSENLOSE MÖRDER HASSE KARLSSON, wo es zudem immer wieder zu Durchbrüchen zwischen Aktualität, Erinnerung und aktuell inszenierter Erinnerung kommt.

Auch ein Übergang von der gedanklichen zur gesprochenen Stimme einer Figur bzw. umgekehrt kann auf diese Weise vermittelt werden. Häufig werden derartige Dimensionsübergänge durch simultane Musikein- und ausblendungen flankiert und – speziell bei (eventuell durch Drogeneinfluss oder Sauerstoffunterversorgung bedingten) Sprüngen vom Wachbewusstsein in Traum- oder Fantasiezustände – elektroakustische Manipulationen eingesetzt, um mittels des unnatürlichen, unrealistischen Klangs deutlich zu machen, dass ein Übergang in einen gestörten Bewusstseinszustand der Irrealität erfolgt. In 3 TAGE NORDSTADT wird auf diese Weise der glitchhafte Übergang aus der Wachrealität eines Alkohol konsumierenden Jugendlichen in eine benebelte Traumphase und zurück in die Realität dargestellt und in dem biografisch orientierten Hörspiel WORTE DES MEERES IN DEN WIND GESCHRIEBEN von Harald Brandt wird über Blenden ein ganzer Komplex unterschiedlichster Bewusstseinszustände vernetzt, die der Taucher Théo Mavrostomos während seines in einer Druckkammer simulierten 23-tägigen Weltrekordtauchgangs auf 700 Tiefenmeter durchlebt.

In den beiden letztgenannten Hörspielen sind die Dimensionsblenden zugleich mit *Zeitblenden* korreliert, also mit Blenden, über die Sprünge in der Zeit vermittelt werden. So schläft die Hauptfigur in 3 TAGE NORDSTADT ein, die narrative Wahrnehmungsinstanz wechselt in den Traumzustand und dann wieder zurück zur Realität, wobei sich dieser Wechsel binnen weniger Minuten vollzieht. (Tatsächlich erfüllt die Blende zusätzlich noch die Funktion der Raumblende, da die Figur auf einer Party einschläft und dann in ihrem Bett aufwacht – ein inhaltlicher Sprung, mit Dialemma-Charakter, der als alkoholbedingter »Filmriss« zu interpretieren ist.)

Zeitblenden können als Vor-, Rück- oder Simultanblenden intendiert sein, also zeitliche Sprünge von einem Orientierungspunkt in die Zukunft (Prolepse) oder in die Vergangenheit (Analepse) oder zu einem zeitgleich stattfindenden Geschehen realisieren. Dabei werden Zeitblenden in der Regel von Sprache vorbereitet und getragen, entweder durch Erzähler- oder durch Figurenrede, um die temporale Verschiebung für die Zuhörenden eindeutig zu machen. Und fast immer wird bei Rückblenden auch nach dem Prinzip des Erinnerungsmotivs eine musikalische Tonbrücke eingesetzt, um den Wechsel von Aktualität zu Vergangenheit konventionell zu verdeutlichen.

Die letzte funktionale Blendenform ist die *Kompositions-* oder *Ausdrucksblende*. Nach Klippert dient sie allgemein dem Spiel mit dem Schall und den Stimmen, die auf diese Weise auf verschiedene Kanäle verteilt und wie Instrumente eines Orchesters dirigiert und kombiniert werden können. Der zentrale Anwendungsbereich der Kompositionsblende ist das experimentelle Hörspiel und sie findet auch bei O-Ton-Hörspielcollagen häufig Verwendung, um Kompositionsmuster, Verknüpfungen, Kontraste, Akzente und ähnliche Arten der vor allem formalen Relationierung von Schallereignissen herstellen zu können. Aber auch in dem bereits mehrfach erwähnten Segment des Hörspiels 3 TAGE NORDSTADT kommt diese Gestaltungsmöglichkeit zum Einsatz, denn die Traumphase, die zwischen der Realität auf der Party und der Realität nach dem Wiedererwachen vermittelt, besteht aus einer diffusen vielteiligen Komposition aus polyphonen Figurenaussagen zur Qualität eines bestimmten Zigarettenpapiers, Musik und Geräuschen, die durch Blenden geschaffen und strukturiert wird.

Zur Theorie der Blende und der Unterscheidung zwischen den unterschiedlichen Formen von Zeit- und Raumblende siehe vor allem Schwitzke 1963, 245–253, und Klippert 2012, 71–79; siehe auch Bartusch 1961/1962. Zu Schnitt und Blende siehe Schmedes 2002, 87–89, und Maier 2015, 233–278. Zum durch Blendeneinsatz strukturierten Kunst-Glitch im Hörspiel am Beispiel des besprochenen Stücks 3 TAGE NORDSTADT siehe Hänselmann 2023, 39f.

Montagemuster

Begreift man Schnitt und Blende als Produktionsverfahren, mittels derer ein oder mehrere große akustische Bänder in kleinere Flecken zerteilt und diese – rearrangiert – zu einem neuen Gewebe zusammengefügt werden können, so lässt sich – in Übertragung der Begrifflichkeit der Filmherstellung – mit der Bezeichnung Montage oder genauer: Montagesyntagma bzw. *Montageeinheit* eine Reihe von argumentationsstrategisch bestimmten Mustern ansprechen, gemäß derer sich größere, formal kohäsive und inhaltlich kohärente Abschnitte eines Hörspiels gestalten lassen. Ein Hörspiel erscheint unter dieser Perspektive als ein Gebilde, das aus mehreren aufeinanderfolgenden Abschnitten (»Syntagmen«) aufgebaut ist, die sich ihrerseits durch inneren Zusammenhang und kompositorische Geschlossenheit voneinander abgrenzen lassen. »Montage« bezieht sich dabei auf die spezifische Komposition speziell der Abschnitte eines Hörspiels, aber in letzter Konsequenz auch auf das formale Gebilde insgesamt; »Montageeinheit« auf den entsprechend strukturierten, formal diskreten, isolierbaren Abschnitt in diesem Gebilde; und »Montagemuster« auf die konkrete Gestaltung des jeweiligen Abschnitts, wobei es einen begrenzten Satz an konventionellen Gestaltungsmustern gibt. Um ein Hörspiel zu strukturieren, werden in produktioneller Hinsicht die einzelnen Abschnitte desselben als Montageeinheiten bestimmt, die nach diesen Montagemustern aufgebaut werden bzw. deren Gestalt verliehen bekommen. Für die Analyse kann die Identifizierung der Montageeinheiten sowie des jeweils genutzten Musters sowohl hilfreich bei der Dekonstruktionsarbeit sein als auch die Deutung sinnvoll unterstützen, denn an jedes Montagemuster ist eine ganz spezielle Kommunikationsfunktion geknüpft.

Das oben umrissene Begriffsverständnis steht den konventionellen Montagedefinitionen gerade in der Filmtheorie eher fern, wo Montage gemeinhin den gesamten an Filmaufnahmen vollzogenen postproduktionellen Arbeitszusammenhang von Zerteilung, Schnitt, Auswahl, Ordnung, Überarbeitung und Verknüpfung umfasst und ein Montagesyntagma im Grundverständnis des Wortes lediglich einen von Arbeitsschritten der Montage gekennzeichneten Filmstreifen benennt. Das hier intendierte Verständnis orientiert sich dagegen stärker an dem speziellen analytisch gewonnen Montagebegriff von Christian Metz (1972, 171–182), der Montage – teils in Anlehnung, teils in Abgrenzung von vorausgehenden Konzepten wie besonders jenen von David Wark Griffith und Sergej Eisenstein – elementar als Verfahren der Syntagmatisierung ansah. Gemäß dieser Auffassung grenzte Metz acht verschiedene Filmsyntagmen anhand ihrer unterschiedlichen Struktur, vor allem aber auch ihrer argumentativen Funktion wegen voneinander ab und teilte sie in drei Gruppen ein, nämlich in autonome Einstellungen, chronologische Syntagmen und achronologische Syntagmen. Überträgt man dieses Ordnungsprinzip, soweit das möglich ist, in den Bereich des Hörspiels, eignen sich die unterschiedlichen Montagemuster als analytische Kategorien, die helfen können, die strukturelle Komposition sowie die damit verfolgte kommunikativ-argumentative Intention eines konsistenten Hörspielabschnitts zu erfassen. Es lassen sich für den Hörspielbereich acht unterschiedliche, formal distinkte Montageeinheiten definieren: das szenische, das dialemmatische, das insertive, das alternierende, das deskriptive, das paradigmatische, das episodische und das kontrastive Syntagma.

Das Hörspiel gehorcht anderen medialen Gesetzen als der Film, weshalb eine direkte Übertragung des Schemas von Metz nicht möglich ist. Im Film ist das Visuelle maßgeblich, alles zu Präsentierende im Aufnahmematerial unzerteilbar »verbacken«, jeder Schnitt ins Material offenkundig und vor allem werden konsistente narrative Handlungseinheiten (»Szenen«) in aller Regel aus Serien diskontinuierlicher Ansichten (»Einstellungen«) gestaltet, die den Prinzipien des Continuity-Systems Hollywoods folgen (konstante Lichtwerte, Einheit des Raumes, 30°-Regel, 180°-Regel, Eyeline-match etc.). Beim rein akustischen Medium des Hörspiels ist dagegen weder ein Schnitt ins Rohmaterial zwingend wahrnehmbar noch wird eine Handlungseinheit durch rein lineare Verknüpfung von Aufnahmepartikeln einer fortwährend springenden Wahrnehmungsinstanz komponiert. Auch ist hier das zu Präsentierende fast nie vollständig in einer Aufnahmeeinheit vorhanden, sondern es werden im Gegenteil Partikel aus dem Fundus verschiedener Primäraufnahmen isoliert und dann so zusammengeführt, dass sich beim fertigen Hörspiel der Eindruck einer kompakten Szene mit Kohärenz, Kohäsion und (räumlicher, zeitlicher, formaler etc.) Einheitlichkeit erst ergibt.

Diese Unterschiede bedingen u.a., dass es die filmische Plansequenz nach Metz, bei der es sich um eine ungeschnittene, mit nur einer Einstellung realisierte Handlungsdarbietung handelt, so im Hörspiel nicht gibt. Sie ist dort formal identisch mit der Montageeinheit der Szene bzw. – um größere begriffliche Schärfe zu erhalten – des *szenischen Syntagmas*, das sich als kontinuierlicher Ereignisablauf ohne zeitliche Kürzungen gestaltet. In einem szenischen Syntagma wird also der gesamte Erzählabschnitt ohne irgendwelche Auslassungen oder Sprünge in chronologischer Reihenfolge direkt und unter Wahrung der Einheit von Ort, Zeit, Personen, Aktion und

Präsentationsmodus dargeboten. Diese Option, ein Geschehnis bei Konstanz der Darstellung (Außen-/Innenperspektive etc.) als konsistenten Handlungsabschnitt logisch-chronologisch in szenischer Form wiederzugeben, ist die für das konventionelle narrative Hörspiel typische. Sobald eine Erzähleinheit abgeschlossen ist, folgt meist eine Blende und/oder eine Musikbrücke zu einer anderen Erzähleinheit, für deren Verständnis sie die Voraussetzung bildet und welche eine andere Konfiguration hinsichtlich von Ort, Zeit, Personen und Aktion aufweist. Die additive Fügung solcher szenischen Montageeinheiten liefert eine klare dramaturgische Tektonik und erlaubt es, narrative Inhalte übersichtlich und geschehensnah zu vermitteln, was rezeptiv zu größtmöglicher Orientiertheit führt und einem grundsätzlich hörspielerfahrenen Publikum einen unmittelbaren Nachvollzug der Inhalte sowie immersive Wahrnehmungsoptionen eröffnet.

Im Umkehrschluss bedeutet das, dass Verfahren der Sequenzialisierung, bei denen vom szenischen Montagemuster abgewichen wird, tendenziell auch mehr oder weniger vom illusionistischen Präsentationsparadigma abweichen und auf struktureller Ebene die Gemachtheit des Stücks wahrnehmbarer werden lassen, ja, diese eventuell sogar akzentuieren und ausstellen. Folglich sind hierbei in aller Regel auch (möglicherweise intendierte) Störungen einer passiven bzw. immersiven Rezeptionshaltung festzustellen. Dies gilt sowohl in Bezug auf andere, nicht-szenische Montagemuster als auch in Bezug auf Konjunktionsformen, wie speziell den Jump-Cut (vgl. in Kap. 6.6 den Abschnitt zum Schnitt), bei denen auf der Ebene partikulärer Verstöße gegen das Prinzip der Einheit von Ort, Zeit, Personen, Aktion und Präsentationsmodus Störungen der Illusion einer rezeptiven Kopräsenz der Zuhörenden erzielt werden.

Es gibt zwei Möglichkeiten der dezenten Abweichung von einer strikt szenischen Montagepraxis. Die eine ist das *dialemmatische Syntagma*, das bei Metz mehrdeutig als »Sequenz« bezeichnet wird, weswegen hier eine alternative Benennung vorgeschlagen wird. Ein Dialemma ist – nach dem griechischen Wort für »Unterbrechung, Auslassung, Lücke« – eine Tilgung uninteressanter bzw. für das Verständnis der Handlung unnötiger Vorgänge in einem ansonsten chronologischen Handlungsverlauf (werden handlungsrelevante Zeitabschnitte getilgt, spricht man von Ellipse). Das dialemmatische Syntagma ist entsprechend eine Montageeinheit, die eine kontinuierliche Handlung auf ihre wesentlichen Geschehensmomente konzentriert in szenischer Darstellung präsentiert und überall dort handlungstilgende Schnitte setzt, wo Geschehensmomente zu finden sind, deren Fehlen für das narrative Verständnis nicht störend wirkt, da die entstehenden Lücken von den Rezipierenden aufgrund von genrekonventionellem, realweltlichem oder sonstigem Erfahrungswissen kognitiv gefüllt werden können. Beginnt etwa eine Figur eine Arbeit und soll nicht der ganze Prozess der Herstellung ihres Werks dargeboten werden, würde ein dialemmatisches Syntagma nur den Beginn der Arbeit szenisch darstellen, dann einen Schnitt setzen und anschließend die Fertigstellung des Werks wieder szenisch präsentieren. Eine andere typische Struktur eines dialemmatischen Syntagmas sieht so aus, dass eine Figur zunächst an einem Schauplatz in eine Handlung involviert ist, die szenisch präsentiert wird, diesen Schauplatz zu Fuß, mit dem Auto etc. dann verlässt, worauf ein dialemmatischer Schnitt erfolgt und anschließend das Eintreffen der Figur an einem anderen Schauplatz szenisch geschildert wird, an dem sich die Handlung fortsetzt. Die bereits oben erwähnte Passage in MICHEL AUS LÖNNEBERGA – MICHEL MUSS MEHR MÄNNCHEN MACHEN weist diese Struktur auf: Die Magd Lina leidet eines Morgens an Zahnweh, was bei ihren Mitbewohnern teils zu Schadenfreude, teils zu Sorge Anlass gibt. Die Bäuerin Alma sieht schließlich ein, dass ihre Magd so nicht arbeiten kann, und schickt ihren Sohn Michel los, damit er zur Unterstützung der Hofgemeinschaft Krösa-Maja herbeiholt. Kaum hat Alma die Worte »Michel, lauf zu Krösa-Maja und bitte sie, dass sie kommt und uns hilft!« gesprochen, erfolgt ein Schnitt, eine siebensekündige treibende Musikeinspielung markiert das Dialemma und vermittelt zur Folgehandlung, wo Michel in der Hütte von Krösa-Maja ankommt, von ihr über einen Zeitungsbericht über einen Typhusfall in der näheren Umgebung informiert wird und wo er selbst Krösa-Maja über die Situation zuhause aufklärt und zum Mitkommen bewegt. Dialemmatische Syntagmen können exklusiv szenenbasiert sein, wobei – trotz Auslassungen im Handlungsverlauf – ausschließlich die Figuren- und Handlungsebene vermittelt wird; sie können aber auch narratorangereichert sein, also an den gekürzten Stellen Einschübe aufweisen, in denen die Erzählinstanz explizit und mitunter exklusiv in Erscheinung tritt. Das kann, wie im MICHEL-Beispiel, durch das Einschalten einer kurzen Musikpassage erfolgen, es kann aber auch, wie im klassischen Kinderhörspiel generell üblich, durch das Einfügen eines raffenden Berichts der Erzählinstanz geschehen, in dem die nicht szenisch präsentierten Ereignisse kurz benannt werden. Auch eine Kombination aus beiden Verfahren ist natürlich möglich. Entscheidend für das dialemmatische Syntagma ist das Moment der Unterbrechung des Handlungsverlaufs sowie der mit dieser Unterbrechung verknüpfte Zeit- und eventuell Ortssprung, durch den ein Dialemma, sprich: eine Lücke im Geschehen entsteht. Andernfalls wäre ein insertives Syntagma gegeben.

Das *insertive Syntagma* ist eine weitere Option zur dezenten Abweichung von einer strikt szenischen Montagepraxis. Dabei werden grundsätzlich als szenisch anzusehende Syntagmen durch Einschübe angereichert, die aber keine Tilgung von Handlungsmomenten zur Folge haben bzw. solche anzeigen. Solche Einschübe, die in eine sonst szenische Darbietung zwischengeschnitten oder auch durch ein reines Voiceover der Erzählinstanz über die kontinuierliche Handlungsinszenierung geblendet werden, sind im Hörspiel meist explikative (abstrakte) Einfügungen, vermittels derer in der Regel von höherer diegetischer Ebene aus zusätzliches Wissen zum Hintergrund bzw. zu bestimmten »stummen« Aspekten der Handlung geliefert wird. Solche insertiven Syntagmen sind typisch für autodiegetische Hörspielerzählungen, in denen also eine bestimmte Figur eine selbst erlebte Geschichte aus der Eigenperspektive vermittelt und immer, wenn die Erzählinhalte nicht aus der rein szenischen Darbietung mit der Figur als Handlungs- und Wahrnehmungsinstanz verständlich werden, sich die Figur als Erzählinstanz zwischenschaltet und Beschreibungen, Erklärungen, Hinweise etc. liefert. Als Beispiel kann abermals eine Passage des Stücks DER GEWISSENLOSE MÖRDER HASSE KARLSSON dienen, das eine ebensolche retrospektive autodiegetische Struktur besitzt und in dem sich folgendes durch insertive Montage angereichertes szenisches Syntagma findet:

> [Warnsignale einer sich öffnenden Bahnschranke; sich entfernendes Rattern eines Zuges auf Bahnschwellen]
> *Schwalbe*: Wie wär's mit einer Wette?
> *Junger Hasse:* Was für eine?
> *Schwalbe*: Irgendeine.
> *Junger Hasse:* Warum willst du immer wetten? Ich hab kein Geld.
> *Schwalbe:* Wenn man gewettet hat, weiß man, ob man Gewinner oder Verlierer ist. Ich wette mit dir, das nächste Opfer, was da auf der Straße kommt, ist ein Mann.
> *Junger Hasse:* Und ich glaube, es ist eine Frau. – Was kriegt der Gewinner?
> *Schwalbe*: Der Verlierer kriegt eine Strafe.
> *Junger Hasse:* Hast du jemals gefrorenen Stahl geleckt?
> *Schwalbe*: Nein!
> *Junger Hasse:* Der Verlierer muss mit der Zunge am Stahlträger der Brücke lecken. Zehn Sekunden lang.
> *Schwalbe*: Das ist doch keine Strafe.
> *Junger Hasse:* Wir werden sehn...
> *Alter Hasse (als Erzähler):* Es waren abends nur wenige Leute auf der Straße unterwegs, manchmal kam nicht ein Einziger vorbei.
> *Schwalbe*: Es kommt jemand.
> *Alter Hasse (als Erzähler):* Aber diese Wette gewann ich.
> [Janine nähert sich leise summend.]
> *Schwalbe*: Was ist denn das für eine Verrückte?
> *Junger Hasse:* Ich hab die Wette gewonnen!
> *Schwalbe:* Die sieht ja vielleicht komisch aus.
> *Junger Hasse:* Die kennt hier jeder. Sie hat keine Nase. Man wollte sie operieren, aber es ging schief. Der Arzt hat ihr die ganze Nase weggeschnitten. Sie heißt Janine, ist etwas älter als wir und spielt Saxophon. Alle gruseln sich ein wenig vor ihr. – Aber ich hab die Wette gewonnen!
> *Schwalbe:* Wie gruselig, die hat tatsächlich keine Nase! – Bring morgen Abend einen Spaten mit!
> *Junger Hasse:* Wozu einen Spaten?
> *Schwalbe:* Das wirst du morgen sehn.
> *Junger Hasse*: Ich hab die Wette aber gewonnen!

> Schwalbe: Ich werde an der Brücke lecken, aber erst, wenn wir der nasenlosen Verrückten einen ordentlichen Schrecken einjagen!

An dieser Stelle endet die Szene und es erfolgt ein über die Erzählinstanz vermittelter Zeitsprung zur nächsten Szene am folgenden Abend. Insertiv werden in ungefährer Mitte der zitierten Szene zwei Mal von der Erzählinstanz Zusatzangaben gemacht, die Informationen zum Handlungskontext (Abend, leere Straßen) sowie einen proleptischen und damit akzentuierenden Vorausblick auf die gewonnene Wette liefern.

Eine insertive Montagepraxis führt zu einer tendenziell distanzierten Erzählweise, da alle entsprechend präsentierten Aspekte durch eine Introspektion der Figuren bzw. eine Aufmerksamkeits- und Bewertungslenkung der Erzählinstanz subjcktiv vermittelt werden und – sofern nicht generell eine autodiegetische Erzählposition gegeben ist – es so zu einem fortwährenden Wechsel zwischen neutraler Außensicht und subjektiv eingefärbter Figurenperspektive kommen kann. Dieses Changieren in der Vermittlungsweise und der Validität der Vermittlungsinhalte (Stichwort: unzuverlässiges Erzählen) lässt sich teilweise dadurch verringern, dass durchweg eine abstrakte Erzählinstanz genutzt wird, um die für die Zuhörenden eines Hörspiels unsichtbaren und von den Figuren der Handlung nicht sprachlich erfassten Elemente in insertiven Montagen zu präzisieren.

Das Hörspiel MEIN BRUDER von Peter Zemla macht die Methode der insertiven Montage zu einem veritablen narrativen Grundprinzip der Geschichte. Ausgehend von einem Wittgenstein-Zitat über die Schwierigkeiten intersubjektiver Kommunikation schickt es einen Reporter in Begleitung eines Tontechnikers zu Herrn Fidibus, der einen allem Anschein nach außergewöhnlichen Bruder hat. Dieser Bruder, so berichtet Fidibus nach und nach en passant, besitzt nicht nur u.a. hummerartige Scheren, viele funkelnde blutunterlaufene Augen, Scharniere, einen grell-roten Kehlsack und spitze weiße Zähne, sondern hockt auch an der Zimmerdecke, fängt Fliegen und verhält sich auch sonst ausgesprochen bizarr. Die beiden Radioleute bekommen diesen Bruder allerdings nie zu sehen – er sitzt abgetrennt durch eine Türe im Nebenzimmer und macht nur durch eine ganze Reihe von Geräuschen auf sich aufmerksam. Diese Geräusche werden jedoch nicht direkt als intradiegetische Szenengeräusche dargeboten, sondern in Form insertiver Montagen. Akustische Störgeräusche, wie sie vor allem bei der Verwendung alter analoger Aufnahmetechnik anfallen (Knacken, Rauschen, Tonabnehmerschnalzen etc.), eröffnen und begleiten diese Sequenzen, in denen die abstrakte männliche Erzählinstanz (anders als in der sonstigen Hörspieldarbietung statt in elaborierter Stereophonie) in reiner Monophonie lediglich Beschreibungen der Geräusche des Bruders liefert. Diese sind u.a. folgende:

> Ein Schreien, dumpf kehlig zunächst, dann umkippend in ein kreissägenartiges, hohes Kopfstimmenkreischen. Aufgeregte Schimpansen schreien ein solches Schreien. [...] Ein durch Mark und Bein gehendes Trompeten, wie Elefanten es trompeten. [...] Ein schnell lauter werdendes, kurzzeitig ohrenbetäubendes Rattern, als brause eine Dampflokomotive durch das Zimmer. [...] Ein aufgeregtes Bellen, wie Schäferhunde es bellen, wenn ihnen, Aufmerksamkeit heischend, ein Stock hingehalten wird, der im nächsten Moment im hohen Bogen durch die Luft fliegt. [...] Das dumpfe, spiralige Gluckern, wenn Wasser einen halbverstopften Abfluss hinunterrinnt.

Auf diese Weise wird es den Zuhörenden unmöglich gemacht, sich aus erster Quelle selbst ein Bild von den Äußerungen des Bruders zu machen. Das den Ausgangspunkt bildende Wittgenstein-Diktum wird so eindrücklich in hörspielspezifischer Form aktualisiert; zugleich ergibt sich eine Vielzahl an metareflexiven und hörspielkritischen Interpretationsmöglichkeiten des Stücks.

Außer zur Vermittlung von Zusatzwissen kann das Unterschneiden von Inserts in eine kontinuierliche Sequenz auch genutzt werden, um anderweitige nicht-diegetische Inhalte in die Szene zu integrieren, wie etwa symbolische oder komparativ funktionalisierte Einschübe, die das szenisch präsentierte Geschehen bzw. in ihm getätigte Aussagen akustisch in Bezug zu anderen Kontexten setzen (bspw. kann ein monotoner Figurenmonolog von der Erzählinstanz durch Zwischenschnitt oder -blende eines Blubbergeräusches als »Geblubber« ausgewiesen werden). Außerdem können subjektive Wahrnehmungen und Bewusstseinsinhalte wie Träume, akute Wahnvorstellungen, Ängste etc. oder auch diegetisch-versetzte Handlungsaspekte pro- oder analeptisch als insertive Syntagmen in eine Szene eingebaut werden.

Theoretisch lässt sich durch insertive Montage auch eine Art »Seitenblick« auf einen anderen Handlungskontext werfen. Erfolgen solche Einschübe in einer Häufigkeit und Regelmäßigkeit, dass sich rezeptiv der Eindruck einstellt, es handle sich nicht mehr nur um Einschübe, sondern um einen stetigen Wechsel zwischen zwei oder mehreren getrennten, je inhaltlich konsistenten Hörspieleinheiten (Schauplätzen, diegetischen/mentalen Ebenen, isolierten Sprechinstanzen etc.), spricht man von einem *alternierenden Syntagma*, das durch *Parallelmontage* realisiert wird. Bei der Anwendung der Parallelmontage auf Handlungsinhalte werden zwei oder mehr simultane Ereignisse durch Cross-Cutting so zu einer Montageeinheit verbunden, dass innerhalb der Ereignisserien Konsekution herrscht, beide zueinander aber in Gleichzeitigkeit stehen.

Dieses Prinzip der Verkettung oder besser: Durchflechtung von sich parallel vollziehenden Handlung ist typisch für spannungsbezogene Hörspielgenres, speziell für das moderne Kriminalhörspiel. In dem Stück SCHWERE SEE wird dies zum gesamtdramaturgischen Konzept gemacht. Darin überfallen Terroristen nach dem Plan des ehemaligen Frontex-Mitarbeiters Frank Walter Krull und unter Führung des brutalen June eine Luxusjacht und bestücken sie mit Sprengstoff, um Lösegeld, vor allem aber eine europaweit konzertierte humanitäre Lösung für die Flüchtlingsproblematik zu erzwingen. Während June mit seinen Leuten und den Geiseln auf der Luxusjacht ausharrt, bewegt sich Krull, dessen Verstricktheit in den Fall für die Polizei längere Zeit verborgen bleibt, an Land und telefoniert immer wieder mit June, aber auch mit der Polizistin Andrea Humbold, die als Terrorismusexpertin gleichzeitig von Groenewoud, dem Sonderbevollmächtigten der EU-Kommissarin für Außenangelegenheiten, mit der Lösung des Falls beauftragt wurde. Dieses Setting liefert im Wesentlichen drei Handlungsstränge: die Geschehnisse auf der Jacht, die Unternehmungen von Krull an Land sowie die Ermittlungen von Humbold – daneben bilden simulierte Live-Nachrichten einen vierten wichtigen Brückenbereich der Informationsvermittlung. Zwischen den Strängen wird im Verlauf des Stücks fortwährend hin und her gewechselt, wobei die anfangs stärker chronologische Darstellung der sukzessiven Geschehnisse schließlich in eine immer kleinteiligere durch Parallelmontagen gestaltete Vermittlung der sich simultan vollziehenden Ereignisse auf Schiff und an Land mündet. Während an Bord der Luxusjacht die Lage außer Kontrolle zu geraten droht, versucht Humbold an Land Krulls habhaft zu werden, der sich seinerseits dieser Verfolgung zu entziehen und gleichzeitig seine im Grunde noblen Ziele umzusetzen versucht. Die Spannung, die durch die auf diese Weise herbeigeführte Fragmentierung der Handlungslinien erzeugt wird, löst sich in einem ersten Schritt dadurch auf, dass Krull in eine Falle gelockt, von Humbold verhaftet und verhört wird, wodurch zwei Handlungsstränge zu einem konvergieren. Der ursprünglich dritte Handlungsstrang mit den Geschehnissen auf der Luxusjacht wird schließlich durch eine noch extremere narrationszeitliche Korrelation mit dem der Geschehnisse an Land zusammengeführt: Groenewoud gibt gegenüber Humbold vor, dass man die Forderungen der Erpresser erfüllen will, was Humbold an Krull weitergibt, damit dieser June darüber informieren und die Entführung friedlich beendet werden kann. Tatsächlich belügt Groenewoud jedoch Humbold: Die entführte Jacht wird durch Spezialkräfte der Polizei gestürmt, was im Hörspiel zunächst als szenische Direktdarstellung erfolgt, dann – markiert durch elektroakustische Manipulationen – als mediatisiertes Geschehen in Gestalt einer Videodirektübertragung, der Humbold im Gespräch mit Groenewoud vor einem Monitor beiwohnt. Humbold und Groenewoud hören und sehen also durch die Videoübertragung der Polizeikräfte, wie die Entführung gewaltsam beendet wird, und die Zuhörenden des Hörspiels hören dank dieser Form der Simultandarstellung, wie Humbold begreift, dass sie getäuscht wurde, und wie sie von den zeitgleich stattfindenden Geschehnissen auf dem Bildschirm emotional erschüttert wird. Weite Teile des Stücks sind also durch fortgesetzte Parallelmontagen strukturiert, um die sich an dreierlei Orten zuspitzenden Konflikte spannungserzeugend und -steigernd darzustellen.

Eine solche Extremform der Parallelmontage ist jedoch die Ausnahme; für gewöhnlich wird sie primär an Kulminationspunkten der Handlung eingesetzt, um Spannung gezielt an jenen Stellen in der dramaturgischen Komposition eines Stücks zu induzieren, die nach der klassischen Dramentheorie im Abschnitt unmittelbar vor der Katastrophe liegen. Auch abstraktere Passagen in narrativen Hörspielen werden häufig in alternierende Syntagmen aufgelöst, wie etwa im Stück ZEITLOCHBOHRVERSUCHE, in dem es wiederkehrend parallelmontierte Abschnitte gibt, die aus Wechselsprüngen zwischen den beiden To-Do-Listen der zwei Hauptfiguren bestehen. Aber auch im abstrakten Worthörspiel oder dem Collagehörspiel ist das alternierende Syntagma ein gängiges Strukturierungsprinzip.

Nahe verwandt mit einem alternierenden Syntagma ist das *deskriptive Syntagma*, da es, wie dieses, im Grunde synchrone Aspekte präsentiert, wobei, im Unterschied zu diesem, die dargebotenen Aspekte nicht verschiedenen parallel ablaufenden Handlungslinien entnommen sind, sondern gerade ein und demselben Kontext entstammen. Die Funktion eines deskriptiven Syntagmas besteht entsprechend darin, durch die Auswahl und Zusammenführung von charakteristischen Geräuschkomponenten einer Szene, eines Schauplatzes bzw. eines ganzen Handlungsraums eine plastische Skizze der- bzw. desselben zu liefern. Diese Form der additiven Montage soll also eine akustische Beschreibung des betreffenden Kontextes liefern, in dem sich die nachfolgend wiedergegebene Handlung vollziehen wird. Daher finden sich deskriptive Syntagmen sehr häufig zu Beginn von Hörspielen, da sich mit ihnen sozusagen die akustischen Kulissen errichten, die szenischen Rahmenbedingungen abstecken und die Zuhörenden initial orientieren lassen. Das kann im Zusammenschnitt ganz konkreter Szenenatmos geschehen, wie es bspw. in der bereits vorgestellten Eröffnungssequenz von MORD IM PFARRHAUS der Fall ist, wo mehrere für das spätere Geschehen zentrale Schauplätze durch Geräuschzitate aufgeführt und diese dann in Reihe verblendet werden.

Es kann aber auch durch die Verbindung abstrakterer Audioinhalte geschehen, um auf diesem Wege mehr ein semantisches Paradigma als eine dezidierte Räumlichkeit zu skizzieren. Letzteres ist ein wesentliches Verfahren im Collagehörspiel, wo es von Vowinckel 1995 als »metaphorische Collage« beschrieben wurde (vgl. Kap. 8.2); es findet sich teils aber auch – mit einer dem deskriptiven Syntagma ähnlichen Etablierungsfunktion – in narrativen Hörspielen, wie bspw. zu Beginn von ZEIT SEINES LEBENS. Um zwischen den beiden Formen auch begrifflich klar zu unterscheiden, sei empfohlen, die Bezeichnung »deskriptives Syntagma« ausschließlich auf Montageeinheiten anzuwenden, die entsprechend dem Beispiel aus MORD IM PFARRHAUS der akustischen Skizzierung konkreter Szenen, Situationen, Handlungsräume etc. dienen. Sobald eine akkumulative Montage von Geräuschen bzw. Zitaten vorliegt, die auf metaphorische oder metonymische Weise zur paradigmatischen Beschreibung einer Situation oder Idee genutzt wird, ist stattdessen – in Abweichung von Metz, der von »Syntagma zusammenfassender Klammerung« bzw.

»Akkolade« spricht – die Bezeichnung *paradigmatisches Syntagma* zu gebrauchen. Da, wie gesagt, dieses Prinzip ein grundsätzlicher Modus bei Collagehörspielen ist, dort die Montageelemente also sehr oft zu Einheiten mit metaphorischer oder metonymischer Bedeutungsdimension zusammentreten, scheint es sinnvoll, die Nutzung des Begriffs auf narrative Hörspiele zu beschränken. Im Stück WORTE DES MEERES IN DEN WIND GESCHRIEBEN wird, nachdem die Rahmenbedingungen der Hauptfigur geklärt sind, die sich 23 Tage unter stetig steigender Kompression in einer Druckkammer aufhält, in Gestalt eines extrem breiten paradigmatischen Syntagmas u.a. der durch die Extremsituation gestörte bzw. erweiterte Bewusstseinszustand der Figur topisch veranschaulicht.

Ähnlichkeit mit dem paradigmatischen, aber auch mit dem dialemmatischen Syntagma hat das *episodische Syntagma* (bei Metz »Sequenz in Episoden«), das aus einer Folge von exemplarisch bzw. symbolisch verdichteten, chronologischen Ereignissen, den Episoden, besteht, die in aller Regel in Äquivalenzbeziehung zueinanderstehen. Wie das paradigmatische Syntagma weisen die Elemente dieser Montageeinheit inhaltlich über das rein Denotative hinaus und besitzen zugleich formal eine so auf das Wesentliche konzentrierte Struktur wie das dialemmatische Syntagma. In dem Studierendenhörspiel FESTGEFAHREN wurde ein solches episodisches Syntagma zur Veranschaulichung eines in Alltagsroutinen gefangenen Lebens gestaltet und rekurrierend in diesem Stück eingesetzt, um die titelgebende Daseinshaltung zu vergegenwärtigen. Schlafen, Erwachen, Morgentoilette, Frühstück, Ankleiden und Aufbruch in den Tag sind dabei die zur Montageeinheit verklammerten Einzelepisoden, die in Gestalt minimaler Geräuschzeichen hörbar werden: Uhrticken; Weckerklingeln, Gähnen und das Rauschen von Bettzeug; Toilettenspülung, das Pritscheln des Wasserhahns, das Schrubben der Zahnbürste; einförmige Radiomusik, das Rattern der Kaffeemaschine, das Schlürfen des Kaffees; ein Reißverschlussgeräusch und das Schließen einer Tür – diese wenigen Geräusche fassen in etwas mehr als einer Minute die Ereignisse eines ganzen Morgens zusammen und lassen durch ihre Kürze und Elementarität die Leere des Lebens spürbar werden, dessen Beiklang sie sind.

Als Sonder- und meist Erweiterungsform des paradigmatischen Syntagmas kann das *kontrastive Syntagma* angesehen werden, das Metz unter dem Namen »paralleles Syntagma« behandelt, eine Bezeichnung, von der hier aufgrund der großen Verwechslungsgefahr zu »Parallelmontage« Abstand genommen wird. Kontrastive Syntagmen operieren wie paradigmatische auf einer recht hohen Abstraktionsebene, indem sie zwei oppositionäre semantische Felder im Wechsel miteinander präsentieren. Semantische Felder (siehe ausführlicher dazu im Kap. 7.4) können als abstrakte »Ideen«, Kategorien oder Begriffe beschrieben werden und stehen in semantischer Opposition zueinander, wie bspw. »Arm vs. Reich«. Das Audiomaterial zur Herstellung eines semantischen Feldes wird daher weniger in konkret denotativer Weise eingesetzt, sondern vor allem hinsichtlich seines konnotativen Gehalts und seiner symbolischen Potenziale funktionalisiert. Die in den Montageeinheiten eines kontrastiven Syntagmas genutzten Geräusche, Figurenaussagen etc. sollen nicht in erster Linie eine Szenerie beschreiben, eine Handlung entwickeln oder dergleichen, sondern abstrakte Begriffsfelder konturieren und die Grenze, den Unterschied zwischen diesen markant ausstellen. Dies wird in der Regel dadurch bewerkstelligt, dass zwei paradigmatische Syntagmen gebildet und durch Wechselschnitt miteinander kontrapunktiert werden. Daher sind kontrastive Syntagmen auch fast ausschließlich im Collagehörspiel anzutreffen, dort jedoch in recht großer Häufigkeit. Das angeführte Beispiel von »Arm vs. Reich« etwa findet sich im Abschnitt »Diese Harmonie« von Paul Wührs O-Toncollage PREISLIED (vgl. auch Vowinckel 1995, 211–213) und wird gebildet durch die Gegenüberstellung von Aussagen eines Mannes, der sich selbst »einen Kapitalisten« nennt, und einer Rentnerin, die nur mit Mühe über die Runden kommt (Schnittstellen in den Einzelaussagen sind nachfolgend durch »|« markiert):

> *Mann:* Es hängt also von jedem persönlich ab, was er aus dem, was er kann, was er daraus macht. Ich hab beispielsweise einen früheren Freund, der hat sich jetzt vor sieben Jahren, allerdings ist des schon her, selbständig gemacht. Er hat also auch mit mehr oder weniger nichts angefangen, er hat von seinem Vater ein kleines Kapital bekommen | nichts | mehr oder weniger | nichts.
> *Rentnerin:* Alle Ehre, muss, muss ich wirklich sagen, gell.
> *Mann:* Aber er hatte mehr oder weniger so nichts gehabt.
> *Rentnerin:* Wie's geht, ich hab ja auch net viel Rente, aber i muss sie halt immer einteilen so gut's geht.
> *Mann:* kleines Kapital | kleines Kapital | kleines Kapital
> *Rentnerin:* Ja, es is nicht zu viel, gell, ich hab nur 275 Mark.
> *Mann:* mehr oder weniger nichts

Ein elaborierter Montagebegriff fehlt in der Hörspielwissenschaft. Klose 1970b, 170, definierte noch wie folgt: »Wenn in eine Spielphase die folgende überblendet wird und wenn diese Überblendungen rasch aufeinander folgen, spricht man von Montage.« Der Begriff wird – wenn überhaupt eine Unterscheidung zu jenem der Collage stattfindet – in der Hörspielforschung seither uneinheitlich und unscharf sowie zumeist in reiner Bezugnahme auf den klassischen Arbeitsprozess der Verbindung von Tonbändern verwendet; vgl. bspw. Weich 2010, 98f., oder Maier 2015, 305. Zu seiner terminologischen Abgrenzung vom Begriff der Collage in der Hörspieltheorie siehe Keckeis 1973, 74–85, Lermen 1983, 174–180, Reinecke 1986, 56–73, und Vowinckel 1995, 19–23; siehe auch Novotný 2020, XIXf. u. ö., und Wodianka 2018, 150–182. Eine Systematisierung unterschiedlicher Montageprinzipien bzw. ein Versuch, solche überhaupt zu identifizieren, erfolgt in keiner der genannten Publikationen. Reinecke 1986 setzt lediglich in Orientierung an Chion 1982, 47f., die schon begrifflich problematische »montage invisible« von der »montage visible« ab, wendet diese Bezeichnungen aber gleichermaßen auf Montage wie Collage an und spricht damit im Grunde Rezeptionseffekte an, die elementar mit den Begriffen »harter/hörbarer, unhörbarer und weicher Schnitt« präziser und korrekter benannt sind.

Elemente der Montagekonzeption von Metz, die bisher hörspieltheoretisch nicht aufgegriffen und hier zugrunde gelegt wurde, publizierte dieser in mehreren Zeitschriften, ehe er sie im Aufsatz »Problèmes de Dénotation dans le Film de Fiction« seines Buchs »Essais sur la Signification au Cinéma« (1968) zusammenfasste, das 1972 auf Deutsch erschien (171–182). Seither bildet die von ihm ermittelte Einteilung von Montagemustern einen festen Bestandteil der Filmtheorie; vgl. etwa Gräf et al. 2011, 155–159.

Zum Begriff der »Szene« speziell im Hörspiel siehe auch Frank 1963, 116–119, wo er – quasi in Analogie zur »Einstellung« des Films – als kleinster, quantitativer Teil des Hörspiels betrachtet und als »ein raum-zeitliches Kontinuum oder ein *innerer, werkfunktionaler Spielraum*« (Herv. i. O.) definiert wird. In Frank 1981, 101–107, werden diese Bestimmungen – auch in Abgrenzung zum Begriff »Episode« – teilweise revidiert und erfahren eine Modifikation nach funktionalen, motivischen, teleologischen und werkfunktionalen Kriterien.

Mischung

Die *Mischung* im Hörspiel bezeichnet eine durch Blenden verfügte Abstimmung von Lautstärkeverhältnissen unterschiedlicher synchron zueinander gelagerter Tonspuren. Je nachdem, welchen Untersuchungsfokus man setzt, ob man sich auf die Analyse einer Einzelszene konzentriert oder das gesamte Hörspiel in Betracht zieht, kann zwischen einer Szenen- und einer Hörspielmischung begrifflich differenziert werden. Die Mischung umfasst dabei sowohl lautstärkekonstante wie dynamische synchrone Schallereignisse, also sowohl das absolute Lautstärkeverhältnis zwischen Schallereignissen als auch Lautstärkeveränderungen, die durch Ein-, Aus-, Auf- und Abblenden realisiert werden.

Durch die Mischung lautstärkekonstanter Schallereignisse lassen sich in erster Linie die akustischen Bestandteile einer Szene zu einer Szenerie gestalten und selbige gliedern, also der *diegetische Klangraum gestalten* und die dargestellte Welt strukturieren. Wenn in MORD IM PFARRHAUS an einer Stelle ganz leise Glockengeläut zu hören ist, etwas lauter Krähenschreie, halblaut Vogelgezwitscher und ein Rasensprenger und laut die Äußerungen der Figur Jane Marple, ergibt sich durch diese besondere Mischung eine klangräumliche Struktur mit der zentrierenden Wahrnehmungsinstanz ganz nahe bei der Figur, wobei im nahen, mittleren und fernen Hintergrund der Garten, ein Feld und die Kirche liegen.

Zugleich lässt sich durch die Mischung eine *Hierarchisierung hinsichtlich der Relevanz* vornehmen, wenn bspw. eine Hintergrund-Atmo nur 20 % der Lautstärke besitzt, die das Figurengespräch im Vordergrund hat. Durch den einfachen Effekt, dass das Figurengespräch dadurch deutlicher wahrgenommen wird und zudem das Hintergrundgeräusch übertönt, kann durch eine spezifische Mischung die Aufmerksamkeit der Zuhörenden gelenkt und auf bestimmte Hörspielaspekte konzentriert werden, denen in Korrespondenz zu ihrer größeren Wahrnehmbarkeit zumeist auch das Hauptgewicht bei der Informationsvermittlung zugewiesen ist und folglich auch zufällt. Verändert sich diese Wahrnehmbarkeit durch eine Veränderung der Mischung, verlagert sich unmittelbar auch die Aufmerksamkeit der Zuhörenden – ein Effekt, der elementar ist für die narrative Orientierung des Publikums und, wie gesagt, für das Ziel, die Zuhörenden in ihrer Aufmerksamkeit zu lenken, damit das Hörspiel wie dramaturgisch gewünscht in der Rezeption glückt.

Statt Mischung wird teilweise auch der Begriff »Schichtung« verwendet für die Parallelmischung zweier oder mehrerer Mix-Spuren, die jeweils inhaltlich oder sonst wie in sich geschlossene Spuren darstellen und diese Charakteristik auch nach der Mischung noch aufweisen. Er ist auch teilweise gebräuchlich für Einzelspuren mit Schallereignissen, die trotz der Mischung nicht zu einer homogenen Klangsphäre verschmelzen, sondern als heterogene Schallereignisse separiert nebeneinander erklingen. Da das zugrundeliegende technische Verfahren jedoch dasselbe ist, nämlich die Mischung, und eine Unterscheidung von Mischung und Schichtung im Sinne von homogene vs. heterogene Verbindung oftmals auf rein individuelles Empfinden hinausläuft, ist die Brauchbarkeit wie die Legitimität des Begriffs zumindest fragwürdig. Der Begriff kann jedoch mitunter adäquat sein bei der Analyse von Collagehörspielen, wo Schallereignisse oft wie konkrete Objekte behandelt, mit offenen Bruchkanten gegeneinandergesetzt werden und letztlich das Ergebnis den Charakter eines tektonischen Arrangements erhalten kann, bei dem gerade die akustische Überlagerung der einzelnen Schallereignisse und die daraus resultierende semantische Hierarchisierung derselben dem Konzept der semantischen Schichtung entspricht.

Elektroakustische Manipulation

Im Grunde immer, wenn das Aufnahmematerial eine Bearbeitung erfährt, kommen elektroakustische Manipulationen zum Einsatz. Diese Bearbeitungen haben nicht selten den Zweck, die Qualität des Audiomaterials zu verbessern und/oder die Klangcharakteristik den etablierten Hörgewohnheiten anzupassen. Besonders die Art der Veränderungen des Ausgangsmaterials sind im späteren Hörspiel meist überhaupt nicht hörbar. Für die Analysepraxis ist deshalb eine Eingrenzung des Begriffs auf nur diejenigen Bearbeitungen sinnvoll, die akustisch auch wirklich wahrnehmbar, die also nicht als bloße »Kosmetik« anzusehen sind, sondern in den Vordergrund treten und so eine überhaupt wahrnehmbare Semantisierungsfunktion anbinden. Das sind vornehmlich alle Überarbeitungen die eine merkliche *Verfremdung* der ursprünglichen Klangstruktur zur Folge haben, wodurch sie die Markierung »verfremdet« tragen, die im Zusammenhang des jeweiligen Hörspielkontextes eine spezifische semantische Dimension eröffnet, deren konkreter Bedeutungsgehalt interpretatorisch erschlossen werden muss.

Bereits erwähnt wurde der Einsatz von elektroakustischen Manipulationen bei der Gestaltung von Dimensionsverschiebungen zur Markierung eines Übergangs von Realität in Traum. Hingewiesen sei diesbezüglich noch auf Gerhard Rühms BLAUBART VOR DER KRUMMEN LANKE, wo die elektroakustische Manipulation dazu verwendet wird, verschiedene Realitätsebenen voneinander abzugrenzen und zugleich einen Übergang von der einen zur anderen zu schaffen. Dieses Hörspiel erzählt von einem jungen Schauspieler, der in der Berliner U-Bahn auf dem Weg vom Rüdesheimer Platz zur Krummen Lanke bei der Lektüre einschläft und im Traum in Gestalt unterschiedlicher historischer Personen mit berühmten Frauen aus den verschiedenen Jahrhunderten zusammentrifft. Der Übergang vom Wach- in den Traumzustand wird dabei so realisiert, dass die letzten Worte, die der Schauspieler in seinem Buch liest, – »Jacques Offenbach« – übergehen in ein monoton-schleppend artikuliertes »Blablabla«, das – während die bisher gegebenen Hintergrundgeräusche ausgeblendet werden – schließlich künstlich durch mehrere Sprünge in der Tonhöhe gesteigert wird. Auf diese Weise wird ausgehend vom realen Bereich der Wachwelt, der durch eine unveränderte Stimme indiziert wird, der Übergang schrittweise vollzogen in den irrealen Bereich der Traumwelt, der durch die manipulierte und damit »irreale« Stimme dargestellt wird.

Die Klangmanipulation am Ende des Hörspiels DIE GEHEIMEN PROTOKOLLE DES SCHLOMO FREUD wurde ebenfalls bereits angesprochen: In der darin gebotenen Geschichte kommt es infolge von Verwerfungen aufgrund des Gebrauchs einer Zeitmaschine zur völligen Auflösung der diegetischen Realität, die akustisch durch einen massiven Einsatz von elektroakustischen Manipulationen dargestellt wird. Die so erzielte plötzliche deutliche Veränderung der bisherigen Klangcharakteristik gerade der Figurenäußerungen bedeutet in diesem Sinne eine Markierung, deren Semantik darin besteht, dass sich die diegetische Realität auflöst.

Dabei muss es sich nicht, wie in diesem Fall, um die tatsächliche diegetische Realität handeln, auch müssen nicht sämtliche Audiospuren gleichermaßen einer Manipulation unterzogen sein, sondern häufig werden solche Bearbeitungsverfahren auch nur auf Einzelaspekte des Klangbilds angewandt und lediglich zur narrativen Vermittlung der Zersetzung einer subjektiven Realitätswahrnehmung eingesetzt. In der ebenfalls bereits im Abschnitt zur paradigmatischen Zeichendimension besprochenen Passage zur »Terminierung« der Hauptfigur aus INSCHALLAH, MARLOV (vgl. Kap. 3.3), in der das Bewusstsein und die Erinnerungen des titelgebenden Privatdetektivs durch physische Gewalt, Gehirnsonden und Drogeninjektionen massiv gestört werden, wird der verwirrte Figurenmonolog (»Das Schöne am Terminiert-Werden ist...«) durch eine von clusterartigen Streichern dominierte und teils von pentatonischen Synthesizerklängen und verhallten Balalaika- oder Rubabklängen durchsetzte Hintergrundmusik begleitet. Die unterschiedlichen instrumentalen Komponenten sowie die tonal verschiedenen Partien der Musik fungieren dabei zweifelsfrei als Ortsmarker für – wie der Halleffekt anzeigt: erinnerte – Handlungsschauplätze des Stücks wie Russland bzw. Afghanistan, an denen die Hauptfigur in Handlungen involviert war, die sie sich, wie in ihrer Selbstauskunft deutlich wird, jedoch inzwischen nicht mehr klar ins Gedächtnis rufen kann und die nun nur noch als musikalische Reflexe vorhanden sind. Während der Monolog konstant und ohne merkliche elektroakustische Beeinflussung fortläuft, wird die Begleitmusik wiederkehrend zeitweise einem Flanger-Effekt unterzogen, bevor die Sequenz schließlich ganz in dieser Klangmodulation ausklingt. Ein Flanger-Effekt ist ein Chorus-Rückkopplungseffekt und basiert darauf, dass ein akustisches Eingangssignal (hier die Hintergrundmusik) verdoppelt wird, wobei die eine, mit dem Eingangssignal identische Instanz des Signals unverändert beibehalten, das Duplikat dagegen mit unentwegt variierten Verzögerungen im Millisekundenbereich versehen und letztlich dem Eingangssignal hinzugemischt wird, sodass das resultierende Ausgangssignal sowohl die Klanginformationen des Eingangssignals als auch jene des klangmodulierten Duplikats mit seinen im Vergleich zum Eingangssignal dezenten Klanghöhenschwankungen besitzt. Dadurch ergeben sich Interferenzen im Klangbild, die als akustisch wabernde, schwankende Überlagerungen wahrgenommen werden und im betreffenden Hörspiel dazu dienen, die Auflösung und Diffusion des Bewusstseins und der Erinnerungen der Figur zu illustrieren.

Auch figurenindividuelle Fantastik kann ein Anknüpfungspunkt für elektroakustische Manipulationen sein, wenn auf diesem Weg die Emanation einer mentalen Metadiegese angezeigt werden soll. In dem Kinderhörspiel BILLIE, DER REGENBOGENTIGER entfaltet sich so bspw. folgender Dialog zwischen zwei im Garten spielenden Kindern:

> *Shira:* Los, wir müssen noch den fremden Planeten erforschen!
> *Bruno:* Und unser Raumschiff reparieren.
> *Shira:* Hmhm.
> *Erzähler:* Wieder verwandelte sich der Garten in eine fremdartige Welt, in der die beiden Kinder ein galaktisches Abenteuer erlebten. Dabei schien es wirklich so, als ob mit ihrer Umgebung eine Veränderung vor sich ging. Die Bäume und Bü-

> sche rauschten und raschelten lauter als sonst. Die Stimmen der Vögel klangen irgendwie fremd. Und hatte der Himmel nicht eine merkwürdige Farbe, in der sich Grün und Rot in das Graublau mischten?
> *Shira:* Sieh dir nur diese sonderbaren Pflanzen an. Sind das überhaupt Pflanzen – oder Planetenbewohner die aussehen wie Pflanzen?!

Während der Erzählerrede werden die zuvor natürlichen Gartengeräusche sukzessive elektroakustisch manipuliert, ein Rauschen hinzugefügt, das Vogelzwitschern klirrend verzerrt, der ganze Szenenklang mit deutlichem Hall versehen, ein tiefer Bass unterlegt etc. Auf diese Weise wird in Korrespondenz zu den Erzähleraussagen das allmähliche Eintauchen der beiden Figuren in die von ihnen imaginierte fantastische Welt dargestellt. Das gestaffelte Einsetzen der elektroakustischen Manipulationen markiert also auch hier eine Veränderung der Realität, auch wenn sie in diesem Fall nur als eine immersive Überlagerung und schlussendlich Ersetzung der diegetischen Welt durch die subjektive Vorstellungswelt der Figuren zu begreifen ist. Da diese Verschiebung jedoch über die Geräuschkulisse als diegetisch faktische Veränderung inszeniert wird und lediglich aufgrund des Umstands, dass die Kinder schon zuvor eigene Fantasiewelten entworfen haben, sowie aufgrund der korrelierten Erzählerrede als »nicht wirklich« markiert ist, spricht man von mentaler Metadiegese (vgl. Kap. 7.5 zur narrativen Stimme).

Solche realitätskritischen Klangmanipulationen wie in den drei angeführten Beispiele sind aber sicher eher Ausnahmefälle – wesentlich häufiger werden elektroakustische Manipulationen genutzt, um akustische Ereignisse intradiegetisch zu *medialisieren*, sprich: den Höreindruck so zu gestalten, als ob eine Figur aus dem Telefon oder Handy spricht, eine Äußerung innerhalb einer Szene aus einem Fernsehgerät oder einem Radio dringt oder sonst irgendwie intradiegetisch durch technische Kommunikationsgeräte vermittelt ist. Um solche Effekte technisch hervorzurufen, kommen in erster Linie Bandbreitenfilter und/oder Verzerrer zum Einsatz, die vor allem Einfluss auf die ursprüngliche Signalgestalt nehmen.

Für das Verständnis der Funktionsweise von *Verzerrern* ist es wichtig zu wissen, dass es – anders als in der analogen Tontechnik – in der digitalen Tontechnik einen fest definierten Dynamikbereich gibt. Der Dynamikbereich ist jener Bereich zwischen absoluter Stille und der maximal wiedergebbaren Lautstärke des zugrundeliegenden Audiosystems, also gewissermaßen der Lautstärkeumfang, der durch das System verarbeitet werden kann. Ein in diesem Zusammenhang maximal lautes Tonsignal erreicht den Punkt der Vollaussteuerung. Wird nun eine sogenannte *Übersteuerung* zur Verzerrung eines Tonsignals eingesetzt, wird dieses Signal künstlich über die Grenzen des Dynamikbereichs hinaus verstärkt, was dazu führt, dass die lautesten Partien des ursprünglichen Tonsignals durch das zugrundeliegende Tonsystem nicht mehr darstellbar sind und gekappt werden (Begrenzung oder Clipping). Eine derartige akustische Begrenzung kann im Extremfall zu einer rechteckigen Wellenform oder sogar bis zu einer Gleichspannung getrieben werden, wobei sich dann entsprechend extreme Verzerrungen ergeben. Somit sind Verzerrungen technisch gesehen immer künstliche Veränderungen der ursprünglichen Wellenform eines Audiosignals und haben grundsätzlich die Qualität von Störungen, wobei sie bis zu deren Zerstörung und Auflösung in informationsloses Geräusch gehen können. Neben der gewöhnlichen Übersteuerung, können bei der Verzerrung gerade oder ungerade Harmonien (würfelförmige Kurve) angesprochen, ein sogenannter harter Begrenzer eingesetzt oder ein Gleichrichter als Verzerrer gebraucht werden. Sie alle produzieren akustisch eine ähnliche Wirkung, jedoch mit leicht unterschiedlicher Charakteristik.

Speziell in sciencefiktionalen Zusammenhängen fungieren Verzerrungen auch zur Auszeichnung des Fremden/Anderen und installieren zugleich einen negativen semantischen Marker. Dadurch nämlich, dass verzerrte Klänge vor allem aufgrund ihres stärkeren Rauschanteils und ihrer Klangdistorsion unmittelbar als unangenehm empfunden werden, kommt es leicht zu einer assoziativen Übertragung derart, dass mit entsprechend verzerrten Stimmen versehene Figuren primär als hässlich, feindlich, unangenehm wahrgenommen werden.

Passfilter zielen dagegen auf die Frequenzbereiche von Audiosignalen ab, also, vereinfacht gesagt, auf jeweils unterschiedliche Bereiche der Tonhöhe. Dabei gehören tiefe Töne einem niedrigen Frequenzbereich an, weil sie nur aus einer geringen Zahl an Schwingungen pro Sekunde bestehen; hohe Töne liegen dagegen in einem hohen Frequenzbereich. Filter erlauben so gezielte Eingriffe wie Aussonderungen, Anhebungen und Bedämpfungen von einzelnen Klangteilen eines Kanals. Wendet man nun einen Tiefpassfilter auf ein Schallereignis an, werden ausschließlich dessen tiefe Bereiche hörbar, während die höheren Tonbereiche unterdrückt werden. Das Ergebnis ist ein sehr dumpfer Klang. Bei Hochpassfiltern passieren dagegen nur die hohen Frequenzbereiche den Filter, während die tieferen Tonspektren blockiert werden. Bei *Bandpassfiltern* wiederum kann ein ganz bestimmter Frequenzbereich herausgefiltert werden, wie bspw. der Bereich zwischen 300 und 3.000 Hz, mit dem sich der spezifische Klang eines Telefons simulieren lässt. Weitere Spezialfilter sind die sogenannten *Bandsperren*, bei denen – im Gegensatz zu den Bandfiltern – nicht festgelegt wird, welcher Frequenzbereich abschließend hörbar bleiben soll, sondern im Gegenteil gerade, welche bestimmten Klangbreiten unterdrückt werden sollen. Hierbei gibt es unter anderem Terz- und Oktavsiebe, die eben bestimmte Terz- und Oktavbereiche elidieren, sowie sogenannte Kerb- und Kuhschwanzfilter.

Weitere elektroakustische Manipulationen können in der Veränderung der ursprünglichen *Geschwindigkeit* des Schallereignisses bestehen, wenn dieses also verlangsamt oder beschleunigt wiedergegeben wird. Und natürlich ist die Beigabe von *Hall-* und *Phasereffekten* eine Möglichkeit, um mit der Hallakustik und einem künstlichen Raumklang zu arbeiten. Mit Halleffekten lassen sich speziell Schallreflexionen simulieren und damit akustisch die Räumlichkeit konstruieren, in der ein Schallereignis stattfindet. Allein durch die Modulation eines synthetischen Echos kann dadurch suggeriert werden, dass bspw. ein Figurengespräch in einer engen Kammer, einem Saal, einer Kathedrale oder auf offenem Feld stattfindet. In der Analyse zieht man dementsprechend Rückschlüsse vom Raumklang der jeweiligen szenischen Schallereignisse auf die klangräumliche Situierung des inszenierten Geschehens. Insofern würde man die synthetischen Halleffekte in der Analyse wiederum nur dann als akustische Manipulationen werten, wenn sie einen »unnatürlichen« Klang erzeugen, mit dem eine semantisch besetzbare Diskrepanz zwischen »normaler« bzw. erwartbarer Klanggestalt und der tatsächlich vorliegenden einhergeht. Derartiges ist bspw. bei der Konstruktion des konventionellen Schurkenlachens bzw. diabolischen Lachens gegeben, bei dem einem gewöhnlichen Lachen durch Halleffekte ein deutlich unnatürlicher Charakter verliehen wird. Das Lachen erscheint dadurch überdimensioniert und verstößt gegen die akustischen Gesetze einer normalen Physik, was die semantische Implikation nahelegt, dass es sich bei der sich so nonverbal äußernden Figur auch um eine übernatürliche Gestalt, etwa den Teufel, handelt.

Die produktionelle Konventionalisierung und rezeptive Konditionierung im Zusammenhang der Verwendung bestimmter Verfahren der elektroakustischen Manipulation ermöglichen es, dass diese Verfahren mittlerweile nicht einmal mehr selbst direkt auf das Audiomaterial angewandt werden müssen, sondern dass es ausreicht, den isolierten Klangeffekt zwischen oder parallel zum Audiomaterial zu montieren. Das trifft vor allem beim Slow-Motion-Soundeffekt zu. Im Kinderhörspiel BILLIE, DER REGENBOGENTIGER werden die beiden Hauptfiguren auf ihrer Suche nach dem titelgebenden Regenbogentiger mit einem zähnefletschenden Hund konfrontiert, den sie mit einem Stöckchenwurf zu überlisten versuchen:

> *Shira:* Hey, Boromir, guck mal, ich hab ein Stöckchen für dich!
> *Bruno:* Was machst du denn?! Oh, oh, er glotzt uns an! Das kann nicht gutgehen…
> *Shira:* Hier ist das Stöckchen…
> *Bruno:* Er kommt angelaufen! Schmeiß ihn weg!
> *Shira:* Da hast du ihn!
> *Erzähler:* Mit einem kräftigen Wurf schleuderte Shira den Stock quer über die Straße in den Vorgarten hinein, dessen Zauntor Bruno gerade geöffnet hatte.
> *Shira:* Hinterher!
> *Bruno:* Shira, wo willst du hin?

Nach Shiras Ausruf »Da hast du ihn!« folgt ein synthetischer Bassimpuls absteigender Tonhöhe, simultan zu dem die dezente Begleitmusik sowie das die ganze Szene hinweg hörbare Hundegebell abrupt mit einer gut 60-prozentigen Verzögerung der Abspielgeschwindigkeit versehen werden (die Verlangsamung erfolgte offenbar mittels Time-Stretching, da die für Audioverlangsamungen charakteristischen Tonhöhenänderungen nicht gegeben sind). Während der Erzählerrede ist entsprechend nur der dumpfe Bassklang sowie die beiden verlangsamten Geräusche bzw. Klänge des Hundegebells und der Musik zu hören. Kurz vor dem Ruf »Hierher!« wird der Bassklang mittels Pitch Shifter erneut abrupt und extrem in die Höhe getrieben, wobei zugleich die Begleitmusik wie auch das Hundegebell wieder auf Normalgeschwindigkeit gebracht werden. Zusätzlich zur Verlangsamung der Spuren von Musik und Szenengeräuschen, wird hier also ein synthetischer, die nicht (merklich) bearbeitete Erzählerpassage klammernder Slow-Motion-Soundeffekt installiert, um die Geschwindigkeitsreduktion zu unterstreichen und im Zusammenspiel mit dieser den sprachlich geschilderten Stockwurf wie in Zeitlupe vor dem inneren Auge der Zuhörenden zu inszenieren. Aufgrund der breiten Etabliertheit und Bekanntheit dieses Darstellungsverfahrens speziell im Bereich des Films, ist die akustische Gestaltung unmittelbar verständlich und der isoliert beigegebene Klangeffekt wird mit den übrigen Audioinhalten homogen zusammengehört.

Zur elektroakustischen Einflussebene, ihrer historischen Entwicklung, ihren technischen Voraussetzungen und Funktionen siehe besonders Knilli 1961, Maempel et al. 2008, Friedrich 2008 und Maier 2015. Speziell zum Raumklangdesign siehe Patka 2018.

Elektroakustische Auralität

Der Begriff *Auralität* eignet sich um einen besonderen Bereich des schon wiederholt angesprochenen Aspekts der akustischen Räumlichkeit im Hörspiel zu beschreiben und zu analysieren. Während Halleffekte gewissermaßen die Dimensionen des jeweils dargestellten Raums konturieren und festlegen, wird durch die Möglichkeiten der Auralität die Position der akustischen Wahrnehmungsinstanz in Bezug zu den Schallereignissen in diesem akustisch dargestellten Raum definiert. Die hierbei relevante physiologische Grundlage ist der Umstand, dass der Mensch mittels seiner beiden Ohren in der Lage ist, auf Basis von in seiner Umgebung stattfindenden Schallereignissen sich eine räumliche Vorstellung von dieser Umgebung sowie seiner eigenen Position darin zu machen. Es ist ihm also vor allem möglich zu lokalisieren, aus welcher Richtung ein Geräusch kommt. Das hängt damit zusammen, dass dasjenige der beiden Ohren, das bspw. direkt auf ein Knallgeräusch ausgerichtet ist, dieses Geräusch minimal schneller und zugleich deutlich lauter wahrnimmt als das andere, geräuschabgewandte Ohr, bei dem der Schalldruck weniger intensiv ist sowie die Schallwellen etwas später auf das Trommelfell treffen. Das Gehirn ermittelt u.a. auf Grundlage dieser akustischen Informationen – dem leichten zeitlichen Versatz sowie dem Unterschied in der Lautstärkewahrnehmung des einen identischen

Geräusches – die Herkunft des Geräusches in Bezug zu den Ohren bzw. zur Körperposition.

Durch moderne Aufnahmetechniken kann die reale Räumlichkeit von Schallereignissen in gewissem Umfang eingefangen und in der Wiedergabe reproduziert werden. Nötig dafür ist beim Prozess der Aufnahmeherstellung die Verwendung verschiedener, räumlich versetzt positionierter Mikrofone bzw. eines Mehrkanalaufnahmegeräts mit mehreren integrierten Mikrofonkapseln. Diese verschiedenen Aufnahmeinstanzen übernehmen dann eine den beiden menschlichen Ohren homologe Rolle, indem die links positionierten Mikrofone bzw. Mikrofonkapseln bspw. ein Geräusch von links direkter und lauter einfangen als die rechts positionierten und umgekehrt. Bei dieser Aufnahmetechnik wird idealerweise von jedem Mikrofon eine eigene Aufnahmespur generiert, denn auf diese Weise ist es möglich, im anschließenden Postproduktionsprozess eine Mehrspurmischung zu erstellen, bei der die zuvor von den links positionierten Mikrofonen erzeugten Aufnahmen auch auf der linken Stereospur liegen und jene Aufnahmen der rechten Mikrofone auf der rechten Stereospur. Das wiederum ist notwendig, damit bei der Wiedergabe die »linken« Aufnahmen durch den linken Lautsprecher und die »rechten« Aufnahmen durch den rechten Lautsprecher des Wiedergabegeräts (Radioempfänger, Stereoanlage, Kopfhörer etc.) ausgegeben werden können – sprich: damit der ursprüngliche räumliche Klangeindruck, auf dessen Basis die Aufnahme entstanden ist, bei der Wiedergabe in seiner räumlichen Wirkung auch reproduziert wird (vgl. Abb. 7).

Abbildung 7

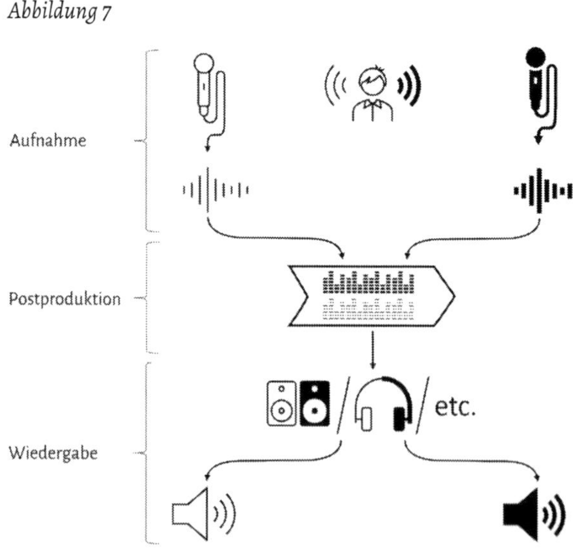

Produktionell gesehen ist die Verwendung einer Mehrkanaltechnik bei der Aufnahme nicht absolut entscheidend für das spätere Ergebnis einer Ausdifferenzierung von *Klangraumpositionen* im Hörspiel. Tatsächlich werden bspw. Sprachaufnahmen für Hörspiele – wenn nicht direkt monophon aufgenommen – meist auf eine einzige Monospur heruntergemischt, das heißt, zu einem Schallereignis reduziert, das nicht mehr nach einer linken oder rechten Seite differenziert ist. Wichtiger ist in dieser Hinsicht, wie im postproduktionellen Zusammenhang mit den einzelnen Spuren verfahren wird, sprich: ob das Hörspiel auf eine Wiedergabe in Mehrkanaltechnik hin konzipiert wird und dabei die einzelnen Spuren auf links, halblinks, mittig, halbrechts oder rechts gelegt werden und später durch ein geeignetes Lautsprechersystem auf exakt diesen sogenannten *Stereopositionen* wiedergegeben werden können. Denn durch dieses Verfahren kann auch unter ausschließlicher Verwendung von Monospuren, die aber im Prozess der Mischung auf unterschiedliche Stereopositionen gelegt werden, ein stereophones Klangpanorama erzeugt werden. Entsprechend unterscheidet man grob zwischen Monophonie und Stereophonie.

Der *Monophonie* liegt eine Einkanaltechnik zugrunde, sodass alle akustischen Bestandteile bei der Wiedergabe räumlich undifferenziert wiedergegeben werden. Selbst wenn man ein monophones Hörspiel über eine Stereoanlage abspielen würde, also über ein Wiedergabesystem, dessen Lautsprecher in der Aufstellung grundsätzlich mindestens nach links und rechts differenziert sind, würde aus beiden Lautsprechern dasselbe Klangbild ausgegeben werden – und man könnte prinzipiell ohne Informationsverlust einen der beiden Lautsprecher ausstecken. Raumklang ist dadurch nicht möglich; das Hörspiel richtet sich gleichermaßen und unspezifisch an das linke wie das rechte Ohr, weswegen auch von *Monauralität* gesprochen werden kann. Ein solches Produktionsverfahren lässt keine semiotische Funktionalisierung der Raumklangpositionen zu. Allenfalls kann über die paradigmatische Relation zur mittlerweile bei jeder Studioproduktion prinzipiell auch zur Verfügung stehenden Technik der Stereophonie eine apparaturbezogene metatextuelle Semantik etabliert werden, indem eventuell die gezielte Entscheidung für das monophone Verfahren als bewusste Absage an das lediglich scheinbar bzw. vorgeblich klangräumlich authentische Verfahren der Stereophonie verstanden wird oder als ästhetische Produktionsentscheidung, um die Klangcharakteristik früher Hörspiele zu evozieren, die möglicherweise beim betreffenden Hörspiel inhaltlich thematisiert bzw. in den Mittelpunkt gestellt wird.

Stereophonie ist dagegen das Ergebnis einer Produktionspraxis, bei der während der Hörspielproduktion mit verschiedenen Raumpositionen gearbeitet wird, also festgelegt wird, aus welchem Lautsprecher später bei der Wiedergabe die jeweilige Spur erklingen soll. Diese Stereopositionen stellen grundsätzlich ein Kontinuum mit den Extrempunkten von ganz links und ganz rechts dar. So kann im Anschluss an die Aufnahme verschiedener Tonspuren bspw. mit Figurendialog, Geräuschen und Musik bei der Postproduktion entschieden werden, dass die Geräusche ausschließlich links erklingen sollen, der Figurendialog ausschließlich rechts und die Musik gleichmäßig über das ganze Klangpanorama hinweg. Wird das betreffende Hörspiel dann über eine Stereoanlage oder Kopfhörer abgespielt, hört man aus den linken Boxen bzw. aus der linken Kopfhörermuschel die Geräusche, aus den rechten Boxen bzw. der rechten Hörmuschel das Gespräch und gleichförmig, ohne räumliche Differenzierung die Musik. Da durch das Mehrkanalsystem der Stereophonie beide Ohren der Rezipierenden unterschiedlich angesprochen werden, lässt sich auch von *Binauralität* sprechen. Dadurch kann der Eindruck einer räumlichen Verteilung der diegetischen Schallquellen erzeugt werden, indem sich die Geräuschquellen links im dargestellten Raum zu befinden scheinen, die Figuren rechts, während die Musik, indem sie keine räumliche Differenzierung und auch keine klangräumliche Dimensionierung aufweist, dem dargestellten Raum überhaupt nicht anzugehören scheint, also analytisch auf einer extradiegetischen Ebene zu verorten ist. Es ist wichtig zu beachten, dass das ganze Konzept der diegetischen Stereophonie immer relativ ist, weil es immer in unmittelbarer Abhängigkeit zu einer medial konstruierten akustischen Wahrnehmungsinstanz steht.

Damit lassen sich bereits drei zentrale Funktionen der Binauralität festhalten, nämlich die Erzeugung einer *realistischen akustischen Räumlichkeit* der dargestellten Welt, die Situierung, Lokalisierung bzw. *Positionierung der diegetischen Schallquellen* innerhalb der Klangräume der dargestellten Welt sowie die narratologische *Differenzierung zwischen der Darstellungsebene und der Ebene des Dargestellten*, das heißt, zwischen Extra- und Intradiegese.

Anknüpfend an die Funktion der Schallraumpositionierung diegetischer Elemente gibt es zudem die Möglichkeit der *Panoramablende*. Bei dieser wird ein auf einer Spur befindliches Schallereignis fließend von einer ursprünglichen Stereoposition auf eine andere verschoben, also bspw. von links nach rechts. Anwendung findet die Panoramablende vor allem zur Darstellung von Figurenbewegungen innerhalb eines diegetischen Klangraums, wenn also z.B. Figuren im Gespräch von links nach rechts durch eine Szene gehen. Genauso kann natürlich auch die Bewegung eines Objekts, einer Eisenbahn, eines Autos, einer Lawine oder dergleichen, durch eine Panoramablende umgesetzt werden. Eine Panoramablende ist dabei grundsätzlich unabhängig von den bereits besprochenen üblichen Blenden, die elementar auf einer Veränderung der Lautstärke – in aller Regel – einer Mischungssequenz beruhen. Beide Prinzipien können, wenn sie nur auf eine Spur angewendet werden, jedoch auch kombiniert werden, so etwa, wenn das Auftauchen, allmähliche Herankommen, Eintreten, Durchwandern, Austreten und Verschwinden einer Figur in einer Szene dargestellt werden sollen. In diesem Fall würde man bei der Herstellung bspw. die Spur mit den Schrittgeräuschen der Figur zunächst ganz auf die linke Stereoposition legen, dann allmählich einblenden, was den Eindruck des Auftauchens und Herankommens suggeriert. Im Folgenden würde man eine Stereoblende vornehmen und die Spur langsam nach rechts verschieben, wobei man weiterhin aufblendet und zwar, sobald die mittlere Stereoposition erreicht ist, bis zum Maximum, ehe man, sobald anschließend von der Panoramamitte nach rechts geblendet wird, langsam wieder abblenden würde. Dadurch entstünde der Höreindruck, als ob die Figur sich in der Szene von links nach rechts auf die Wahrnehmungsinstanz zu und an ihr vorbeibewegen würde. Sobald die Spur dann auf die äußerste rechte Stereoposition gelegt ist, ließe sich wiederum ausblenden, um das Verschwinden der Figur aus dem diegetischen On zu veranschaulichen.

Wie zuvor bereits erwähnt, ist die diegetische Stereophonie ein durchweg relatives System, da es sich immer in unmittelbarer Abhängigkeit zu einer (in der Aufnahmesituation) tatsächlichen oder einer (in der Postproduktion) technisch gesetzten Wahrnehmungsinstanz befindet. Das dürfte nach dem eben Gesagten unmittelbar einsichtig sein. Die technisch gesetzte Wahrnehmungsinstanz, die in der heutigen Produktionspraxis die wesentliche ist, wird definiert durch das Feld der Stereopositionen, sodass für die verschiedenen Schallereignisse die Mitte des Klangpanoramas immer die unmittelbare Nähe zur Wahrnehmungsinstanz in *horizontaler* Hinsicht bedeutet. Was auf linker, halblinker, halbrechter oder rechter Stereoposition liegt, befindet sich in größerer oder kleinerer horizontaler Entfernung zur Wahrnehmungsinstanz. Schallereignisse, die in der Mitte des Klangpanoramas liegen, lassen sich dabei durch selektive Anwendung von Blenden in ihrer *distalen*, das heißt tiefenräumlichen, Entfernung zur Wahrnehmungsinstanz definieren. So kann etwa das Wegtreten einer Figur vom akustischen Vorder- in den Hintergrund dadurch realisiert werden, dass man die der Figur zugerechnete Spur bei mittlerer Stereoposition allmählich abblendet.

Werden komplexere Aufnahmetechnologien genutzt, wie insbesondere die des Stereo-Kunstkopfs mit analog zum menschlichen Gehör positionierten Mikrofonen mit Kugelcharakteristik, lassen sich damit, außer horizontalen und distalen, auch vertikale Raumdimensionen abbilden, doch spielen diese sowohl aufgrund der spezifischen Aufnahme- als auch der Wiedergabebedingungen für den Großteil aller Hörspiele keine Rolle.

Damit können auf Basis der Stereophonie eine Reihe von relativen Raumbewegungen vorgenommen werden, die sich – immer in Bezug zur normativen, technisch gesetzten Wahrnehmungsinstanz – als Passagen innerhalb des dargestellten Raums auffassen lassen. Eine *Horizontalpassage* ist dann gegeben, wenn sich entweder die Wahrnehmungsinstanz an einer akustischen Szenerie von links nach rechts oder umgekehrt vorbeibewegt, oder, im Gegenteil, wenn sich Elemente der akustischen Szenerie in entsprechender Weise an der – dann statisch aufzufassenden – diegetischen Wahrnehmungsinstanz vorbeibewegen. Bei einer *Parallelpassage* bewegen sich Elemente der Szenerie in Begleitung der Wahrnehmungsinstanz durch die von den mobilen Elementen abgesetzte und daher als statisch aufzufassende Szenerie. Derartiges geschieht etwa, wenn die Wahrnehmungsinstanz zwei Figuren folgt, die in ein Gespräch vertieft durch eine akustisch wahrnehmbare Parkumgebung spazieren. Und als *Distal-* oder *Proximalpassagen* sind Figurenbewegungen zu begreifen, die in die Raumtiefe erfolgen, also vom Vorder- in den Mittel- und Hintergrund (distal, das heißt: weg von der Wahrnehmungsinstanz) oder in umgekehrter Richtung aus einem Hinter- über den Mittel- in den Vordergrund (proximal, das heißt: auf die Wahrnehmungsinstanz zu).

Im Zusammenhang mit diesen Möglichkeiten, die Beziehung zwischen dem diegetisch Vorhandenen und der narrativen Vermittlung desselben zu regeln sowie der Wahrnehmungsinstanz Dynamik zu verleihen, stehen die analytisch interessanten Gesichtspunkte der *narrativen Perspektivierung*, die im folgenden Kapitel zur Hörspielnarratologie eingehender besprochen werden. Es sei an dieser Stelle lediglich kurz darauf hingewiesen, dass durch Passagen der Wahrnehmungsinstanz Verlagerungen des Perspektivierungszentrums vorgenommen werden können. Damit verknüpft sein können Strategien der Aurikularisierung, also der Perspektivierung der akustischen Wahrnehmung, die auf diese Weise abstrakt gehalten oder aber auf eine bestimmte Figur hin konzentriert sein kann. Bereits bei der frühen Produktion monophoner Hörspiele wurde die Distanz der Sprechenden zum Mikrofon bei der Aufnahme dazu genutzt, über die damit korrelierte Raumakustik mit der Relation zwischen Sprechenden und Wahrnehmungsinstanz zu spielen und eine Unterscheidung von Figuren- und Erzählperspektive bzw. von Innen- und Außenperspektive dramaturgisch produktiv zu machen. Eine sogenannte »raumlose« Figurenaussage, also eine Aufnahme in unmittelbarer Nähe zum Mikrofon und – daraus resultierend – ohne dezidierte Raumakustik, wird dabei klassischer Weise zur Darstellung innerer Monologe etc. verwendet, während Äußerungen, die im tatsächlichen diegetischen Raum stattfinden, durch eine klare Hallakustik entsprechend markiert sind. Bedingt können daher mit den Verfahren der Stereophonie auch Strategien der Fokalisierung, also der Begrenzung des Wissens der Erzählinstanz, in Verbindung stehen. Werden infolge des Verzichts auf entsprechend funktionalisierte raumlose Figurenaussagen keine Innensichten präsentiert, entsteht somit zumindest inszenatorisch eine Tendenz zu externer Fokalisierung.

Stereophonie oder auch ihr kontrastierender Einsatz mit monophonen Hörspielpassagen muss jedoch nicht allein auf einen diegetisch realen Hörspielraum allein beschränkt sein. In Gerhard Rühms BLAUBART VOR DER KRUMMEN LANKE wird der Wechsel von Mono- und Stereophonie etwa dazu genutzt, verschiedene diegetische Realitäts- und figurale *Bewusstseinsebenen* anzuzeigen (vgl. Vowinckel 1995, 175f.). Der Einsatz dieser beiden unterschiedlichen raumakustischen Darstellungsweisen dient hier dazu, zwei temporale Bewusstseinsformen der Hauptfigur auf der Histoire-Ebene voneinander zu unterscheiden: Die Monophonie, die akustisch keine größere Raumdifferenzierung erlaubt, repräsentiert entsprechend den linear-sukzessiven und homogenen Bewusstseinszustand der ununterbrochenen, nicht-segmentierenden Dauer; die Stereophonie mit ihrer Fähigkeit zur akustischen Aufteilung des Schallraums stellt dagegen den Bewusstseinszustand der verräumlichten Zeit und der abstrakten, distanzierten Reflexion dar. Der Zustand der Identität, des *Einsseins* mit sich selbst, dargestellt durch die Monophonie, weicht in diesem Hörspiel also vereinfacht gesagt einem stereophon vermittelten Zustand, in dem sich das Figuren-Ich mit sich selbst »auseinander-setzt«, d.h. sich selbst zu einem distanzierten Objekt seiner Reflexion macht und damit in die beiden Seinsformen des Betrachtenden und des Betrachteten aufspaltet. Zugleich sind an die zwei Formen der Raumakustik psychoanalytische Metaphoriken geknüpft, wobei Mono das statisch-stabile aktuell Bewusste repräsentiert und Stereo die Untiefen des Unbewussten.

Auf die Möglichkeit, an Stereoraumpositionen bestimmte symbolische Semantiken anzubinden, sei lediglich kurz hingewiesen. So besitzen die Richtungsangaben »rechts« und »links« schon in der deutschen Sprache ein kulturell tradiertes Bedeutungsspektrum, das durch lexematische Verwandtschaften wie »gerecht«, »rechtschaffen« etc. vs. »linkisch«, »linken« etc. in »negativ« vs. »positiv« zerfällt und entsprechend durch ein Hörspiel aufgegriffen werden kann. Aber auch die reine Kontrastierung von zwei Sprechendenaussagen durch deren oppositionäre Platzierung auf der rechten bzw. linken Stereoposition stellt – besonders im experimentellen Hörspiel – ein gängiges Verfahren für eine elementare Semantisierung dar.

Zur Stereophonie siehe Knilli 1961, 58–63, Mon 1970, Keckeis 1973, 27–38, Vowinckel 1995, 153–155 u. ö., Witting-Nöthen 2000, Rein 2007a und 2007b sowie Maempel et al. 2008, 726–730.

7. Hörspiel-Narratologie

Das zurückliegende Kapitel bot eine Beschreibung sämtlicher dem Hörspiel zur Verfügung stehender Zeichensysteme. Die verschiedenen technischen Apparaturen, die bei der Produktion eines Hörspiels zum Einsatz kommen, sowie die einzelnen Arbeitsschritte, die dabei durchlaufen werden, stecken den Rahmen der semiotischen Ausdrucksmöglichkeiten ab und bedingen eine ganz spezifische Strukturiertheit derselben. Insofern lässt sich sagen, dass die Apparatur die Zeichensysteme determiniert. Das kann sehr einfach am Beispiel der Stereophonie belegt werden: Bis Mitte der 1960er-Jahre stand in technischer Hinsicht noch kein probates Verfahren zur Verfügung, um mittels Ultrakurzwelle über einen Kanal eine stereophone Aufnahme im Rundfunk zu senden. Zwar gab es bereits in den 1950er-Jahren erfolgreiche Experimente mit zwei getrennten Kanälen à zwei Empfangsgeräten und auch die Stereorille als Standard bei der Schallplattenaufnahme sowie Stereo-Magnettonaufnahmen – doch für den Rundfunk fehlte noch sowohl eine entsprechende Ausstattung der Regiestudios als auch eine auf Stereo-Sendungen ausgelegte funkische Infrastruktur. Da die Breitentechnik die Sendung stereophoner Rundfunkhörspiele noch nicht zuließ, spielte auch das semiotische Potenzial der Stereophonie keine Rolle, sodass die apparativen Einschränkungen eine definitive Limitierung des Komplexes der hörspielbezogenen Zeichensysteme bedeuteten. Erst als 1963 in Deutschland mit ersten Stereofunkexperimenten begonnen, ab 1965 im WDR allmählich feste Programmplätze für Stereosendungen geschaffen wurden und schließlich 1966 etwa der NDR sämtliche Studioproduktionen stereophon aufzeichnete, begannen auch die Hörspielschaffenden die technisch neu eröffneten Potenziale der Stereophonie künstlerisch zu berücksichtigen und als neue Ebene der Sinnstiftung und Bedeutungsetablierung zu nutzen.

Ein Zeichensystem lässt sich in der Konsequenz begreifen als das abstrakte virtuelle Arsenal aller intrinsisch organisierten, durch eine bestimmte technische Voraussetzung bedingten Ausdrucksmöglichkeiten. Kein Hörspiel wird jeweils alle diese Ausdrucksmöglichkeiten verwenden können; allein schon deshalb nicht, weil einige seiner Zeichensysteme, wie besonders die Sprache, die Sprechweise, die Geräusche und die Musik, schon für sich allein genommen eine unerschöpfliche Komplexität besitzen und sie in ihrer Interaktion eine zusätzliche exponentielle Potenzierung erfahren. Nicht einmal ein unendlicher Text könnte sie alle realisieren, da auch er nur einen einzigen Anfang hätte und damit lediglich eine der unterschiedlichsten Möglichkeiten zur Gestaltung der Spieleröffnung umsetzen könnte. Die hörspielspezifischen Zeichensysteme stellen insofern, wie gesagt, nur das virtuelle Arsenal aller Ausdrucksmöglichkeiten dieses Mediums dar und bilden daher – was die Produktion eines Hörspiels anbelangt – in ihrem abstrakten Formgebungsvermögen nur den Fundus an Gestaltungsmöglichkeiten, aus dem geschöpft werden kann, bzw. – was die Analyse anbelangt – die Hintergrundfolie, vor der die spezifische Gestalt eines konkreten Hörspiels gesehen und gedeutet werden muss. Sobald nämlich ein Hörspiel eine definitive Gestalt erhalten hat, ist es in jedem seiner Aspekte, für die grundsätzlich eine Darstellungsalternative bestanden hätte, bedeutungstragend. Die Analyse hat dann zu ergründen, warum gerade konkret jene Option gewählt wurde und nicht eine andere, prinzipiell auch zur Wahl stehende.

In den Textwissenschaften wurde für diesen Untersuchungsbereich der Begriff des *Discours* geprägt, mit dem die ganz konkrete Oberflächengestaltung bzw. die Art der Präsentation bezeichnet wird, sprich: das Wie eines Textes. In aller Regel – denn der überwiegende Teil aller Hörspiele ist narrativer Art – steht diesem Begriff jener der *Histoire* gegenüber, mit dem die in Form des Discours präsentierte Geschichte in ihrem abstraktiv-chronologischen Verlauf gemeint ist. Während das Zeichensystem des Hörspiels also das Arsenal prinzipiell aller medial verfügbarer Darstellungsmöglichkeiten ist, unter denen ausgewählt werden kann, um einen bestimmten Inhalt wiederzugeben, ist der Discours eines Hörspiels die konkrete Menge an tatsächlich gewählten Darstellungsoptionen in ihrer textspezifischen Reihenfolge, um einen bestimmten (Erzähl-)Inhalt wiederzugeben, wobei dieser bestimmte (Erzähl-)Inhalt mit der Histoire gleichzusetzen ist. Auch wenn die Histoire auf der Seite der Hörspielproduktion als das Darzustellende gemeinhin den Ausgangspunkt bildet, ist sie auf der Analyseseite ein Komplex, der infolge einer intensiven Auseinandersetzung mit dem Discours aus den Sequenzen an spezifisch strukturierten Schallereignissen abstrahiert werden muss. Der Discours ist insofern, auch wenn der intuitive Ersteindruck ein anderer sein mag, das Primäre und die Histoire das Sekundäre, denn bei der Rezeption entsteht nur aus der konkreten Wahrnehmung der spezifisch gestalteten Schallereignisse in ihrer jeweiligen Korrelation und ihrem jeweiligen Verlauf allmählich (kognitiv) ein interpretatives Modell des so präsentierten Inhalts und schließlich ein Gesamtverständnis der apparativ kommunizierten Einzelteile in Form der Narration.

Narration ist dabei ein engerer Inhaltsbegriff, denn er bezieht sich auf Textinhalte, die eine narrative Struktur aufweisen, sprich: eine *Erzählinstanz*, die mehr oder minder explizit als Vermittlungsentität in Erscheinung tritt, sowie eine *erzählte Geschichte*. Die heutige Narratologie untersucht die Erzählinstanz im Zusammenhang der Analyse von Sprech- bzw. Erzählsituation sowie Discours und die erzählte Geschichte im Zusammenhang der Analyse der Histoire.

7.1 Erzählsituation

Narrative Texte jeglicher medialen Fassung sind dadurch besonders gekennzeichnet, dass sie mit ihren Geschichten Modelle einer Wirklichkeit erzeugen, das heißt, von Personen, Gegenständen, Räumen, Situationen und Geschehnissen berichten, die eine unmittelbare oder mittelbare Beziehung zur außertextuellen Realität aufweisen, sodass das Geschilderte als schematisches Abbild der oder Kommentar zur Realität aufgefasst werden kann, was nach der Analyse vor allem in der Interpretation herausgearbeitet wird. Der so von einem Text geschilderte Gesamtzusammenhang einer dargestellten Welt wird in der Erzähltheorie auch mit dem Konzept der *möglichen Erzählwelt* gefasst, was es unter anderem ermöglicht, das Dargestellte in vergleichenden interpretativen Zusammenhang mit der außertextuellen Realität zu bringen, um bspw. signifikante Abweichungen der dargestellten Welt von, aber auch auffällige Annäherungen derselben an Realia, Normen- und Wertesysteme oder Naturgesetzmäßigkeiten der außertextuellen Wirklichkeit in die Textanalyse mit einzubeziehen.

Im Rahmen dieses Modellbildungscharakters adaptieren narrative Texte auch die kommunikativen Rahmenstrukturen der außertextuellen Realität, sprich: die Kommunikation einer Mitteilung eines Sprechers oder einer Sprecherin an einen Empfänger oder eine Empfängerin bzw. – im engeren Sinne – eines Textautors oder einer Textautorin an die Rezipierenden. Diese textexterne autorielle Kommunikation wird innerhalb des Textes in Form der Vermittlung der Geschichte durch die Erzählinstanz an den jeweiligen Adressaten bzw. die Adressatin nachgebildet und kann als textinterne Kommunikationssituation bezeichnet werden. Denkbar ist dabei einerseits die mehr oder minder ausführliche Konzeption einer Erzählfigur, die individuelle personale Züge trägt, in Kommentaren zum Geschehen ihre Meinung kundtut, in einen neben der Geschehensvermittlung laufenden Austausch mit den Rezipierenden zu treten versucht etc.; oder andererseits die Verwendung einer abstrakten Erzählinstanz, deren Präsenz und Wirken im Text sich auf die zeitliche Strukturierung der Geschehensmomente, die Wahl der Perspektive, die Mitteilung von sonst verborgenem Figurenwissen etc. beschränkt. Gleichgültig, ob auf eine plastisch ausgestaltete Erzählfigur oder eine rein funktional gehaltene, abstrakte Erzählinstanz zurückgegriffen wird, ist in jedem Fall eine Entität der Enunziation der Geschichte nachweisbar. Die textinterne Kommunikationssituation ist dabei von den pragmatischen Rahmenbedingungen der Kommunikation unabhängig, da es sich bei ihr um ein eigenes, in sich verschlossenes, textinternes, fiktives Konstrukt handelt. Bei den Aspekten der textinternen Kommunikationssituation differenziert man weiter zwischen der Sprechsituation, der Erzählsituation sowie der erzählten bzw. besprochenen Situation.

Sprechsituation ist ein umfassender Begriff für einen allgemeinen Kontext, in dem Äußerungen zu Sachverhalten der Welt bzw. einer dargestellten Welt erfolgen. Die Sprechsituation ist dabei der kommunikative Kontext, in dem sich der konkrete textuelle Äußerungsakt ereignet, wobei dieser oft nicht expliziert wird, sondern sich nur anhand von impliziten »Spuren« des (fingierten/textinternen) Produktionsprozesses rekonstruieren lässt. Bezugspunkt der Sprechsituation kann insofern sowohl eine Figur innerhalb eines Hörspiels sein, die einen Äußerungsakt durchführt und insofern in gewissem Umfang die Funktion einer intradiegetischen Erzählinstanz annimmt, als auch eine extradiegetische figurale Erzählfigur oder eine abstrakte Erzählinstanz. Zum Erhalt begrifflich-systematischer Klarheit scheint es angeraten, den Begriff jedoch nur auf nicht-narrative Äußerungszusammenhänge anzuwenden, sprich: wenn eine Äußerungsinstanz Beschreibungen, Bewertungen, Gefühlsäußerungen oder dergleichen liefert, ohne einen eigentlichen intradiegetischen Erzählinhalt zu produzieren. Der Begriff hat in diesem Verständnis dann besondere Anwendbarkeit bei der Beschreibung simultan erzählender Hörspiele bzw. Hörspielpartien und besonders auch bei der kontextuellen Untersuchung von Bewusstseinsströmen.

In der Folge kann davon die *Erzählsituation* als besondere Sprechsituation abgesetzt werden, um den speziellen Äußerungskontext von narrativen Texten zu bezeichnen, deren Aussagen zu Sachverhalten einer dargestellten Welt in eine Erzählstruktur eingebettet sind. Wann immer eine Geschichte, d.h. eine ereignishafte Folge von Geschehensmomenten, präsentiert wird, ist eine Erzählinstanz zumindest rudimentär nachweisbar. Daher ist zwischen einer expliziten und einer impliziten Erzählsituation zu differenzieren, deren Unterscheidungskriterium im Modus der Darstellung besteht.

Ist eine *explizite Erzählsituation* gegeben, ist immer auch eine konkrete, figural ausgestaltete Erzählinstanz vorhanden, deren Äußerungskontext bei der Analyse der Erzählsituation auf Basis der vorhandenen Textdaten rekonstruiert wird. Eine explizite Erzählsituation weist also einen Erzähler oder eine Erzählerin auf, der bzw. die sich im Text unter anderem durch die Verwendung der 1. Person (Singular/Plural) selbst präsentiert, eventuell namentlich vorstellt, die Geschichte seines bzw. ihres Lebens erzählt, die eigene Weltsicht darlegt etc. Jegliche Art von »Einmischungen« der Erzählfigur in das von ihr präsentierte Geschehen – also abschweifende Reflexionen, Kommentare oder Generalisierungen, die auto- bzw. metareflexiv auf die erzählte Geschichte, den Akt des Erzählens oder die eigene Person bezogen sind – liefern damit Hinweise zur Konstitution des Zusammenhangs, in dem sich die Erzählfigur befindet. Der Begriff als solcher hat insofern besondere Anwendbarkeit bei der Beschreibung von retrospektiv erzählenden Hörspielen mit figuralem Narrator, wie das bspw. bei den beiden bereits genannten Hörspielen DER GEWISSENLO-

SE MÖRDER HASSE KARLSSON und MORD IM PFARRHAUS der Fall ist. Die Analyse der entsprechenden Erzählsituation erfasst sämtliche im Text verfügbaren Daten zur Erzählfigur selbst, zum Kontext, in dem sie sich befindet und äußert, sowie zum Kreis der von dieser angesprochenen Adressierten.

Hinsichtlich der *Erzählfigur* betrifft das alle Aspekte, in Gestalt derer sich diese als Vermittlungsinstanz des Hörspiels im Hörspiel selbst sprachlich manifestieren, also sowohl implizite Merkmale, wie vor allem jene der Stimme, der Sprechweise und der von ihr gepflegten Sprache, als auch alle expliziten autoreferenziellen Angaben, etwa zur eigenen gegenwärtigen körperlichen oder emotionalen Verfassung, zum Alter, zum Aufenthaltsort etc.

Das sogenannte deiktische System liefert Informationen zum *Äußerungskontext*. Es besteht in der konzertierten Verwendung von impliziten wie expliziten Hinweisen auf die personale, räumliche und zeitliche Situierung der Erzählfigur, also von Angaben zum Ich, Jetzt und Hier der Erzählfigur, und differenziert die Personen-Raum-Zeit-Struktur der Äußerungssituation aus. Die Zuhörer können sich dank dieser Hinweise im Raum-Zeit-Gefüge der dargestellten Welt orientieren, entsprechende raum-zeitliche Beziehungen zwischen Erzählfigur und Erzähltem erkennen und Geschehenszusammenhänge rekonstruieren. Die deiktischen Indices sind vor allem Personalpronomen (»ich«, »er« etc.), Demonstrativpronomen (»dies«, »jenes« etc.), Adverbialformen (»hier«, »dort«, »jetzt«, »damals«, »gestern«, »kurz zuvor/danach« etc.) und Verbaltempora. Selbst wenn die deiktischen Indikatoren vom Hörspiel nicht spezifiziert werden, bleiben sie doch strukturell als relationale Bezugsgrößen relevant, über die das Publikum bspw. ein Vorher in einem Geschehensverlauf zu einem dazugehörigen Nachher koordiniert, Sprünge von einem ersten zu einem anderen Ort registriert und Figurenbezüge auseinanderhält.

Gleichzeitig schlägt sich in der Art und Weise, wie sich eine Erzählfigur äußert, immer auch eine gewisse Vorstellung nieder, wie sich die Erzählfigur die von ihren Äußerungen *Adressierten* vorstellt. Auch das kann explizit ausgestaltet sein, wenn sich die Erzählfigur direkt und ausdrücklich an die Zuhörenden wendet, diese anspricht und ihnen durch Benennung und kommunikative Behandlung eine bestimmte rezeptionspragmatische Rolle und Gestalt zuschreibt. Im Versuch einer nachdrücklichen Publikumsaktivierung finden sich etwa im Hörspiel SENDUNG von Konrad Wünsche ausgedehnte Passagen einer direkten Publikumsansprache mit Fragen, Befehlen und Unterstellungen wie den folgenden:

> Drehen Sie jetzt den Kopf zum Fenster. Sollten Sie die Vorhänge nicht geschlossen haben und das Fensterglas spiegelt nicht: Wie weit sehen Sie? Wie weit können Sie bei geöffneten Vorhängen eventuell sehen? Schätzen Sie. [Pause] Sie haben eine Entfernung zwischen 5 Metern und einem Kilometer geschätzt.

Die Adressierten können jedoch auch, wie in DER GEWISSENLOSE MÖRDER HASSE KARLSSON, primär nur implizite Bezugsgröße der Erzählfigur bleiben, die sich – analog zum sogenannten Musterleser der Literatur – lediglich als ideale Rezeptionsinstanz entsprechend der von der Erzählfigur gewählten sprachlichen Stilhöhe, der Voraussetzung bestimmten (Allgemein-)Wissens oder einer empathischen Affektionsbereitschaft konturiert. Die Erzählfigur richtet ihre Worte dann nicht an ein konkretes, direkt angesprochenes Gegenüber, dem es – oft schmeichlerisch – bestimmte Eigenschaften zuweist, sondern äußert sich ungerichtet, wobei aber die Art und Weise ihrer Aussprache Indizien dafür liefert, wie eine Rezeptionsinstanz (eben die idealen Rezipierenden) sein muss, um das Gesagte vollständig und richtig zu verstehen.

Explizite und implizite Adressierung sind keine einander ausschließenden Verfahren, sondern können auch interagierend verwendet werden. So adressiert die Erzählfigur Miss Marple zu Beginn des Hörspiels »MORD IM PFARRHAUS etwa die Zuhörenden folgendermaßen:

> Meine Herrschaften, meine Herrschaften! Ich weiß, ich weiß, warum Sie in unser Dorf gekommen sind. Ich habe das Geheimnis ja schließlich auch gelöst. Ach, bitte entschuldigen Sie mich einen Moment. Ich stelle nur rasch den Gartenschlauch ab. Der Rasen hat nun genug bekommen. Einen Augenblick bitte. – So, da wären wir wieder. Mein Name ist Marple, Jane Marple. Ich wohne in unserm Dorf seit 30 Jahren. Da drüben ist unser Pfarrhaus. Dort ist das Schreckliche passiert. Von hier aus können Sie direkt in den Hintergarten hineinsehen und auf die Terrasse, die ins Wohnzimmer führt. Dort, äh, zwischen den Obstbäumen – das ist das Atelier, dieser Schuppen mit dem äh großen Dachfenster, das der Maler Lawrence Redding gemietet hatte, weil sein eigenes Häuschen zum Malen zu dunkel war und wo auch allerhand passiert ist. Können Sie's gut sehn? Hier, nehmen Sie doch bitte meinen Feldstecher. Da können Sie alles haarscharf erkennen. Ich habe diesen Feldstecher natürlich nur, um den Flug der Vögel verfolgen zu können. Ich bin ja schließlich nicht wie Frau Price Ridley, die auf der andern Seite des Pfarrhauses wohnt und von ihrem Fenster aus alles wie eine Hyäne bewacht.

Die Art und Weise, wie die Erzählfigur hier sowohl die Adressierten sprachlich behandelt (neugierige Dorfbesucher) als auch in eine eigene Rolle schlüpft (Fremdenführerin), gleichzeitig aber auch gleichsam unwillkürlich Charakterzüge von sich preisgibt (neugierige Nachbarin, Tratschtante) und zugleich durch die Präsentationsweise einer herannahenden Wahrnehmungsinstanz die Zuhörenden de facto zu Besuchern des »Tatorts« und von Miss Marple gemacht werden, führt auf impliziter wie expliziter Ebene zu einem differenzierten Spiel mit der Rolle der Zuhörenden. Das Publikum wird so durch eine einführende Raumblende aus dem Umland hin zum Dorf und direkt vor Miss Marples Haus geführt, wodurch es – diese Bewegung rezeptiv nachvollziehend – den Charakter von auswärtigen Schaulustigen bekommt, ein rezeptionsästhetischer Gestus, der dann explizit in den Begrüßungsworten Miss Marples noch einmal unterstrichen wird.

Bei der *impliziten Erzählsituation* ist dagegen keine figurale, sondern lediglich eine abstrakte Erzählinstanz gegeben, die sich nur in Gestalt kommunikativer Spuren und indizialer Zeichen im Textzusammenhang greifen lässt. Selbst bei einem scheinbar völligen Fehlen jeder Vermittlung einer Hörspielgeschichte lässt sich doch allein durch die formale Anlage und Wiedergabe derselben eine strukturierende Intention nachweisen, die auf die abstrakte Erzählinstanz zurückzuführen ist. Als entsprechende Aspekte hat Wolf Schmid vor allem die Auswahl von Geschehensmomenten (Personen, Situationen, Handlungen, Rede-, Gedanken- und Bewusstseinshandlungen) erkannt, die im Text tatsächlich dargestellt oder zumindest erwähnt werden, sowie deren Strukturierung in Form der Komposition des Hörspieltextes, worunter besonders die Anordnung und Zusammenstellung der ausgewählten Momente in einer bestimmten Ordnung fallen. Daneben stellen auch die jeweilige Konkretisierung und der Detailgrad der ausgewählten Geschehensmomente durch bestimmte, selektiv erwähnte Eigenschaften das Ergebnis von Wahlentscheidungen dar, die (auf höchster diegetischer Ebene) auf eine abstrakte Erzählinstanz und ihre Intention bei der Steuerung von Aufmerksamkeit, Konzentration, Emotionalität etc. der Rezipierenden zurückgeführt werden muss – genauso wie auch die jeweilige Perspektivierung, unter der ein bestimmter (szenischer) Geschehenszusammenhang in einem Hörspiel präsentiert wird.

Die *besprochene bzw. erzählte Situation* umfasst all das, worüber in der Sprech- bzw. Erzählsituation geredet, was erzählt und vermittelt wird. Es ist damit alles durch eine Figur explizit Mitgeteilte, sei es nun dezidiert durch eine intradiegetische Figur oder aber durch eine Erzählfigur. Im speziellen Fall, dass eine Erzählfigur eine Situation und Handlung schildert, die zugleich eigentlicher Gegenstand der Geschichte ist, wird die Gesamtheit aller Aspekte der erzählten Situation auch als »dargestellte Welt« bzw. »Diegese« bezeichnet.

Zum Konzept der sekundären modellbildenden Systeme siehe Lotman 1972a, 19–43, und 1972b, 19–50, sowie Lotman et al. 1986, 105–111. Siehe auch die Aktualisierung durch Krah 2013a, 27–32. Zum Konzept der möglichen Erzählwelt siehe Volli, 113f., zur Enunziation ebd. S. 148–160; und die dort angeführten Referenzen. Zur Differenzierung der verschiedenen Formen der textexternen und -internen Kommunikation siehe vor allem Schmid 2005, 47–112; siehe auch Martínez/Scheffel 2016, 71–99, und Krah 2006, 41–50 und 183–194. Speziell zur Betrachtung der Erzählinstanzen im Hörspiel siehe Wicke 2022. Zu den Aspekten des idealen Rezipierenden siehe die bereits im Kap. 4 angeführten Literaturempfehlungen.

7.2 Discours und Histoire

Die Art, wie eine Geschichte erzählt wird, ob sie bspw. von einer Erzählinstanz referiert wird und ob dabei konkrete Rezipierenden-Ansprachen zum Einsatz kommen, ob sie in chronologischer Reihenfolge oder aber von einem fingierten Jetzt-Zeitpunkt aus in Form von wiederkehrenden Rückblenden präsentiert wird und welche akustischen Verfahren dabei zur Anwendung kommen – all das lässt sich von der Geschichte als solcher sondern. Die Erzähltheorie unterscheidet daher systematisch zwischen diesen beiden Bereichen und bezeichnet als »Discours« bzw. »Oberflächenstruktur« die konkrete Verfasstheit des Hörspieltexts mit seinen spezifischen Darstellungsverfahren und als »Histoire« diejenige Geschichte, die mithilfe der textuellen Komponenten und Darstellungsverfahren des Discours wiedergegeben wird.

Es dürfte offensichtlich sein, dass der *Discours* als Gesamtmenge aller unmittelbar greifbaren Textdaten, Zeichen und Gestaltungselemente des Hörspiels immer eine ganz konkrete Gestalt hat, die sich direkt wahrnehmen und mithilfe der im vorherigen Kapitel vorgestellten Kategorien von Hörspielzeichensystemen beschreiben lässt. Es sind eben alle sprachlichen, geräuschhaften, musikalischen Komponenten des Hörspiels in ihrer textspezifischen, konkreten Verfasstheit und ihrer gegebenen syntagmatischen Abfolge – sprich: die spezifischen Zeichen in ihrer Korrelation und Abfolge. Insofern bildet der Discours zusammen mit der textinternen Kommunikationssituation die Darstellungsweise und ist immer medienspezifisch, denn die Darstellung ein und derselben Geschichte in einem anderen als dem Hörspielmedium würde auf ganz andere – filmische, literarische, bildliche etc. – Mittel zurückgreifen müssen.

Infolgedessen stellt die Histoire immer eine Abstraktion auf Basis der diskursiv dargebotenen Zeichenstrukturen dar, da aus den Sprach-, Geräusch- und Musikelementen und ihrer jeweiligen Korrelation analytische Schlussfolgerungen gezogen werden müssen, welche Figuren, Dinge, Räume und Geschehnisse es gibt – sprich: wie die dargestellte Welt konzipiert ist und in welcher Ordnung die rekonstruierbaren Handlungen und Ereignisse zueinanderstehen. Die Histoire ist damit nie unmittelbare präsent, sondern immer das Ergebnis einer (konsumierend-impliziten oder wissenschaftlich-expliziten) analytischen Auseinandersetzung mit den Hörspieldaten, die entsprechend den Indikationen, die der Hörspieltext bereitstellt, in einen logisch-schlüssigen Zusammenhang miteinander gebracht werden müssen. Das betrifft die korrekte Erfassung von elementaren semantisierenden Textoperationen auf Basis der bereits besprochenen Zeichenrelationen (vgl. Kap. 4): Wird bspw. eine Figur von der Erzählinstanz als »alt« und »klug« beschrieben und äußert sie sich dann selbst mit einer weiblichen Stimme, lässt sich die Figur – sofern keine Hinweise auf unzuverlässiges Erzählen nachweisbar sind – als alte, kluge Frau analysieren. Das betrifft aber auch komplexere Erzählstrategien, die bspw.

durch eine Verwendung nicht zusammenpassender Informationen eine Unzuverlässigkeit der figuralen Erzählinstanz nahelegen sollen. In jedem Fall ist man bei der Rekonstruktion der Histoire immer auch mit narrativen Leerstellen konfrontiert, also mit Lücken bei der Beschreibung von Personen und Dingen in der dargestellten Welt sowie in der Geschehenswiedergabe. Auch diese müssen analytisch erkannt und durch Zusammenschau aller relevanten Textdaten interpretatorisch plausibel geschlossen werden. Die Histoire ist damit im Wesentlichen das Bedeutungsgeflecht aus logisch-semantischen Elementen, Kategorien, Paradigmen, Relationen und Ordnungen, das sich aus der Oberflächenstruktur des Discours abstrahieren und rekonstruieren lässt. Sie ist also vom Discours abhängig. Gleichwohl ist die Histoire im Gegensatz zum Discours verhältnismäßig medienunabhängig, da sich grundsätzlich in unterschiedlichen Medien ein und dieselbe Geschichte darstellen lässt.

Mitunter werden die Begriffe »Discours« und »Histoire« auch in einem engeren Sinne verwendet und bezeichnen dann die textspezifische bzw. die chronologische Abfolge der Handlungselemente. Das ist besonders bei Kriminalhörspielen praktisch, denn dort kann die abstrahierbare chronologische Histoire mit den Handlungsabschnitten von 1) Verbrechensabsicht, 2) Verbrechen, 3) Verbrechensentdeckung, 4) Detektion, 5) Täterermittlung und 6) Bestrafung bspw. im Discours die Reihenfolge 3), 4), 5), mit eingeschobener Rückblende zu 1), 2) und abschließend 6) haben, wenn vom Standpunkt eines Verhörs bzw. Gerichtsprozesses her erzählt wird; oder aber auch die Reihenfolge 6) mit einer Rückblende zu 2), 1), 3), 4), 5), wenn aus der Perspektive der Täterfigur erzählt wird, die Gründe für ihr Verbrechen angibt. Für die Analyse primär relevant ist in jedem Fall die Rekonstruktion der linearen Handlungs- und Ereignischronologie, sprich: die Rekonstruktion der Histoire. Dafür müssen die eventuell nicht-linear berichteten Geschehnisse einer Erzählung in eine chronologische Ordnung gebracht werden, was am probatesten über das Sammeln, Systematisieren und Verzeichnen der Geschehensdaten auf einem linearen Zeitstrahl passiert. Es ist dabei grundsätzlich gleichgültig, an welcher syntagmatischen Stelle, unter welcher Modalität und mit welcher Relevantsetzung diese Geschehensdaten im Discours erwähnt werden. Man erhält dadurch einen systematischen Überblick über die gesamte Konstitution der erzählten Geschichte und Anregungen dahingehend, welche Aspekte der Geschichte einer besonderen Untersuchung bedürfen. Denn im Anschluss an die Rekonstruktion der Histoire können im Vergleich mit der tatsächlich vom Text gewählten, eventuell von der Histoire abweichenden Geschehensreihenfolge des Discours Vermutungen über die Gründe für die Abweichung von einer linearen Chronologie angestellt und unter Einbezug der relevanten Textindikatoren interpretative Schlüsse gezogen werden. Weitere wichtige Indikatoren für die eingehendere Betrachtung von Handlungsmomenten sind Einschnitte in der Handlung, Transformationen, Momente der Statik oder der Geschehenshäufung, Kumulationspunkte, Kookurrenzen, Kombinationen, Parallelitäten,

Geschehensbündelungen, ein Zusammenlaufen verschiedener zunächst getrennter Erzähllinien, Wiederholungen, die paradigmatische Äquivalenz bestimmter Geschehnisse, zeitlich nicht genau einordenbare Ereignisse, Leerstellen, zweifelhafte Erzählaspekte etc.

7.3 Narrativität

Das Vorhandensein einer Geschichte ist – neben der Nachweisbarkeit einer die Geschichte vermittelnden Erzählinstanz – Kernmerkmal von narrativen Hörspielen. Im Gegensatz zu deskriptiven Texten, die rein attestativ Zustände bzw. statische Situationen beschreiben und damit Darstellungen ohne temporale Struktur liefern, weist eine Geschichte bzw. Narration – die gleichwohl in aller Regel auch über deskriptive Partien verfügt – immer eine Veränderung auf. Das Elementarschema einer Veränderung hat dabei folgende Struktur »Ausgangssituation → Transformation → transformierte Situation«, wobei das Moment der Transformation auch als »Ereignis« bezeichnet wird. Die Ausgangsituation umfasst dabei die Eigenschaften einer oder mehrerer Figuren (ihren inneren (psychischen) sowie ihren äußeren (physischen) Zustand) sowie die Eigenschaften der dargestellten Welt (ihren äußeren (physischen) Zustand sowie ihre semantischen Ordnungssysteme). Eine Transformation dieser Ausgangssituation kann nun entweder dadurch eintreten, dass eine Figur als Agens aktiv die Veränderung herbeiführt, wobei dann von »Handlung« gesprochen wird; oder dass eine Figur als Patiens die Veränderung lediglich passiv erleidet, wobei dann von »Geschehen« bzw. »Vorkommnis« gesprochen wird.

Bedingungen dafür, dass überhaupt legitimer Weise eine Zustandsveränderung analytisch konstatiert werden kann, sind 1) das Vorliegen einer temporalen Struktur mit mindestens zwei Zuständen, nämlich einem Ausgangszustand und einem Endzustand; 2) die grundsätzliche Äquivalenz von Ausgangs- und Endzustand unter der Bedingung von Identität und Differenz ihrer Eigenschaften, sprich: Es muss sich bei dem unter der Perspektive der Transformation in den Blick genommenen Element um ein und dieselbe Instanz handeln und dieses identische Element muss zugleich nach der Transformation signifikante Veränderungen im Vergleich zu seiner Konstitution vor der Transformation aufweisen; und 3) müssen sich der Ausgangs- und Endzustand sowie deren Veränderung auf ein und dasselbe Subjekt und Setting beziehen.

Eine Transformation hat, wie gesagt, immer ein Ereignis zum Kern. Ein Ereignis ist damit ein Geschehen, das eine Veränderung oder einen Übergang herbeiführt, und stellt das zentrale Element eines jeden Erzähltextes dar. Theoretisch beschreiben und analytisch erfassen lässt es sich mithilfe der topologischen *Sujet-Theorie* von Jurji Lotman (Sujet = Handlung).

Ausgangspunkt dieser Theorie ist die jeweilige Konzeption der *Diegese* eines Textes, also die konkrete Gestaltung der dargestellten Welt in all ihren Aspekten. Die Diegese besteht aus (durch Objekte konstituierten) Räumen, Figuren und Zeit. Die diegetische Ausgangssituation stellt den Ansatzpunkt dar, anhand dessen sich die Handlung modellieren lässt. Daher muss in der Untersuchung derselben zunächst das statische, sozusagen »sujetlose« Weltmodell des Textes rekonstruiert werden. Lotman unterscheidet zu diesem Zweck drei Dimensionen der dargestellten Welt: die Topografie, die Semantisierung dieser Topografie und die semantischen Felder.

Unter *Topografie* ist die reine quasi physisch-materielle Beschaffenheit einer dargestellten Welt zu verstehen, wie sie im Wesentlichen durch die spezifische räumliche Verteilung von Objekten definiert wird. Die dreidimensionale Leere der Welt erhält so eine ganz bestimmte Struktur, indem an einem Ort bspw. eine ebene Fläche gegeben ist, auf der nur Gras wächst und die an einen Fluss grenzt, an dessen anderem Ufer ein Gebiet liegt, auf dem sich ein hoher Berg erhebt, der von dichtem Wald bestanden wird. Die Objekte Gras, Wasser, Gestein und Bäume schaffen so die für diese dargestellte Welt wesentliche Topografie.

Der Text kann dieser Topografie nun bestimmte Bedeutungen zuweisen, also eine *Semantisierung der grundlegenden Topografie* durchführen, was durch einfache Prädizierungen durch die Erzählinstanz geschehen kann, zumeist aber auch durch die den unterschiedlichen Bereichen der Topografie zugeordneten Figuren erfolgt. Eine *Prädizierung* ist dabei die Zuordnung oder explizite Negation von Eigenschaften bezüglich der topografischen Bereiche. Exzessiv geschieht das etwa im bereits zitierten Eröffnungsmonolog zum Hörspiel MORD IM PFARRHAUS, der in den wesentlichen Partien noch einmal angeführt sei:

> Ich weiß, ich weiß, warum Sie in unser Dorf gekommen sind. Ich habe das Geheimnis ja schließlich auch gelöst. [...] Ich stelle nur rasch den Gartenschlauch ab. [...] Ich wohne in unserm Dorf seit 30 Jahren. Da drüben ist unser Pfarrhaus. Dort ist das Schreckliche passiert. Von hier aus können Sie direkt in den Hintergarten hineinsehen und auf die Terrasse, die ins Wohnzimmer führt. Dort, äh, zwischen den Obstbäumen – das ist das Atelier, dieser Schuppen mit dem äh großen Dachfenster, das der Maler Lawrence Redding gemietet hatte, weil sein eigenes Häuschen zum Malen zu dunkel war und wo auch allerhand passiert ist. [...] Ich bin ja schließlich nicht wie Frau Price Ridley, die auf der andern Seite des Pfarrhauses wohnt und von ihrem Fenster aus alles wie eine Hyäne bewacht.

Nicht nur erhält man von der Hauptfigur eine recht differenzierte Beschreibung der reinen Topografie: Die Handlung spielt in einem eher abgelegenen Dorf, in dem sich auch das über einen Garten verfügende Haus der Hauptperson befindet, von dem aus in Blickweite das Pfarrhaus mit seiner Terrasse und seinem Wohnzimmer sowie der mit einem großen Dachfenster ausgestattete Malerschuppen liegen; hinter dem

Pfarrgebäude befindet sich das Haus von Frau Price Ridley. Es werden zugleich Semantisierungen vorgenommen, wie etwa, dass im Pfarrhaus etwas »Schreckliches« passiert ist, was diesen Ort zu einem Tatort, einem Ort des Verbrechens macht; oder dass der Malerschuppen von seinem Mieter wohl zu »allerhand« Unerhörtem, wahrscheinlich sexuellen Ausschreitungen genutzt wurde, wie man nach dem Tonfall der Sprecherin vermuten und im weiteren Verlauf des Hörspiels als gesichert ansehen darf.

Als *semantisches Feld* bezeichnet man dagegen den paradigmatischen Kern bestimmter Merkmalszuordnungen, die bei der Semantisierung topografischer Räume vergeben werden. Semantische Felder sind immer direkt an Figuren geknüpft und fallen oft in eins mit den Grundüberzeugungen bzw. handlungsleitenden Wesensmerkmalen der Figuren. Ein semantisches Feld impliziert dabei immer ein in komplementärer Opposition zu ihm stehendes anderes semantisches Feld. Um das vorher konstruierte Beispiel noch einmal aufzugreifen und auszubauen, ließe sich etwa denken, dass die Grasebene von freundlichen lichtliebenden Feen bewohnt wird, die stets nur das Gute wollen, während im Bergwald finstere Trolle hausen, die nichts als Böses im Sinn haben. Die Normen und Werte, denen sich die Feen einerseits und die Trolle andererseits verpflichtet fühlen, charakterisieren diese beiden Figurengruppen elementar und sie führen zugleich dazu, dass eine imaginäre semantische Grenze zwischen beiden verläuft, denn das, was die Feen für gutheißen, ist für die Trolle völlig inakzeptabel – und umgekehrt. Die beiden zentralen Handlungsnormen, die sich aus dieser dargestellten Welt abstrahieren lassen, lauten demnach »Tue so viel Gutes wie möglich.« bzw. »Tue so viel Böses wie möglich.« und sie definieren die beiden oppositionären semantischen Felder von »Gut« versus »Böse«, die sich gleichzeitig als die beiden Seiten des komplementären Feldes der »moralischen Handlungsbeurteilung« zu einer Einheit ergänzen (vgl. Abb. 8).

Wie im betreffenden Text »Gut« und »Böse« nun genau aussehen – und ob eventuell das vor realweltlichen Konventionen zunächst als »Böses« erscheinende Verhalten vom Text als de facto »gut«, sprich: »wünschenswert« insinuiert wird –, hängt von den Darstellungsverfahren und der Verteilung eigenständiger Bewertungen durch den Text ab. Im Hörspiel MORD IM PFARRHAUS zeigt sich das bereits im Eröffnungsmonolog von Miss Marple, denn einerseits wird das Pfarrhaus als der Ort, wo »das Schreckliche passiert« ist, konnotiert – und aufgrund des Hörspieltitels lässt sich unmittelbar schließen, dass mit dem Schrecklichen der titelgebende Mord gemeint ist; und andererseits wird hier auch bereits das Malerhäuschen als weiterer Ort benannt, »wo auch allerhand passiert ist« – wobei dieses »allerhand« aufgrund der Art, wie es ausgesprochen wird, mit dem tabuisierten Bereich sexueller Transgression in Verbindung gebracht werden kann. Um die eigentlichen abstrakten semantischen Felder zu erhalten, ist es bei diesem Hörspiel daher nur nötig, die Semantisierungen von ihrer Bindung an die konkrete Topografie zu lösen.

So erhält man die zwei semantischen Felder von »Unschuld« (innerhalb dessen sich offenbar das inverse semantische Feld »Verbrechen« aufgetan hat) und »konformes Sexualverhalten« (gegenüber dem das semantische Feld »anstößiges Sexualverhalten« entstanden ist). Beide lassen sich zu dem übergeordneten integrativen semantischen Bereich »korrektes soziales Verhalten« zusammenfassen.

Abbildung 8

Auch die Figurenzuordnung ist zumindest, was die semantischen Felder von »konformem Sexualverhalten« vs. »anstößigem Sexualverhalten« anbelangt, bereits an dieser Stelle des Hörspiels grundsätzlich angezeigt, da über die Verknüpfung der Semantik »anstößiges Sexualverhalten« mit der Atelierhütte die betreffende Semantik auch mit dem Maler Lawrence Redding, der sich diese Hütte angemietet hat, korreliert wird. Welchem Feld Miss Marple zuzuordnen ist, wird bereits durch ihr tabuisierendes Sprechen über das »anstößige Sexualverhalten« Reddings deutlich. Das Hörspiel verfährt im Weiteren in Analogie zu realweltlichen Normen und Werten, sodass der Mord ähnlich wie ein »anstößiges Sexualverhalten« als moralisch schlecht und sanktionsbedürftig erscheint – ja, es löst die anfängliche Überdifferenzierung in vier semantische Felder schließlich sogar auf, da sich der Maler Lawrence Redding, der ja von Beginn an mit sexuellem Fehlverhalten konnotiert wird, schließlich nicht nur als der ehebrecherische Liebhaber von Mrs. Hampton entpuppt, sondern zudem als derjenige, der zusammen mit dieser Frauenfigur einen Mordkomplott auf den Ehemann von Mrs. Hampton ausgesonnen und seine Geliebte zum Mord an ihrem Ehemann angestiftet hat. Um die allgemeine – von Lawrence Reddings und Mrs. Hamptons Normen- und Wertesystem abweichende – Ordnung wiederherzustellen, müssen daher nach Überführung der Täter dieselben bestraft werden, um den im »Dorf« gewünschten Zustand der »Unschuld« und des »konformen Sexualverhaltens« zu rekonstituieren. Das Hörspiel macht das über zwei Verfahren: Einerseits erscheint die textinterne Ordnungsmacht der Polizei, die Lawrence Redding verhaftet; andererseits tritt eine gewissermaßen schicksalhafte Macht auf, indem Lawrence Redding sich seiner Verhaftung durch den abermaligen Griff zum Revolver zu entziehen versucht, wobei sich im Handgemenge um die Waffe ein Schuss löst, der Mrs. Hampton, die Komplizin von Redding und untreue Ehefrau des ermordeten Obersts Hampton, tötet. Die Delinquenten, die die etablierte Normen- und Werteordnung des Dorfes gestört haben, sind damit beseitigt und Friede kann wieder einziehen.

Nun stellt sich die Frage, welcher konkrete Vorgang in dieser Hörspielerzählung das Ereignis darstellt. Nach Lotman ist ein Ereignis immer die Überschreitung einer Grenze zwischen zwei semantischen Feldern. Und hier wird klar, warum es wichtig ist, semantische Felder unabhängig von der Topografie der dargestellten Welt zu betrachten. Denn zwar kann es eine ereignishafte Grenzüberschreitung geben, die direkt an die diegetische Räumlichkeit geknüpft ist, wenn – wie im konstruierten Beispiel möglich – etwa eine Fee von der Grasebene in den Bergwald wechselt: Dann nämlich begibt sie sich in ein Gebiet, das ihrer eigenen Semantik und dem mit ihr verknüpften Norm- und Wertesystem widerspricht, sodass sie dort sicher in Konflikt mit den stets auf Böses sinnenden Trollen geraten wird. Es kann aber – wie im Hörspiel Mord im Pfarrhaus – auch sein, dass die Topografie keine vordringliche Rolle für die semantischen Felder spielt, sondern diese abstrakt sind und unmittelbar an die einzelnen Figuren geknüpft sind. In beiden Fällen gilt allerdings das sogenannte *Konsistenzprinzip*, das besagt, dass ein semantisches Feld immer rein sein muss und dass entsprechend jedes Auftreten eines gegenläufigen Aspekts in ihm sofort getilgt werden muss, da das semantische Feld sonst seine Struktur, seine Ordnung und seinen Zusammenhalt verlieren würde.

Das Ereignis in Mord im Pfarrhaus sind deshalb die beiden Verstöße gegen die etablierte Ordnung in Gestalt von Ehebruch und Mord, die von Lawrence Redding zusammen mit Mrs. Hampton gegen Mr. Hampton und zugleich die ganze Dorfgesellschaft verübt werden. Lawrence Redding und Mrs. Hampton als figurale Instanzen, welche eine dem Werte- und Normensystem der Dorfgesellschaft zuwiderlaufende Einstellung zeigen, müssen daher aus der Gesellschaft entfernt werden, um die ursprüngliche Ordnung wiederherzustellen und das Konsistenzprinzip der semantischen Felder zu reetablieren. Ausgangssituation, transformierende Situation und transformierte Situation finden teilweise also nur implizite Darstellung im betreffenden Hörspiel. Die Ausgangssituation stellt das – wenn schon nicht unbedingt friedliche, so doch – sozial konforme Miteinander der Dorfbewohner dar, bei dem Mr. und Mrs. Hampton keine außerehelichen Kontakte pflegen und kein menschliches Leben willkürlich beendet wird. In dieser Ausgangssituation sind die semantischen Felder von »Unschuld« und »konformes Sexualverhalten« intakt. Mit dem Ehebruch, den Mrs. Hampton zusammen mit Lawrence Redding verübt, tritt die erste Störung der gegebenen Sozialordnung ein, die zunächst wohl weitgehend unbemerkt bleibt, zugleich allerdings Ausgangspunkt für die zweite, gravierende und unübersehbare Grenzüberschreitung bildet. Denn, um ihr illegitimes Verhältnis weiterhin pflegen zu können, entschließen sich Mrs. Hampton und Redding dazu, Mr. Hampton gemeinsam zu ermorden – was sie dann auch umsetzen. Der Akt des Ehebruchs sowie die Ermordung sind folglich die transformierenden Ereignisse, mit denen inverse Ordnungssätze in die prädominanten semantischen Felder eingetragen werden – nämlich »anstößiges Sexualverhalten« und »Verbrechen« – und aus denen die transformierte Situation der gestörten sozialen Ordnung der Dorfgemeinschaft resultiert. Entsprechend des Konsistenzprinzips müssen die Störfaktoren wieder beseitigt werden, was mit der Überführung, Verhaftung bzw. (versehentlichen/schicksalhaften) Tötung der beiden normverletzenden Figuren von Mrs. Hampton und Redding schließlich geschieht.

Allgemein sind *semantische Felder* also die abstraktiv zu gewinnenden Werte- und Normen-Kategorien der dargestellten Welt entsprechend der durch den Text vorgenommenen Merkmalszuweisungen. Sie manifestieren sich in erster Linie an den *Figuren* und zwar an folgenden ihrer Manifestationsaspekte:

- Biologie: Geschlecht, Alter, Ethnizität, körperliche Fähigkeiten etc.; Aussehen (äußere Erscheinung, Kleidung etc.)
- Charakter und Psyche: Normen, Werte, Moral, Interessen, Temperament, Komplexe, seelische Disposition, mentale Fähigkeiten, Intelligenz, Gefühle, Gedanken etc.; Verhalten; Handeln; Sprache, Sprechen, Gesprochenes
- Soziale Situation: Klasse, Beruf, Renommee, Nationalität, Religion, Politik, Freunde, Familie etc.; Figurenkonstellation (szenische-variierende Beziehungsverhältnisse); Figurenkonfiguration (grundlegende-abstrakte Beziehungsverhältnisse)

Teilweise weisen die semantischen Felder jedoch auch Relationen zur Topografie der dargestellten Welt auf und zwar konkret zu folgenden ihrer Aspekte:

- Lage und Ausdehnung: Stadt, Land, Zimmer etc.
- Beschaffenheit und Eigenschaften: Bestückung mit Objekten, offen vs. geschlossen, oben vs. unten, idyllisch vs. feindlich, natürlich vs. kultiviert etc.
- Funktionalisierung: Gefängnis, Theater, Schlachthof, Schule; Ausgangsräume, Zielräume, Extremräume, Durchgangsräume, Sanktionsräume, Genussräume, Taburäume etc.

Verletzungen der semantischen Felder (und die Wiederherstellung ihrer Konsistenz) können auf unterschiedliche Weise erfolgen. Der erste Fall, demnach eine oder mehrere Figuren eine Semantik annehmen, die zur Semantik des Ordnungssystems, in dem sie sich befinden, im Widerspruch steht, wodurch ihre Anwesenheit in diesem Raum untragbar wird, ist in MORD IM PFARRHAUS realisiert. Der andere Fall entsteht, wenn sich eine Figur von ihrem Ursprungsort und seiner Semantik entfernt und zu einem Raum begibt, an dem eine inverse Semantik herrscht – dieser Fall ist in dem konstruierten Beispiel mit der Grasebene und dem Bergwald gegeben, wenn eine Fee zu den Trollen geht bzw. ein Troll zu den Feen. Und drittens gibt es den Fall des sogenannten *Beuteholer-Schemas*, wenn eine Figur in einen Raum mit inverser Semantik wechselt, dort bestimmte Charakteristika bzw. Semantiken annimmt und mit diesen in ihren Ausgangsraum zurückkehrt, mit dem die Figur aufgrund der im Gegenraum angenommenen inversen Charakteristika bzw. Teilsemantik nun inkompatibel ist. Narrative Verfahren zur Aufrechterhaltung des Konsistenzprinzips sind entweder die *Tilgung* der störenden Figur – wie dies in MORD IM PFARRHAUS durch die Inhaftierung von Redding und die Tötung von Mrs. Hampton geschieht. Oder die störende Figur kann die *Semantik des Gegenraumes annehmen*, was die Neutralisierung ihrer inversen Semantik bedeuten würde und im konstruierten Beispiel möglich wäre, wenn etwa ein Troll zu den Feen kommen, sich deren Beziehungsverhalten zum Vorbild nehmen und fortan einträchtig Gutes tuend unter den Feen leben würde – begäbe er sich jedoch mit seiner neuen Werteeinstellung zu den Trollen zurück, würden ihm diese (aufgrund seiner nun diesbezüglichen Inkompatibilität) wohl das Schicksal von Mrs. Hampton angedeihen lassen. Letztlich ist auch eine sogenannte *Metatilgung* möglich, die revolutionären Charakter hat und immer dann eintritt, wenn die ursprünglichen semantischen Felder insgesamt aufgehoben werden und eine neue Ordnung etabliert wird. Das wäre im konstruierten Beispiel entweder der Fall, wenn ein mit den Wertevorstellungen der Feen identifizierter Troll zu seinesgleichen zurückkehren und sämtliche Trolle zu ebendieser Haltung bekehren würde, wodurch dann die wesentlichen semantischen Unterschiede aufgehoben und ein einheitliches semantisches Feld etabliert wäre. Eine Metatilgung kann jedoch auch so aussehen, dass die Orientierungsmaxime von Feen und Trollen aufgrund bestimmter narrativer Entwicklungen nicht mehr das Gute bzw. das Böse wäre, sondern sich beide etwa gemeinsam nach dem neuen Prinzip des »Genussvollen« organisieren würden. An diesem Prinzip orientiert wäre es dann für die dargestellte Welt nicht mehr relevant, ob eine Figur Fee oder Troll ist bzw. Gutes oder Böses tut, sondern nur ob es Genuss verschafft oder im Gegenteil Verdruss – und entsprechend würden Mitglieder der neuen Weltordnung durch andere Figuren derselben Gruppe dann durch Tilgung oder Vertreibung sanktioniert werden, wenn sie ein verdrießliches Verhalten an den Tag legen.

Semantische Felder manifestieren sich also in der Kontrastierung zweier gegensätzlicher Meinungen und Weltanschauungen, hinter denen immer ein entsprechendes Normen- und Wertesystem als kategorischer bzw. paradigmatischer Bezugspunkt steht. So wird jedes semantische Feld (etwa: Moral) durch eine Grenze disjunkt und total in zwei komplementäre semantische Teilfelder bzw. Ordnungen geteilt (etwa: Tugend vs. Laster). Die Grenze zwischen den semantischen Teilfeldern ist grundsätzlich nicht verschiebbar oder überschreitbar (Laster ist Laster und Tugend ist Tugend). Jedes der beiden Teilfelder impliziert somit immer sein semantisches Gegenfeld, von dem es sich diametral unterscheidet und von dem es durch die Grenze getrennt ist. Mit der Definition von semantischen Feldern bzw. Ordnungen ist die Grundordnung der dargestellten Welt festgelegt. Logisch betrachtet haben die je in den beiden Teilfeldern geltenden Ordnungssätze den Stellenwert von allquantifizierenden Implikationen, d.h. die Ordnungssätze sind Wenn-dann-Sätze, die für den jeweiligen Bereich allgemein und absolut gelten. Da Feld und Gegenfeld so die beiden oppositionären Hälften einer Kategorie bilden, lässt sich meist jede Figur einem der beiden Teilfelder zuordnen und ist damit – aufgrund der Handlungsnorm, die von diesen Teilfeldern repräsentiert wird – im Handlungszusammenhang hinsichtlich ihrer Rolle festgelegt. Die Zugehörigkeit der Figuren zu gegensätzlichen semantischen Teilfeldern resultiert i. a. R. in einen manifesten Konflikt auf der Handlungsebene, in einen Streit oder Kampf, in dessen Zusammenhang die eine Figur(engruppe) die andere zu verdrängen, auszulöschen oder zu ihrem eigenen Normen- und Wertesystem zu konvertieren versucht.

Ausgelöst wird ein solcher Konflikt immer, wenn eine Figur ihren »Ausgangsraum« verlässt und sich in einen »Gegenraum« begibt, sprich: sobald sie mit ihrer spezifischen Semantik in den Geltungsbereich eines oppositionären semantischen Teilfeldes gerät. Dieser Vorgang wird von Lotman als »Grenzüberschreitung« bezeichnet und bedeutet auf narratologisch-analytischer Ebene: Ein Ereignis findet statt. Das Ergebnis der Grenzüberschreitung und der Grund für deren Ereignishaftigkeit liegt in der daraus entstehenden Diskrepanz zwischen der Semantik der Figur und der Semantik des Gegenfeldes, in das die Figur mit der Grenzüberschreitung eintritt, denn die semantischen Merkmale bzw. die Normen und Werte von Figur und Gegenfeld sind inkonsistent. Aus dem Spannungsverhältnis zwischen postulierter Ordnung (die semantischen Teilfelder sind disjunkt, absolut und rein: ein oppositionäres semantisches Element kann nicht darin vorkommen) und faktischer Abweichung (de facto ist ein Repräsentant einer inversen Semantik ins betreffende semantische Feld eingedrungen) ergibt sich die Relevanz und Ereignishaftigkeit der Grenzüberschreitung: Eine semantische – und mitunter auch räumliche – Ordnung wird verletzt. Da eine Grenzüberschreitung eine Verletzung der Ordnung ist und damit die Gesamtordnung der dargestellten Welt insgesamt relativiert und in Frage gestellt zu werden droht, muss die Grenzüberschreitung immer wieder irgendwie rückgängig gemacht und die Ordnung so bestätigt werden (Konsistenzprinzip), sei es durch Figurentilgung, Figurenkonversion oder eine Metatilgung.

Zu den Kriterien von Narrativität siehe Martínez/Scheffel 2016, 11–28, und besonders Schmid 2005, 11–46; siehe aus dramenanalytischer Sicht auch Pfister 2001,

265–326. Siehe Maurach 1995 zur Skalierung von Narrativität speziell im experimentellen (Neuen) Hörspiel. Die Differenzierung von Discours und Histoire wurde von Todorov 1966 eingeführt und besonders durch Genette 1998 verfeinert; siehe dazu auch Schmid 2005, 236–241. Lotman entwickelte seine Sujettheorie vor allem in Lotman 1972a, 300–401, und 1977, 101–117; siehe dazu auch Schmid 2005, 21–27.

7.4 Histoire: Progressive Szenenanalyse

Für die hörspielanalytische Praxis lassen sich diese narratologischen Konzepte in das Verfahren der progressiven Szenenanalyse übersetzen. Diese ist ein Analyseschema, mit dem sich die wesentlichen Einheiten der dargebotenen Geschichte erfassen und die Histoire mit besonderer Konzentration auf ihre semantischen Komplexe rekonstruieren lässt. Es ist somit eine Art Vorgehensplan.

Szenengliederung

Dabei steht die Bestimmung der einzelnen Szenen an erster Stelle. Als *Szenen* werden geschlossene Handlungseinheiten bezeichnet, die sich außerdem zumeist dadurch auszeichnen, dass sie an ein und demselben Ort sowie mit denselben Figuren stattfinden. Zu beachten ist der Unterschied dieses narratologischen Begriffs in Bezug zum Begriff des szenischen Syntagmas (vgl. in Kap. 6.6 den Abschnitt zu den Montagemustern). Aus einer Folge von Szenen setzt sich das Gesamthörspiel zusammen, wobei eine streng chronologische Ordnung natürlich nicht eingehalten werden muss. Entsprechende Rücksprünge oder Vorausblicke in der Handlung haben dabei den Stellenwert eigenständiger Handlungsabschnitte und lassen sich allein durch die zeitliche Diskontinuität als Szenen(folgen) begreifen. Weitere formale Hinweise zu Szenengrenzen liefern auch die verwendeten Konjunktionen. So sind harte Schnitte oder syntaktisch gebrauchte Blenden oft sicheres Indiz dafür, dass an der betreffenden Stelle eine Szene zu Ende und der Übergang zu einer neuen Szene anzusetzen ist. Bei der analytischen Gliederung des Hörspiels in seine Einzelszenen wird so die Geschehensordnung entsprechend des Discours des Hörspiels notiert. Die einzelnen Szenen können durchnummeriert und durch eine Angabe ihrer zeitlichen Erstreckung in Stunde-Minute-Sekunde nach dem Muster »hh:mm:ss-hh:mm:ss« erfasst werden. Zugleich ist es häufig sinnvoll, eine kurze inhaltliche Zusammenfassung der Prozesse, die in der jeweiligen Szene stattgefunden haben, beizufügen. Auf diese Weise verschafft man sich selbst einen ersten Überblick über das Hörspielgeschehen und die konkrete Reihenfolge seiner Darbietung. Zudem kann man eine solche Szenengliederung in den Anhang einer wissenschaftlichen Arbeit fügen und im eigentlichen Haupttext dann in Bezugnahme auf die eigenerstellte Nummerierung der Szenen auf die betreffende Szenennummer verweisen. Das erspart wiederkehrende inhaltliche Konkretisierungen, die den Lesenden klar machen sollen, um welchen Handlungszusammenhang es gerade geht, führt zu einer großen Präzision beim Verweis auf konkrete Handlungsabschnitte und ermöglicht eine ökonomische wie exakte Arbeitsweise.

In einem weiteren Arbeitsschritt, der zumindest teilweise auch gleichzeitig mit der Szenengliederung absolviert werden kann, werden die *narrativen Konstituenten* der einzelnen Szenen sowie des Hörspiels insgesamt bestimmt. Diese betreffen an erster Stelle die *Figuren*. Man unterscheidet zwischen dem Figureninventar, den Figurenkonzepten, der Figurenkonstellation und der Figurenkonfiguration.

Figurenanalyse

Das *Figureninventar* ist nichts anderes als die Zusammenstellung aller Figuren, die in einem Hörspiel vorkommen. Dabei werden sowohl die Figuren erfasst, die selbst direkt und *explizit* auftreten und Handlungen vollführen oder erleiden, als auch alle Figuren, die lediglich *implizit* erwähnt werden bzw. aufgrund der Handlung oder der Geschehenssituation vorausgesetzt werden müssen. Im Hörspiel MORD IM PFARRHAUS sind explizite Figuren bspw. die sich gleich zu Beginn äußernde Figur der Miss Marple, implizite Figuren dagegen die »Herrschaften«, die in derselben Äußerung dieser Figur erwähnt werden, wenn sie sagt »Meine Herrschaften, meine Herrschaften! Ich weiß, ich weiß, warum Sie in unser Dorf gekommen sind.«. Diese impliziten Figuren spielen im weiteren Verlauf des Hörspiels keine Rolle mehr, gleichwohl sind sie der eigentliche narrative Anlass und die Instanz, warum bzw. gegenüber der Miss Marple die Umstände des bereits zurückliegenden, aufgeklärten und damit im Grunde erledigten Mordereignisses noch einmal darlegt.

Unter *Figurenkonzept* sind sämtliche Merkmale – physische Aspekte wie psychische Charaktereigenschaften und moralische Auffassungen – zu verstehen, die eine Figur im Kern ausmachen. Bei Miss Marple umfasst das Aspekte wie Geschlecht, Alter, Ausdrucksweise, sprach- und sprechbezogene Gesichtspunkte etc., aber auch Charaktereigenschaften wie die bereits in der Eingangspassage unübersehbare Neugierde und Tratschfreudigkeit der Figur sowie ihre hohe kognitive wie analytische Kompetenz, ihr Gerechtigkeitsbewusstsein und ihre gute Menschenkenntnis. Selbstverständlich zählen auch die Grundüberzeugungen, also das von der Figur internalisierte Normen- und Wertesystem, zum Wesentlichen des betreffenden Figurenkonzepts – wobei sich dieses insbesondere im Umgang der Figur mit anderen Figuren herauskristallisiert. Das Figurenkonzept umfasst damit nicht nur durch die Erzählinstanz oder Figurenkommentare explizierte Aspekte der Figur, sondern vielfach auch Dinge, die aus dem Geschehenskomplex oder aber auch aus solchen

Äußerungen der Erzählinstanz oder anderer Figuren erst destilliert werden müssen. So geben Aussagen zur *Ausstattung* der Figur Hinweise auf unterschiedlichste Aspekte, die in Rückbezug auf weitere Hinweise des Hörspiels bestätigt werden können. Die »Maske« der Figur, also das Gesicht und seine eventuelle kosmetische Gestaltung, ebenso wie ihr Kostüm, ihre Kleidung, die Accessoires, die sie trägt etc. liefern historische, soziale etc. Implikationen, mittels derer auch eine spezifische Semantisierung, Normierung und Normalisierung der Figur erfolgt. Wenn es bspw. in DIE LETZTEN VOM SCHWARZEN MANN von Alfred Andersch über eine Figur heißt

> Sie hatte ein helles Sommerkleid an, auf das große Blumen gedruckt waren, und schob den Wagen, in dem sich ihr Kind befand, durch das Dorf. Sie war wirklich ein elegantes Mädchen, mit einem prachtvollen Damengesicht unter dunklen Haaren, und eine wahre Erholung, wenn man gezwungen war, in der Eifel zu leben,

bildet sich durch den Widerspruch zwischen »Mädchen« und »Damengesicht«, zwischen »Erholung« und Zwang sowie Mutter und erotischer Attraktion eine semantische Spannung auf, die weit über die rein denotative Bestimmung der Figur als schöne Frauengestalt hinausgeht.

Weitere speziell geschehensbezogene Aspekte der Figurenkonzeption sind die Implikationen, die sich aus den *Handlungen*, die eine Figur vollführt bzw. erleidet, ergeben und sich unter anderem anhand des Grads von Aktivität bzw. Passivität semantisch bewerten lassen. *Verbale Auszeichnungen*, wie das Vorhandensein von Dialekt, Lispeln, besonderer Akzentuierung etc. helfen ebenfalls, die Figur spezifisch zu gestalten, ebenso wie *nonverbale Zeichen*, die Aspekte von Gestik, Mimik, Kinesik, Proxemik und Körperhaltung betreffen. Durch eine ausführliche Beschreibung von gestisch-mimischen Figurenzeichen werden bspw. in INSCHALLAH, MARLOV Informationen über den emotionalen Kampf der Figur gegeben, in den diese angesichts einer – wenn auch nur erinnerten – äußeren Situation gerät:

> Es spielte keine Rolle, dass sie log, denn plötzlich überquerte er, Marlov, den Boulevard und kam langsam in meine Richtung. Er starrte mich an und achtete nicht auf den starken Verkehr, der von rechts und links auf ihn zukam. Ich schrie, um ihn zu warnen, aber kein Laut kam aus meinem Mund. Schweigend streckte er die Hand aus, flehend, damit ich ihn über die Schnellstraße zog und in die Arme nahm und dennoch… dennoch…

Dazu sind auch *nonverbale Zeichen* zu rechnen, die eine spezifische konventionalisierte Bedeutung haben, wie (zivile, militärische etc.) Grußformen, der Handkuss, ein Nicken etc. Ebenso relevant sind universell verständliche Gefühlsausdrücke, besonders mimischer Art, wie Lächeln, Erstaunen, Wut, Angst etc., die als Reaktionen einer Figur in der Korrelation zu einer Situation immer einen Rückschluss auf die psychischen Vorgänge nahelegen, die in der Figur aufgrund der situativen Umstände ablaufen. Die Beschreibung der Mimik oder auch anderer körperlicher Begleiterscheinungen innerer Gefühlsvorgänge kann so im Hörspiel gezielt zur Artikulation von Affektzeichen verwendet werden. Erröten, Erblassen oder auch das unmittelbar akustisch kommunizierbare Wummern von Herzklopfen sind Beispiele davon. Ebenso interessant sind ironisch gebrochene Gefühlsausdrücke wie etwa das aufgesetzte, falsche Lachen von Walter und Conny in der fingierten Fernsehshow im Hörspiel DIE APOKALYPTISCHE GLÜHBIRNE, durch das im Zusammenspiel mit den koordinierten Publikumsreaktionen (Gelächter, Buhrufe etc.) zugleich ganz nebenbei die korrumpierenden Mechanismen und Wirkungsdynamiken der Massenmedien karikiert werden. Auch die Gesamtheit aller kinesischen Aspekte, durch die das Gesprochene begleitet und eventuell kommentiert, unterstützt oder auch widerlegt wird, bietet reiche Möglichkeiten, das Denken und Fühlen und in letzter Konsequenz das Werte- und Normensystem einer Figur herauszustellen. Die Analyse der Kinesik lässt sich dabei unterteilen in die Bereiche der Zustände (Sein, Warten, Liegen etc.), der Vorgänge (Wandern, Fallen, Wachsen etc.) und der Tätigkeiten (Schlagen, Laufen, Werfen, Zwinkern etc.), wobei meist eine bestimmte kulturelle, ästhetische, ethnische etc. äußere Kodiertheit die konkreten Aspekte mit einer bestimmten Semantik anreichert. Nicht zuletzt besitzen gerade *Typisierungen*, also die Charakterisierung einer Figur durch ihre (stereotype) äußere Erscheinung (Typ »Hexe«, Typ »Held« etc.; Dichotomien wie »Gut vs. Böse«, »Schön vs. Hässlich« etc.) – bei aller grundsätzlichen Problematik, die sich immer bei solchen Schematisierungen ergibt – eine große Effektivität, wenn es darum geht, prägnant ein bestimmtes Figurenkonzept an das Hörpublikum zu vermitteln.

Die *situative Figurenkonfiguration* betrifft daneben das konkrete Auftreten der einzelnen Figuren zu bestimmten Zeiten, an bestimmten Orten und in einer bestimmten Zusammenstellung. Diese Punkte lassen sich im Zusammenhang der inhaltlichen Szenengliederung leicht erfassen, indem bei jeder Szene – ähnlich dem Auftrittsplan klassischer Dramen – kurz notiert wird, welche Figuren jeweils in der betreffenden Szene wo und wann zusammentreffen. In einem daran anschließenden interpretatorischen Schritt kann dann zunächst eine grundsätzliche narrative Relevantsetzungshierarchie der einzelnen Figuren erstellt werden, die sich aus der reinen Häufigkeit ihrer Auftritte ergibt. Figuren, die in fast jeder Szene erscheinen, kommt allein quantitativ in aller Regel eine große Bedeutung für die Entwicklung der Handlung zu. Besitzen diese Figuren dann auch noch eine besondere Dominanz in der Szene, indem sie zentralen Einfluss auf den Verlauf des dargebotenen Geschehens nehmen, sind sie auch in qualitativer Hinsicht als Hauptfiguren ausgewiesen. Als eigentlicher Protagonist bzw. Protagonistin eines Hörspiels erscheint dann die Figur, die insgesamt im Mittelpunkt des Geschehenszusammenhangs steht. Außerdem können infolge der Notation der Auftritte bestimmte Zusammenhänge, also Gruppierung von ausgewiesenen Figuren oder auch die Isoliertheit einzelner Figuren, konstatiert werden. Zugleich lassen sich so eventuelle räumliche Zugehörigkeiten feststellen. Vor allem die beiden letzten Punkte, die Gruppierung sowie die Lokalisierung der Figuren, bilden die Ausgangsbasis für die folgende Ermittlung der Figurenkonstellation.

Bei der Ermittlung der *paradigmatisch-semantischen Figurenkonstellation* werden gewissermaßen die Ergebnisse aus der Analyse der Figurenkonzeption und der -konfiguration zusammengeführt, indem danach gefragt wird, welche Figurengruppen sich bezüglich spezifischer paradigmatischer Aspekte zusammenfassen lassen. Hierbei stehen weniger topografische oder temporale Kriterien der Zuordnung im Vordergrund, sondern wesentlich semantische Aspekte, die von bestimmten Figuren in gleicher Weise geteilt werden und sie dadurch von anderen Figuren abgrenzen. Es muss also eine gemeinsame Semantik vorliegen, um bestimmte Figuren, die durch diese gleichermaßen ausgezeichnet sind, einem konstellativen Paradigma zuzuordnen, wobei sich diese Semantik in der Regel aus der Figurenkonzeption abstrahieren lässt und nicht unbedingt auf szenischer Ebene expliziert sein muss. So können etwa die Mitglieder zweier verfeindeter Parteien bei der Bestimmung der Figurenkonstellation zu zwei separaten Gruppen zusammengefasst werden; etwa »Polizisten vs. Ganoven«. Weitere Ansatzpunkte neben der Partizipation an einem äquivalenten Werte- und Normensystem können verwandtschaftliche, genealogische oder zwischenmenschliche Beziehungen sein, aus deren Ordnung die Paradigmen und semantischen Gruppierungen abgeleitet werden können. Stellt das Hörspiel offensichtlich die verwandtschaftlichen Beziehungen der Figuren in den Mittelpunkt, lässt sich die Figurenkonstellation meist einfach in Form eines Genealogiebaums notieren, bei dem die je ältere Generation oberhalb der jüngeren aufgelistet wird, Altersgleiche bzw. Angehörige derselben Generation auf derselben horizontalen Ebene stehen und Abstammungen durch Linien verdeutlicht werden. Oftmals fungieren Nebenfiguren auch als Vergleichsebene zu den Hauptfiguren und weisen diesen ein Paradigma zu. Das heißt, wenn sich eine Hauptfigur mit Nebenfiguren wie Drogenabhängigen, Waffenhändlern und Prostituierten umgibt, fungieren diese als indiziale Elemente, die hinsichtlich eines bestimmten Oberbegriffs zu einem ganz bestimmten Paradigma (»soziale Peripherie«/»Illegalität«/»Kriminalität«) zusammengefasst werden können, als dessen Zentralgestalt und Repräsentant die Hauptfigur dann erscheint.

Raumanalyse

Der Raum als zweite wichtige Kategorie bei der Rekonstruktion der dargestellten Welt lässt sich vor allem nach den Gesichtspunkten von Lage, Beschaffenheit, Funktion und Semantisierung analysieren. Während Lage und Beschaffenheit in erster Linie topografische Merkmale sind, die sich auch in einer Art Karte der dargestellten Welt modellieren lassen, werden die Funktionen und Semantisierungen der dargestellten Räume häufig erst infolge einer stärker interpretatorischen Auseinandersetzung greifbar und binden an den semantischen und motivationalen Hintergrund der Figurenhandlungen an, erlauben meist aber auch Rückschlüsse auf die dramaturgischen Intentionen. So hat ein Raum im Hörspiel nicht nur die Funktion, eine *Handlung zu situieren*, sondern auch die Funktion, die Handlung in ihrem *Verlauf zu strukturieren* – und das nicht nur von Szene zu Szene in Form von Raumwechseln, sondern auch innerhalb einer einzigen Szene durch die Arbeit mit Vorder-, Mittel-, Hintergrund bzw. Links, Mitte, Rechts. Über gezielt gewählte Inszenierungsverfahren kann dabei das Publikum gerade auch auf bestimmte Aspekte hingewiesen, seine *Aufmerksamkeit gelenkt*, das Gehör ausgerichtet und fokussiert werden. Die Räume einer dargestellten Welt helfen meist auch, die handlungstreibenden *Semantiken zu konzentrieren*, wenn mit Extremräumen wie dem Polizeihauptquartier im Gegensatz zur Gangsterhöhle gearbeitet wird. Räume können in diesem Zusammenhang auch Handlungen, Geschehnisse, Verhaltensweisen etc. plausibilisieren und psychologisieren, wenn mit akustisch inszenierten klaustrophobischen Räumen, handlungsperpetuierenden Räumen etc. gearbeitet wird. Die Druckluftkammer in WORTE DES MEERES IN DEN WIND GESCHRIEBEN wäre hier mustergültig zu nennen, denn hier wird erst über den Raum, dessen spezielle Physik sich extrem auf die psychische Konstitution der Hauptfigur auswirkt, die mäandernde Struktur des Hörspielgeschehens verständlich und plausibel. Außerdem wird meist über die Raumkonzeption die rezeptiv relevante Atmosphäre und *Emotionalität kommuniziert*. Dass in der vom SRF produzierten Podcast-Serie GRAUEN ein Lagerfeuer im Wald bei Nacht immer den Ausgangspunkt für die Horrorgeschichten der Stücke bildet, ist genau diesem Umstand geschuldet.

Wie hierbei wird auch bei der *Semantisierung von Räumen* respektive der Vermittlung einer bestimmten Semantik über die Konzeption der Räume einer dargestellten Welt häufig auf voretablierte Raumsemantiken zurückgegriffen. Dabei etablieren, regeln und prägen die gegebenen Raumaufteilungen in Form von Dichotomien die zentralen semantischen Leitdifferenzen der dargestellten Welt und funktionalisieren so eine Ideologisierung von Räumen. Muster solcher raumsemantischen Dichotomien sind etwa die Gegensatzpaare von »Natur vs. Kultur«, »Heimat vs. Fremde«, »Normalität vs. Abweichung«, »Zentrum vs. Peripherie«, »Alltag vs. Exotik/Transzendenz (Heterotopie)«, »Profanität vs. Sakralität« oder »Tradition vs. Modernität«. An all diese und ähnliche Dichotomien sind meist schon bestimmte kulturell und intertextuell etablierte Semantiken angeknüpft, die durch ein Hörspiel aufgegriffen, aktualisiert, bestätigt oder konterkariert werden können. So lässt sich an all die genannten Dichotomien etwa die Binärstruktur von »Weiblich vs. Männlich« knüpfen und im Folgenden diese räumlich getragene Semantik zum Ausgangspunkt einer Konfliktsituation mit Grenzüberschreitung und Ereignis ausbauen. Auch Hörspiele können so an präformierten Basispostulaten affirmativ »mitschreiben« oder sie können mit ihnen subversiv und dekonstruktiv umgehen und »Entgrenzungen« realisieren. Dabei kann auch die Verwendung bzw. der Verweis auf konkrete historische Räume der Realität eine wichtige Rolle spielen und bspw. der *Plausibilitäts-* oder auch *Authentizitätssteigerung* dienen – etwa, wenn in einem »Jack the Ripper«-Hörspiel die charakteristischen Schläge des Big Ben des Palace of Westminster genutzt werden, um die Handlung zu lokalisieren. Letztlich bieten auch Soundscapes große Möglichkeiten, gerade die *ästhetischen Qualitäten* bei der akustisch ansprechenden Raumkomposition herauszustellen.

Analyse der Raumsemantik

Entsprechend den Ausführungen zur Lotman'schen Ereignistheorie werden die gewonnenen Erkenntnisse aus der Figuren- und der Raumanalyse im nächsten Schritt herangezogen, um die semantischen Felder der Hörspielgeschichte zu eruieren. Bei der eigentlichen Figurenanalyse lassen sich die dominanten Werte und Normen des Figureninventars ermitteln; die semantikbezogene Untersuchung der dargestellten Welt liefert dazu meist Ergänzungen, sodass sich letztlich bestimmen lässt, welche handlungsleitenden Paradigmen für das Hörspiel zentral sind. Infolge der Bestimmung des maßgeblichen semantischen Feldes, können die semantischen Teilfelder definiert und die Grenze festgestellt werden, infolge deren Überschreitung durch eine oder mehrere Figuren es zu einem konstitutiven Ereignis kommt. Die Modellierung der Raumsemantik ist insofern der Schritt bei der progressiven Szenenanalyse, bei dem die Sequenz der Szenen – besonders, wenn diese keine chronologische Linearität besitzt – in die Struktur der Histoire übersetzt und nach dem Dreischritt von »Ausgangssituation – transformierende Situation – transformierte Situation« aufgegliedert wird. Dabei ist es theoretisch möglich, dass ein komplexeres Hörspiel oder auch eine Hörspielserie mehrere dieser Dreischritt-Strukturen aufweist, die dann entsprechend ihrer Chronologie sowie ihres Einflusses auf die dargestellte Handlung zu ordnen sind. Zugleich kann es sein, dass ein Hörspiel explizit nur die transformierte Situation und den Prozess der Reetablierung des Konsistenzprinzips thematisiert, sodass Ausgangssituation und transformierende Situation als implizite Voraussetzungen für die präsentierte Handlung in Form einer Deutungshypothese mit in die Ermittlung der Histoire einbezogen werden müssen.

Im Zusammenhang der Erarbeitung der Histoire eines Hörspiels ist ein wichtiger Schritt die Bestimmung der Relationen der einzelnen Szenen zueinander. Das betrifft in erster Linie die *zeitlich-handlungslogischen Beziehungen* der Szenen zueinander, also die Frage, ob die im konkreten Handlungsfluss des Hörspiels aufeinanderfolgenden Einzelszenen in chronologischer Reihenfolge stehen oder im Gegenteil eine achronologische Erzählweise gewählt wird. Diese kann Einzelszenen auch anachron, also in Rückblicken (Analepse) oder Vorwegnahmen (Prolepse), bieten oder auch Synchrones nacheinander oder in Hin- und Hersprüngen darstellen oder auch achron gestaltet sein, sodass nicht klar gesagt werden kann, in welchem zeitlichen und handlungslogischen Zusammenhang eine oder mehrere Einzelszenen zu anderen Szenen stehen. Aus dieser Betrachtung der zeitlich-handlungslogischen Beziehungen der Szenen können Deutungshypothesen resultieren bezüglich der besonderen (dramaturgischen) Argumentationsabsicht des Hörspiels. Außerdem können die *räumlich-relationalen Beziehungen* der Szenen untersucht und in die Frage übersetzt werden, warum ein Hörspiel eventuell von Szene zu Szene immer wieder starke Sprünge in der diegetischen Topografie vollzieht. Außerdem können unterschiedliche *Realitätsstatus der Szenen* auffällig und daher relevant sein. In DIE APOKALYPTISCHE GLÜHBIRNE rekonstruiert bspw. Bettina, die Großnichte von Christoph Wendel, anhand einer Fülle von Aufzeichnungen die Lebensgeschichte ihres in der Psychiatrie verstorbenen Verwandten. Das Hörspiel springt dabei von der aktuellen realen Situation, in der Bettina die hinterlassenen Schriftzeugnisse in der Psychiatrie liest, zu der realen historischen Situation, in der Christoph diese Aufzeichnungen anfertigt, und dann in einen fantastischen Raum, in dem sich die teilpathologischen Gedanken von Christoph mit den Gedanken von Bettina vermischen und dessen Geschehnisse wiederholt als Trauminhalt von Bettina gekennzeichnet werden, die sich im Schlaf mit den irritierenden Tageseindrücken auseinandersetzt und sie so verarbeitet. Darüber hinaus verdienen alle *strukturellen Besonderheiten* bei der Rekonstruktion der Histoire Beachtung, da diese als gezielt gewählte Darstellungsverfahren Indikatoren für die besondere Relevanz der betreffenden Stellen des Hörspiels sind. Dazu gehören Lücken im Geschehen wie das Dialemma, bei dem für die Handlung irrelevante – und oft direkt rekonstruierbare – Handlungsabschnitte übersprungen werden (etwa indem das Abfahren eines Autos an Ort X und dessen Ankunft an Ort Y inszeniert wird, die eigentliche Autofahrt aber ausgespart bleibt), oder auch die Ellipse, bei der in Form einer signifikanten Leerstelle in der Geschichte gerade handlungsrelevante Passagen ausgelassen werden, wodurch sie oft zu Kristallisationspunkten der Spannungserzeugung und der Dramaturgie werden und ihr Inhalt sowie ihre Auffüllung – etwa der Mord beim Kriminalhörspiel – Kernmomente und das Gros der gesamten Handlung bilden. Daneben können auch weitere strukturelle Auffälligkeiten wie Handlungsrekurrenzen, klare Motivzusammenhänge, Strukturidentitäten (bspw. dieselben Figuren, derselbe Raum, dieselbe Konstellation, dieselbe Medialisierungsart etc.) wichtige Hinweise für eine intensivere Betrachtung der betreffenden Hörspielpartien geben.

Gesamtdeutung

Infolge der Analyse aller wichtigen Handlungsaspekte der dargestellten Welt sowie der Rekonstruktion der Histoire mit der Systematisierung der Figuren- und Raumsemantiken kann abschließend eine *Deutungshypothese* des gesamten Hörspiels entworfen werden. Diese betrifft das (implizite) Argumentationsziel des Gesamthörspiels und ist je nach zugrunde gelegtem theoretischem Schwerpunkt anders gelagert. Werden etwa gendertheoretische Fragestellungen zentral gesetzt (vgl. dazu auch Kap. 8.3), müssen die bisherigen Analyseergebnisse auf eine entsprechende Perspektive hin gebündelt werden. So ließe sich etwa bei der Figurenanalyse nach der Prädominanz von heteronormativen Klischees und Stereotypen fragen, entsprechend derer die Figuren konzipiert und konfiguriert sind, und im Weiteren nach der (impliziten) argumentativen Motivation narrativer Sanktionen, d.h. bspw. danach, warum bestimmte (gesellschaftlich unangepasste) Figuren der Geschichte Unglück erleiden oder zu Tode kommen.

Spieleröffnung und Dramaturgie

Wird ein besonderer Schwerpunkt der Analyse auf die spezifische Dramaturgie des Hörspiels gelegt, kommt speziell der Untersuchung der *Spieleröffnung* eine größere Rolle zu. Die Spieleröffnung etabliert meist die narrative Grunddisposition eines Hörspiels und führt die Zuhörenden in dieses ein. Dabei hat sie verschiedene Funktionen. Sie *stellt initial die zentralen Handlungsgrößen und ihre Relationen vor*, also die Figuren und ihre Verhältnisse, die Räume und die räumlichen Zusammenhänge bei schweifender Perzeption, die Zeit und die temporalen Zusammenhänge bei springender Perzeption sowie die Kern-Themen, Probleme und Konflikte, durch welche die Konstituenten der dargestellten Welt dynamisiert werden. Zudem dient sie der Erzeugung einer elementaren *Erwartungsspannung*, durch die das Interesse des Publikums in einem Wechselspiel von Vorausdeutungen und partieller Unabsehbarkeit der weiteren Entwicklung an die Rezeption des Hörspiels gebunden werden soll. Außerdem liefert die Spieleröffnung meist eine erste *generische Orientierung*. Indem sie die zentralen Handlungsgrößen präsentiert, macht sie in gewissem Umfang auch deutlich, welchem Genre das Hörspiel aufgrund bestimmter konventioneller Inhaltsfaktoren zugehört, und liefert dem Publikum damit Hinweise zur korrekten, d.h. adäquaten Rezeptionsweise des Hörspiels. Ob ein Hörspiel Genrekonventionen des Kriminalhörspiels oder des Märchenhörspiels nutzt, wird in der Regel bereits in den ersten Minuten deutlich – ebenso wie, ob es sich um ein Collagehörspiel handelt, das entsprechend einen ganz anderen Rezeptionsmodus von den Zuhörenden verlangt. Außerdem ist unmittelbar in der Spieleröffnung zu hören, welche Sprachform das Hörspiel nutzt und ob es sich eventuell sogar um ein Mundarthörspiel handelt. Daneben sind in der Spieleröffnung häufig bereits die Prinzipien der *segmentalen Gliederung* realisiert, die im Folgenden für die Strukturierung des betreffenden Hörspiels insgesamt verwendet werden. Und nicht zuletzt führt die Spieleröffnung das Publikum auch in die verwendete *Tontechnik* ein und informiert implizit darüber, ob bspw. auf eine monophone oder stereophone Darbietungsform zurückgegriffen wird und wie deren unterschiedliche Möglichkeiten im konkreten Hörspiel zweckbestimmt sind. All diese Aspekte erfassen dramaturgische Entscheidungen, die von der Hörspielleitung getroffen wurden und, nach einer aufmerksamen Analyse, in eine Deutung des Hörspiels miteinfließen sollten. En detail ergänzt werden diese jedoch erst durch eine differenzierte Analyse des Discours, der die spezifische Form der *Präsentation* der Histoire in einem Hörspiel umfasst.

Die Bereiche von Figurenkonzeption, -konfiguration und -konstellation sind klassische Analysekategorien, siehe dazu u.a. Gräf et al. 2011, 173–178, sowie Pfister 2001, 220–264. Siehe zu den konventionellen Prinzipien der Notation von Figurenkonstellationen Krah 2006, 361–364.

Die topologisch-semantische Raumanalyse auf Basis der Sujettheorie von Lotman 1972a, 300–401, und 1977, 101–117, wurde von Renner 2004 ergänzt, weiterentwickelt und ausdifferenziert; siehe dazu auch Krah 2006, 296–339. Vgl. zu Raum- und Zeitkonzeption speziell im Hörspiel u.a. auch Pfister 2001, 327–381, und Schmedes 2002, 99–103; siehe auch Hoppe 2022.

7.5 Discours

Als »Discours« bezeichnet man die spezifische Form der Präsentation der Histoire in einem Hörspiel. Der Discours liefert also die hörspielspezifische Oberflächenstruktur einer bestimmten Geschichte und weist ganz eigene Möglichkeiten, Verfahren und Phänomene auf, die das jeweilige Hörspiel von Umsetzungen derselben Geschichte in anderen Hörspielfassungen (etwa die TRÄUME von Günter Eich in der 1951 vom NWDR oder in der 2007 vom NDR gesendeten Fassung) oder auch anderen Medien unterscheidet. Solche Discoursspezifika sind unter anderem die Figurenbesetzung, die konkrete sprachliche Gestaltung von Figurenäußerungen, der Einsatz von Musik und Geräuschen, die gewählte Montagepraxis, das Arrangement der akustischen Bestandteile oder die Chronologie der Handlungsabschnitte. Konkrete Unterschiede zwischen Einzelhörspielen oder auch zwischen einem Hörspiel und einer altermedialen Umsetzung werden im Zusammenhang einer hörspielkomparatistischen Untersuchung erfasst (siehe dazu Kap. 9). Dabei sind Discoursaspekte nie reine »Form«, sondern integraler Bestandteil der Gesamtbedeutung eines Hörspieltextes, da bspw., wie bereits angedeutet, die zeitliche Abfolge der Einzelszenen in der Linearität des Hörspiels ganz unterschiedliche Wirkungen hat und auf einer je anderen dramaturgischen Entscheidung beruht. Dasselbe gilt bei der stimmlichen Besetzung der Rollen, die immer auch eine andere Semantik und Wirkung zur Konsequenz hat. Deshalb muss die Analyse des Discours immer mit der Analyse der Histoire verknüpft werden und die systematischen Beziehungen zwischen beiden Bereichen Berücksichtigung finden, um aus der Vielzahl von deren Interaktionsmöglichkeiten (Ironie, Verfremdung, Kommentierung, Unzuverlässigkeit etc.) eine solide Interpretationsgrundlage zu erarbeiten.

Der Discours lässt sich systematisch untersuchen nach den Aspekten der Vermittlungsinstanz und den Aspekten der temporalen Struktur, die gemäß den Kategorien der Narratologie in Stimme und Modus sowie Ordnung und Dauer untergliedert werden können und damit Fragen nach der Erzählhaltung und Erzählweise sowie den unterschiedlichen Organisationsformen der zeitlichen Relationen betreffen. Diese Analysekategorien erfassen jedoch nur die wichtigsten Aspekte des Discours, neben denen es je nach Hörspiel weitere Discoursaspekte gibt, die zu berücksichtigen sind.

Die *Vermittlungs-* oder auch *Erzählinstanz* eines Hörspiels ist die narrative Instanz, welche die Geschichte wiedergibt, sie in spezifischer Form präsentiert und sich dabei im Erzählakt manifestiert. Wie im Abschnitt 7.1 bereits erwähnt, ist in narrativen Texten eine Vermittlungsinstanz immer gegeben – und sei es nur in der Auswahl der Geschehensmomente, in der Auswahl der Figurenrede oder in der Wahl der jeweiligen Perspektive. Jeder stimmlich geäußerte Erzählakt im Hörspiel verweist dabei auf eine konkrete personale Erzählinstanz, was die Erzählinstanz zu einer *Erzählfigur* macht. Solche Erzählfiguren können im Weiteren stärker personalisiert werden durch besondere von der Stimme getragene Informationen (Alter, Geschlecht, Artikulationsspezifika etc.), eine Individualisierung infolge einer Namensnennung, durch sekundäre Zuschreibungen von anderen, durch bestimmte Handlungen, die von der Erzählfigur vorgenommen werden etc. Zusammengefasst bedeutet das, dass von einer Erzählfigur gesprochen wird, wenn diese individualisiert und mit personalen Merkmalen ausgestattet ist sowie eventuell handlungsfunktional in Erscheinung tritt, während eine Erzählinstanz immer eine unpersönliche, abstrakte Vermittlungsgröße ist, die ohne spezifische Merkmale rein vermittlungsfunktional bleibt.

Die narrative Stimme

Die Erzählinstanz einer Hörspielgeschichte, von der die Inhalte des Hörspiels vermittelt werden, wird in Anknüpfung an die narratologische Terminologie von Gérard Genette metaphorisch als »narrative Stimme« bezeichnet. Sie hat dabei nichts mit der tatsächlichen hörspielspezifischen Untersuchungskategorie der Stimme zu tun, sondern ist die Bezugsgröße der Frage »Wer bzw. was äußert sich hier? Wer bzw. was vermittelt die Inhalte?«. Alle Mitteilungsinhalte der Erzählinstanz werden zusammenfassend »Diegese« genannt. Die Diegese ist also die Gesamtheit aller durch die Erzählinstanz kommunizierten Informationen bzw. – im Spezialfall, dass eine personalisierte Erzählinstanz gegeben ist – alle Redeinhalte einer Erzählfigur und damit die sogenannte dargestellte Welt in der spezifischen Konturierung und Darstellung der Erzählinstanz. In der Folge lässt sich zwischen der Erzählinstanz und der von ihr dargestellten Welt differenzieren und dabei sowohl die beiden Größen Erzählinstanz und dargestellte Welt einzeln untersuchen (die Analyse der dargestellten Welt erfolgt in der in Abschnitt 7.4 beschriebenen Weise) als auch das Verhältnis zwischen beiden betrachten. Letzteres ist besonders aufschlussreich, wenn es sich etwa um eine unzuverlässige Erzählinstanz handelt, denn dann müssen die Rezipierenden des Hörspiel eine differenzierte Rekonstruktionsleistung in drei Schritten erbringen:

1. Zunächst ist zu ermitteln, wie die dargestellte Welt und die in ihr befindlichen Figuren und stattfindenden Ereignisse (wohl) objektiv aussehen;
2. müssen die subjektivierenden Verzerrungen bestimmt werden, die durch die Erzählinstanz als Vermittlerin zwischen Rezipierenden und dargestellter Welt in die Perspektive der Rezipierenden auf die dargestellte Welt eingebracht werden; und
3. gilt es zu interpretieren, warum die Erzählinstanz diese Verzerrungen, Unzuverlässigkeiten oder Unwahrheiten in ihre Kommunikation über die dargestellte Welt hineinbringt. Die Erzählinstanz bzw. narrative Stimme kann nach der Ermittlung der Zahl der diegetischen Ebenen hinsichtlich ihrer diegetischen Position, dem Zeitpunkt des Erzählens, der Form dieses Erzählzeitpunkts sowie etwaigen Besonderheiten untersucht werden.

Diegetische Ebenen sind, wie im Abschnitt zur semiotischen Bestimmung des Zeichensystems Musik besprochen (vgl. Kap. 6.4), Stufen in der Vermitteltheit von Inhalten. Erzählt bspw. eine menschliche Figur eine Geschichte, in der Hasenfiguren vorkommen, die einander wiederum eine Geschichte erzählen, in der Mäusefiguren auftreten, sind drei diegetische Ebenen auszumachen, wobei die menschliche, primäre und für die Gesamtdiegese ursächliche Figur auf der obersten, ersten diegetischen Ebene situiert ist, die Hasenfiguren auf der zweiten und die Mäuse auf der dritten Erzählebene. Eine solche narrative Sprechsituation kann aus einem komplexen System aus Einzelsprechsituationen aufgebaut sein, die etwa parallel zu einander stehen oder auch in einander eingebettet sein können. Sobald es mehrere Sprechinstanzen gibt, ist daher zunächst die hierarchisch höchststehende Erzählinstanz (im Beispiel: die Menschenfigur) zu ermitteln, denn sie ist die alles vermittelnde Erzählinstanz, die auch die Erzählungen der tieferliegenden Erzählinstanzen (im Beispiel: die Hasen- und Mäusefiguren) vermittelt. Grundsätzlich kann immer, wenn personalisierte Erzählfiguren vorhanden sind, noch eine weitere, darüberstehende abstrakte Erzählinstanz angesetzt werden, welche die Präsentation der Erzählsituation der obersten figuralen Erzählinstanz gestaltet und dabei die Informationen von und zu dieser Erzählinstanz steuert.

Im Weiteren muss geklärt werden, ob der *Standort* der hierarchisch höchststehenden Erzählinstanz innerhalb oder außerhalb der (von ihr) dargestellten Welt liegt. Abstrakte Erzählinstanzen stehen immer außerhalb der dargestellten Welt, da sie gewissermaßen »keinen Körper« haben, mit dem sie sich in der dargestellten Welt überhaupt materialisieren könnten. Erzählfiguren dagegen können entweder von Begebenheiten berichten, an denen sie selbst situativ beteiligt sind/waren oder eben nicht. Ist eine Erzählfigur selbst Teil dieser Welt und tritt darin auf, spricht man von einer *intradiegetischen*, sonst von einer *extradiegetischen* Erzählinstanz. Bei der hörspieltechnischen Umsetzung werden verschiedene Erzählebenen häufig über Durchblenden miteinander verknüpft. So führt bspw. eine extradiegetische Erzählfigur wie in MORD IM PFARRHAUS oder auch in DER GEWISSENLOSE MÖRDER HASSE KARLSSON verbal in den Geschehenszusammenhang ein, während sich dieser intradiegetische Erzählinhalt allmählich simultan durch parallelgemischte Geräusche, Gespräche und dergleichen manifestiert. Der Kontext des Erzählens wird so allmählich in den Kontext des Erzählten überführt, der Ersteren in Form einer präsentischen Darstellung ablöst. Die Funktion einer solchen extradiegetischen Erzählfigur, die sich üblicherweise nah am Mikrophon und dadurch raumlos äußert, entspricht dem Voiceover-Narrator im Film. Die akustische Beziehung zwischen extradiegetischer Erzählebene und Diegese (= intradiegetische Welt bzw. Handlungsebene) ist die von »hallloser Schallakustik« vs. »akustischer Hallraum«.

Die Untersuchung der *Erzählposition* kann ebenfalls nur bei einer personalisierten Erzählfigur angestellt werden – abstrakte Erzählinstanzen stehen immer jenseits der präsentierten Inhalte. Hierbei wird das Verhältnis ermittelt, das zwischen der Erzählfigur und dem von ihr Erzählten besteht. Nach Genette (1998, 174–181) bezeichnet man eine Erzählfigur, die eine Geschichte erzählt, in der sie selbst nicht vorkommt, als *heterodiegetisch*. Die Erzählinstanz ist dann keine Figur der dargestellten Welt, selbst wenn sie personal figuriert ist. Eine (definitiv immer personalisierte) Erzählfigur, die eine Geschichte erzählt, in der sie selbst als Nebenfigur erscheint, wird *homodiegetisch* genannt; sollte die Erzählfigur zugleich die Hauptfigur in der von ihr erzählten Geschichte sein, spricht man von *autodiegetischer* Erzählfigur.

Im Weiteren ist der *Erzählzeitpunkt* zu bestimmen. Auch hierfür muss eine Erzählfigur gegeben sein, denn fehlt eine personifizierte Erzählinstanz, ist der Erzählzeitpunkt in aller Regel nicht zu bestimmen. Der Erzählzeitpunkt ist *retrospektiv* oder rückblickend, wenn die Erzählfigur bereits Vergangenes berichtet; er ist *prospektiv* oder vorhersagend, wenn die Erzählfigur Zukünftiges schildert; er ist *simultan* bzw. gleichzeitig, wenn die Erzählfigur ein Geschehen in einer Art Echtzeitbericht dieses Geschehens begleitend vermittelt. Bei dieser letztgenannten Möglichkeit fallen der Erzählakt und die Handlung zeitlich zusammen und es ergibt sich ein reportageartiger Bericht. Darüber hinaus lässt sich zwischen zwei verschiedenen Formen des Erzählzeitpunkts unterscheiden: Ist er *fix*, berichtet die Erzählfigur aus einem festen einzigen Moment heraus; ist er dagegen (mit-)*wandernd*, berichtet sie aus mehreren, zeitlich getrennten Zeitpunkten.

Außerdem können weitere *Besonderheiten* gegeben sein, die hinsichtlich der korrekten Bestimmung des Verhältnisses von Erzählinstanz und dargestellter Welt von Relevanz sind. Das betrifft besonders die bereits angesprochene Frage nach der Zuverlässigkeit der Erzählinstanz. Damit ist nicht nur ein absichtlich täuschendes, irreführendes Kalkül der Erzählinstanz gemeint, die eventuell aus bestimmten Gründen, sich selbst, bestimmte Zusammenhänge etc. anders zeigt als sie sich in der Erzählwelt »tatsächlich« darstellen. Es gehören hierzu vielmehr auch besondere Erzählverfahren wie etwa das der *Metalepse*, bei der die strikte Separation der Erzählebenen aufgehoben wird. So können bspw. die Figuren einer Geschichte die Zuhörenden des Hörspiels immer wieder ansprechen und zu bestimmten Handlungen auffordern wie in Konrad Wünsches SENDUNG; eine heterodiegetische Erzählinstanz kann in ein Gespräch mit »ihren« Figuren treten wie in RITTER ROST UND DER GOLDENE KÄFER; oder es ist – in einem Extremfall wie ROSIE, dem Radio-Spektakel zum Mitmachen – auch möglich, dass das über Telefonanruf live ins Hörspielstudio zugeschaltete Radiopublikum über den weiteren Verlauf des Hörspiels entscheidet. Die Option der *ambidiegetischen Platzierung*, bei der einzelne Hörspielinhalte nicht eindeutig einer bestimmten diegetischen Ebene zugeordnet werden, wurde bereits im Zusammenhang mit der Behandlung des Zeichensystems Musik eingehend besprochen.

Es ist aber auch die *mentale Metadiegese* hier zu nennen, bei der Vorstellungen, Träume, Wünsche, Halluzinationen etc. als Diegeseinhalt kommuniziert werden – und das eventuell, ohne dass explizit darauf hingewiesen wird, dass es sich bei dem Wiedergegebenen nicht um diegetische Realität, sondern lediglich um einen (inkorrekten) Bewusstseinsinhalt einer Figur handelt. Bei mentalen Metadiegesen erscheinen also subjektive Bewusstseinsinhalte, die einen Status von Irrealität besitzen, ohne entsprechende explizite oder implizite Markierung direkt neben oder in diegetisch Realem. Derlei geschieht etwa im Hörspiel DIE APOKALYPTISCHE GLÜHBIRNE in Gestalt der Fernsehshow »Walter und Conny«, die einen gemischten mentalen Raum der Hauptfigur darstellt, innerhalb dessen diese im Traumzustand Tagesereignisse und eigene Reflexionen zu einem kruden Unterhaltungsprogramm verbindet, das in Hinblick auf die Präsentationsweise gleichwohl nur minimal als subjektives Konstrukt ausgewiesen ist. Auch das Hörspiel DER BLAUE VOGEL von Christoph Buggert nutzt eine mentale Metadiegese als zentralen Bestandteil. Hier lassen sich vier Erzählebenen feststellen: 1. Auf der ersten, höchsten steht eine abstrakte Erzählinstanz, die drei weitere Erzählebenen vermittelt, nämlich 2. eine Erzählebene, auf welcher sich der »verrückte« Protagonist Ulrich befindet, der sich 3. ein fiktives Gespräch mit der idealisierten Figur Winnie vorstellt, in dem beide sich über 4. das reale Geschehen in der Vergangenheit unterhalten, bei dem Winnie ums Leben gekommen ist, ein Ereignis, das zur Geisteskrankheit von Ulrich geführt hat. Zwischen den Ebenen 2 und 3 besteht Gleichzeitigkeit, während zwischen 2/3 und 4 Nachzeitigkeit gegeben ist. Die abstrakte Erzählinstanz des Hörspiels wählt aus den

Bewusstseinszuständen von Ulrich Erinnerungen und pathologische Halluzinationen bzw. Wunschvorstellungen (Fantasiegespräche mit Winnie) aus und bringt diese unter einer bestimmten Darbietungsgestaltung in eine bestimmte Reihenfolge. Dadurch ergeben sich perspektivische Kontaminationen durch die Relation von Erzählebene 1 und 2. Denn meist wird aus der Perspektive von Ulrich berichtet; in manchen Szenen bekommt man jedoch eine Szene gezeigt, in die Ulrich erst eintritt, die also nicht rein aus seiner Perspektive wahrgenommen werden kann, sondern die vom nullfokalisierten Standpunkt der Erzählinstanz präsentiert wird (etwa in der Szene, als Ulrich »gefunden wird« (»Wir haben ihn! Wir haben ihn!«). Dass die Gespräche zwischen Ulrich und Winnie, die das Hörspiel gliedern, nur Ulrichs Fantasie entstammen (können), wird den Zuhörenden erst gegen Ende des Hörspiels klar, wenn deutlich wird, dass sich Winnie infolge eines sexuellen Übergriffs seitens Ulrichs im Zusammenhang mit einer depressiven Disposition im Meer ertränkt hat. Das wiederum liefert die Erklärung dafür, warum Winnie in diesen Gesprächen mit Ulrich akzentfrei spricht, während sie in den Szenen auf Erzählebene 4 mit dänischem Akzent redet: Eben, weil sie in diesen Gesprächen nicht die echte Winnie, sondern lediglich eine idealisierte Projektion in Ulrichs Vorstellung ist.

Der narrative Modus

Sobald die Fragen zur Zahl der diegetischen Ebenen, der Erzählposition, dem Erzählzeitpunkt und seiner Form beantwortet sind, kann der narrative Modus untersucht werden. Darunter werden die Art der Distanz, die Form der Perspektive sowie der Wissensstand zusammengefasst, die eine Erzählinstanz gegenüber dem Geschilderten besitzt.

Die Untersuchung der *Wahrnehmungsperspektive* widmet sich entsprechend allgemein den Fragen: Aus welcher Perspektive wird wahrgenommen (und vermittelt)? Wie wird wahrgenommen (und vermittelt)? Und wem folgt die Perspektive? Man unterscheidet dabei meist zwischen einer neutralen bzw. narratorialen Perspektivik, bei der von externer Position heraus das Geschehen eingefangen wird, und einer personalen bzw. figuralen Perspektivik, die stark an das akustische Wahrnehmungsfeld einer bestimmten Figur gebunden ist. Während eine neutrale Perspektive also einen distanzierten Bericht eines Geschehens liefert und sich dabei im Wesentlichen auf einen räumlich unmarkierten oder einen frei verlagerbaren Wahrnehmungsstandpunkt stützt – was beides Implikationen einer »objektiven« Geschehenspräsentation sind –, wird die diegetische Handlung bei einer figuralen Perspektive aus einer personengebundenen Hörsituation heraus wiedergegeben und dabei häufig u.a. durch die Nutzung innerer Figurenmonologe, durch Gedanken, Gefühle, Meinungen etc. einer bestimmten Figur »subjektiv« eingefärbt.

Weiterhin ist der jeweilige *Figurenbezug* ein wichtiges Kriterium für die Untersuchung der Wahrnehmungsperspektive, wobei man von einer *Außenperspektive* spricht, wenn nur von außen wahrnehmbare Abläufe berichtet werden, wohingegen bei einer *Innenperspektive* auch das »Innenleben« einer Figur, also deren Gedanken, Gefühle etc., mitgeteilt werden. Ein Gradmesser für die Innenperspektive kann zusätzlich die Unterscheidung sein, ob lediglich das Figurenbewusstsein beschrieben wird, oder aber, ob zusätzlich auch Dinge beschrieben werden, die für die Figur selbst unbewusst sind. Ist Letzteres der Fall, verfügt die Erzählinstanz offenbar über einen immensen Grad an Introspektion. Ergänzend zu diesen beiden Idealformen lassen sich Misch- oder Sonderformen ausmachen. In Christoph Buggerts DER BLAUE VOGEL wird das szenische Geschehen bspw. meist in der Außenperspektive wiedergegeben, wobei oft einzelne in der jeweiligen Szene dominante bzw. bei Szeneneröffnung präsente Figuren als *Reflektorfiguren* fungieren. Solche Reflektorfiguren haben narrative Orientierungsfunktion, indem sie gewissermaßen als figurale Medien fungieren, über deren aktuale Wahrnehmungen die Aspekte der dargestellten Welt an die Zuhörenden vermittelt und die Zuhörenden in der dargestellten Welt herumgeführt werden, wobei die Zuhörenden über die Erkenntnisse der Reflektorfigur selbst Erkenntnisse über die dargestellte Welt und ihre Zusammenhänge erhalten. Eine abstrakte Erzählinstanz kann sich bei der Vermittlung einer Geschichte – etwa Szene für Szene – unterschiedlicher Reflektorfiguren bedienen. Die Wahrnehmungsperspektive ist dabei nicht völlig neutral, sondern orientiert sich an bestimmten Figuren, womit zugleich immer auch eine normative Perspektive kommuniziert wird, denn ein Geschehen, das weitgehend distanziert zu Gehör gebracht wird, jedoch eine Orientierung auf die Wahrnehmungsposition einer bestimmten Figur, wie bspw. den Lehrer in DER BLAUE VOGEL, erkennen lässt, weist immer auch eine Tendenz auf. Diese Tendenz kann im betreffenden Fall u.a. entweder so gedeutet werden, dass die Erzählinstanz die »natürliche Autorität« der Lehrkraft nutzt, um für ihre eigene Geschehensdarstellung den Nimbus des Objektiven zu erben, oder auch, um deutlich zu machen, dass sie sich gerade, was die wertenden Äußerungen der Lehrkraft anbetrifft, auf deren Seite stellt und diesen besondere Geltung verleihen möchte. In Kai Bleifußs PINBALL wird dagegen überwiegend die figurale Innenperspektive genutzt, wobei diese mitunter nicht nur aus der Perspektive einer einzigen Figur heraus gestaltet ist, sondern sozusagen multipel-personal, indem sie gleichzeitig das Innenleben mehrerer Figuren wiedergibt, wie das u.a. in dem bereits in Abschnitt 4.1 zitierten Figurendialog der Fall ist.

Die *Distanziertheit* der Erzählinstanz in Bezug auf das von ihr präsentierte Geschehen ist ein weiterer Analysepunkt bei der Klärung des narrativen Modus. Im Hörspiel können Daten der Diegese in drei verschiedenen Formen der Distanziertheit präsentiert werden: als *deskriptive Handlungsparaphrase durch eine extradiegetische Erzählinstanz*, bei der die Erzählinstanz das Geschehen indirekt in eigenen Worten beschreibt; als *deskriptive Handlungsparaphrase durch eine intradiegetische Figur*, bei der eine Figur diese Rolle übernimmt und beschreibt, was sie gerade sieht, tut und erleidet; oder als *direkte szenische Darstellung*, bei der durch die Kombination von im Wesentlichen expliziten Figurenäußerungen und prägnanten denotativen Geräuschen die Handlung gleichsam performativ zu Gehör gebracht wird. Es dürfte einsichtig sein, dass auch diese drei Modi der Distanziertheit keine exklusiven Prinzipien der Erzählgestaltung im Hörspiel darstellen, sondern dass sie in aller Regel in Kombination miteinander verwendet werden. Oftmals beschreibt bspw. eine extradiegetische Erzählinstanz in eigenen Worten eine Situation, in die sie auf diesem Wege einführt, woraufhin etwa in Form einer Auf- oder Überblendung der Sprung direkt ins szenische Geschehen dieser zunächst nur berichteten Situation erfolgt.

Mit dem Begriff der *Fokalisierung* wird der aus einem Hörspieltext rekonstruierbare Wissensstand der Erzählinstanz bezeichnet, wobei Fokalisierung im Grunde die Beschränkung dieses Wissensstands der Erzählinstanz bezüglich der diegetischen Aspekte meint. Entsprechend verfügt die Erzählinstanz bei einer *Nullfokalisierung* über vollkommenes, uneingeschränktes Wissen bezüglich aller Aspekte der dargestellten Welt und weiß damit mehr als die Figuren in der Geschichte. Sie kann so bspw. in Gestalt antizipativer Voraussagen Informationen liefern, die keine der Figuren der Erzählung haben kann; sie kann in das Gefühlsleben und das Denken sämtlicher Figuren blicken und dieses punktuell den Zuhörenden offenlegen; oder sie kann dieses überlegene Wissen dazu nutzen, über Andeutungen und gezieltes Vorenthalten oder tendenziöses Manipulieren von Informationen ein differenziertes Spiel mit den Zuhörenden zu treiben. Von *interner Fokalisierung* spricht man dagegen, wenn die Erzählinstanz nur genau so viel weiß wie die Figuren bzw. eine bestimmte Figur der Handlung. Ihr Wissenstand ist entsprechend auf die interne Wahrnehmung aus der Sicht einer handelnden Figur beschränkt, denn eine interne Fokalisierung manifestiert sich meist darin, dass die Erzählinstanz immer aus einer Figur der Erzählung heraus wahrnimmt. Der Idealfall ist dabei das Mittel des inneren Monologs, der in Gestalt eines Bewusstseinsstroms exklusiv und exakt den Wissenstand einer bestimmten Figur liefert. Eine interne Fokalisierung kann dabei entweder *fest* sein, wenn es nur eine Figur als Bezugspunkt der Erzählinstanz gibt, oder *variabel*, wenn die Erzählinstanz die sogenannte *fokale Figur* bzw. die *Reflektorfigur* im Verlauf ihrer Handlungspräsentation wechselt, oder aber *multipel*, wenn ein und dasselbe Ereignis aus der Perspektive verschiedener Figuren geschildert wird und es so unterschiedliche, oft divergierende und hinsichtlich ihres Geltungsanspruchs und ihrer Zuverlässigkeit konkurrierende Versionen eines Geschehens gibt. Bei *externer Fokalisierung* ist das Wissen der Erzählinstanz dagegen auf die neutrale, objektive Außenwahrnehmung einer Handlung beschränkt, sodass die Erzählinstanz weniger weiß als die handelnden Figuren, nur von außen beobachtet und keinen Einblick in die Gefühle oder Gedanken der Figuren der Erzählung hat. Theoretisch ist es möglich, etwa szenenweise verschiedene Fokalisierungsformen zu kombinieren, wogegen jedoch vor allem spricht, dass dadurch eine konsistente Erzählstrategie ebenso problematisiert wird wie eine stringente Rezipierendenlenkung. In Unterscheidung zu einer *konstanten* Fokalisierung spricht man dann in jedem Fall von einer *variablen* Fokalisierung.

Da das Hörspiel als Medium anders als ein rein schriftsprachlicher Text die Möglichkeit besitzt, unterschiedliche akustische Informationen zu vermitteln und insbesondere konkrete Geräusche sowie explizite Figurenäußerungen, kann diese Vermittlung des Tons selbst narrativen Strategien unterzogen werden und muss folglich bei einer präzisen Analyse berücksichtigt werden. Die Erzählinstanz hat die Option, vor allem die Wiedergabe von diegetischen Geräuschen und Figurenäußerungen an die Wahrnehmung von Figuren zu knüpfen. Man spricht dabei von *Aurikularisierung*, womit konkret die akustische Perspektivierung, sprich: die Perspektivierung des Tons gemeint ist. Sie kann in Analogie zur Fokalisierung drei verschiedene Beschränkungszustände besitzen. Bei einer *Nullaurikularisierung* ist der Ton in einer Szene nicht der spezifischen Wahrnehmung einer einzelnen Figur zugeordnet, sondern erklingt sozusagen allgemein und kann von allen Figuren gleichermaßen gehört werden. Das ist der für ein Hörspiel übliche Standard und als solcher grundsätzlich unmarkiert. Nullaurikularisiert sind etwa ungerichtete Raumklänge und Atmos, die in einem Handlungszusammenhang entstehen und von allen Figuren gehört werden, aber auch Musik und Ton, die einer diegetisch höheren Ebene zuzuordnen sind, also speziell extradiegetische Begleitmusik. Bei *interner Aurikularisierung* wird der Ton an die konkrete Wahrnehmung einer einzigen Figur gebunden, die allein ihn hört, während die anderen Figuren der Diegese ihn nicht registrieren. Auch dem Publikum des Hörspiels wird der Ton präsentiert, zugleich aber deutlich gemacht, dass innerhalb der dargestellten Welt die betreffende Figur das bestimmte Schallereignis exklusiv hört. Aufgrund der Beschränkung der Wahrnehmung meist auf eine einzige Figur wird diese Form der akustischen Perspektivierung auch als *auditive Subjektive* bezeichnet. Ist eine auditive Subjektive realistisch gehalten, kann es sich etwa um den von der Figur wahrgenommenen eigenen Herzschlag handeln oder um ein tinnitusähnliches Pfeifen infolge einer Explosion, die den Hörspielhörenden ebenfalls dargeboten werden. Noch konventioneller ist sozusagen das Mithören eines Telefongesprächs der intern aurikularisierenden Figur, bei dem die Antworten des Gesprächspartners derselben an der Hörmuschel des Telefons mitgelauscht werden, also von einer Position aus, die an sich nur von der telefonierenden Figur eingenommen werden kann. Es ist theoretisch auch möglich, die akustische Perspektivierung auf mehrere Personen auszuweiten, wobei sich dann narratologisch jedoch tendenziell die Problematik ergibt, Aurikularisierung von Fokalisierung scharf abzugrenzen. Dergleichen geschieht jedenfalls im bereits angesprochenen Hörspiel MEIN BRUDER, in dem die beiden Rundfunkmitarbeiter gegen Ende des Stücks einen letzten Versuch unternehmen, Konkretes aus erster Hand über den merkwürdigen Bruder von Herrn Fidibus zu erfahren:

> *Adamski (Interviewer):* Wenn ich jetzt – nur mal angenommen – mich zu dieser Schiebetür begäbe...
> *Fidibus:* Hm-hm.
> *Adamski:* ... und mein Auge vors Schlüsselloch dieser Schiebetür brächte... könnte ich ihm ins Auge blicken.
> *Fidibus:* Es käme auf einen Versuch Ihrerseits an.
> *Adamski:* Ok, dann... versuch ich einfach mal mein Glück.
> [Stuhlquietschen, Schritte auf Holzboden]
> *Riederer (Tontechniker; flüsternd):* Manni, mach jetzt keinen Fehler!
> *Adamski (flüsternd):* Ich weiß, was ich tue.
> *Riederer (flüsternd):* Und... siehst du was?
> *Adamski (flüsternd):* Nichts... ich seh nichts. Alles dunkel. (laut) Hallo? Hallo? Hallo Herr Fidibus...

Durch das Flüstern der beiden Radiomitarbeiter, das zugleich im Vordergrund in unmittelbarer Mikrofonnähe stattfindet, während Herr Fidibus aus dem Hintergrund spricht, wird deutlich gemacht, dass Letzterer aus dem Gespräch der Besucher ausgeschlossen ist, an dem das Publikum dagegen teilhaben darf – er hört nicht, was diese zwei Figuren sagen und was das Publikum hört.

Eine Exklusivität der Wahrnehmung kann jedoch auch auf einem Verstoß gegen realweltliche Gesetze der akustischen Physik aufgebaut sein, wenn interne Aurikularisierungen durch psychopathologische oder auch übernatürliche Prinzipien motiviert sind, bspw. in Gestalt von Halluzinationen, Auditionen oder göttlich-prophetischen Eingebungen. Um die Exklusivität der Wahrnehmung in solchen Fällen eindeutig zu machen, sind oft zusätzliche akustische Marker bzw. Anmerkungen der Erzählinstanz (»Die anderen schienen das Geräusch nicht zu hören.«) oder der anderen Figuren (»Ich höre kein Geräusch.«) nötig. Teilweise kann das aber auch durch eine Manipulation des betreffenden Tons geleistet werden, die erkennen lässt, dass der gehörte Ton nicht real ist, sondern durch ein subjektives Bewusstsein (und dessen deformative Beeinflussung bspw. durch Drogen) gefiltert wiedergegeben wird. Das ist besonders eindrücklich, wenn von einer neutralen Wiedergabe des Tons in eine manipulierte Wiedergabe gewechselt wird.

Bei der *externen Aurikularisierung* sind bestimmte Figuren der Handlung die exklusiven Hörenden der betreffenden Geräusche, während sowohl den anderen Figuren als auch der vermittelnden Erzählinstanz als auch dem Hörspielpublikum das Geräusch vorenthalten wird. Diese extreme Limitierung der akustischen Informationspräsentation wird besonders zur Spannungsdramaturgie genutzt, da durch sie ein Mehrwissen einzelner Figuren gerade gegenüber dem Publikum offenbar wird, mit dem sich das Interesse der Zuhörenden steigern lässt. Externe Aurikularisierung wird meist so umgesetzt, dass die Erzählinstanz beschreibt, wie eine Figur etwas Bestimmtes hört, das aber selbst nicht akustisch präsentiert wird. Oder es wird lediglich die situative Peripherie der Geräuschentstehung präsentiert, allerdings nicht der eigentliche Inhalt. Das ist bspw. der Fall, wenn den Zuhörenden das Gespräch zwischen bestimmten Figuren nur als unverständliches Flüstern dargeboten wird, wobei von den zwischen den Figuren ausgetauschten Inhalten nichts verständlich wird. Entsprechend kann ein Telefongespräch inszeniert werden, bei dem lediglich das hörbar gemacht wird, was die in der dargestellten Szene befindliche Figur äußert, nicht aber das, was ihr Gesprächspartner am anderen Ende der Leitung antwortet. Ebenso kann ein exklusives Kopfhörerhören in einer Geschichte funktionalisiert sein, wenn eine Figur also bspw. Tonmaterial via Kopfhörer abhört und lediglich das Klicken des Startknopfs und eventuell das unverständliche Flirren der Stimmen in den Hörschalen des Kopfhörers auf den Ohren der Figur wiedergegeben wird. Im Hörspiel PINBALL wird ein Übergang aus einer externen Aurikularisierung mit der Figur Dennenfeld als Bezugspunkt hin zu einer internen Aurikularisierung mit der Personalerfigur als Bezugspunkt gestaltet und letztlich ein Wechsel in die Innenperspektive in Form eines inneren Monologs, was sich wie folgt gestaltet:

> [Rattern eines fahrenden Zuges.]
> *Dennenfeld:* Ja, hallo, ja. Ich bin's nochmal, Dennenfeld. Ja, ja. Ja. Ja-ha-ha-ha. Ja, ja. Ja! Ich bin immer noch im Zug. Aber jetzt fährt er gleich in den Bahnhof ein. Hallo – hallo? Ha-ha...? Können Sie mich hören? Ah! Sehr schön, ja, ja, ja, ja. Ja! Ja. Die haben irgendwas durchgegeben von wegen Personenschaden oder so. Denen fällt doch immer ne neue Ausrede ein. Sehn wir uns dann beim Meeting? Ach so! Verstehe! Ja, ja, ok. Was ich noch mit Ihnen besprechen wollte... also... was ich noch – ich würde gerne diesen Müller zum Bewerbungsgespräch laden. Ja, ja genau!
> *Personaler:* Ah ja, Müller sagen Sie. Und wie ist der Vorname?
> *Dennenfeld (verrauscht, durch Telefon):* Er hat uns vor, ich weiß nicht, zwei, drei Monaten seine Unterlagen geschickt.
> *Personaler:* Alles klar. Ich schau gleich mal rein.
> *Dennenfeld (verrauscht, durch Telefon):* ... möglichst hier im Stadtgebiet. Sein Arbeitszeugnis sieht gar nicht schlecht aus.
> *Personaler:* Sie haben ja meistens den richtigen Riecher. Ja, alles klar. Bis dann.
> [Auflegegeräusch]
> *Personaler (innerer Monolog in halllosem Raum):* Oh, erstmal'n Whiskey. Wenn der Deppenfeld 'n Außendienstler Müller will – Prost Spiegelbild! – dann werd ich den Außendienstler Müller schön zu verhindern wissen!

Wichtig ist es, bei der Verwendung der vorgestellten Begriffe den Unterschied zwischen Fokalisierung und Fokussierung zu beachten. Während mit Fokalisierung, wie gesagt, das Verhältnis zwischen Erzählerwissen und Figurenwissen (besonders bezüglich des weiteren Handlungsverlaufs) angesprochen wird; kann mit Fokussierung die Auswahl und Konzentration der Perspektive auf bestimmte Aspekte der dargestellten Welt bezeichnet werden. So ist etwa in der möglichen Aussage einer Erzählinstanz »Sie beobachtete, dass er tanzte.« das »Sie« zunächst Objekt der Fokussierung, da auf ihr der narrative Blick ruht, während die damit gemeinte Figur im Folgenden zum Subjekt der Fokalisierung gemacht wird, denn sie ist der Bezugspunkt, über den der Blick auf das Geschehen gelenkt wird. Ebenso ist der Unterschied zwischen Fokalisierung und Aurikularisierung nicht trivial, auch wenn beide Aspekte in einer stärkeren Abhängigkeit stehen. Gleichwohl kann die Erzählinstanz prinzipiell auch bei einer externen Aurikularisierung, wenn sie etwa beschreibt, wie eine Figur etwas hört, das aber nicht akustisch präsentiert wird, genauso viel wissen wie die Figur(en) der Diegese, nur der Grad der (mimetischen) Distanz des Hörspielinhalts zum Hörer ist größer, indem etwa der tatsächliche akustische Inhalt lediglich als Verbalparaphrase der Erzählinstanz erscheint.

Im Weiteren lässt sich die *Organisation der Perspektive* betrachten. Die Perspektive kann im Wesentlichen figural oder lokal orientiert bzw. organisiert sein. Bei einer *figural orientierten Perspektive* ist die Wahrnehmung einer Hörspielgeschichte entweder strikt an eine Figur gebunden und weist auch eine entsprechende Beschränktheit auf oder sie folgt der Figur und ihrer Bewegung durch die dargestellte Welt lediglich, wobei dann auch ein größerer Grad an schweifender Kontemplation möglich ist, selbst wenn die betreffende Figur immer als Zentralkoordinate spürbar bleibt. Ebenfalls möglich ist eine *figurale Polyperspektivik*, bei der sich der Wahrnehmungsschwerpunkt wechselnd an verschiedene wahrnehmungstragende Figuren bindet – ein Verfahren von potenziell enormer Dynamik, das vor allem in dem Hörspiel PINBALL von Kai Bleifuß funktionalisiert wird. Eine *lokal orientierte Perspektive* nimmt dagegen einen Raum als »Träger« der Wahrnehmung und löst sich so stärker von den individuellen und oft auch subjektiven Standpunkten der Figuren. Als Konsequenz ergibt sich hierbei häufig ein weniger dynamisches Hörspielgeschehen, da sich die Handlung in zwar wechselnden, aber von Szene zu Szene stabilen Kontexten ansiedelt und damit eine stärker bühnenartige Dramaturgie zeigt. Letztlich kann ein und dieselbe Geschichte auch in aneinandergereihten Episoden aus der Perspektive verschiedener Figuren erzählt werden. Bei solchen Perspektivwechseln ist dann immer zu fragen, wie der Wechsel organisiert, strukturiert, motiviert und funktionalisiert ist; ob ein einziges Ereignis polyperspektivisch erfasst wird oder mehrere verschiedene; sowie welchem konkreten narrativen und dramaturgischen Zweck der Perspektivwechsel dient (Sein-Schein-Problematik, einheitliche Weltsicht etc.).

Ein letzter Analysepunkt, der sich auch unter dem Aspekt der Perspektive verhandeln lässt, ist die *Figurenrede* und damit die Art, wie eine Erzählinstanz die Gespräche der Figuren darstellt. Je nach der Vermittlungsform ergibt sich nämlich ein unterschiedlicher Grad an Distanziertheit bzw. Mittelbarkeit des Erzählten. Grundsätzlich zu unterscheiden sind der Bericht und die Darstellung. Der *Bericht* als narrativer Modus lässt die Figuren nicht direkt selbst zu Wort kommen, sondern liefert deren Aussagen lediglich in Form indirekter Paraphrasen, wodurch die Geschehensschilderung insgesamt distanzierterer, da mittelbarer erscheint. Die *Darstellung* bietet dagegen das Geschehen und damit auch die Figurenäußerungen szenisch und im dramatischen Modus dar, lässt die Figuren direkt und explizit zu Wort kommen, liefert also eine wortwörtliche (und meist ungekürzte) Wiedergabe der Figurenrede, und vermittelt das Geschehen insofern viel unmittelbarerer. Bei retrospektiven Erzählungen mit szenischen Einschüben kann es auch zu Dopplungen kommen: Wenn also eine Erzählfigur monologisierend auf ein in der Vergangenheit liegendes Geschehen Bezug nimmt und dann eine Überblendung in dieses eben noch narrativ besprochene, jetzt szenisch dargebotene Geschehen stattfindet, kann die Erzählfigur zunächst berichten, was sie in der zurückliegenden Situation gesagt hat, ehe dann die Situation selbst dargeboten wird, in der die Figur – nun als Handlungsträger – dieselbe Aussage wortwörtlich tätigt. Das ist bspw. im Hörspiel DER GEWISSENLOSE MÖRDER HASSE KARLSSON gegeben, in dem die Hauptfigur als alter Mann nachts in einem Bus auf freier Strecke zum Stehen kommt und sich dann beim Anblick des Sternenhimmels, während der Busfahrer sich um das liegengebliebene Fahrzeug kümmert, an ein Geschehnis in seiner Kindheit erinnert. Dieses Geschehen wird im Folgenden weitgehend als direkte szenische Handlung präsentiert, wobei allerdings immer mal wieder die Stimme des alten autodiegetischen retrospektiven Ich-Erzählers bestimmte szenische Aussagen von Figuren antizipiert und damit doppelt. Das geschieht bspw. in der schon in Abschnitt 4.1 zitierten Stelle:

> *Frau Karlsson:* Hast du deine Aufgaben gemacht?
> *Hasse jung:* Mhm.
> *Frau Karlsson:* Ich höre dich nicht.
> *Hasse jung:* Ja, hab ich gesagt.
> *Frau Karlsson:* Nein, du hast nichts gesagt. – Komm her, schau.
> *Hasse alt:* Mein ganzer Stolz…
> *Frau Karlsson:* Mein ganzer Stolz: Dieses wunderbare Schiffsmodell von der Celestine.
> *Hasse alt:* Ist sie nicht schön, mein kleiner Dreimaster.
> *Frau Karlsson:* Ist sie nicht schön, mein kleiner Dreimaster. Nimm die Katze weg! Wenn sie in die Takelage klettert, ist alles zu spät, dann bleibt uns nur noch ein Wrack! Weg! Pscht! Pfui! Pscht!

Ein solcher Umgang mit indirekter, zitierter Rede und direkter, szenischer Rede führt zu einer Distanzierung von Erzählsituation und erzählter Situation, von gegenwärtigem Erinnern und vergangenem Erleben und kennzeichnet die Szenenhandlung zugleich als vermittelt. Außerdem wird so die Identität der beiden stimmlich sehr verschiedenen Figuren(instanzen) des jungen und des alten Hasse Karlsson, von extradiegetischer Erzählinstanz und intradiegetischer Figur geklärt und auch deren kausale Abhängigkeit deutlich, indem aufgrund des Erzählinhalts (der junge Hasse macht sich im Zusammenhang eines Streichs mitschuldig am Tod einer Frau) nachvollziehbar wird, warum der alte Hasse in seinem Sprechgestus so erschöpft wirkt, als hätte er zeitlebens eine gewaltige Bürde getragen. Und nicht zuletzt führen diese Dopplungen zu einer besonderen Akzentuierung der für die Geschichte essenziell relevanten Handlungsaspekte (die Bedeutung des Schiffsmodells der Celestine). Die besondere Form der *erlebten Rede* ist im Weiteren formal identisch mit einem reinen Erzählbericht, was es vor allem bei einer stimmlichen Unterschiedslosigkeit erschweren kann zu entscheiden, ob es sich um Figuren- oder Erzählerrede handelt. Eine weitere Sonderform, der *innere Monolog*, kann dagegen formal einem normalen Monolog ähneln, während ein *Bewusstseinsstrom*, wie er in Hörspielen wie PINBALL oder ULISSES eingesetzt wird, oft von einer eine Reduktion der grammatikalischen Ordnung, Auslassungen, Abbrüchen etc. gekennzeichnet ist.

Genette 1998 hat die Kategorien von Modus (115–149) und Stimme (151–188) in die moderne Erzähltheorie eingeführt und inhaltlich bestimmt; siehe dazu auch Martínez/Scheffel 2016, 50–93. Schmid 2005, 113–221, hat mit einem eigenen narratologischen Ansatz die Aspekte von Erzählperspektive sowie Erzähler- und Personentext noch schärfer gefasst und konzeptuelle wie systematische Schwächen, wie sie bei Genette anzutreffen sind, eliminiert.

Siehe grundlegend zur Hörspielnarratologie Hannes 1990. Huwiler 2005a und 2005b beschränkt sich weitgehend darauf, die grundlegenden narratologischen Begriffe und Kategorien Genettes (1998) auf das Hörspiel zu übertragen und mit Beispielen zu illustrieren, wobei speziellere und gerade für die Hörspielanalyse wichtige Narrationsformen (mentale Metadiegese, Ambidiegese, Reflektorfigur etc.), die schon bei Genette diskutiert werden, unerwähnt bleiben. Der Mehrwert im Vergleich zu allgemeinen narratologischen Publikationen ist gering. Siehe auch Katalin 2012. Fruchtbarer für die Untersuchungspraxis wie für die Theoriebildung wären Übertragungen aus altermedialen Narratologien wie besonders Kuhn 2011 zur Filmerzählung. Zur Aurikularisierung etwa siehe Jost 1989, Schlickers 2009 und Kuhn 2011, bes. 119–194. Siehe Frank 1981, 106f., für eine frühe Konzeptualisierung der Perspektive im Hörspiel. Mohn 2019 untersucht die narrativen Möglichkeiten des Hörspiels zur Angsterzeugung.

8. Genretheorie des Hörspiels

Die im vorausgehenden Kapitel besprochenen narratologischen Kategorien stellen Möglichkeiten dar, entsprechend derer Kommunikationsinhalte der hörspielspezifischen Zeichensysteme zu Erzähltexten strukturiert werden können. Sie umfassen sämtliche narrativen Darstellungsoptionen und bilden insofern die Grundlage für die Einteilung von Hörspieltexten in Gruppen von Hörspielen, die ähnliche (u.a. narrative) Strukturen aufweisen. Solche Gruppen werden *Genres* genannt.

Ein Genre ist eine Klassifizierungsmöglichkeit, mit der Kunstwerke einer Art aufgrund bestimmter Aspekte zu exklusiven Gruppen zusammengefasst werden können. Entscheidend für die Definition von Hörspielgenres ist in erster Linie die Zugehörigkeit der betreffenden Produkte zum Mediensystem des Hörspiels, dessen formatbildendes Spezifikum in dem Umstand besteht, dass es sich auf einen einzigen, nämlich den akustischen Kommunikationskanal beschränkt, in diesem Rahmen aber sämtliche akustisch kommunizierbaren Inhalte prinzipiell als gleichwertiges Material nutzt. Sprache, Stimme, Geräusch, Musik, Stille, Originalton, Blende, Schnitt, Mischung, Stereophonie und elektroakustische Manipulation sind heute die konstitutiven Bestandteile des Hörspiels als Medienformat. Wann immer ein Hörspiel angefertigt wird, stehen diese Bestandteile den Hörspielproduzierenden zur Verfügung und sie wählen aus diesem Arsenal an Kommunikationsmöglichkeiten aus, bestimmen die betreffenden Inhalte und arrangieren sie zu einem akustischen Gewebe, das eine von allen anderen Medienformen unterschiedene Textur und Gestalt besitzt. Das Ergebnis ist in aller Regel narrativ; selbst lyrische, collagierende oder experimentelle Hörspiele weisen nach heutiger erzähltheoretischer Beurteilung aufgrund der besonderen hörspielmedialen Strukturen – und essenziell durch die Setzung einer figuralen oder auch nur abstrakten Vermittlungsinstanz – elementar narrative Aspekte auf.

Solche Hörspielprodukte lassen sich weitergehend nach unterschiedlichen Kriterien in verschiedene Genres einteilen. Es gibt Kriminalhörspiele, Kinderhörspiele, Komödien, melodramatische Stücke, Collagehörspiele, Science-Fiction-Hörspiele, Historiendramen, Fantasy-Hörspiele, Kriegshörspiele, musicalartig musikdominierte Stücke, Abenteuerhörspiele, Erotikhörspiele, Horror- und Gruselhörspiele, dokumentarische, biografische, gesellschaftskritische Hörspiele und so weiter. Die dabei jeweils angesetzten Kriterien oder Gattungsmerkmale sind untereinander weder systematisch bestimmt, noch sind sie nur rein inhaltlich begründet.

Kinderhörspiele bspw. sind primär infolge marktökonomischer Überlegungen durch die entsprechend anvisierte Zielgruppe definiert – egal, ob es darin inhaltlich um Pferde, Hexen, zwei Freundinnen, Roboter, »Indianer« oder sprechende Tiere geht; den eigentlichen Ausschlag gibt die Bewertung, ob das jeweilige Hörspiel seine Themen »kindgerecht« umsetzt. Dem Collagehörspiel liegt dagegen ein bestimmter schnitttechnischer Umgang mit präexistentem Audiomaterial zugrunde. Beim biographischen Hörspiel dagegen muss eine Referenz auf eine bestimmte historische Persönlichkeit gegeben sein etc.

Neben formal-inhaltlichen Merkmalen wie besonders Figurenrepertoire, raumzeitliches Setting, Themenkreis, Handlungslinien bzw. Plotmuster, Stil, Darstellungsprinzipien und Format spielen daher gerade auch rezeptionsbezogene Aspekte wie u.a. Zielgruppe, Unterhaltungsbedürfnis, Affektpotenzial und Affektqualität eine Rolle. Damit manifestiert sich in jedem Genrekonzept immer eine Interdependenz zwischen spezifischen formal-inhaltlichen und rezeptionspsychologischen Aspekten. Ein Genre ist unter dieser Perspektive das Muster einer Textform, das mit einem kognitiven Muster korrespondiert. Infolge der wiederholten Rezeption bspw. von Kriminalhörspielen, bilden die Zuhörenden ein kognitives Schema davon, was bspw. ein Kriminalhörspiel ist, was es beinhaltet, welche Figuren darin auftreten, wie es üblicherweise gestaltet wird etc. Während sich die produktionellen Schemata im Rahmen der Konvention bewegen, bewegen sich die kognitiven Schemata im Rahmen einer mentalen Prototypisierung auf Basis der individuellen Rezeptionserfahrung.

Ein nach bestimmten formal-thematischen Genrekonventionen gestaltetes Hörspiel ruft deshalb bei den Zuhörenden homologe kognitive Schemata wach. Da dieses Zusammenspiel Produktion wie Rezeption gleichermaßen betrifft, kann von einer *impliziten Text-Rezipierenden-Abmachung* gesprochen werden. Das Hörspiel signalisiert über seinen festen Satz an Genremerkmalen, wie es aufgefasst, gehört und verstanden werden sollte, und erleichtert einem Publikum, das diese Signale aufgrund einer ausreichend fundierten Hörerfahrung wahrzunehmen und korrekt zu deuten vermag, nicht nur den Zugang zu seinem Verständnis, sondern kanalisiert auch dessen Erwartungen, die es zugleich zu befriedigen verspricht. Diese Erwartungen sind gewohnheitsbestimmt, denn jeder Text, der sich im Rahmen generischer Grenzen entfaltet, liefert tendenziell eine variierende Wiederholung von Bekanntem – und hat das Publikum die Erfahrung gemacht, dass es aus Texten mit einer bestimmten formal-thematischen Struktur zuverlässig Genuss ziehen kann, wird es sich im Falle eines Unterhaltungsbedürfnisses nach Texten umsehen, die Züge des Bekannten tragen – oder gleich unter einer bestimmten paratextuellen Genrebezeichnungen auftreten. Insofern wirken Genreschemata in produktiver wie in rezeptiver Hinsicht auch entlastend, denn sie liefern den Herstellern Musterbaupläne für die Gestaltung von Hörspielen und dem Publikum eine Orientierung, einen Erwartungshorizont und damit eine genussfördernde Verständnishilfe für deren Rezeption. Im Zusammenhang der Text-Rezipierenden-Abmachung werden die Produzierenden das Publikum nicht enttäuschen, sie werden lediglich die bereits etablierten und allmählich rezeptionsästhetisch wirkungslos werdenden Genreprinzipien nach der Tradition des Traditionsbruchs modifizieren, erweitern, teils mischen und schließlich auch in Teilen brechen, um den Zuhörenden die anhaltende Unterhaltung bieten zu können, die diese erwarten. Dadurch wird die Text-Rezipierenden-Abmachung gewahrt, die unterschiedlichen Genres weiterentwickelt und den Zuhörenden trotzdem die Unterhaltung geboten, die sie suchen: Es ist etwas Bekanntes, aber es ist neu.

Damit sind Genres unbedingt kulturrelational zu sehen und wandeln sich im Verlauf der Zeit mitunter grundlegend. Alle Genreskizzen, auch die anschließend vorgestellten, haben somit stets einen ephemeren Status. Dass hier der Blick gerade auf das Collagehörspiel und das Mundarthörspiel gelegt wird, hat historische Gründe. Das Hörspiel ist eine verhältnismäßig junge Medienform, die sich zudem besonders in ihrer Anfangszeit infolge der Praxis der akustischen Adaption von Romanen, Novellen und Theaterstücken für den Rundfunk in großer Abhängigkeit zu literarischen Primärtexten und deren Gattungsordnungen befand. Frühe experimentelle Verfahren im Umgang mit den audiophonen Möglichkeiten wurden bald mit Konzentration auf das »reine«, literarische Hörspiel zurückgedrängt. Einflussreiche theoretische Definitionen des Hörspiels, wie besonders die von Heinz Schwitzke, verstärkten diese Tendenz zusätzlich. All das führte dazu, dass sich das Hörspiel rasch im engen Rahmen literaturkonventioneller Textgattungen bewegte, kaum Initiativen zur Ausbildung hörspielspezifischer Genres zeigte und höchstens durch den sich wesentlich freier und vielseitiger entwickelnden Film neue Impulse erhielt. Kriminalhörspiele der Anfangszeit hatten meist literarische Vorlagen, science-fiktionale oder fantastische Hörspiele lehnten sich an etablierte Genrekonventionen an und Kinderhörspiele wurden vielfach durch eine schnitttechnische Nachbearbeitung der Audiospuren von Kinder- und Zeichentrickfilmen produziert. Unter diesen Bedingungen war es für das Hörspiel kaum möglich noch nötig, gattungsinnovativ produktiv zu werden.

Erst ab Ende der 1960er-Jahre, als der Einfluss des Hörspiels als Unterhaltungsmedium besonders zugunsten des Fernsehens bereits deutlich nachließ, begannen sich durch die experimentellen Ansätze des sogenannten »Neuen Hörspiels« eigenständigere Genres zu entwickeln, die eine besondere audiomediale Prägung zeigten. Das Collagehörspiel stellt – trotz weniger früherer Vorläufer etwa mit dem Hörspiel WEEKEND von Walter Ruttmann – eines der wichtigsten Ergebnisse in dieser Hinsicht dar. Daneben steht mit einer so langen wie breiten Tradition das Regional- bzw. Mundarthörspiel, das sich zwar an einer Vielzahl von konventionellen Versatzstücken und narrativen, figuralen wie dramaturgischen Prinzipien des jahrhundertealten Volksstücks und der Mundartdichtung bedient, jedoch durch die besondere Abhängigkeit von Sprechsprache und Hörspiel vielfach essentialistisch als »einzig echtes« Hörspielgenre apostrophiert wird. Beide werden im Folgenden aufgrund dieser ihrer Bedeutung kurz vorgestellt und in analyserelevanter Hinsicht zugänglich gemacht.

8.1 Das Mundarthörspiel

Der – auch namensgebende – bestimmende Faktor des Mundarthörspiels ist dessen dominanter Rückgriff auf eine von der Standardhochsprache abweichende Sprachlichkeit. Es ist gekennzeichnet von dialektaler Sprache – und, sekundär, soziolektalen Einschlägen, die als Alternativen zum Hochdeutschen beide die Abweichungsmöglichkeit von der Standardsprache aktualisieren und zu einem semiotisch relevanten Faktor machen. Zugleich funktionalisiert das Mundarthörspiel das semantische Inventar, das vor allem in Form von Stereotypen und Konnotationen an die Komplexe von Dia- und Soziolekt gekoppelt ist, und weist über traditionelle Vertextungsprinzipien dieser beiden Komplexe genrebildende Konturen auf.

Als *Mundart* wird meist eine im Kontext ästhetischer Kommunikation stehende Verwendung eines Dialekts bezeichnet, wobei in der Hörspielanalyse in der Regel beides synonym benutzt werden kann. Dialekte sind eigenständige Sprachsysteme, die untereinander durch eine räumlich beschränkte Verbreitung sowie phonetische, lexikalische, grammatische etc. Eigenheiten distinkt abgegrenzt sind und zugleich als Dialekte des Deutschen zueinander sowie zum übergeordneten System der Dachsprache in Beziehung stehen. Anders als die zugleich als Verkehrssprache dienende Dachsprache sind Dialekte primär für den mündlichen Austausch bestimmt und weisen entsprechend eine im Verhältnis zu dieser geringe Standardisierung, Normierung und (diachrone) Stabilität auf.

Ähnlich wie ein Dialekt – nur weniger regional, stärker sozial bestimmt – handelt es sich auch bei einem *Soziolekt* um eine Sprachvarietät eines höher hierarchisierten Diasystems. Verschiedenste soziale Einflüsse wie u.a. Alter, Beruf oder Bildungsgrad der betreffenden Sprachgruppenmitglieder tragen zur Entstehung und Formung des jeweiligen Soziolekts bei. Eine scharfe Trennung zwischen Dialekt und Soziolekt lässt sich kaum ziehen, da einerseits jeder Dialekt als Sprache soziolektale Varietäten aufweist (Land-Stadt-Differenzen, Alters-/Berufsgruppenunterschiede, Bildungsschichtung etc.) und andererseits auch eine oft prototypisch als Soziolekt behandelte Sprachvarietät wie das sogenannte »Migrantendeutsch« oder »Kiezdeutsch« teilweise als Dialekt des Deutschen angesehen wird. Ob ein Hörspiel wie DIE FEUERBRINGER deshalb direkt als »Mundarthörspiel« zu klassifizieren ist, erscheint jedoch zumindest fraglich, was darauf hinweist, dass neben dem Aspekt der dialektalen Sprachlichkeit andere Faktoren für die

Genrezuordnung existieren und wirksam sind. Ähnlich wie thematisch-inhaltliche Gesichtspunkte allein nicht ausreichen, um ein Genre wie das Kriminalhörspiel zu klassifizieren, ist der Umstand dialektaler Sprachlichkeit nicht hinreichend für die Definition des Mundarthörspiels.

Konkrete genreklassifikatorische Implikationen ergeben sich dadurch, dass an die Sprachformkomplexe von Dialekt und Soziolekt – wie auch an die relationale Hochsprache selbst – bestimmte und unterschiedliche semantisch-konnotative Charakterisierungen angelagert sind. Diese reichen vom Sprachimage über das Stereotyp bis hin zum Vorurteil, wobei Image eine unverbindliche, eher positive, Stereotyp eine fixierte und eher negative und Vorurteil eine verallgemeinerte und revisionsresistente negative Auffassung vom jeweiligen Sprachcharakter meint. Solche Sprachcharakterisierungen sind theoretisch historisch wandelbar, besitzen aber eine recht große Stabilität. Sie sind zudem abhängig vom jeweiligen Standpunkt und können derart von einzelnen Hörspielen affirmativ aufgegriffen, modifiziert, widerlegt oder selbst ausgebildet werden.

In der generalisierenden, negativen Außenperspektive der Hochsprache wird dialektalem Sprechen meist Rückständigkeit, Unverständlichkeit, Bildungsferne etc. zugewiesen; eine entsprechend positive Perspektive betont dagegen das Anschauliche, Authentische, »Echte« etc. des Dialekts. Vom Standpunkt eines Dialekts wird Hochsprache meist mit Distanziertheit, Leblosigkeit, Abstraktheit etc. verknüpft. Auf der Ebene der Einzeldialekte besitzen die verschiedenen Mundarten meist ganz individuelle dominante Charakterisierungen. So werden den rheinländischen Dialekten (Moselfränkisch, niederfränkisches Platt, Ripuarisch) und ihren Benutzerinnen und Benutzern gemeinhin Merkmale wie Geselligkeit, Fröhlichkeit und Unbekümmertheit zugeschrieben, dem Schwäbischen und seinen Sprecherinnen und Sprechern Aspekte wie Fleiß, Sparsamkeit, Besitzstreben etc.

In der Folge ergeben sich allgemeine semantische Implikationen, die für die Genredefinition des Mundarthörspiels elementar sind. Verwendet ein Hörspiel mehrere Dialekte oder neben der Standardsprache auch Dialekt(e), werden über die Sprache semantische Demarkationen von Eigenem und Fremdem etabliert, Fragen der Selbstverortung aufgeworfen und ein identitätsphilosophisches, sprach- sowie translationsreflexives Potenzial eröffnet. Jedes Hörspiel bewegt sich dabei immer – bewusst oder unbewusst – im Kontext der genannten stereotyp-semantisch befrachteten Dichotomie von Standardsprache-Mundart im Allgemeinen sowie der Dialektcharakterisierungen im Besonderen und muss sich zu diesen affirmativ oder oppositionär verhalten. Je nachdem, verfährt es damit vor dem Hintergrund der impliziten Text-Rezipierenden-Vereinbarung konventionell bzw. originell und verhält sich als direkt schlüssig bzw. unintuitiv und damit tendenziell orientierend bzw. desorientierend gegenüber den Erwartungen des Publikums.

Dieser Umstand ist entscheidend auch für die Bewertung von Mundarthörspielen und betrifft die – über die rein sprachliche Physiognomie hinausgehende – Konstitution dieses Hörspieltyps. Wo immer Dialekt eingesetzt wird, ergibt sich ein Moment der Differenz, da jeder Dialekt als Abweichung vom im Hintergrund stehenden Standardsprachsystem gesehen und als Markierung für ›das Eigene‹ bzw. ›das Fremde‹ verwendet werden kann. Diese Differenzen können durch die Applikation weiterer semantischer Kategorien zu weltbildprägenden, wertetragenden Dichotomien ausgebaut werden, anhand derer sich die dargestellte Welt einer Erzählung in semantische Felder parzellieren und strukturieren lässt. Bewegen sich diese semantischen Kategorien (zum Teil) im Rahmen tradierter Dialektstereotype, sind auch die narrativen Strukturen stark vorgeprägt und die auftretenden Figuren in Charakterisierung, Rolle und diegetischer Problematik auf bestimmte Muster festgelegt. Gerade dialektliteraturspezifische Stereotype sind im Hörspiel persistent und betreffen narrative Klischees wie etwa die Figurentypen bzw. Typenfiguren (der Bauer, der Sonderling, der Hinterwäldler, der Pfarrer, die weise Alte, die keusche Jungfrau etc.), die Handlungswelt (Dorf, Wald, Gebirge, Gasthaus etc.), den Problemkreis (Identitätsverlust, Konflikt mit Traditionen, Generationskonflikte etc.) etc. sowie abstrakt-semantische Kategorien wie die Konzepte von Ursprünglichkeit, Tradition, Ländlichkeit, Beschaulichkeit, Naturbezogenheit, Einfachheit, existenzieller Elementarität sowie seit einiger Zeit Alter. All die genannten Aspekte verbinden sich meist zu einem semantischen Cluster, das es ermöglicht, komplexe ideologische Argumentationsstrukturen ökonomisch-dicht zu halten, indem es genügt, allein ein Konzept aus dem Gesamtparadigma anzuführen und zu explizieren, um dieses Paradigma in toto latent wachzurufen.

So findet sich bei neueren dialektalen Hörspielen wie MÄRZENGRUND oder MITTAGSSTUNDE ein semantischer Nexus zwischen den Paradigmen Alter, Mundartsprechen und Werteverkörperung gegenüber Jugend, standardsprachlichem Sprechen und Wertevergessenheit, der in dieser Form zur Bedeutungserzeugung eingesetzt wird. Einerseits vertreten Figuren, die in betreffenden Hörspielen durch eine dialektale Sprechweise charakterisiert sind, oft in doppeltem Sinne eher konservative Ideen wie Bodenständigkeit, Heimat- und Naturverbundenheit; sind andererseits aber samt ihrer positiven Semantik durch den Dialekt gleichzeitig als einer »guten alten Zeit« entstammend sowie als alt gekennzeichnet, wodurch letztlich eine Kritik an der vergangenheitsvergessenen Gegenwart kommuniziert wird. Alter wird in diesen dialektalen Hörspielen so zu einem zugleich positiven wie tragischen Moment – eine Semantisierung, die in dieser Konstellation eine gattungsbestimmende Besonderheit des Mundarthörspiels darstellt.

Dagegen korreliert soziolektales Sprechen in Hörspielen wie bspw. KEINE SEKUNDE SCHANZE häufig mit Jugendlichkeit, Außenseitertum, Bildungsarmut und Kriminalität. Dadurch ordnen sich die Figuren direkt durch ihren Zungenschlag einem bestimmten diegetisch nachgebildeten Milieu und einer sozialen Problematik zu, zugleich reproduzieren entsprechende Hörspiele – so sympathisch sie auch sonst ihre Figuren gestalten mögen – oft ein realweltliches diskriminierend-diskreditierendes Vorurteil im Erzählformat.

Für die generische Klassifikation bedeutet das, dass das Mundarthörspiel zwar primär sprachlich bestimmt ist, jedoch auch durch genrespezifische Narrationsschemata und Plotmusterstereotype. Dieses Zusammenspiel hat eine rezeptionsästhetische Konsequenz, da es den für das Mundarthörspiel elementaren Wertungsfaktor der *Authentizität* mitbedingt, der sich – bei aller zumeist nur gefühlsmäßigen Verwendung – theoretisch exakt fassen lässt. Durch den Faktor der Sprache kann der Begriff »Mundarthörspiel« als generische Metakategorie fungieren, unter die sich entsprechend der Handlungsschemata andere Subgenres rubrizieren lassen, etwa Mundart-Krimi, Mundart-Schwank, Mundart-Melodram. Das macht die Frage virulent, ob ein Hörspiel, in dem partiell oder auch durchweg Mundart gesprochen wird, allein deshalb schon ein Mundarthörspiel ist. Es können sich nämlich subgenerische Spezifikationen auf Basis narrativer Strukturen vor dem sprachlichen Faktor als dominant erweisen. Dadurch erschiene bspw. für Hörspiele wie FLEISCHFABRIK, bei denen eine dialektale Färbung der Sprache wesentlich nur einen aus dem Dialektimage abgeleiteten Stimmungswert hat, statt der Gattungsbestimmung als »Mundart-Kriminalhörspiel« die Bezeichnung »Regionalkrimi-Hörspiel« treffender und korrekter. Ausschlaggebend wäre eine als authentisch empfundene Dependenz von Mundart und dialektliterarischen Narrationsmustern, sodass nur Hörspiele als Mundarthörspiele zu klassifizieren wären, denen es gelingt, im Zusammenspiel von idiomatischer Ausdrucksweise und dialektliteraturkonformer Erzählgestaltung eine rezeptive Wirkung von *Authentizität* zu erzeugen. Drei Bereiche sind für dieses genrekonstitutive Merkmal der Authentizität maßgeblich, nämlich 1) die historisch-determinative Matrix der Mundart, 2) die Mundart-Semantisierungen und -Stereotype sowie 3) Effekte von Transtextualität.

Die *historisch-determinative Matrix* betrifft den Umstand, dass jede Mundart als nicht-schriftliche Sprachform bestimmte, für sie spezifische Korrelate aufweist, die sich zu einem determinativen Nexus von Sprache-Zeit-Raum-Milieu verbinden. So hat bspw. das Schwäbische zu einem bestimmten Zeitpunkt (z.B. 1935) einen definitiven Sprachstand, was lexematisch-grammatikalische Strukturen anbelangt. Dieser Sprachstand ist Ergebnis von sprachgeschichtlichen Entwicklungen, die zum exemplarisch gewählten Datum (1935) eine ganz konkrete Form angenommen haben, die sie nur zu diesem Zeitpunkt besitzen und die sich in der Folgezeit aufgrund eben der Nichtschriftlichkeit der Mundart und der damit bedingten größeren Flüssigkeit und Transformativität wieder weiter verändern: Jede Mundart ist insofern eindeutig *zeitlich* definiert. Gleichzeitig ist jeder Dialekt klar regional verortet: Das Schwäbische ist – grob gesagt – ein süddeutscher Dialekt, wobei – präziser gesagt – das Enztalschwäbisch teils deutlich vom Lechtalschwäbisch und dieses wiederum vom Allgäuerischen differiert, sich dieser Dialekt im Oberallgäu von dem des Unterallgäus unterscheidet etc., sodass sich im Grunde selbst der Dialekt eines Dorfs (in

Nuancen oder doch auch grundsätzlich) von dem des Nachbardorfs unterscheidet – das Mundarthörspiel begegnet diesem Umstand mit einer Glättung und Standardisierung des Dialekts. Jede Mundart und zugleich jede dialektale Ausprägung besitzt also auch eine klare *räumliche* Zuordnung. Innerhalb der räumlichen Zentren und besonders bei Verdichtungen wie Städten gibt es letztlich zudem unterschiedliche dialektale Ausprägungen je nachdem, in welches Milieu man sich begibt: In Augsburg grenzt sich so bspw. das sogenannte Honoratiorenschwäbisch, das vom gehobenen Bürgertum und Beamtentum gesprochen wurde, durch seine Stilisierung stark vom Gemeinschwäbischen der gewöhnlichen Leute ab. Entsprechendes findet sich auch in anderen Mundarten, speziell dem Plattdeutschen, wo die verschiedenen dialektalen Abstufungen zwischen der Sprache des Bauern und der Sprache des Kaufmanns korreliert ist mit der sozialen Schichtung. Das bedeutet, dass jeder Dialekt auch eine definitive *soziale* Dimension besitzt. Willkürliche Veränderungen an dieser beschriebenen zeitlich-räumlich-sozialen Matrix sind im Grunde nicht möglich, da es sich um historische Fakten handelt. Die Folge ist, dass diese drei Korrelate einer jeden Mundart (Zeit, Raum und Milieu) zentrale Marker sind, deren adäquate Berücksichtigung nicht nur, aber vor allem auch im Mundarthörspiel mit darüber entscheiden, ob das betreffende Stück von den Rezipierenden für »authentisch« befunden wird. Ein Verstoß gegen eine der Rahmengrößen führt unweigerlich zu Irritationen bei den Zuhörenden – egal, ob die Mundart für die diegetische Handlungszeit zu dunkel ist, die Mundart in einer Börsenszene keinen Sinn macht oder der Bauer zu hochdeutsch spricht: Das Stück entlarvt sich selbst.

Neben diese sprachgeschichtlich bedingte determinative Matrix treten die bereits genannten *Mundart-Semantisierungen* und *Mundart-Stereotype*, die sich nach ihrer positiven bzw. negativen Sichtweise unterscheiden und nach allgemeiner (»der Dialekt«) bzw. spezieller Referenz (»das Sächsische«, »das Bayerische« etc.) präzisieren lassen. Diese Mundart-Stereotype sind ähnlich der historischen Mundart-Korrelate nur bedingt veränderbar, da es sich um langfristig tradierte, textuell vielfach reproduzierte und entsprechend »sozialisierte«, überindividuell getragene und insofern sehr stabile Merkmalszuordnungen und Bewertungen handelt, die zudem noch teilweise durch empirische Umstände, die selbst teils Produkt der Stereotypen-Sozialisation sind, gefestigt sein können. Auch sie wirken sich in der Folge auf die Hörspielrezipierenden aus und zwar dadurch, dass diese in Kenntnis der Mundart-Stereotype ebenfalls meist bestimmte Erwartungshaltungen entwickeln und in die Hörsituation mit eintragen. Die Hörenden erwarten, vereinfacht gesagt, in bestimmtem Umfang den gemütlichen oder grantelnden Bayern, den humorigen Kölner etc. Jenseits der figuralen Ebene werden dabei narrative Konzepte bzw. Semantisierungen erwartet wie Ursprünglichkeit, Tradition, Ländlichkeit, Beschaulichkeit, Religiosität, Naturbezogenheit, Einfachheit und existenzielle Elementarität usw. Ein dialektal markierter bayerischer Kernphysiker, ein hyperaktiver Berner, ein melancholischer Kölner etc. werden vor diesem Hintergrund im Mindesten als »ungewöhnlich« empfunden und erfordern eine ganz eigene und explizite narrative Plausibilisierung, damit die Mundart-Semantisierung mit der untypischen Figurensemantik in Einklang gebracht werden kann. Mundarthörspiele, die sich zu den genannten semantischen Rahmengrößen konsistent verhalten, haben dagegen große Chancen, vom Publikum unmittelbar als »authentisch« und hinsichtlich ihrer Erzählaspekte als »stimmig« wahrgenommen zu werden. Gleichzeitig läuft ein Mundarthörspiel bei einer allzu unkreativen Orientierung an den genannten Mundart-Stereotypen und den Narrationsschemata Gefahr, selbst stereotypisierend zu wirken, denn Stereotype sind niemals ganz wertfrei. Sie können so vage vorexistierende Dialektzuschreibungen durch ein wiederholtes Aufgreifen im Erzählzusammenhang selbst stabilisieren und zu einer Art generischer Komponente verselbständigen. Geschieht das in zu extremer Weise, entsteht ein *Klischee*. Zugleich ist das Medium Hörspiel in der Lage, Einfluss zu nehmen auf konventionelle Mundart-Semantisierungen, diese zu modulieren oder auch selbst zum Teil auszuprägen, was in den vergangenen Jahren besonders am Themenkomplex »Alter« eindrücklich nachvollziehbar war. Der sprachwissenschaftlich belegbare Umstand, dass die Dialekte eine immer geringere Verbreitung aufweisen, sozusagen »aussterben«, führte dazu, dass in unterschiedlichen Hörspielen dialektales Sprechen inzwischen immer wieder unmittelbar mit alten, am Lebensende stehenden Figuren verknüpft wird. Dialekt fungiert hier sozusagen als »Sprache des Alters«. In Kritikerkreisen fällt diesbezüglich inzwischen mitunter der Begriff »Demenzhörspiel« – was, wenn man so will, eine böswillige generische Mikrokategorie ist. Der zuvor beschriebene Mechanismus lässt sich daran unmittelbar nachvollziehen: Ein bestimmtes Narrationsschema wird ausgebildet und durch Wiederholung stabilisiert; zugleich resultiert daraus eine ganz spezifische breitenwirksame mediengebundene Semantisierung der Mundart; geschieht dies im Übermaß, entsteht das unsympathische Klischee. Eine solche Semantisierung ist keine Selbstverständlichkeit, sondern sie entsteht, wie jede Form der Stereotypisierung, zwar auf Basis bestimmter empirischer Ausgangsbedingungen, eben dem Umstand des »Verschwindens« des Dialekts, wobei allerdings diese Ausgangsbedingungen dann im Erzählzusammenhang in sehr einseitiger Weise zu einem reduzierten Merkmalscluster verfestigt werden können – im betreffenden Beispiel hat dieses in etwa die Form: Nur alte Menschen reden noch Dialekt (sprachliche Komponente) und alte Menschen sterben nur noch (figurale Komponente). Das Ergebnis über das Tertium Comparationis »alte Menschen« lautet dann: Mundart korreliert mit Krankheit und Tod. Beides ist unzweifelhaft so nicht korrekt, dennoch erscheint es aufgrund des Einflusses der Mundart-Semantisierungen im speziellen narrativen Rahmen einer Vielzahl von Mundarthörspielen als plausibel. Zugleich ist diese Plausibilität ein Konstrukt, das den Effekt von »Wirklichkeit«, »Echtheit« – sprich: »Authentizität« hervorruft.

Der dritte Faktor bei der Genre-Konstituierung des Mundarthörspiels, der *Einfluss von Transtextualität*, ist bereits mehrfach angeklungen. Er bezeichnet den Umstand, dass alle neuen Medienprodukte generell und so auch neue Mundarthörspiele immer in eine Vergleichsbeziehung zu bereits produzierten Medienprodukten treten. Ein solcher Medienkorpus ist stets prototypisch generisch definiert und jedes neu hinzukommende Medienprodukt muss sich in diesem Kontext verorten – bzw. präziser gesagt: Jedes neu hinzukommende Medienprodukt wird in diesem Kontext verortet. Das geschieht entweder durch die Produzierenden selbst, indem diese bspw. ein Hörspiel unter dem Label »Mundarthörspiel« ankündigen und/oder auf einem entsprechend reservierten Programmplatz präsentieren; oder es geschieht durch das Publikum, das im Verlauf der Rezeption aufgrund bestimmter Oberflächenkriterien eine Zuordnung des jeweiligen Hörspiels zur generischen Kategorie »Mundarthörspiel« vornimmt. Dabei greift der starke Einfluss einer sogenannten »transtextuellen Basis«. Aufgrund bereits gemachter Hörerfahrungen besitzen die Zuhörenden eine bestimmte Vorstellung und ein bestimmtes generisches Vorwissen über das, was unter dem Label »Mundarthörspiel« laufen kann, und in der Folge haben sie auch entsprechende Erwartungen. Diese Faktoren haben nichts mehr primär mit der historisch-determinativen Matrix eines Dialekts zu tun und auch nichts mehr primär mit bestimmten Mundart-Semantisierungen und -Stereotypen – sie haben primär im Grunde sogar überhaupt nichts mehr zu tun mit dem Genrefaktor der Sprachlichkeit als solchem. Vielmehr sind diese Faktoren ganz spezifisch medialer Art, da sie sich nur im konkreten Rahmen der Medienproduktion und -rezeption ergeben und stabilisieren. Thematische Komplexe, Figurenkonzepte und Erzählstrukturen, die sich wiederholen und in ihrer Rekurrenz ein gattungsdefinierendes Paradigma etablieren, wirken sowohl vorbildhaft für weitere Produkte des Mediums (die dann ihrerseits das Paradigma durch die Wiederholung kennzeichnender Grundzüge festigen); sie wirken sich aber auch auf die Hörgewohnheiten des Publikums aus, dessen Interesse dem Neuen im Rahmen des Gewohnten gilt. Die Frage, ob ein bestimmtes Hörspiel dann goutiert wird, hängt insofern nicht zuletzt damit zusammen, ob sich dieses aus dem besagten Rahmen des Gewohnten heraus entfaltet, diesen Rahmen also grundsätzlich wahrt und dem Publikum dadurch – entsprechend der transtextuellen Leitlinien – Orientierungspunkte für das Verständnis und, ganz allgemein, die Rezeption bietet. Der Begriff des »Authentischen« besitzt in diesem Bereich der Rezeptionswirkung demnach nur noch Stimmungscharakter, denn was hier als »authentisch« empfunden wird, hat keinen nennenswerten Bezug zu einer außertextuellen Realität. Es ist das harmonische Aufgehen eines neuen Medienprodukts in einem durch eine Reihe vorausgehender Medienprodukte erzeugten, randbereichsunscharfen Musterrahmen. Veränderungen dieser im strengen Sinne generischen Einflussgrößen sind möglich, aber sehr langwierig. Immerhin muss eine Gewohnheit entmechanisiert werden, ein (nicht nur kognitives) Schema muss umdefiniert werden und es muss eine signifikante Anzahl von alternativen Hörspielen entstehen, die eine neue Richtung, eine neue Form von »Normal« etablieren. Ein Kinderhörspiel kann prinzipiell die Genrekonventionen des Western adaptieren, wie das etwa FEIVEL DER MAUSWANDERER tut; ein Mundarthörspiel kann dagegen augenblicklich kein Western-Schema realisieren. Das liegt nicht an der historisch-determinativen Matrix (man denke daran, dass viele der ersten deutschen Siedler in Amerika u.a. aus Schwaben stammten und entsprechend gesprochen haben dürften) und nur in Grenzen an der Mundart-Semantisierung. Der Hauptgrund ist, dass es keine Vorprägung von Mundart-Western-Hörspielen gibt, die eine entsprechende inhaltliche Gestaltung erwartbar und damit rezeptiv akzeptabel machen würde.

Das Mundarthörspiel ist damit eine besondere Ausprägungsform des Mediensystems Hörspiel, dessen gattungsbezogene Einordnung in seiner dialektalen Sprachlichkeit begründet ist, die primäres, konstitutives, jedoch nicht definitorisch hinreichendes Merkmal ist. Drei Einflusskomplexe treten notwendig hinzu, um die für das Mundarthörspiel spezifische Rezeptionswirkung von »Authentizität« zu erzeugen:

1. Die historisch-determinative Matrix, die besagt, dass jede Mundart als Tatsache einer sprachgeschichtlichen Entwicklung immer durch je spezifische zeitliche, räumliche und soziale Charakteristika bestimmt ist;
2. die Mundart-Semantisierungen und -Stereotype, die »Mundart« per se, aber auch die verschiedenen Dialekte im Einzelnen und die durch diese Dialekte ausgezeichneten Sprechenden in unterschiedlicher Weise auf einen rezeptionsästhetisch begründeten Wirkungskreis festlegen und thematisch, figural und narrativ reglementieren; und
3. die Effekte der Transtextualität, sprich: die Konsequenzen, die sich daraus ergeben, dass sich jedes Mundarthörspiel in den Zusammenhang vorexistierender Hörspiele eingliedern muss.

All diese Einflusskomplexe bestimmen die Erwartungshaltung des Publikums gegenüber dem Mundarthörspiel. Werden diese Erwartungen beim Anhören eines neuen Einzelhörspiels aufgrund irgendwelcher Aspekte des betreffenden Hörspiels nicht erfüllt, wird das Hörspiel für das Publikum entweder nicht als »Mundarthörspiel« wirksam und/oder es erfolgt das, was man mit Roger Odin als »Déphasage«, also »Phasenverschiebung« bezeichnen könnte: Die Immersion der Zuhörenden wird gehemmt, eine selbstverständliche Wahrnehmung wird gestört, das Hörspiel objektiviert sich, man gerät in Distanz zu ihm und das Hörspiel insgesamt wird, indem sein fiktionalisierender Prozess scheitert, als »unschlüssig«, »nicht authentisch« und eventuell sogar als »misslungen« empfunden. Diese Empfindung mag subjektiv erscheinen, jedoch resultiert sie, wie gesehen, aus objektiven allgemeingültigen Einflussfaktoren und gründet im Verstoß gegen die implizite Text-Rezipierenden-Abmachung.

Das erklärt letztlich auch, warum ein Hörspiel in Kiezdeutsch wie das eingangs zitierte DIE FEUERBRINGER gemeinhin nicht als »Mundarthörspiel« aufgefasst wird, obwohl es hinsichtlich seiner Sprachlichkeit dieser Gattung zugehören könnte. Das in dem Stück verwendete Kiezdeutsch besitzt eine ganz andere (stereotype) Semantisierung, denn es ist u.a. mit Urbanität, Kriminalität, Moderne, Migration, Jugend und Säkularität korreliert – also mit völlig inversen Bedeutungskomplexen als der Komplex »Mundart«. Zudem wird Kiezdeutsch vorzüglich in Hörspielen verwendet, deren generische Einordnung nicht primär durch eine sprachliche Komponente definiert wird, wie das Mundarthörspiel, sondern durch vorgängige Hörspielgattungen, nämlich im Kriminal- und im Jugendhörspiel. Dadurch ist Kiezdeutsch auch im transtextuellen Rahmen schon anderweitig gebunden und es wirkt unintuitiv, Hörspiele mit dieser Sprachlichkeit als Mundarthörspiele zu behandeln. Das bedeutet allerdings nur, dass ein Mundarthörspiel, sofern es die beschriebenen Rahmenbedingungen berücksichtigt, mit großer Wahrscheinlichkeit in generischer Hinsicht »glückt«. Es sagt jedoch wenig über die ästhetischen Qualitäten des Hörspiels aus. Ein kompositorisch dichtes, handwerklich sauberes und in der Gesamtwirkung ansprechendes Hörspiel zu gestalten, ist eine Kunst für sich, deren Erfolg nie ganz kalkuliert werden kann, sondern jenseits einer ästhetischen Konzeption immer auch ein Geschenk des Zufalls oder des Improvisierens ist. Die Genre-Implikationen zählen aber zumindest zu den ganz elementaren, wirkungsästhetisch bedeutsamen Einflussfaktoren, denn sie steuern die Wahrnehmung der Zuhörenden und ihre Nichtberücksichtigung kann selbige desorientieren und irritieren.

8.2 Das Collagehörspiel

Das Collagehörspiel bzw. die Hörspielcollage ist ein Genre, bei dem die produktionelle Faktur ausschlaggebend ist für die generische Zuordnung bzw. Abgrenzung. Ähnlich wie das Kinder- und das Mundarthörspiel ist auch das Collagehörspiel im Grunde ein Metagenre und weist Schnittmengen mit anderen Subgenres auf bzw. kann diese inkorporieren. So gibt es bspw. Collagehörspiele, die einen dezidiert theatralischen, kriminalfiktionalen, dokumentarischen oder auch poetischen Charakter besitzen. Gleichsam »naturgemäß« ist dem Collagehörspiel allerdings eine sprachanalytische und -kritische Ausrichtung, was wiederum mit seiner Herstellung, seiner Komposition und seinem Aufbau zusammenhängt. Als Collage greift es auf vorexistierendes, d.h. im Fall des Hörspiels vorfabriziertes Audiomaterial als Materialbasis zurück, zerlegt dieses – unter Auflösung der ursprünglichen Strukturen und Zusammenhänge – in disponible Fragmente und fügt selbige in einer

Art und Weise kreativ zusammen, dass ein neues semantisches Gefüge mit einer Vielzahl oftmals offener Sinnbezüge entsteht, dessen Gemachtheit für die Rezipierenden erkennbar bleibt. Infolge der dabei zur Wirkung gebrachten Prinzipien von u.a. Fragmentierung, Kombinatorik, Aleatorik, Palimpsest und systematisierter Koinzidenz ist der Aspekt des *Ludischen* in diesem Hörspielgenre dominant und integriert die Rezipierenden gleichsam als sinnstiftende Mitspieler in die Strategien der Vertextung.

Antje Vowinckel trifft weitergehend eine Unterscheidung zwischen metaphorischer und metonymischer Collage. Die *metaphorische Collage* besitzt nach ihrer Auffassung trotz offener Struktur eine abbildende Funktion, sodass der Gesamtzusammenhang der metaphorischen Collage in Analogie zu Strukturen der Realität steht und ein thematischer Topos wie »Traum«, »Krieg« oder »Stadt« erkennbar bleibt. Das Heterogene bildet für diese Collagenform meist in Form einer Zitation aus diversen Quellen den Ausgangspunkt. Die *metonymische Collage* lässt dagegen einen entsprechenden Gesamtzusammenhang vermissen, sodass die einzelnen Elemente nur in Beziehungen untereinanderstehen, sich aber nicht funktionell einem Gesamten zuordnen lassen und auch keine Analogie zu vorgegebenen Strukturen erkennbar wird. Das Moment der Heterogenität wird hier auch erst durch die Collage selbst generiert.

Das *Prinzip der Collage* ist, trotz Vorläufern in der Romantik und zum Teil noch in früheren Kunstbewegungen, essenziell ein neueres Verfahren, das insbesondere mit der Ästhetik der Avantgarde um 1900 verknüpft ist und die Gemachtheit des Kunstwerks ebenso in die Mitte der Aufmerksamkeit rücken möchte wie kunstkritische Aspekte, die sich vor allem auf Präexistenz, Kombinatorik, Heterogenität und Fragmentarität konzentrieren. Daraus resultieren insbesondere kunst-, aber auch speziell medien-, sprach- und textkritische Ansätze und Phänomene von Selbstreferenzialität und Selbstreflexivität. Auch wenn Hörspielcollagen auf der produktionellen Tontechnik der Montage beruhen, wird Montage bei ihnen – anders als sonst – nicht dazu eingesetzt, homogene Linearität und, gleichsam monodirektional, verbindliche Kohärenz zu erzeugen, sondern um Felder gleichwertig flottierender Elemente zu erschaffen, die in ihrer Kontur wahrnehmbar abgegrenzt und hinsichtlich ihrer Semantik erheblich deutungsoffen sind. Als Kunstverfahren, mit dem Brüche erzeugt und ausgestellt werden sollen, ist das Prinzip der Collage stark zeit- und kulturabhängig, vor allem auch, weil sich, wie bei jedem anderen Kunstprinzip, auch bei ihrem Gebrauch Wahrnehmungskonventionen ausbilden und ein ursprünglich erzielter Brucheffekt im Laufe der Zeit nicht mehr als wirklich disruptiv empfunden wird.

Wie Vowinckel in ihrer Untersuchung zur Hörspielcollage aufzeigen konnte, steht die Collage im Hörspiel damit in engem Zusammenhang zu vergleichbaren ästhetischen Verfahren in Literatur, Malerei, Musik und Theater, war mit Walter Ruttmanns WEEKEND schon in der Anfangszeit des Hörspielmediums vertreten und brachte damit einen starken avantgardistischen Impuls in die junge Medienform. Theoretisch-essentialistische Konzepte, die eine Beschränkung des Hörspiels auf literarisch-narrative Inhalte vorsahen, hemmten jedoch zunächst eine breite Entfaltung und führten sogar dazu, dass collageverwandte Rundfunkformate wie Hörbild, Hörfilm oder Hörfolge zurückgedrängt wurden. Erst mit den audioexperimentellen Studien speziell im »Club d'Essai« von Pierre Schaeffer und Pierre Henry nach dem Zweiten Weltkrieg und dann auf breiter Front mit dem Entstehen des Neuen Hörspiels etablierte sich das Collagehörspiel als eigene größere Gattung.

Das Neue Hörspiel steht im Zusammenhang mit Entwicklungen der Wiederbelebung und Anknüpfung an avantgardistische Strömungen der Jahrhundertwende, die besonders in den 1960er-Jahren stattfanden. Der auf kreative Erneuerung, politisches Engagement und experimentelle Offenheit ausgerichtete Impetus der Bewegung kritisierte im Hörspielbereich gerade die künstlerisch starren und politisch unambitionierten Tendenzen des konventionellen, etablierten Hörspiels und erhielt entscheidende Impulse durch neu technische Entwicklungen in dieser Zeit. Bedeutsam waren besonders die breite Verfügbarkeit von tragbaren Tonbandgeräten, die eine einfache Anfertigung von O-Ton-Material erlaubten, die Entstehung und Etablierung der stereophonen Aufnahmetechnik, mit der es möglich wurde, dialogische bzw. mehrschichtige Tonkompositionen mit einer strukturellen Ordnung anzufertigen, sowie die Popularisierung des Fernsehens, durch die klassisch-filmtechnische Schnitt- und Montageverfahren auf breiter Basis bei den Rezipierenden »eingeübt« und in den rein akustischen Mediensektor übernommen wurden (vgl. in Kap. 6.6 den Abschnitt zu den Montageformen). Künstlerische Strömungen wie Fluxus, Pop-Art sowie die Konkrete Poesie trugen mit dazu bei, dass die kreative Nutzung vorgefundenen Materials auch bei den Hörspielproduzierenden geläufig wurde und speziell Sprache in ihren unterschiedlichen Dimensionen wie Materialität und Verstimmlichung, soziale Markierung, Phrasen und Redensarten, Performativität und speziell auch Zitation etc. hörspieltechnisch kritisch analysiert, dekonstruiert und reflektiert wurde. Indem diese bisher kaum oder gar nicht berücksichtigten Aspekte der Sprache produktiv gemacht wurden, konnten auch auf der Produktions- und Kommunikationsebene etablierte Prinzipien des Hörspiels infrage gestellt werden. Die Verfügbarkeit privat erschwinglicher Produktionsmittel führte teilweise oder ganz zur Verschmelzung besonders der konventionell getrennten Produktionsbereiche von Autor bzw. Autorin, Tontechnik, Regie sowie Produzierenden und Rezipierenden, sodass sich Hörstücke »aus einer Hand« entwickelten, an deren Entstehung und besonders Deutung dem Publikum eine große Mitwirkung eingeräumt wurde. Das Publikum sollte nicht mehr den Endpunkt einer einseitig gerichteten Sender-Empfänger-Beziehung bilden, sondern durch explizite Adressierungen, kognitiven Miteinbezug und Aktivierung auf Basis von Provokationen und Konventionsbrüchen entscheidenden Anteil an den Stücken nehmen. Unter starkem Rückgriff auf experimentelle tontechnische

Möglichkeiten wie Verfremdung, Verzerrung, Verhallung, Modulation, Filterung etc. wurde einerseits die Materialität des medial Vermittelten herauspräpariert und die physikalische und im Weiteren künstlerische Äquivalenz von allen Arten akustischer Phänomene (Gesprochenes, Geräusche, Musik) behauptet; andererseits verlagerte sich der Schwerpunkt vom bisher wortvermittelten Narrativen auf das sprachkritische Reflektieren. Es ist insofern ein entscheidendes Charakteristikum von Hörspielcollagen, dass sie meist auf eine lineare Handlung und Erzählung zugunsten einer Präsentation, Dekonstruktion und kritischen Reflexion der tatsächlichen Welt und ihrer (sprachlich vermittelten) Wirklichkeit verzichten. Entsprechend ist auch der zugrundeliegende Gestus bzw. die Intention von Collagehörspielen weniger auf Unterhaltung und die Gestaltung einer fiktiven Welt ausgerichtet, sondern durchaus pädagogisch auf Aufklärung und Ausbildung eines (medien-)kritischen Bewusstseins. Mehr oder weniger ist immer deutlich der Appell spürbar, sich mit dem Präsentierten auseinanderzusetzen, die Zerlegung des sonst opak Kompakten nachzuvollziehen, aus dem Effekt der distanzierenden Verfremdung eine objektivere Sicht auf das entsprechend Thematisierte zu gewinnen und letztlich eigene Gedanken, Deutungen und Schlussfolgerungen innerhalb dieses Rezeptions-, Kognitions- und Reflexionsprozesses zu entwickeln, die im Idealfall zu einer Neubewertung und Veränderung der eigenen Haltung und gewohnter Perspektiven führen.

Vowinckel unterscheidet in ihrer typologischen Auffächerung neun Subformen des Collagehörspiels. Die *dokumentarische Collage* wie etwa DIE FALLE von Peter Otto Chotjewitz greift auf O-Ton-Material zurück, um über die Collagetechnik konkrete zeitgeschichtliche Sachverhalte und Ereignisse mehrperspektivisch darzustellen und die integrierten O-Ton-Ausschnitte und eingesprochenen Schriftstückpassagen mit einem dokumentarischen Beweiswert zu verwenden. In *Zitat-Collagen* wie Gerhard Rühms BLAUBART VOR DER KRUMMEN LANKE werden literarische Zitate verarbeitet, deren historische Referenz durch das Collageverfahren hinter ihrem sprach- und mentalitätskritischen Potenzial zurückgedrängt wird. *Hörspielcollagen aus Redensarten und Sprichwörtern* wie DAS GRAS WIES WÄCHST von Franz Mon bedienen sich dagegen am phraseologischen und idomatischen Schatz der Alltagssprache und treiben durch deren künstlerische Zusammenstellung oft die sprachpsychologische, gewaltvolle, geistlose, simplifizierende, generalisierende, geschichtlich kontaminierte Seite von Floskeln, Sprichwörtern, Phrasen und Redensarten heraus und kritisieren den sorglosen Umgang mit sprachlichen Versatzstücken. Als *collagierte Vertonungen* führt Vowinckel speziell die Hörstücke von Heiner Müller an, wie bspw. VERKOMMENES UFER. *Originalton-Collagen* basieren dagegen auf Originaltonaufnahmen, die gewissermaßen nicht extra für das Hörspiel angefertigt wurden, sondern präexistierten und zu einem Hörspiel aufgrund bestimmter Aspekte (Bekanntheit, Problematik etc.) vielmehr erst den kreativen Impuls gegeben haben. Die O-Töne können wie bei Paul Wührs PREISLIED aus dem öffentlichen Zusammenhang, also bspw. aus Politikerreden oder Fernsehmitschnitten stammen; sie können in einem privaten Kontext entstanden sein, bspw. wie bei Mauricio Kagels EIN AUFNAHMEZUSTAND infolge einer ungerichtet laufenden Aufnahmeapparatur; oder auch aus Umweltklängen bestehen wie bspw. bei Paul Wührs SOUNDSEEING METROPOLIS MÜNCHEN. Daneben nennt Vowinckel noch *Mischformen* der zuvor aufgeführten Typen, *mehrsprachige Collagen* sowie *Meta-Collagen* wie Helmut Heißenbüttels WAS SOLLEN WIR ÜBERHAUPT SENDEN?, deren Spezifikum in ihrer hörspiel- und gesamtmedienreflexiven Ausrichtung besteht.

8.3 Analysebezogene Genreimplikationen

Wie gesehen, basieren insbesondere konventionelle Hörspielgenres auf einem recht stabilen Set aus thematisch-inhaltlichen, narrativen und plotstrukturellen Rahmenkonzepten und Versatzstücken, die tendenziell stereotyp ausgebildet sind und dem Publikum dadurch eine rasche Orientierung und einen durch Gewohnheiten gestützten Hörgenuss ermöglichen. Insbesondere der Rückgriff auf generische Stereotype und der daraus resultierende relative Schematismus, der rezeptionspsychologisch mit zur Konstruktion einer spezifischen Form von Normalität beiträgt, provozieren in der wissenschaftlichen Auseinandersetzung damit kritische Haltungen und bieten daher stärker dekonstruktivistisch orientierten Untersuchungszugängen eine Vielzahl an produktiven Ansatzpunkten. Diese vor allem im Umfeld des Poststrukturalismus und der Cultural Studies entstandenen Forschungsströmungen sind bspw. darum bemüht zu ergründen, wie auf der Basis der Dichotomie von »Eigenem« und »Fremdem« im Western Cowboy und »Indianer« korreliert und semantisiert werden, wie diese semiotisch-medialen Diskursprinzipien das Wertesystem sowie das Bild von Welt der Rezipierenden beeinflussen und »Kultur« bzw. »Normalität« konstruieren. Als zentrale, da ungemein fruchtbare heuristische Kategorien haben sich bei entsprechenden Untersuchungen vor allem die Konzepte von »Gender«, »Class«, »Race« und »Age« herauskristallisiert, die im gesamtgesellschaftlichen Diskurs, an dem auch die Unterhaltungsmedien und speziell das Hörspiel partizipieren, als Normierungsfelder funktionalisiert werden.

Jedes dieser Konzepte stellt einen Bereich der Sinnproduktion dar, in dem über die Installation einer Differenz und einer normativen Semantisierung individuelle sowie kulturelle Identität konstruiert wird. Am Beispiel der Stimmqualität war in Kapitel 6.1 schon Grundlegendes zur Konstruktion einer »männlichen« gegenüber einer »weiblichen« Stimme sowie zu deren Korrelation an bestimmte Figurentypen gesagt worden. Das Konzept von *Gender* bzw. sozial konstruiertem Geschlecht gründet seine Kerndifferenz auf die biologistische Unterscheidung von »Männlich« und »Weiblich«, weist beiden Kategorien spezifische dichotome Semantiken wie »stark« vs. »schwach«, »rational« vs. »emotional«, »aktiv« vs. »passiv« etc. zu, installiert bzw. nutzt eine bestimmte hierarchisierende Bewertung wie »stark ist besser als schwach«, »rational ist besser als emotional« etc. und leitet daraus Normen- und Wertesysteme ab, die für eine jeweilige Kultur prägend und verbindlich sind und in der Folge die Kultur insgesamt sowie die einzelnen ihrer Mitglieder ihrer Identität nach festlegen. Die westliche Kultur bspw. ist als patriarchales Normen- und Wertesystem eine männlich dominierte Kultur, in der über Jahrhunderte hinweg die Hierarchisierung des »Mannes« über die »Frau« normalisiert und als soziale Praxis identitätswirksam etabliert wurde. Ein gendertheoretischer Untersuchungsansatz dekonstruiert dieses Konzept, indem er zunächst festhält, dass selbst die Ermittlung eines biologischen Geschlechts (»Sexus«) auf normativen Setzungen basiert, die eine weite Variationsbreite unberücksichtigt lässt. Daran anknüpfend werden die semiotisch gegründeten Strategien der Semantisierung von Geschlecht als soziale Konstruktionen verstanden, die auf stereotypen Zuschreibungen beruhen und gesellschaftlichen Prinzipien der Organisation von Macht dienen. Diese gendertheoretischen Ansätze eröffnen der hörspielbezogenen Medienwissenschaft einen Untersuchungsbereich, in dem die diskursiven Prozesse und Praktiken analysiert werden, mittels derer Menschen nach den Kategorien »männlich« und »weiblich« unterschieden und in der Konsequenz entsprechend unterschiedlichen sozialen Konzepten, Normen und Behandlungen unterworfen werden.

So bilden die Kategorien der Genderforschung fruchtbare Ergänzungen etwa zu den Untersuchungsaspekten der Hörspielnarratologie. Denn Hörspiele berichten nicht von geschlechtslosen Wesen, sondern meist von »weiblichen« und »männlichen« Figuren. Hörspielinhalte werden entweder durch »weibliche« oder »männliche« Erzählinstanzen vermittelt oder durch abstrakte Erzählinstanzen, die dennoch (ähnlich einem »Male Gaze« bzw. »*Female Gaze*«) genderstereotyp perspektivieren und inszenieren – und das häufig unter Wahrung der gegebenen Genrekonventionen. Ein entsprechend sensibilisierter Zugang, der den Zusammenhang von Vermittlung und Vermitteltem unter strenger Berücksichtigung des Gender-Kriteriums untersucht, kann gerade bei traditionellen oder älteren Hörspielen effektiv sein, wie etwa bei DER BLAUE VOGEL, einem Hörspiel, das um den Selbstmord einer dänischen Schülerin infolge ihrer Vergewaltigung durch einen deutschen Schüler kreist, jedoch über alle geschilderten Bewusstseinsebenen hinweg aus der Perspektive des Schülers heraus erzählt, wodurch dieser letztlich als tragisches Opfer erscheint und die zu Tode Gekommene nur als unscharfe erotische Projektion und Konstrukt des Täters. Hörspiele greifen zugleich auf genderstereotype Gattungs- und Plotmuster zurück, die in Genres wie »Krimi«, »Romanze« oder »Komödie« fixiert sind; und auch die Produktion der Hörspiele ist stark von sozialen genderimplikativen Machtstrukturen, Normen und Normierungen sowie soziokulturellen Vorstellungen geprägt. Wie eine Frauenfigur eines Hörspiels in einer bestimmten Szene spricht, handelt und behandelt wird, gibt damit auch Aufschluss über das genderbezogene Selbstverständnis der Kultur, in der das

Hörspiel (genrekonform) produziert wurde. Die Fragen sind dann etwa: Wie wird über die Sprechweise »Weiblichkeit« evoziert? Wie verhält sich eine »Frau« und wie ein »Mann« in ein und derselben narrativen Situation? Wie werden die psychischen Dimensionen von »männlichen« und »weiblichen« Figuren ausdifferenziert und gestaltet? Das kann zu synchronen wie zu diachronen, medienhomogenen wie transmedialen Vergleichsuntersuchungen Ansätze bieten, wenn man bspw. die Frauenfiguren des Hörspiels der 1960er-Jahre untersucht oder anhand einer langlaufenden Hörspielserie die Veränderungen in der Konzeption einer bestimmten Frauenfigur betrachtet. Letzteres (was bspw. an der nach Sexualstereotypen gestalteten »goldblonden«, »blauäugigen«, »hübschen« Figur der Gaby aus den TKKG-Hörspielen geschehen kann, die sich im Verlauf der Serie immer wieder mit sexualpathologischen Übergriffen konfrontiert sieht und von ihren männlichen Freunden gerettet werden muss) ermöglicht es dann auch, gesellschaftliche Entwicklungs- und Veränderungsprozesse in Hinblick auf Geschlechterstereotype und Frauen- bzw. Männerbilder nachzuvollziehen.

Durch den engen, weitgehend verbindlichen Zusammenhang zwischen der Präsenz einer Figur, ihrer Physis und ihrer Stimmlichkeit ergeben sich hörspielspezifische Schwerpunktsetzungen bei der gendertheoretischen Untersuchung von Hörstücken, die gerade die Konstruktion der physisch-psychischen Figurenidentität in Abhängigkeit zu Stimme bzw. Sprechweise betreffen. So hat die Analysedimension der Performanz – im Sinne eines »Doing Gender« – gerade für die genderorientierte Hörspielforschung entscheidende Bedeutung in Hinblick auf die Stimme, deren Disziplinierung, Normierung und Verwendung. Folgende Fragen treten dabei besonders in den Vordergrund: Wie wird die Kategorie »Geschlecht« stimmlich inszeniert und konstruiert und welche Rolle spielen dabei Stimm- und Artikulationsstilisierungen respektive Stimm- und Artikulationsstereotype? Auf welche Weise werden Geschlechtsstereotype wie »Emotionalität«, »Irrationalität«, »Unselbständigkeit« etc. auf der narrativen Ebene durch Stimm- und Artikulationsstereotype mitgetragen? Welche normative Wirkung wird dabei hervorgerufen oder gezielt angestrebt oder gesamtdiskursiv mitgetragen; sprich: Wie klingt »Weiblich« und wie »Männlich«? Hinzu treten selbstverständlich transmediale Fragestellungen wie: Wie werden Geschlechtsstereotype in Bezug auf die Hörspielhandlung genutzt, bestätigt oder konterkariert? Wie werden anhand der geschlechtlichen Bestimmung der »weiblichen« Figuren über den narrativen Kontext Komplexe wie Macht, Verletzlichkeit, (individuelle, aber auch (TKKG-)gruppenübergreifende) Schwäche etc. verhandelt? Welcher inhaltliche, handlungstreibende Stellenwert kommt den Figuren gemäß ihrer geschlechtlichen Bestimmung zu? Welche Plotmusterstereotype finden Verwendung? Einen besonders fruchtbaren Untersuchungsgegenstand für die gendersensible Analyse bilden auch dezidiert genderkritische und feministische Hörspiele wie etwa S' GEBURTSVERHÖR von Päivi Stalder nach dem Buch von Linda Stabler, in denen patriarchale Systeme und Praktiken als solche durch einen »weiblichen« Wahrnehmungsstandpunkt objektiviert, einer differenzierten (Neu-)Bewertung durch die Rezipierenden übergeben und in Bezug zur eigenen Lebenswelt gesetzt werden.

All diese Aspekte und Fragestellungen erweisen ihre besondere Produktivität jedoch nicht in der isolierten Betrachtung der Figuren im Einzelnen, sondern gerade unter spezieller Berücksichtigung ihrer Interaktion. Das führt einerseits zu einer stärkeren Beachtung der Art und Weise, wie sich Figuren in einem Hörspiel gegenüber Figuren derselben oder aber auch einer anderen geschlechtlichen Bestimmung stimmlich und sprachlich verhalten; welche Geschlechtsstereotype oder genderspezifisch normierten Verhaltensweisen dabei zur Anwendung kommen oder auch entautomatisiert werden; und wie dabei außertextuelle Implikationen im Hörspiel wirksam werden sowie das Hörspiel selbst bei der Konstruktion von Wirklichkeit mitwirkt. Andererseits ist davon im Speziellen auch die sexuelle Ebene der figuralen Interaktion betroffen und damit auch Fragen einer entsprechenden Normierung (»heterosexuelle Matrix«).

Zugleich und in Erweiterung des Untersuchungsschwerpunkts vom intratextuellen zum realweltlichen Zusammenhang reflektiert die genderorientierte Hörspielanalyse neben den von den Hörspielen unterstützten Prozessen und Strategien der Sinnkonstruktion die Rolle des Hörspiels im gesellschaftlich-kulturellen Gesamtdiskurs der Geschlechtskonstruktion. Dabei können nicht nur die diskursive Funktionalisierung sowie die Interaktion des Hörspielmediums mit anderen Diskurs- und Mediensystemen in den Blick genommen werden, sondern auch konkrete Produktionszusammenhänge, bei deren Betrachtung die Rollen von Intendanz, Programmplanung, Autorschaft, Regie, Hörspielenden, Dramaturgie, Schnitt, Technik etc., ihr Zusammenspiel und hierarchisches Gefälle sowie deren Auswirkung auf die Einzelproduktionen, aber auch den Gesamtoutput an Hörspielproduktionen analysiert werden.

Ähnlich wie die Kategorie des »Gender« sind auch die anderen zuvor genannten Kategorien von »Class«, »Race« und »Age« strukturiert und funktionalisiert und bei einer hörspielbezogenen Untersuchung zu analysieren. Bei »Class« wird das differenzbildende Prinzip durch die soziale Zugehörigkeit bereitgestellt, an das Aspekte wie die Verfügbarkeit bzw. der Zugang zu Wohlstand, Macht, Bekanntheit etc. geknüpft sind. Bei »Race« wird die tatsächliche ethnische Zugehörigkeit bzw. ein stereotypes Bild oder ein Konstrukt derselben zugrunde gelegt und im strengen Sinne zwischen »Fremd« und »Eigen« differenziert, um Normalitäten zu etablieren und zu plausibilisieren. Bei »Age« wird schließlich, wie im aktuellen Mundarthörspiel häufig, die Zuordnung zu bestimmten Altersgruppen genutzt, um Differenzen zu etablieren, Semantisierungen zu installieren und bestimmte Werte-, Normen- und Normierungssysteme zu verargumentieren. All diese Kategorien lassen sich, wie gesagt, bei der Analyse analog der Kategorie »Gender« als heuristisches Muster den Hörspielen auflegen, um zu ermitteln, wie die jeweiligen

Texte sozialen Stand, Klassenzugehörigkeit, (Chancen-)Gleichheit, Heimat, Produktivität etc. konzipieren und konstruieren – und letzten Endes: individuelle wie kulturkollektive Identität. Immer ist dann zu fragen, wie klassistische, ethnische oder altersbezogene Konstrukte speziell akustisch realisiert bzw. mitgetragen werden, welche Rolle dabei entsprechenden stereotypen Schemata zukommt und wie diese sich in der Verwendung der Hörspieltechnik niederschlagen. Der Einsatz von Jugendsprache, Kiezdeutsch oder anderen Soziolekten zur Markierung sozialer Randgruppen oder gar krimineller Figuren in Differenz zur Standardhochsprache der »normalen« Figuren wie etwa in Benjamin Quabecks KEINE SEKUNDE SCHANZE oder 3 TAGE NORDSTADT kann dabei besonders für die Untersuchung der Kategorien »Class« und »Race« interessant sein. Spielt das Hörspiel mit »fremdländischen« Figuren wie etwa das im Migrantenmilieu angesiedelte Stück DIE FEUERBRINGER von Tomer Gardi, stellt sich immer auch die Frage der Authentizität der Sprachverwendung, die unter produktionellem Rückgriff auf »Native Speakers« gewahrt sein kann, die aber genauso gut als diskriminierende Zuschreibung reine stereotype Stilisierung sein kann und dann als stereotypisierendes Sprechen zu werten ist. Entsprechend existieren auch ganz spezifische Formen der Verstimmlichung von Alter, die auf einer an Stereotypen orientierten Besetzungspraxis ebenso basiert wie auf einer besonderen Sprachlichkeit und Stimmverwendung. Ein besonderes Augenmerk verdient dabei vor allem die Korrelation von Alter, Krankheit (bspw. Demenz) und einer krankheitsbedingten Sprachgestörtheit oder gar Aphasie.

In intersektionalen Ansätzen werden all diese analytisch separierbaren Kategorien gesamtheitlich betrachtet und mit ihren sich wechselweise intensivierenden Potenzialen gesehen. So werden häufig in Medienprodukten allgemein die Kategorien von »Gender«, »Class«, »Race« und »Age« funktional korreliert und bspw. Kriminalität mit jungen, männlichen Migranten verhandelt oder das konventionelle Opfer als junge, weiße Frau inszeniert.

Auf theoretisch-analytischer Ebene wird inzwischen teilweise auch das Konzept von »Body« als Untersuchungsgegenstand mit dem Stellenwert eines gleichsam manifesten intersektionalen Schnittbereichs stärker in die Analyse hineingetragen und eine medial vermittelte Normierung von Körperlichkeit produktiv erforscht. Da das Konzept von Körperlichkeit in den meisten Kulturen elementar mit jenem von (individueller) Identität verknüpft ist und zugleich eine intersektionale Zusammenschau der Aspekte von »Gender«, »Sex«, »Race« und »Age« ermöglicht, ist der medialisierte Körper prinzipiell ein Untersuchungsgegenstand dekonstruktivistischer Analyse par excellence. Gewissermaßen als Metatext, in dem sich die Person als solche manifestiert und kontextualisiert und in dessen Form und Norm sich sofort und immer auch die gesellschaftlich-kulturellen Implikationen einschreiben, bildet er einen zentralen Zugang für die kultursemiotische Bestimmung von »Mensch« und »Welt« insgesamt. Hinzu treten bei körperbezogenen Untersuchungen weitere Wertungen, Bedeutungen, Kodes und Normen, die etwa auf die körperliche Materialität gerichtet sein können. Wichtige Fragen sind dabei: Wie wird der Körper allgemein zu einem Medium, über das Semantiken kommuniziert, Normen verhandelt und Demarkationen gezogen werden? Wie wird Individualität körperlich konstruiert und reglementiert? Wie werden Körperaspekte zu Bedeutungsträgern und auf diesem Wege wiederum zum Katalysator von gesamtgesellschaftlichen Praktiken der Kontrolle, Regulation, Normierung etc.? Gerade bei einem sehr unkörperlichen Medium wie dem Hörspiel stellen sich hier teilweise methodische Schwierigkeiten, aber auch interessante Anknüpfungspunkte für die Entwicklung weiterer, neuer Untersuchungsmöglichkeiten. In der Auseinandersetzung mit einem um die Liebenswürdigkeit von Übergewichtigkeit oszillierenden Hörspiel wie LIEBESFETT von Lena Kazian, das zugleich einen non-heteronormativen Grunddiskurs besitzt, der jedoch geschickt vom Kernthema des Stücks überspielt wird, ergeben sich so Fragen danach, wie die Körperlichkeit einer der beiden Hauptfiguren inszeniert und vor allem sprachlich gefasst wird, wobei oder auch obwohl sich diese aufgrund der Hörspielmedialität einer konkreten, insbesondere plastisch-visuellen Erfassbarkeit gerade entzieht.

Essenzielle genretheoretische Überlegungen stellte in den 1920er-Jahren schon Jurij Tynjanov an, der in seinen Grundlagentexten das Konzept von der Tradition des Traditionsbruchs fasste; vgl. Tynjanov 1971a und 1971b. Für allgemeine Literatur zur Genretheorie siehe u.a. Scheinpflug 2014 und Gittel 2021; mit filmtheoretischer Ausrichtung auch Bordwell/Thompson 2008, 317–381, und die Beiträge in Kuhn/Scheidgen/Weber 2013.

Das traditionelle Verständnis des Hörspiels war stark durch die Entstehungsbedingungen des Rundfunks geprägt; Soppe 1978 erörtert allgemein die Bedingungen der Etablierung des Hörspiels als »Genre« Mitte der 1920er-Jahre. Der Rundfunk, der sich in Deutschland erst ab 1923 und dann nur sehr schleppend etablierte, war von Beginn an durch ökonomische Interessen beeinflusst, da einerseits die Produzenten von Empfangsgeräten und andererseits die Programmgesellschaften bemüht waren, sich initiativ einen Käufer- bzw. Rezipierendenkreis zu erschließen (vgl. Soppe 1978, 43f.).

Zunächst stand die Übertragung von Konzerten und anderen Musikaufführungen im Vordergrund, bis man versuchte, durch die Sendung rezitierter Gedichte, Märchengeschichten, dramatischer Szenen, von Texten klassischer wie zeitgenössischer Autoren, später auch von Theateraufführungen und literarisch-musikalischen Matineen beim Publikum größeres Interesse zu erwirken (vgl. Lersch 2006). In gewissem Sinne richtungsweisend war in dieser Beziehung die Übertragung der Operette »Frasquita« von Franz Lehár am 18. Januar 1924 durch die Sendeanstalt im Berliner Voxhaus. Das Prinzip der Live-Übertragung, das in der Anfangszeit vor allem aus technischen Gründen das einzig gangbare war, bewirkte jedoch, dass auch die allmähliche Verwendung von »Funkspielen« in den Programmen der verschiedenen Sendeanstalten nur als eine sekundäre Form der Aufbereitung literarischer Vorlagen begriffen wurde: »Man sah sich im Prinzip schlicht in einer Situation, in der die Literatur laut wird, und zog sowohl Parallelen zur oralen Erzählkunst vor dem Buchdruck als auch zum Drama« (Vowinckel 1995, 41). Dabei propagierte bereits 1927 Hans Siebert von Heister die Schaffung eigenständiger Hörspielstücke, die nicht mehr wie bisher auf umgearbeiteten Theaterstücken, Erzählungen oder ähnlichen präexistenten literarischen Texten basieren sollten, und konstatierte, dass man es beim Hörspiel »mit einer völlig neuen Kunstart und mit völlig neuen Ausdrucksmitteln zu tun hat« (Heister 1927, 437). Die grundsätzliche Verwandtschaft bei gleichzeitig elementarer medialer Disparität zwischen Literatur und Hörspiel wird evident, wenn man das Verhältnis zwischen eigentlichem Hörspiel und Hörspielmanuskript in Beziehung setzt zur Feststellung, die Jiránek 1990, 212, zum Verhältnis zwischen gespielter Musik und Notenaufzeichnung macht: »[N]ur die klingende Musik ist das eigentliche, ästhetisch relevante Zeichen [znak]; die Notenaufzeichnung ist dann ein Metazeichen [metaznak]«.

Das Missverständnis, das Hörspiel als Wortkunstwerk zu betrachten und damit lediglich als Subgattung der Literatur zu klassifizieren, wie es vor allem von Klose 1962 und Schwitzke 1963 weitergehend propagiert wurde, persistiert bis heute (Klose 1970a, 11, revidierte allerdings später: »Einseitige ›Lektüre‹ langweilt und ist der Gattung nicht angemessen.«; entsprechend Loebe 1970b und Janson 1976, 4). Noch Koller 2007 begreift das Hörspiel als literarische Gattung, die lediglich sekundär eine akustische Vermittlung erfahre. Siehe dagegen bspw. Ladler 2001, 51–63, der das Hörspiel als eigenständige Mediengattung in Abgrenzung von Theater, Literatur und hörfunkimmanenter Kunst (Feature, Neues Hörspiel, Schallspiel, Originalton-Hörspiel, Musikhörspiel) ausweist und die Bezeichnung »Hörspiel« als »Gattungs-(Ober-)begriff« verstanden sehen will; vgl. u.a. auch Wegmann 1935, 19, die Diskussion der Positionen in Döhl 1982, Schlichting 1994, Weber 1997, Zimmermann 1999, 239, sowie Schmedes 2002, 10 u. ö.

Ausgehend vom Hörspiel als Textgruppe entwarf Frank 1963, 131–187, – allerdings, zeittypisch, allein manuskripttextorientiert – eine Systematik der Hörspielgattungen mit neun Hauptformen, die er in Frank 1981, 115–135, erneuerte. Schwitzke 1963, 332–396, betrachtet fünf verschiedene Hörspieltypen. Fischer 1964 unterscheidet zwischen Hörspielreproduktionen auf Basis von Bühnenstücken bzw. Erzählprosa und Originalhörspielen und macht – ähnlich an literarischen Gattungen orientiert wie Frank – sechs Hörspielgattungen aus. Sein komparatistischer Ansatz verfolgt das Ziel, anhand der Kriterien von Wirklichkeitsbezug, Spielgestaltung (handlungsbestimmt, dialogisch, monologisch, stimmexklusiv, totales Schallspiel), Zeichensystemeinsatz und Dramaturgie eine Typologie des Hörspiels insgesamt zu entwickeln.

Vowinckel 1995 skizziert nicht nur die Diversität der Hörspielgenres besonders in der Anfangszeit des Mediums sowie deren allmähliche Konturierung und Reduktion infolge der Institutionalisierung des Funkmediums, sondern entwirft eine umfassende Konzeption des Genres der Hörspielcollage mit den erwähnten Subkategorien. Zur Hörspielcollage siehe außerdem Reinecke 1986.

Weber 1997 betrachtet das Kinderhörspiel und erarbeitet anhand struktureller Kriterien allein an diesem Untersuchungsgegenstand drei generische Subtypen, das narrationslose und das narrationsbasierte literarische Kinderhörspiel sowie das radiophonische Kinderhörspiel. Diese drei stellen für Weber grundlegende Hörspielkategorien dar, unter die sich zahlreiche weitere Mikrogenres (u.a. Dialoghörspiel mit Musik und Geräusch, Gesprächsspiel, Stimmenspiel, Klanghörspiel, dokumentarische Collage etc.) subsummieren lassen. Siehe zum Kinderhörspiel auch Böckelmann 2002.

Zum Mundarthörspiel siehe Wagener 1979, Karst 1984, Bühren 2001 und besonders Hänselmann 2022a und 2022b sowie den darin gelieferten Forschungsüberblick.

Zum erwähnten Prinzip der »Déphasage«, einem am Gegenstand des Films beschriebenen rezeptionsästhetischen Distanzierungseffekt, der durch eine Reihe von medialen Verfahren hervorgerufen werden kann, siehe Odin 1983 und 2000; siehe auch Hänselmann 2018.

Grundlegend zu den Konstituenten der Genderstudien siehe bspw. Braun/Stephan 2006 und 2013 und Becker/Kortendiek 2010; für transmediale narratologische Ansätze mit Schwerpunkt auf genderanalytische Aspekte, jedoch ohne Berücksichtigung des Hörspiels siehe die Beiträge in Nünning/Nünning 2004. Speziell zur Konstruktion von Geschlecht im Radio siehe Achinger et al. 2001. Koller 2007 erfasst einige feministische und genderkritische Verfahren im Hörspielwerk von Elfriede Jelinek; historisch auch Haider-Pregler 1999. Siehe auch Liebrand 2006, Rutka 2008, Kuhlmann 2008, Stephan 2019 und Lehnert 2022, Schenker 2019 und 2022a. Zum erwähnten Konzept des »Male Gaze« im Film siehe Mulvey 1994; vgl. zum entsprechenden Prinzip des »Männlichen Lauschens« im Hörspiel die Anmerkungen zum »Ecoutismus« in Kap. 6.4.

9. Hörspielkomparatistik

Die Hörspielkomparatistik ist ein besonderer Bereich der allgemeinen Medienkomparatistik, beschäftigt sich wie diese mit verwandten Fragestellungen und nutzt ähnliche Herangehensweisen und heuristische Konzepte – allerdings zentriert um alle Aspekte des Hörspielmediums. Gemeinhin definiert sich die klassische Komparatistik als ein Zusammenschluss von Ansätzen der Allgemeinen und der Vergleichenden Literaturwissenschaft. Die Allgemeine Literaturwissenschaft ermittelt primär reflexiv-konzeptionell die literaturtheoretischen, methodischen und poetologischen Grundlagen der Literaturwissenschaft und systematisiert diese in den konventionellen kategorischen Untersuchungsbereichen von Ästhetik, Rhetorik, Narratologie, Thematologie, Genretheorie etc. Die Vergleichende Literaturwissenschaft ist dagegen primär analytisch-interpretativ und historiographisch-rekonstruierend auf die Untersuchung von konkreten Dichtungen ausgerichtet, wobei sie sich an den orientierenden Konzepten bestimmter Untersuchungsfelder wie Gattungen, Genres, Formen, Texttypen, Stoffen, Motiven etc. orientiert.

Die Komparatistik in ihrer Ausrichtung als Vergleichende Literaturwissenschaft beschäftigt sich dabei besonders auch mit Interdependenz- und Interrelationsphänomenen in der Literatur. Das können Beziehungen sein, die zwischen verschiedenen Dichtungen bestehen, wobei etwa thematische, stoffliche, motivische, genetische, generische, typologische etc. Gesichtspunkte den Ansatz für eine Untersuchung bilden, bei der zwei oder mehr in die wissenschaftliche Betrachtung einbezogene Primärquellen auf Gemeinsamkeiten, Unterschiede und/oder Abhängigkeiten hin überprüft werden. Dabei kann die Komparatistik rein nationalkanonisch verfahren und lediglich Primärquellen aus einem nationalräumlich definierten Entstehungskontext miteinbeziehen oder sie kann den Betrachtungsbereich supranational ausweiten und Quellen auch anderer, besonders benachbarter Kulturnationen einbeziehen. Ebenso kann sie monomedial zentriert sein und lediglich Primärquellen ein und derselben Mediengattung (bspw. Hörspiele) in den Blick nehmen oder sie kann im Gegenteil intermedial ausgerichtet sein und etwa die Umsetzung einer bestimmten Histoire in verschiedenen altermedialen Strukturen (als Roman, Novelle, Film, Comic etc.) betrachten. An derartige Grundlagenuntersuchungen können weitergehende komparatistische Meta-Untersuchungen angeknüpft werden, bei denen bspw. die (genetischen, thematischen etc.) Literaturen verschiedener Nationen und ihre Selbst- und Fremdkonzipierungen im Sinne einer Interkulturalitätsforschung miteinander verglichen werden. Oder es kann mit stärkerer Konzentration auf die Materialität der textproduzierenden Instanzen ein Vergleich der einzelnen Künste angestrengt werden, um etwa Alleinstellungsmerkmale und Medienspezifika gegenüber transmedialen Schnittmengen, Grenzphänomenen, intermedialen Prozessen etc. zu ermitteln. Wie unmittelbar einsichtig sein dürfte, spielt dabei gerade die Beschäftigung mit Wanderphänomenen in Gestalt von u.a. Übersetzung, Translation, Transformation und Medienwechsel eine bedeutende Rolle. All diese Perspektiven der literaturwissenschaftlichen Komparatistik lassen sich in den Bereich der Hörspielkomparatistik übertragen.

9.1 Bezugsgrößen der Hörspielkomparatistik

Gerade bei der Auseinandersetzung mit dem Hörspiel ist das Phänomen des *Medienwechsels* in aller Regel ein unumgänglicher Fakt – zumindest was konventionell produzierte Hörspiele anbelangt, die nur in Ausnahmefällen nicht von einem zunächst schriftlich fixierten Text mit Rollendialogen ausgehen, die dann durch Regieanweisungen angereichert und schließlich vom Graphisch-Visuellen ins Akustische übersetzt werden. Als Medienwechsel wird allgemein der Transfer eines bestimmten Gehalts von einem Medium in ein anderes bezeichnet. Ein Prätext erfährt so eine Textadaption, wobei der Medienwechsel meist sowohl technische als auch semiotische Verschiebungen und Veränderungen beinhaltet. In aller Regel verhalten sich die transferierten Informationen jedoch eineindeutig, das bedeutet: Sie bleiben rücktransformierbar. Konkret beim Transfer eines literarischen Textes in ein Hörspiel und seiner analytischen Betrachtung lassen sich meist vier Textstufen unterscheiden, die sich hinsichtlich eventueller Abweichungen vergleichen lassen, nämlich der literarische Text, der Sprechtext, der gesprochene Text sowie das Hörspiel-Transkript. Andere Produktionsformen des Hörspiels, wie bspw. die Herstellung eines Hörspiels auf Basis einer Filmaudiospur, die mit dem Voiceover einer Erzählinstanz angereichert und meist vor allem schnitttechnisch überarbeitet wird, lassen sich als Erweiterungsform dieser grundlegenden Einteilung ansehen (die vier Schritte sind dann auf die Filmerzeugung ausgerichtet und werden durch den fünften der Hörspieltranslation ergänzt) und entsprechend untersuchen.

Der *literarische Text* stellt den Ausgangstext dar, die erste Instanz, die bei jeder weiteren Bearbeitung und Adaption als Referenz zur Orientierung dient. Ein solcher literarischer Text kann entweder direkt ein Hörspielmanuskript sein, das von einer Autorin oder einem Autor für den Zweck einer Umsetzung als Hörspiel verfasst wurde und eventuell sogar als Buch veröffentlicht vorliegt, noch ehe eine Hörspielproduktion daraus hervorgegangen ist; oder es kann ein eigenständiger Text sein, der theoretisch noch nicht einmal eine besondere Hörspielqualität besitzen muss. So existiert bspw. eine ganze Reihe von Hörspielen, die – wie etwa das Stück MITTAGSSTUNDE von Wolfgang Seesko nach dem Buch von Dörte Hansen – auf Basis von Romanen, Kurzgeschichten oder anderen literarischen Erzeugnissen entstanden sind, welche ihrerseits zunächst überhaupt nicht mit der Perspektive auf eine Adaption als Hörspiel geschrieben und publiziert wurden. Liegt dieser Fall vor, muss zunächst noch eine Bearbeitung des literarischen Prätextes und konkret eine Anpassung desselben mit meist Kürzungen, Umstellungen etc. erfolgen, sodass ein Hörspielmanuskript entsteht. Eine Besonderheit stellen Hörspielproduktionen dar, die einen verbindlichen Zusammenhang zwischen Manuskript und Hörspiel herstellen, wie bspw. die RITTER-ROST-Serie. Die Hörspiele mit Musik bilden hier eine integrale Einheit mit den Büchern, denen sie als CDs beigegeben sind, auch und besonders, da die Bücher reich illustriert sind. Auf diese Weise werden die Geschichten über Bild, Text, Musiknoten und Hörspiel mit Musikeinlagen inter- und multimedial vermittelt. Ebenso nehmen O-Ton-Collagehörspiele eine Sonderposition ein, da diese auf akustischen Interviews, Mitschnitten etc. beruhen, die zunächst transkribiert werden, ehe auf Basis der Transkripte das eigentliche Hörspielmanuskript hergestellt wird, nach dem im Folgenden die vorexistierenden Aufnahmen collagiert werden. Entsprechend anders zu betrachten sind auch Hörspielproduktionen, die die Tonspur von Filmen nutzen, um mit diesen – ergänzt durch einen Hörspielerzähler bzw. eine Erzählerin – die Geschichte auf rein akustischem Weg zu vermitteln.

Auf dieser Basis kann dann der *Sprechtext* entwickelt werden, bei dem es sich um die vom Manuskript vorgesehene Figurenrede handelt, die für den Sprachvortrag mit leseorientierten Markierungen, Auszeichnungen etc. versehen wurde. In einem solchen Sprechtext werden Formulierungen, die für die mündliche Äußerung zu sperrig, zu »papieren«, zu unauthentisch oder sonst unpassend erscheinen, durch andere ersetzt, der Satzbau wird häufig vereinfacht und der gesprochenen Sprache angeglichen, Pausen werden notiert etc. Ein solcher Text ist meist das individuelle Ergebnis der Arbeit an der eigenen Rolle und dient den Hörspielerinnen und Hörspielern dazu, während der eigentlichen Aufnahmesituation im Studio unmittelbar plastische, glaubwürdige Figuren zu inkarnieren. Vielfach enthält der Sprechtext auch Anmerkungen, die sich beim improvisatorischen Spiel mit der Rolle und bei der Interaktion mit den anderen Sprechenden ergeben haben und die von der Regie als passender im Vergleich zur ursprünglichen Sprachfassung präferiert wurden – etwas, was beim X-en grundsätzlich fehlt. Nicht alle Anmerkungen finden jedoch auch letztlich tatsächliche Umsetzung bei der Aufnahme des eigentlichen Hörspiels; zudem können bei dieser Besonderheiten hinzutreten, die noch nicht im Sprechtext enthalten waren: Wortverknappungen, Pausen, spontane Improvisationen etc.

Diese – wie auch alle sprachbezogenen Eigenheiten – sind dann Bestandteil und Charakteristikum des *gesprochenen Textes*, bei dem es sich um das akustisch realisierte und aufgezeichnete Tonmaterial handelt. Einfacher Weise wird der gesprochene Text in aller Regel mit dem Sprachtext des finalen Hörspiels in eins gesetzt. Tatsächlich ist es jedoch so, dass die aufgezeichneten Sprechpartien der Hörspielenden in einem Postproduktionsprozess noch eine weitere Überarbeitung erfahren, bei der das aufgezeichnete Material nicht nur etwa qualitätssteigernd nachbearbeitet wird, sondern oft auch aus mehrfach eingesprochenen Aufnahmen eine definitive komponiert wird (vgl. Kap. 5). Ist bspw. in einer Aufnahme eine Betonung am Beginn eines Satzes falsch platziert, jedoch das Ende optimal, kann eine zweite Aufnahme derselben Stelle mit idealer Betonung am Satzanfang, jedoch problematischer Gestaltung des Satzendes herangezogen werden und beides zu einer scheinbar linearen Äußerung geschnitten werden. Vor allem infolge der feingranularen Interventionsmöglichkeiten mit Hilfe moderner digitaler Audio-Bearbeitungsprogramme geht eine solche Nachbearbeitung häufig bis auf Silbenebene und betrifft auch die Verlagerung von Schweigephasen und besonders auch von Atmern, denen eine intensivierende und semantisch entscheidende Funktion zukommen kann. Wie das Untersuchungsfeld des literarischen Textes, lässt sich daher auch der Bereich des gesprochenen Textes prinzipiell zweiteilen, wenn man die unterschiedlichen unbearbeiteten Rohaufnahmen der Sprechenden von den finalen Hörspielpartien sondern möchte. Eine solche Unterscheidung ist essenziell, wenn man dramaturgische Entscheidungen etc. der Regie rekonstruieren möchte.

Fertigt man schließlich auf Basis des produzierten Hörspiels ein Transkript an (ausführlich dazu in Kap. 10), ist dieses *Hörspiel-Transkript* ein weiterer Ansatzpunkt für anschließende komparatistische Untersuchungen. Natürlich kann es auf jeder der vier Textstufen mehrere verschiedene Bezugstexte geben, wenn bspw. auf Basis ein und derselben Romanvorlage unterschiedliche hörspielmediale Umsetzungen erstellt werden oder ein Hörspielmanuskript zu zwei oder drei Sprechtexten ausgearbeitet wird, von denen dann eines wiederum die Grundlage für die eigentliche Hörspielumsetzung bildet. Beispielhaft erwähnt seien lediglich die TRÄUME aus der Feder von Günter Eich, die einmal 1951 unter der Regie von Fritz Schröder-Jahn für den NWDR und einmal 2007 unter der episodenweise geteilten Regie von Norbert Schaeffer, Alexander Schuhmacher, Simona Ryser, Beate Andres, Sven Stricker und Bernadette Sonnenbichler für den NDR umgesetzt wurden. Demnach können bei der komparatistischen Untersuchung nicht nur Texte aus den verschiedenen Kategorien literarischer Text, Sprechtext, gesprochener Text und Hörspiel-Transkript betrachtet werden, sondern genauso unterschiedliche Texte derselben Kategorie, wobei in Hinblick auf methodologische Fragestellungen vor allem Vergleichsuntersuchungen zwischen mehreren Hörspiel-Transkripten zu ein und demselben Hörspielstück interessant wären.

Diese Untersuchungen können sich den Unterschieden und/oder Gemeinsamkeiten widmen, die zwischen den verschiedenen Textvarianten bestehen. Die verschiedenen Textvarianten rangieren dabei als thematisch dependente Intertexte.

Gemeinsamkeiten oder – im Extremfall – auch Gleichheiten können als »medienunspezifische Wanderphänomene« bezeichnet werden. Es sind Aspekte, die sowohl im Ausgangstext als auch in der Textadaption erscheinen und sich damit als medienunabhängig ansehen lassen. In erster Linie zählen hierzu die Gesichtspunkte der *Histoire*, sprich: der chronologisierte Handlungsverlauf, die Figurenfunktionen, die Ereignisstruktur etc. Hinzu treten Gemeinsamkeiten in Hinblick auf den Discours, wie die konkrete Verfasstheit, der Wortgebrauch, die Stillage etc. Im größeren Zusammenhang stehen auch *allgemeine Textcharakteristika*, wie Sprachlichkeit, Narrativität, Kohärenz, Fiktionalität, Intentionalität, Informativität, Situationalität, Intertextualität, Poetizität, Genrezugehörigkeit, Rhythmizität, Gegliedertheit etc.

In den *Unterschieden* zwischen den Textvarianten bzw. in den konkreten Abweichungen derselben voneinander lassen sich medienspezifische Aspekte erkennen. Solche Medienspezifika ergeben sich aus der für jedes einzelne Medium charakteristischen technisch-apparativen, semiotischen, ästhetischen, immersionsgenerierenden und institutionellen Struktur. Dabei gilt, dass einerseits jedes Medium das durch es Vermittelte mitprägt und andererseits jedes Medium das in ihm Aussagbare determiniert und restringiert. Besonders die Discours-Aspekte sind entsprechend der Ansatzpunkt für die Feststellung von Unterschieden und vor allem auch für Besonderheiten, die aus der Materialität der jeweiligen Textvariante resultieren oder mit dieser verknüpft sind. Dabei ist zu berücksichtigen, dass die spezifische Materialität eines jeden Medienprodukts eigene, über das eigentlich Inhaltliche hinausgehende semiotische Implikationen besitzt.

9.2 Aspekte der hörspielspezifischen Umsetzung

Die komparatistische Untersuchung der Über- bzw. Umsetzung eines Manuskripttextes als audiophonen Hörspieltext stellt im Zusammenhang der Hörspielanalyse üblicherweise den wichtigsten Fall dar.

Dabei gerät zunächst die *Bearbeitung des Hörspielmanuskripts* in den Blick. Sie betrifft Discours-Aspekte wie Kürzungen, Ergänzungen oder generelle Umformungen, die auf der Ebene von Figuren, Handlung, Raumgestaltung, Zeitkonzeption, Chronologie, Komplexität, Ideologie oder diegetischer Realistik erfolgen können. Dabei muss ein besonderes Augenmerk auf den Unterschied gelegt werden, der zwischen rein quantitativen und qualitativ wirksamen Bearbeitungen besteht, also zwischen Kürzungen, Erweiterungen oder Umformungen, infolge derer es nicht zu einer wesentlichen Veränderung des Primärtextgehalts kommt bzw. die eine eben solche zur Folge haben. Ein diesbezüglich konkreter Arbeitsschritt ist etwa die Dialogisierung von Erzähltexten, wenn also Figurenaussagen oder Gesprächssituationen, die im ursprünglichen Text summarisch durch ein Referat der Erzählinstanz wiedergegeben wurden, als tatsächliche Dialogpartie mit Figurenstimmen dargestellt werden. Ein solches Verfahren bringt fast unweigerlich starke qualitative Veränderungen mit sich, da etwa auf wesentliche Inhalte Gerafftes zu einer Struktur von Rede und Gegenrede entfaltet wird, nicht explizierte Emotionalitäten hineingetragen werden etc. Auch alle sprachlichen und insbesondere lexematischen Aktualisierungen sind hierunter zu betrachten, wenn bspw. für das eventuell unzeitgemäß erscheinende »Mordsspaß« ein aktuell moderner wirkender Begriff wie »Bombenkick« gesetzt wird.

Daneben kommt natürlich der *Verstimmlichung der Sprache* entscheidende Wichtigkeit zu. Die »Be-Stimmung« der Figuren hat große Ähnlichkeit mit der Besetzung von Figurenrollen bei der Verfilmung von Romanen und konkretisiert und definiert viele Aspekte einer Figur aus, die in der abstrakten Textvorlage un- oder unterbestimmt geblieben sind – und eventuell sogar gezielter Maßen nicht näher präzisiert wurden. Macht man sich bewusst, wie essenziell der jeweilige Sympathiewert einer Stimme für die Rezeptionserfahrung und die daran geknüpften Prozesse der rezeptiven Immersion ist – und damit letztlich für das »Glücken« eines Hörspiels insgesamt –, lässt sich die Bedeutung dieses Untersuchungsaspekts ermessen. Wie fundamental verschieden dieselbe Figur in einem Hörspiel infolge der Besetzung durch andere Sprechende erscheinen kann, lässt sich bspw. sehr eindrücklich an den beiden bereits erwähnten Umsetzungen von Günter Eichs TRÄUME nachvollziehen. Während Erich Schellow 1951 die Zwischentexte des Stücks mit seiner recht jungen Stimme (36) mit einer scharfen, überpräzisen Artikulation und einer besonderen Akzentuierung der Konsonanten versah, was eine eher konfrontative, fast schon bedrohliche sprachgestische Gesamtwirkung hervorbringt; sprach Jürgen Hentsch 2007 die Texte mit einer alten, verrauchten Stimme (71) in einem schleppenden, müden Tonfall, der kaum eine stärkere Variation des Sprachdrucks nutzt und damit eine zwar sehr zugewandte, aber still desillusionierte sprachgestische Gesamtwirkung erzielt. Neben die generellen Stimmeigenschaften wie Geschlecht und Alter (männlich, weiblich, kindlich), treten konkrete, bei der Artikulation realisierte Stimm- und Sprechauffälligkeiten wie Regiolekt, Klang, Höhe, Lautheit, Spannung, Lautung, Geschwindigkeit, Dynamik etc., aber auch Rhythmisierung, Akzentuierung, Pausengliederung oder Dehnung. Auch der Grad an Distanziertheit zum Gesprochenen kann eine Stellschraube sein, um etwa die ursprünglich angestrebte Wirkung eines Textes in ihr genaues Gegenteil zu verkehren. Dabei steht ein identifikatorisch-authentisches Sprechen, bei dem es um die glaubhafte Verkörperung der Rolle geht, einem metareflexiv-analytischen oder auch distanziert-ausgestellten oder gar ironischen Sprechen gegenüber. Gerade einer suprasprachlichen Sinnerweiterung wie bspw. durch stimmliche Ironiesignale gilt dabei große Aufmerksamkeit. Verwandt damit sind auch die Aspekte der *(Des-)Ambiguisierung*. Wie die spezielle Stimme einer bestimmten Sprecherin oder eines Sprechers eine damit ausgestattete Figur konkretisiert, so kann die spezifische Verwendung dieser Stimme das mit ihr Mitgeteilte konkretisieren – oder eben auch ambiguisieren.

Je nachdem, wie etwas ausgesagt wird, resultiert also eine (sprachverkörpernde) Vereindeutigung von deutungspluralistischen Aspekten des Primärtextes oder – im Gegenteil – eine (sprachverkörpernde) Ambiguisierung von eindeutigen Aspekten des Primärtextes. Eine »dunkle« Passage des Manuskripts kann auf diesem Wege inhaltlich klar gemacht, wie eine ursprünglich unzweideutige Aussage zum schillern gebracht werden kann. So komplex wie das Untersuchungsfeld der Stimme und ihrer semiotischen Mächtigkeit allgemein ist, so vielschichtig zeigt sich die Stimme als Analysekategorie bei der komparatistischen Untersuchung.

Ein weiterer Punkt ist die *Funktionalisierung medienspezifischer Kommunikationspotenziale*, womit primär technisch-apparative und materielle Discours-Aspekte und deren rezeptive Wirkung angesprochen sind. So kann sich ein Hörspiel bspw. seiner spezifischen akustischen Inszenierungsmöglichkeiten bedienen und sehr realistisch Nachrichten-, Dokumentations-, (Live-)Reportage-, (Live-)Interview- oder Werbe-Formate simulieren, was in ähnlicher Weise in einer Romanvorlage nicht umzusetzen ist. Gleichzeitig ist umgekehrt ein Roman rein materiell näher an einer Zeitung oder Briefkorrespondenz und kann deren Charakteristika etwa zur Authentizitätsfiktion nachahmen, was in direkter Art nicht durch ein Hörspiel geleistet werden kann. Damit ist angezeigt, dass die Funktionalisierung medienspezifischer Kommunikationspotenziale immer auch zu einer bestimmten Rezeptions-, Assoziations- und Erwartungshaltung bei den Hörenden führt, die sich beim Hören automatisch an bereits Erfahrenem und (unbewusst) an Rezeptionsgewohnheiten orientieren. Verfährt ein fiktionales Hörspiel im Modus einer Live-Reportage, aktiviert es beim Publikum in gewissem Umfang an faktualen Reportagen geschulte kognitive Schemata; und treibt es dieses Spiel mit Format und Authentizität geschickt, kann es zugleich entsprechende Rezeptions-, Assoziations- und Erwartungswirkungen hervorrufen. Das beste und wohl auch bekannteste Beispiel in dieser Hinsicht ist sicher die Hörspielumsetzung des Romans »The War of the Worlds« von H. G. Wells durch Orson Welles, die bei ihrer Erstendung 1938 unter weiten Kreisen der Zuhörerschaft heftige Irritationen hervorgerufen hat, da sie diese durch den Modus der Live-Berichterstattung in den Glauben versetzen konnte, die geschilderte Invasion der Marsianer ginge augenblicklich wirklich vonstatten.

Insgesamt bringen die medienspezifischen Kommunikationspotenziale und gerade auch die Stimmlichkeit eine *Sinnlichkeitszunahme* mit sich. Geschehnisse, die vom Hörspiel im dramatischen Modus vorgeführt werden, besitzen aufgrund der für Zeitkunstwerke typischen Verschmelzung von diegetischer und rezeptiver Raum-Zeit sowie der ecoutistischen Involvierung des Publikums eine enorme Plastizität und Eindrücklichkeit. Daran angelagert sind Rezeptionsphänomene, die sich aus der dramaturgischen Arbeit mit der Präsentationsdynamik ergeben. Der Umstand, dass es sich beim Hörspiel um eine nicht-statische, nicht-kontemplative Expositionsform handelt, kann bspw. so funktionalisiert werden, dass es in Partien eines Hörspiels infolge einer extremen Ballung von Inhaltsmomenten – ähnlich den Prinzipien des Überforderungskinos – zu einer informationskommunikativen Überforderung der Zuhörenden kommt. Analog ist auf Basis derselben Prämissen auch ein informationskommunikatives Langweilen derselben möglich.

Darüber hinaus kann – vergleichbar mit den Prinzipien der (Des-)Ambiguisierung durch den Stimmeinsatz – auch über eine geeignete Funktionalisierung der hörspieltechnischen Medienspezifika eine *(Des-)Ambiguisierung* bestimmter Passagen eines Primärtextes herbeigeführt werden. Wie allgemein bei der Verstimmlichung, so ist auch hinsichtlich der medienspezifischen Kommunikationspotenziale eine Vielzahl weitere Besonderheiten bei der komparatistischen Betrachtung eines Manuskripttexts in Bezug auf seine Hörspielumsetzung zu berücksichtigen.

Auch die übrigen Zeichensysteme des Hörspiels stellen Ansatzpunkte für komparatistische Investigationen dar. Der Einsatz und die Nutzung von *Hallraumakustik* zur szenischen Gliederung, Raumcharakterisierung, räumlichen Bewegung und stereophonischen Differenzierung zum Zweck von Figurendifferenzierung, Klangchoreographie und -arrangement, Schallraumgliederung, Dimensionskorrelation etc. sind hier ebenso zu nennen wie die Beigabe von *Geräuschen*, die extradiegetisch bestimmte syntaktische, signalhafte oder kommentative Funktionen übernehmen können und intradiegetisch bestimmte handlungsillustrierende, objektdenotative oder szenengestaltende Funktionen, die vom Prätext nur in sehr reduziertem Maße und in jedem Fall anderer Gestalt abgebildet werden können. Dasselbe gilt für die Beigabe von *Musik*, die syntaktisch funktionalisiert sein kann und dann einleitend, beendend, klammernd, überbrückend oder akzentuierend erscheint, oder semantisch funktionalisiert ist und dann illustrierend, atmosphärenbildend, kommentierend, kultur-raum-zeitlich verortend, stilisierend, antizipativ oder signalhaft ausgerichtet ist.

Das Gesagte lässt sich in folgende Systematik der wichtigsten Aspekte einer hörspielspezifischen Manuskriptumsetzung zusammenfassen:

1. Bearbeitung des Hörspiel-Manuskripts:
   a) Histoire-Aspekte wie *Kürzung/Ergänzung/Umformung*: Figuren, Handlung, Raumgestaltung, Zeitkonzeption, Chronologie, Komplexität, Ideologie, diegetische Realistik
   b) sprachliche/lexematische *Aktualisierungen*: bspw. »Mordsspaß« → »Bombenkick«
   – dabei: Unterscheidung von:
      i. rein *quantitative Bearbeitungen*: Kürzung/Erweiterung/Umformung ohne wesentliche Veränderung des Primärtextgehalts
      ii. *qualitative Bearbeitungen*: Kürzung/Erweiterung/Umformung, die den Primärtextgehalt verändert (bspw. Dialogisierung von Erzähltexten)

2. Verstimmlichung der Sprache:
   a) »Be-Stimmung« der Figuren (besonders auch von durch das Manuskript/Regieanweisungen von un-/unterbestimmter Aspekte): männlich, weiblich, kindlich; Alter; Stimm-/Sprechauffälligkeiten (Regiolekt, Klang, Höhe, Lautheit, Spannung, Lautung, Geschwindigkeit, Dynamik etc.), Rhythmisierung, Akzentuierung, Pausengliederung, Dehnung etc.
   b) auch Distanziertheit zum Gesprochenen: identifikatorisch-authentisches vs. metareflexiv-analytisches/distanziert-ausgestelltes/ironisches Sprechen
   c) suprasprachliche Spracherweiterung (stimmliche Ironiesignale etc.)
   d) etc.
3. Funktionalisierung medienspezifischer Kommunikationspotenziale (betrifft primär Discours-Aspekte und deren rezeptive Wirkung):
   a) *Simulierung* von Nachrichten-/Dokumentations-/(Live-)Reportage-/(Live-)Interview-/Werbe-Formaten etc.
      i. diese führen zu einer bestimmten Rezeptions-/Assoziations-/Erwartungs*haltung*
      ii. erzeugen eine bestimmte Rezeptions-/Assoziations-/Erwartungs*wirkung*
      iii. allgemein auch *Sinnlichkeitszunahme*: Plastizität, Eindrücklichkeit etc.
   b) Arbeit mit der *Präsentationsdynamik*: Hörspiel als nicht-statische/nicht-kontemplative Expositionsform (informationskommunikatives Langweilen vs. Überfordern)
   c) (sprachverkörpernde) *Vereindeutigung* von deutungspluralistischen Aspekten des Primärtextes bzw. (sprachverkörpernde) *Ambiguisierung* von eindeutigen Aspekten des Primärtextes
   d) etc.
4. Einsatz/Nutzung von Hallraumakustik:
   a) szenische Gliederung (Vorder-/Mittel-/Hintergrund)
   b) Raumcharakterisierung
   c) Raumbewegungen
   d) Stereophonie (Figurendifferenzierung; Klangchoreographie/-arrangement; Gliederung des Schallraums; Korrelation von Dimensionen etc.)
5. Beigabe von Geräuschen:
   a) *extradiegetisch*: syntaktisch, signalhaft, kommentativ
   b) *intradiegetisch*: handlungsillustrierend, objektdenotativ, szenengestaltend
6. Beigabe von Musik:
   a) *syntaktisch* funktionalisiert: einleitend/beendend/klammernd/überbrückend/akzentuierend

b) *semantisch* funktionalisiert: illustrierend/atmosphärenbildend/kommentierend/kultur-raum-zeitlich verortend/stilisierend/antizipativ/signalhaft

Siehe – ohne besondere Beachtung des Hörspiels – grundsätzlich zu Inter- und Transmedialität u.a. Rajewsky 2002 und speziell zum Aspekt des Fiktionalen Enderwitz/Rajewsky 2016.

Intra- sowie transmediale Analysen und Systematisierungen zum Hörspiel bot sehr früh Armin Paul Frank (1963 und 1981), der nicht nur Hörspiele verschiedener Sprachen berücksichtigt, sondern auch hörspielkomparatistische Vergleiche zu literarischer Erzählung, Bewusstseinsroman, Lyrik, Bühnenspiel und Film erarbeitet. Ebenso stellt Fischer 1964 dem Hörspiel die andern Medienformen von Schauspiel, Film sowie Fernsehspiel gegenüber und betrachtet dabei auch Hörspieladaptionen von Bühnenstücken und Erzählprosa. Schwitzke 1963, 189–193, betrachtet konkret die hörspielästhetische Blendenverwendung im Unterschied zum Film. Siehe auch Schmedes 2002, 244–247, zur Intermedialität und Medienspezifik des Hörspiels in Relation zum Film; siehe ähnlich auch Schwethelm 2010, 78–84. Siehe auch die Gegenüberstellung von Hörspiel und Theater, Literatur bzw. hörfunkimmanenter Kunst in Ladler 2001, 52–60. Vowinckel 1995, 23–37, betrachtet in ihrer Arbeit zum Collagehörspiel das Gestaltungsprinzip der Collage vor allem von historischer Warte aus im Vergleich zu seiner Verwendung in bildender Kunst, Fotografie, Musik, Literatur, Theater und Film.

Allgemein zu Materialität und Medienwechsel beim Hörspiel siehe Ladler 2001, 44–50. Zum hörspielspezifischen Medienwechsel »literarischer Text → Sprechtext → gesprochener Text« vgl. Baum 2004. Zu den hörspielkomparatistisch relevanten produktions- wie rezeptionsästhetischen Aspekten des Medienwechsels vom Buch zum Hörformat siehe Schwethelm 2010. Siehe auch Schenker 2022a zu transmedialen Aspekten serieller Hörspielproduktionen. Für Beispielanalysen siehe Böckelmann 2002, Huwiler 2005a und Hiebler 2022; vgl. auch Schnickmann 2007 mit Konzentration auf die Effekte der »Be-Stimmung« eines Manuskriptes. Siehe von der Osten 2022 mit Bezug auf die intermediale Stellung des Transkripts.

10. Hörspielanalytische Arbeitstechniken

10.1 Hörspielnotation

Die Hörspielnotation oder auch Hörspieltranskription ist ein Verfahren der konkreten analytischen Annäherung an ein Hörspiel. Es hat Ähnlichkeiten mit einem Einstellungsprotokoll in der Filmwissenschaft und dient der genauen Erfassung der hörspielästhetischen Merkmale in einer begrenzten Niederschrift mit dem Ziel, bestimmte strukturelle, erzählstrategische und dramaturgische Sachverhalte des Untersuchungsgegenstandes zu erfassen und einer anschließenden Interpretation statisch verfügbar zu machen. Zugleich ist es ein elementares Werkzeug für die unterschiedlichen hörspielkomparatistischen Untersuchungen, wie sie im vorausgehenden Kapitel besprochen wurden. Bei der Hörspieltranskription wird eine schriftliche Aufzeichnung bzw. Textversion eines konkreten Hörspiels angefertigt. Dabei registriert man in erster Linie die vollständigen Figurendialoge – und das in exakt der Art und Weise, wie sie gesprochen werden, also mit eventueller dialektaler Einfärbung, Elisionen, Pausen etc. Zusätzlich werden in aller Regel auch Geräuscheffekte und Musikeinspielungen mitnotiert. Ähnlich wie bei der musikalischen Notation werden bei der Hörspielnotation Symbole und Auszeichnungen verwendet, um die verschiedenen Äußerungen, Klänge und Geräusche sowie ihre Dauer und Hervorhebung darzustellen. Sie liefert damit eine Art »Partitur« des Hörspiels, in der die bedeutungstragenden Komponenten des Hörspiels in ihrer besonderen Korrelation verzeichnet sind, und eignet sich insofern auch als empirische Ausgangsbasis für eine kollaborative Interpretationsarbeit.

Ein wesentlicher Grund für die Transkription von Hörspielen besteht darin, dass Hörspiele wie generell Audiotexte gegenüber ihrer analytischen Erfassung das Problem aufweisen, dass sie sich wesentlich nur innerhalb der Zeit entfalten. Als Schallereignisse gehören sie in den Bereich der *Zeitkunst*, für die es charakteristisch ist, dass sie sich im konkreten Augenblick ihrer Darbietung und Entfaltung permanent und sukzessive transformiert und der direkten Wahrnehmung entzieht. Lediglich durch das menschliche Vermögen zur Erinnerung können ihre Verläufe als kohärentes Gebilde erfasst und verstanden werden. Zeitkunstwerke konstituieren sich also elementar prozessual, manifestieren sich immer nur im ephemeren Augenblick und verschwinden als epistemisches Phänomen auch prinzipiell vollständig, wenn sie pausiert werden. Dadurch entziehen sie sich aufgrund ihrer temporalen Flüchtigkeit einer vertieften kontemplativen Auseinandersetzung. Im Gegensatz zu einem Raumkunstwerk wie der Malerei oder auch einem schriftlich fixierten Text ist es nicht möglich, sich unmittelbar in die Betrachtung des vorliegenden Hörspieltextes und seiner verschiedenen Aspekte zu vertiefen. Das führt auch mit dazu, dass Zeitkunstwerke und speziell das Hörspiel eine relativ geringe konkrete Persistenz besitzen. Sie sind im Grunde sehr komplex und vielschichtig und können in der Folge als größere Zusammenhänge nur fragmentarisch und aspekthaft memoriert werden.

Um sie einer Analyse zugänglich zu machen, müssen Hörspiele also tendenziell aus einer zeitlich-akustischen in eine räumlich-grafische Medialität übersetzt und insbesondere durch Verschriftlichung, Segmentierung, Schematisierung und Visualisierung dem analytischen Zugriff geöffnet werden. Die Hörspielnotation verfolgt genau diesen Zweck, den zeitlichen flüchtigen Gehalt des Hörspiels räumlich zu fixieren und als statisches Analysemodell zu objektivieren. Das ungreifbare Schallereignis bekommt also eine grafisch-manifeste Form.

Dabei gilt es zu bedenken, dass – wie im Kapitel zur Hörspielkomparatistik bemerkt – jede Verschriftlichung die Medialität des in diesem Fall auditiven Ausgangstextes verändert und das Ergebnis, wie gesagt, *Modellcharakter* hat. Es ist eine Ableitung aus einem Primärtext, dessen medienspezifische Eigenheiten sich nie identisch in einem anderen Medium reproduzieren lassen. So werden etwa die spezifischen Wirkungen einer unmittelbaren Rezeption getilgt, Sprache von ihren stimmlichen Qualitäten abstrahiert und zusammen mit den Geräuschen paraphrasiert. Solche abstrahierten und in gewissem Sinne isolierten Hörspielsurrogate können nicht die Äußerung oder das Geräusch selbst mit ihrer Wirkung konservieren, sondern diese nur als Beschreibung in eine andere Medialität übersetzen, weshalb jede Transkription nur den Status einer sekundären Modellierung eines Primärtextes (Hörspiel) zum Zweck der wissenschaftlichen Auseinandersetzung hat. Aus eben diesem Grund haben Hörspiel-Transkripte in gewissem Umfang meist eine elementare (oft unbewusst) interpretative Tendenz, denn bestimmte Aspekte werden notiert, bestimmte andere Aspekte müssen unberücksichtigt bleiben bzw. gehen nicht in die Transkription ein, weil sie den Transkribierenden für die Analyse nicht relevant erscheinen. Dabei spielt auch der jeweilige Stand der wissenschaftlichen Grundlagenforschung eine Rolle, denn Aspekte eines Untersuchungsgegenstandes, die noch nicht zu einem expliziten Kriterium in der Forschung und damit »wissenschaftlich bewusst« geworden sind (etwa die Differenzierung zwischen Extra- und Intradiegese oder gendersensible Analysedimensionen), können auch nur bedingt zu einer Perspektive bei der Transkription und einem Bestandteil des Transkripts werden. Gleichzeitig werden die Aspekte, die notiert werden, in einer bestimmten Art notiert und dabei auf ganz bestimmte Weise beschrieben und in eine andere spezifische Struktur gebracht. Dadurch geraten bspw. simultane Schallereignisse des Hörspiels, wie etwa stimmliche Äußerungen und Geräusche als zwei getrennte Aspekte in den Blick, werden diskret und separat voneinander notiert und nur in ihrer Korrelation zueinander aufgeführt.

Entsprechend ist jede Transkription immer schon semiinterpretativ. Dennoch oder gerade deshalb muss jede Transkription an den Kriterien wissenschaftlicher Redlichkeit orientiert sein und die Prinzipien definitorischer Eindeutigkeit, systematischer Exaktheit sowie deskriptiver Genauigkeit befolgen. Das Ergebnis sollte im Rahmen der Möglichkeiten objektiv neutral ausfallen und idealerweise bei einer intersubjektiven Überprüfung keinerlei Beanstandung Vorschub leisten. Das heißt die Notation, die zu einem Hörspiel angefertigt wurde, sollte zumindest unter all jenen, die das Hörspiel unter demselben Gesichtspunkt betrachten, in gleicher Art und Weise verwendbar und akzeptabel sein.

Das Maximalschema eines Hörspiel-Transkripts

Insofern stellt sich die Frage, was überhaupt transkribiert wird. In einer nullfokalisierten Transkription, sprich: in einer Transkription, die ohne spezifische Fragestellung verfährt, muss im Grunde das gesamte Hörspiel in möglichst all seinen Aspekten verschriftlicht werden. Aufgrund eines im Prinzip immer gegebenen spezifischen Erkenntnisinteresses, das sich in der jeweils gewählten Fragestellung einer Untersuchung äußert, genügt für wissenschaftliche Arbeiten meist jedoch die Transkription einzelner Szenen, die dann auch hinsichtlich bestimmter relevanter Aspekte betrachtet und notiert werden. Insofern kann in diesen Fällen auch auf die Notation von für die Forschungsfrage nicht relevanten Aspekten verzichtet werden. Das bedeutet insgesamt, dass eine Transkription im besten Fall einen Ausgleich zwischen einer genauen Übertragung und einer größtmöglichen Lesbarkeit erreichen sollte. Es sind also möglichst alle Aspekte des Hörspiels so exakt wie möglich zu erfassen, gleichzeitig darf aber das dabei entstehende Transkript keine Gestalt annehmen, die es für eine intersubjektive Weiterverarbeitung unbrauchbar macht.

In ein Transkript theoretisch aufgenommen werden könnten all jene Gesichtspunkte, die in den Kapiteln 6 und 7 zu den Zeichensystemen und den narrativen Strukturen des Hörspiels vorgestellt wurden, doch würde das den Rahmen in jedem Fall sprengen und es ließe sich berechtigter Weise fragen, ob eine Transkription für diese Aspekte ein geeignetes Werkzeug ist oder ob diese nicht besser konzise und ausführlich in einem eigenen Abschnitt einer wissenschaftlichen Arbeit erfasst werden sollten. Detailbeschreibungen konsistenter Hörspielelemente wie bspw. die generelle Stimmqualität oder das narrative Konzept einer bestimmten Figur sind entsprechend bei einer Transkription in der Regel auszuklammern. Vielmehr sollten in erster Linie zeitlich-dynamische Strukturen – und das heißt im Wesentlichen: die *Schallereignisse* als solche in ihrer zeitlichen Parallelität bzw. Abfolge durch die Transkription erfasst werden. Hierzu treten zwei weitere Analysedimensionen, die bei der Transkription Berücksichtigung finden können, nämlich die *diegetische Verortung* sowie – falls ein Mehrkanalhörspiel untersucht wird, was heutzutage meist Standard ist – die jeweilige *Stereoposition* der verschiedenen Schallereignisse (links, Mitte, rechts). Bei entsprechend ausdifferenzierten Hörspielen kann darüber hinaus auch noch die *szenische Staffelung* (Hintergrund, Mittelgrund, Vordergrund) Beachtung finden. Daraus ergibt sich im Maximalfall ein mehrdimensionales Schema, das sich gleichwohl in einer zweidimensionalen Partiturform zu Papier bringen lässt (vgl. Abb. 9).

Abbildung 9

t / Zeit			
extradiegetisch	rechts	Hintergrund	
		Mittelgrund	
		Vordergrund	
	Mitte	Hintergrund	
		Mittelgrund	
		Vordergrund	
	links	Hintergrund	
		Mittelgrund	
		Vordergrund	
intradiegetisch	rechts	Hintergrund	
		Mittelgrund	
		Vordergrund	
	Mitte	Hintergrund	
		Mittelgrund	
		Vordergrund	
	links	Hintergrund	
		Mittelgrund	
		Vordergrund	

Dieses Maximalschema weist zunächst eine Unterteilung in extradiegetischen gegenüber intradiegetischen Schallereignissen auf; alle Hörspielbestandteile, die extradiegetisch zu verorten sind, müssen entsprechend im oberen Bereich notiert werden, die intradiegetischen im unteren. Im Fall einer ambidiegetischen Verwendung bspw. von Musik kann der entsprechende Musikverlauf, sofern das Hörspiel nicht eindeutig erkennbar macht, welchem diegetischen Bereich dieser zuzuordnen ist, parallel im extradiegetischen wie im intradiegetischen Notationsfeld aufgeführt werden, was eher die Ausnahme sein dürfte, und ansonsten bei einem nachweislichen definitiven Wechsel etwa von der Extra- in die Intradiegese dieser Übergang durch einen Wechsel des diegetischen Notationsfeldes repräsentiert werden (vgl. das Notationsbeispiel zu Moabit in Abb. 10).

Abbildung 10

t		08:18	08:25	08:39	08:44	08:45	08:47	08:52	08:53	08:54
Extradiegetisch	CH (innerer Monolog)	Greta hab ich beim Einschreiben an der Uni kennengelernt. Da laufen nicht so viele Frauen rum. Und dann haben wir uns	ausgerechnet im Chausseepalast wiedergetroffen. Da hat sie mir auch den neuen Namen gegeben. An dem Abend hatten wir zwei – Kavaliere kennengelernt, die haben uns eingeladen.				Und dann ist Greta zu den beiden Typen hin, hat denen gesagt, dass sie sich verziehen sollten.		Ihre Zeit sei abgelaufen.	
	M1 (halllose leise Swing-Tanzmusik: flaches, offenbar durch Passfilter beschnittenes Klangbild)	M1-------------------------- ----								
Intradiegetisch	M2 (identisch mit M1, aber lauter, ungefiltert, mit saalhafter Halligkeit)		M2------------------------------------	-----------	-------	---------------	------------------------	--------	----------------	---------
	G		Publikumsgeräusche und Gesprächsgemurmel							
	GR			Die losen um uns – wer mit welcher!		Ganz einfach. Pass mal auf!		So Jungs,	jetzt verzieht euch mal.	Abflug!
	CH				Und jetzt?					

Eine einfache Zweiteilung in Intra- und Extradiegese ist für die Notation ausreichend – selbst, wenn ein Hörspiel insgesamt über weitere diegetische Ebenen verfügt, werden innerhalb einer Szene in aller Regel nur jeweils zwei in dramaturgischer Korrelation präsentiert. Gibt es mehrere intradiegetische Unterebenen (Intradiegese erster, zweiter, dritter Stufe etc., was in der begrenzten Terminologie Genettes teils einer »metadiegetischen« Ebene entspricht), die selbst szenisch ausgestaltet sind und nicht nur als Inhalt von Figurenrede präsentiert werden, wird die diegetische Interrelation im selben Feld an den Szenengrenzen notiert, in dem auch die Szenennummer und die Konjunktionsart angegeben wird (siehe im Folgenden).

Innerhalb der diegetischen Ordnung ist eine Differenzierung nach der audiophonen Räumlichkeit in links, Mitte, rechts möglich, sofern das Hörspiel die Möglichkeiten der Mehrkanaltechnik nutzt und nicht in Monophonie gehalten ist. Schallereignisse, die exklusiv aus dem rechten Lautsprecher erklingen, also einer rechten Stereoposition zugewiesen sind, werden entsprechend im Feld »rechts« notiert, Schallereignisse mit linker Stereoposition im Feld »links« und binaural ausgegebene Schallereignisse im Feld »Mitte«.

Innerhalb der jeweiligen Stereopositionsfelder ist die Szenenstaffelung mit Vorder-, Mittel- und Hintergrund erfasst. Alles, was im szenischen Hintergrund stattfindet, also meist fern vom Aufnahmemikrofon erklingt, akustisch oft diffuser, undeutlicher und mit einer großen »Raumhallglocke« beladen ist, wird im Feld »Hintergrund« notiert; was im szenischen Mittelgrund stattfindet, im Feld »Mittelgrund«; und was unmittelbar in Mikrofonnähe hörbar gemacht wird, im Feld »Vordergrund«. Figurenbewegungen innerhalb der szenischen Staffelung werden genauso wie solche innerhalb der Stereopositionsfelder durch Verlagerung der Figurenaussagen auf den Zeilen registriert (vgl. das Notationsbeispiel zu JERUSALEM. DESAFINADO in Abb. 11).

Insgesamt wird also bspw. eine intradiegetische, über den linken Lautsprecherkanal ausgegebene und im szenischen Mittelgrund situierte Figurenäußerung im unteren Bereich »intradiegetisch« notiert und zwar in dem Feld »Mittelgrund«, das im Feld »links« liegt.

Das Maximalschema ist ein universelles Muster, das sich grundsätzlich auf jedes Einzelhörspiel anwenden lässt, wobei es entsprechend adaptiert und das heißt zumeist: reduziert werden sollte. Denn in aller Regel wird das Maximalschema bei der Notation nicht mit all seinen Notationsfeldern notwendig sein, sondern ist in Rückbindung an die jeweilige Gestaltung des zu transkribierenden Hörspiels auf dessen Besonderheiten und analysepraktische Erfordernisse anzupassen. Dabei gilt, dass alle Bereiche, die im Hörspiel keine Entsprechung haben, auch im adaptierten Notationsschema nicht repräsentiert werden müssen. Leitend sind somit die Prinzipien von Ökonomie und Übersichtlichkeit.

Abbildung 11

t			14:01	14:07	14:10	14:11	14:12
R	Mittelgrund	G		Telefonklingeln (2x)		Telefon-Abhebegeräusch	
		MO					Ja, ja, hm-hm.
	Vordergrund	MO		Willkommen daheim, Kinder!			
M	Vordergrund	MI	Willkommen in Jerusalem, Kinder!	Wenn auch aus traurigem Anlass.	Ich hoffe, ihr bleibt ein bisschen länger, dann kannst du mir helfen, Omas Wohnung aufzuräumen.		
L	Vordergrund	NA					
	Hintergrund	G	Straßenlärm---				

t			14:14		14:17	14:18
R	Mittelgrund	G				
		MO	Hm.	Ja.		
	Vordergrund	MO				
M	Vordergrund	MI	Ich möchte nämlich nicht gern alleine in ihren Sachen herumschnüffeln.			Er weigert sich.
L	Vordergrund	NA			Aber Papa kann doch auch …	
	Hintergrund	G	Straßenlärm---			

t			14:19	14:23
R	Mittelgrund	G		
		MO	Ah, was wirklich?	Schatz, sie können deine Mutter heute nicht begraben!
	Vordergrund	MO		
M	Vordergrund	MI	Er möchte nicht in Damenunterwäsche herumkramen, behauptet er. Aber was der wahre Grund...	
L	Vordergrund	NA		
	Hintergrund	G		

Wird bspw. auf der extradiegetischen Ebene im Hörspiel durchweg auf eine Differenzierung in Stereopositionen verzichtet, was häufig im Falle von Narrator-Hörspielen mit Ich- oder Er-Erzählinstanz so ist, darf – nicht nur zugunsten der Ökonomie des Schemas, sondern auch, um dasselbe so übersichtlich wie möglich zu halten – von einer entsprechenden Aufgliederung dieses »extradiegetischen« Notationsfeldes in »links«, »Mitte«, »rechts« abgesehen werden. Das gleiche gilt, natürlich hinsichtlich der Szenenstaffelung, wobei ebenfalls besonders bei Narrator-Hörspielen auf extradiegetischer Ebene in aller Regel keinerlei Differenzierung in Vorder-, Mittel- und Hintergrund vorgenommen wird, da die Stimme der Erzählfigur üblicherweise im sogenannten »halllosen Raum«, sprich: frei von hallräumlichen und raumakustischen Implikationen gehalten wird, vor allem um sie für die Zuhörenden in Funktion und diegetischer Verortung von den Figurenstimmen unmissverständlich zu separieren.

Innerhalb der Notationsfelder bekommt jedes Schallereignis eine eigene Linie. Dafür muss in einem ersten Schritt das Hörspiel dahingehend durchgegangen werden, welche (individuellen) Stimmen bzw. Figuren(instanzen) es gibt. Tritt in einem Hörspiel bspw. eine Figur sowohl als alte Person auf als auch als junge Person, ist es in aller Regel nötig, diese beiden Figureninstanzen, die meist auch stimmlich unterschieden sind, in je eigenen Linien zu notieren. Andernfalls könnte diese vom Hörspiel getroffene, narrativ bedeutsame Unterscheidung unklar werden; zudem äußern sich in entsprechenden Hörspielen (wie etwa am Hörspiel DER GEWISSENLOSE MÖRDER HASSE KARLSSON gesehen) oftmals beide Figureninstanzen stellenweise simultan und dieses »Überlappen« der Äußerungen könnte dann im Transkript nicht adäquat repräsentiert werden. Für Musik, Geräusche und Stille genügt in aller Regel je eine einzige Linie, da selbst, wenn bspw. zwei verschiedene Melodien ineinander geführt werden, dies im Transkript durch einfache parallel verzeichnete Linien wiedergegeben wird, weil hier keine Worte notiert werden müssen. Soll jedoch in einer Analyse das konkrete Zusammenspiel von Musik und Sprache differenziert betrachtet werden, etwa mit Beachtung des Melodie- oder Dynamikverlaufs der Musik simultan zu den Sprechinhalten, ist dafür eine Integration einer musikalischen Notation in das Transkript sinnvoll (vgl. das Notationsbeispiel zu SCHWERE SEE in Abb. 12).

Abbildung 12

t			09:44	09:46		09:49	09:54	09:55	09:56
R	Vordergrund	GR	Was kann ich für Sie tun?			Ah, ja, dann sind Sie Frau Humbold von der deutschen Bundespolizei. Schön, dass Sie so schnell kommen konnten.			
M	Hintergrund	HU		Ich soll hier					
	Mittelgrund	HU			Herrn Groenewoud treffen.				
		G					Knacken eines Stuhls		
		GR							Groenewoud. Ich bin der
	Hintergrund	M							

t			09:58	10:02
R	Vordergrund	GR	Sonderbevollmächtigte der EU-Kommissarin für Außenangelegenheiten.	Sie können sich denken, worum es geht?
M	Hintergrund	M	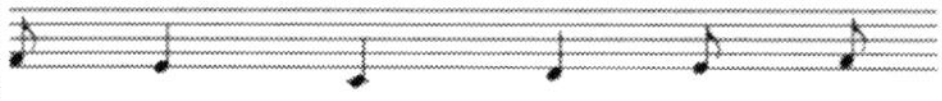	

t			10:04	10:06
R	Vordergrund	GR		Ein gechartertes Boot, Luxusklasse, nur Deutsche an Bord.
M	Mittelgrund	HU	Sie meinen dieses Kreuzfahrtschiff, das gekapert wurde.	
	Hintergrund	M		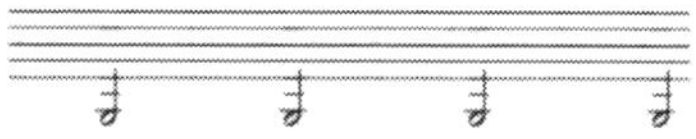

Grunddatennotation

An den Anfang jedes Hörspiel-Transkripts ist idealerweise eine Grunddatennotation zu setzen, in der die wesentlichen Aspekte des Hörspiels und seiner Entstehung sowie transkriptionsbezogene Angaben gemacht werden. Diese Grunddatennotation erfolgt zum Großteil, bevor das eigentliche Hörspiel einer Transkription unterzogen wird, und gibt Auskunft über folgende Daten des betrachteten Hörspiels:

- Titel
- Autor/Autorin
- Regisseur/Regisseurin

- Stimmen/Figuren und ihre Sprecher/Sprecherinnen
- Komponist/Komponistin
- Toningenieur/Toningenieurin, Tontechniker/Tontechnikerin
- Produktion (Rundfunkanstalt/Studio und Jahr)
- Datum der Ursendung
- Dauer der Sendung
- Modus: Stereophonie, Monophonie, Quadrophonie, Kunstkopf
- Aufnahme- und Wiedergabetechnik (Typ der Geräte)
- Zahl der Transkriptionsdurchläufe (und Transkribierenden)
- Programmumfeld der Erstsendung (vorausgehende und nachfolgende Sendung/Beiträge)
- Genre (z.B. Hörspieladaption, O-Ton-Hörspiel, Krimi, Serie, Akustische Kunst, Feature etc.)
- Kurzinformation zum Inhalt

Die Angaben von Titel bis Modus sind obligatorisch, da sie wesentliche Aspekte des Hörspiels betreffen und – wie speziell die Bestimmung der Auralität des Hörspiels – Informationen liefern, die für die Struktur des Transkriptes wesentlich sind. Dasselbe gilt weitgehend für die Angabe der Transkriptionsdurchläufe, denn anhand von deren Zahl kann ein späterer Nutzer des Transkripts ersehen, wie geprüft und gesichert die Notationen sind. Ähnliches gilt bezüglich der Anzahl der an der Transkription Beteiligten – mitunter, wenn auf eine digitale Transkriptionssoftware zurückgegriffen wurde, kann auch diese hier genannt werden. Die Angaben zu Programmumfeld, Genre und Inhalt dagegen sind eher optional, zumal sie teils auch in gewissem Umfang variabel bzw. diskutierbar sind und gerade im Zusammenhang einer wissenschaftlichen Arbeit meist eine eingehendere separate Betrachtung erfahren.

Notation und Transkription

Die Notation, sprich: die inhaltliche, akustisch-deskriptive (und relativ-extensionale) Verschriftlichung der Zeichensystem-Kommunikate, erfolgt nach der sogenannten *Partiturschreibweise*, bei der jeder individuellen Schallquelle eine eigene Zeile zugewiesen wird. Besitzt eine Stimme bzw. Schallquelle beim Ausgeben des Transkripts in gedruckter Form in einer Partiturzeile keinen Sprechtext, kann sie in dieser Zeile gelöscht werden, um leeren Raum einzusparen. Das ist jedoch nur sinnvoll, wenn beim Ausdruck eines Transkripts Zeilenumbrüche verwendet werden, also nicht auf einen kontinuierlichen Ausdruck auf »Endlospapier« zurückgegriffen wird.

Um hierbei alles so prägnant und zugleich so klar wie möglich zu halten, empfiehlt es sich, die verschiedenen Linien der jeweiligen Schallquellen mit Kürzeln zu versehen. Üblich ist für Musik »M«, für Geräusch »G«, für Stille »S« und für die Figuren »F1«, »F2« etc., wobei in einer Legende direkt nach der Grunddatennotation zu Beginn des Transkripts die Bedeutung der Kürzel angegeben wird. Für die erste Szene von Ernst Jandls und Friederike Mayröckers FÜNF MANN MENSCHEN hätte eine solche Legende bspw. folgendes Aussehen:

F1: Sprecher
F2: Vater 1
F3: Vater 2
F4: Vater 3
F5: Vater 4
F6: Vater 5
C1: Chor der Säuglinge
C2: Chor der Krankenschwestern

Nach individueller Entscheidung können in der Legende die verschiedenen Kürzel auch entsprechend der Reihenfolge des Auftretens der entsprechenden Schallquellen im Stück aufgeführt werden; üblicher ist jedoch eine systematische Gruppierung nach der Art der Schallquellen, wie im Beispiel oben.

Daraus ergibt sich ein dreigliedriges Vorgehen bei der Anfertigung von Hörspiel-Transkripten mit 1) der Bestimmung der im zu transkribierenden Hörspiel(abschnitt) vorkommenden Schallquellen, 2) der hierarchischen Systematisierung und 3) der eigentlichen Notationsarbeit.

Die *Ermittlung*, Symbolisierung und legendarische Verzeichnung der verwendeten Zeichensystemkomponenten von Stimme(n), Geräusch(en), Musik(en) und Stille stellt den ersten Schritt der Hörspieltranskription dar.

Daraufhin werden die so bestimmten Kürzel gemäß ihrer (diegetischen, stereo- und szenenpositionellen) Verwendung bzw. *hierarchischen Systematik* im Hörspiel vertikal auf Linien im Transkriptionsschema verteilt. In die horizontale Erstreckung der Linien werden im Folgenden die eigentlichen Notationen eingearbeitet, wobei ganz zuoberst in einer adäquaten Skalierung die Zeit eingetragen wird. 5-Sekunden-Schritte sind meist eine angemessene Abschnittbemessung. Diese Skalierung passt man aber am besten den jeweiligen Erfordernissen an, das heißt: Kommt es in einer Passage des Hörspiels zu wenigen Schallereignissen, sodass bspw. über 30 Sekunden lediglich eine Musik ertönt, kann man für solche Passagen eine grobschrittige Einteilung wählen, das entsprechende Zeitfenster im Transkriptionsschema klein halten und die Musik einfach mit »M« in ihrer konkreten Ausdehnung verzeichnen. Erfolgen dagegen zahlreiche rasche Wortwechsel binnen weniger Sekunden, ist die Einteilung sinnvollerweise wesentlich feiner zu halten und kann im Extremfall sogar Sekundenbruchteile betragen, was überhaupt auch notwendig ist, um die Sprechanteile in ihrer zeitlichen Abstimmung aufeinander lesbar verzeichnen zu können. Der Transkriptionstext läuft von links nach rechts; durch die Linienaufteilung der Schallquellen mit ihren jeweiligen Schallereignissen in der Partiturschreibweise können die zeitlichen Verhältnisse und semantischen Relationen der Sprechanteile untereinander sowie in Bezug auf Musik, Stille und Geräusche verschriftlicht werden.

Die eigentliche *Notationsarbeit* verläuft üblicherweise in drei Etappen, wobei mit der *Szenengliederung* begonnen wird. Dafür wird das gesamte Hörspiel einmal durchgehört, die einzelnen Szenen voneinander abgegrenzt und die entsprechenden Zeiten notiert – das kann im Zusammenhang mit der progressiven Szenenanalyse erfolgen, wie sie in Kapitel 7.4 besprochen wurde. Bei der Herstellung der Szenengliederung wird also der Gesamtverlauf eines Hörspiels in die Einzelszenen unterteilt, aus denen es sich zusammensetzt. Eine Szene ist innerhalb einer chronologischen Erzählung eine 1:1-Wiedergabe eines Geschehens, d.h., trotz möglicher Montage oder Mischung kommt es in den Szenen nicht zum Überspringen eines Zeitmoments (vgl. in Kap. 6.6 den Abschnitt zu den Montageformen). Ist das Hörspiel nicht narrativ, lassen sich meist andere (paradigmatische/argumentationslogische/strukturelle etc.) Einteilungsprinzipien erkennen, die dann für die Gliederung herangezogen werden. Ziel ist es, einen ersten inhaltlichen Überblick über den Hörspielinhalt und dessen Strukturierung zu gewinnen und das abschnittsweise Vorgehen der Transkription vorzubereiten. Im Zusammenhang einer wissenschaftlichen Arbeit kann eine nummerierte Szenengliederung zusammen mit einer Szeneninhaltsangabe auch als eigenständiger Abschnitt ausgearbeitet und in den Anhang gestellt werden, sodass im Haupttext der schriftlichen Arbeit dann präzise auf die einzelnen Szenen verwiesen werden kann.

Hierauf folgt die *Einzelszenen-Analyse*, bei der jede einzelne Szene hinsichtlich der in ihr auftauchenden und entsprechend zu notierenden Schallquellen betrachtet wird. Entsprechend des Notationsschemas werden diese in ihren Realisationsformen Stimme(n), Geräusch(e), Musik(en), Stille aufgelistet und in das hierarchische Schema übernommen.

Schließlich erfolgt die konkrete *Einzelszenen-Transkription*. Hierbei können bei der Notation von Sprechinhalten zusätzliche Auszeichnungsmöglichkeiten der Textformatierung genutzt werden, um das Transkript mit weiteren Informationen anzureichern. Da keine definitiven Auszeichnungskonventionen bestehen, ist es in jedem Fall sinnvoll, zu Beginn des Transkripts eine Legende anzufügen, in der die Bedeutung der jeweiligen Auszeichnung noch einmal expliziert wird. So wird Fettdruck betreffender Partien von Figurenäußerungen konventionell dazu genutzt, besondere Akzentuierungen vor allem durch die Intensivierung des Sprechdrucks oder der Lautstärke zu verzeichnen, die bei der Artikulation dieser Äußerungen gemacht werden. Ebenso können Kursivierungen genutzt werden, etwa um zitierte Passagen zu markieren, wenn bspw. eine Figur einen Brief vorliest; oder um Gedankenrede kenntlich zu machen; oder um Variationen der Sprechweise vom eigentlich

Gesagten zu unterscheiden etc. – hier gibt es keine so große Verbindlichkeit wie bei Fettierungen, umso mehr ist auf eine konsequente Verwendung zu achten. Hinweise zu variierenden Sprechweisen (lachend, murmelnd, flüsternd, schreiend etc.) können ebenso durch Klammerangaben im Transkript explizit gemacht werden wie offenbare elektroakustische Manipulationen eines »trockenen« Normalgeräusches (verzerrt, Telefonklang etc.). Unartikulierte Äußerungen (Räuspern, Seufzen, Schluchzen, Schreien etc.) werden dagegen in eckiger Klammerung und unter Ausweisung der Dauer durch eine Strichfolge in Bezug zur Zeitskalierung verzeichnet (z.B. »[Lachen ----]«). Redepausen werden im Transkript durch drei Punkte angegeben (»...«); Aposiopesen dagegen durch Parenthese-Striche (»–«). Die Transkription der sprachlichen Figurenäußerungen orientiert sich streng an der tatsächlichen Lautung (Artikulation/Aussprache) durch die Sprechenden, wie bspw. »Das hab ich nich kommn sehn.« statt »Das habe ich nicht kommen sehen.«, um spezifische semantische Gehalte dieser Sprachebene zu erhalten. Bei der eigentlichen Notationsarbeit ist es sinnvoll, zunächst die Sprechinhalte und weiteren Schallereignisse in ihre jeweilige Linie einzutragen, dann die besondere Verteilung dieser Sprechinhalte und Schallereignisse gemäß ihrer jeweiligen Verteilung und Relation im Hörspiel herzustellen, um dann abschließend die Zeitangaben zu notieren.

Alle Geräusche, alle Stille-Partien sowie alle Musikbestandteile werden auf einer eigenen Spur verzeichnet, wobei mit den Kürzeln »G«, »S« und »M« die jeweilige Linie benannt wird und – außer bei Stille – in der Linie jeweils in eckigen Klammern genauere Angaben gemacht werden, wie bspw. »Tellerklappern« oder »Leitmotiv 2«, sowie durch eine Strichfolge innerhalb der eckigen Klammern (z.B. »[Tellerklappern ------]«) die exakte Dauer der betreffenden Geräusch-, Stille- oder Musik-Partie in Bezug zur Zeitskalierung verzeichnet wird.

Schließlich wird die konjunktive Szenenverknüpfung durch Schnitt und harte Montage bzw. eine Blendenform innerhalb eines (vertikal über die Linien des Schemas laufenden) Feldes verzeichnet. Innerhalb dieses Feldes kann sinnvollerweise auch die Nummer der jeweiligen Szene notiert werden. Da es häufig vorkommt, dass – besonders bei Erinnerungsblenden – die Musik als akustische Brücke genutzt und so von einer in die andere Szene fortgesetzt wird, während die übrigen Schallereignisse der angrenzenden Szenen durchgeblendet werden, wird in solchen Fällen die betreffende Spur nicht durch das betreffende Feld unterbrochen verzeichnet. Die genaue Konjunktionsform (Ab-, Aus-, Auf-, Einblende etc.) wird im betreffenden Feld üblicherweise ungekürzt benannt, um Missverständnisse zu vermeiden.

Ein gemäß den gegebenen Hinweisen angefertigtes Hörspiel-Transkript ist in vielerlei Hinsicht ein effektives Werkzeug bei der ersten Annäherung und weitergehenden Analyse eines konkreten Hörspiels. Darüber hinaus kann ein Hörspiel-Transkript speziell auch als Ausgangsbasis für eine komparatistische Untersuchung des produzierten Stücks etwa im Vergleich mit dem ursprünglichen (ev. als Textband publizierten) Hörspielmanuskript genutzt werden.

Siehe grundlegend zur Notation des Sprechausdrucks u.a. Winkler 1979 und speziell zur Transkription der artikulatorischen Aspekte für die Zitation in wissenschaftlichen Arbeiten Deppermann 2001 und Kruse 2015. Allgemeine Reflexionen über die Schwierigkeiten der Rezeption von Hörformaten und Ansätze für deren wissenschaftliche Erfassung zum Zweck einer analytischen Auseinandersetzung bietet auch Åberg 2001; darin finden sich auch mehrere Vorschläge für die Strukturierung und grafische Modellierung komplexerer, aus Sprache, Musik und Jingles bestehender Radiophänomene. Einen ersten Entwurf zu einem Transkriptionssystems für radiophone Hörfunksendungen hat Frank Schätzlein schon 1998 angestellt, wobei er sich im Wesentlichen auf die Einführung von Zeichen zur Symbolisierung von verbaler und nonverbaler Kommunikation sowie von medialen Kommunikationsphänomenen (Panoramaposition, Montage, Dynamik, Stille/Pausen, Tempo etc.) konzentrierte; der früher über das Internet abrufbare Text steht mittlerweile nicht mehr zur Verfügung. Schmedes 2002, 116–122 und 282–317, diskutiert unter Einbezug von filmanalytischer Literatur die Bedingungen, Vorteile und Grenzen von Hörspielprotokoll und -renotation, entwirft ein eigenes Siglensystem und liefert beispielhafte Mustertranskripte. Siehe auch Steckel 2001 für ein Beispiel einer Mindscape-Partitur.

10.2 Zitieren aus Hörspielen

Aus Hörspielen kann genauso wie aus gewöhnlichen (schriftlichen) Texten zitiert werden. Mitunter liegen zusätzlich zu den akustischen »Texten« der über den Hörfunk verbreiteten Hörspiele auch die entsprechenden Manuskripte in gedruckter Form vor. In einem solchen Fall ist es sinnvoll, bei der Zitation in der eigenen Arbeit auch auf die jeweiligen Seiten in der Druckpublikation zu verweisen, die im Medienverzeichnis der Arbeit zu bibliografieren ist. Das kann jedoch nicht die Transkriptionsarbeit bei der Anführung expliziter Zitate aus dem Hörspiel ersetzen, da oft wesentliche Unterschiede zwischen Hörspielmanuskript und Hörspielrealisation bestehen. Nur durch eine strenge Orientierung am konkreten Wortlaut des Hörspiels lässt sich dessen semantischer Gehalt korrekt erfassen. Sollte keine Druckfassung zu Verfügung stehen, sind zwei Schritte notwendig: Audiografieren und audiografiebasiertes Zitieren.

Beim *Audiografieren* werden im Medienverzeichnis im Anhang der Arbeit unter einem eigenen Abschnitt mit der Bezeichnung »Hörspiele« oder – sofern auch andere akustische Formate wie Radiointerviews, Features etc. aufgeführt werden – »Audiotexte« bzw. »Audioverzeichnis« alle Hörspiele bzw. Audiotexte aufgelistet. Jede Audioquelle wird mit einer eigenen alphanumerischen Sigle versehen und nach folgendem Prinzip audiografiert:

> Sigle
> Titel (Produktion Erstsendetermin; A: Autor, R: Regie).
>
> H 01
> Fluglinien (SDR/WDR 1968; A: Michel Butor, R: Heinz von Cramer).

Falls es sich um eine aus dem Internet abgerufene Audiodatei handelt, können auch die URL und das Abrufdatum verzeichnet werden:

> Sigle
> Titel (Produktion Erstsendetermin; A: Autor, R: Regie). URL (Abrufdatum).
>
> H 02
> Die Bayerische Prinzessin. Eine Cantastoria (BR 2017, A/R: Dominic Robertson). https://www.br.de/mediathek/podcast/hoerspiel-pool/dominic-robertson-die-bayerische-prinzessin-eine-cantastoria/30782 (08.01.2019).

Bei Radiointerviews wird folgendes audiographisches Format verwendet:

> Sigle
> Nachname der/des Interviewten, Vorname der/des Interviewten: Bezeichnung des Interviews. Interviewende(r). In: Radiosendung, Sender, Erstsendetermin. URL (Abrufdatum).
>
> H 03
> Robertson, Dominic: Die Bayerische Prinzessin. Eine Cantastoria zwischen Krankheit, Kunst und Königshaus. Gespräch mit Christine Grimm. In: Hörspiel und Medienkunst, BR 2, 03.03.2017. https://www.br.de/radio/bayern2/sendungen/hoerspiel-und-medienkunst/gespraech-robertson-bayerische-prinzessin-hoerspiel100.html (08.01.19).

Die *Zitate* aus dem Hörspiel können im Folgenden als sprachliche bzw. versprachlichte Transkriptionen in Anführungszeichen direkt in den eigenen Text eingebettet werden. Dabei werden die Zeitpunkte (Beginn und Ende) innerhalb des Hörspiels angegeben, aus denen das Zitat entnommen wurde, und zwar in der Form »hh:mm:ss-hh:mm:ss« – sofern das Hörspiel insgesamt nur eine Länge unter einer Stunde besitzt genügt auch die Angabe in »mm:ss-mm:ss«.

Das generell in der Arbeit verwendete Zitationsprinzip bildet das Muster, an dem auch das Prinzip der Zitation aus Hörspielen auszurichten ist: Wird mit Fußnoten gearbeitet, um Quellen zu belegen, sollten auch die Hörspielquellenangaben am Besten in Fußnoten erfolgen; wird dagegen mit Quellenangaben im Fließtext gearbeitet, sollten auch die Hörspielquellenangaben am Besten in den Fließtext gestellt werden. Nach den üblichen Zitationsprinzipien wird entsprechend unmittelbar hinter der zitierten Hörspielpassage ein Fußnotenzeichen bzw. (in Klammern) die Quellenangabe eingefügt und in der Fußnote bzw. in den Klammern die Quelle und die Zeit nach folgendem Prinzip angegeben:

Fließtextintegriertes Zitieren:

»Zitat« (Sigle, hh:mm:ss-hh:mm:ss)

In Wondratscheks Hörspiel heißt es, »Paul stellt sich unter dem Wort ›Autobahn‹ das Wort ›Politik‹ vor« (H 04, 03:42-03:46).

Fußnotenbasiertes Zitieren:

»Zitat« Fußnotenzeichen

Fußnotenzeichen Sigle, hh:mm:ss-hh:mm:ss.

In Wondratscheks Hörspiel heißt es, »Paul stellt sich unter dem Wort ›Autobahn‹ das Wort ›Politik‹ vor«1.

---

1 H 04, 03:42-03:46.

Sofern in einer wissenschaftlichen Arbeit nur ein einziges Hörspiel thematisiert wird und/oder der Bezug auf das jeweilige Hörspiel durch den Kontext klar ersichtlich ist, kann – unabhängig von der sonst verfolgten (fußnotenbasierten/fließtextintegrierten) Zitationsweise – die Zeitangabe (ohne explizite Quellenangabe) auch direkt hinter dem Zitat innerhalb des Haupttextes in Klammern erfolgen:

»Zitat« (hh:mm:ss-hh:mm:ss)

In Wondratscheks Hörspiel heißt es auch, »Paul stellt sich unter dem Wort ›Autobahn‹ das Wort ›Politik‹ vor« (03:42-03:46).

Diese Kurzzitierweise ermöglicht es, den Fußnotenapparat klein zu halten, ohne dies mit einem Verlust an Genauigkeit erkaufen zu müssen, denn durch die Sigle kann das Hörspiel im Anhang der Arbeit eindeutig identifiziert werden.

11. Literatur- und Medienverzeichnis

11.1 Literaturverzeichnis

Åberg, Catin: Radio analysis? Sure! But how? In: Andreas Stuhlmann (Hg.): Radio-Kultur und Hör-Kunst. Zwischen Avantgarde und Popularkultur 1923–2001. Würzburg: Königshausen & Neumann 2001, S. 83–104.

Achinger, Christine/Brunow, Dagmar/Jentz, Janina/Mühlhäuser, Regina: Engendering airwaves. Zur Konstruktion von Geschlecht im Radio. In: Andreas Stuhlmann (Hg.): Radio-Kultur und Hör-Kunst. Zwischen Avantgarde und Popularkultur 1923–2001. Würzburg: Königshausen & Neumann 2001, S. 24–37.

Agamben, Giorgio: Was ist ein Dispositiv? Aus dem Italienischen von Andreas Hiepko. Zürich/Berlin: diaphanes 2008.

Ahern, Steve (Hg.): Making Radio. A Practical Guide to Working in Radio. North Ryde: Australian Film Television and Radio School 2000.

Apel, Heiner/Bose, Ines/Schwenke, Anna: Zum Beitrag von Informationsstruktur und Prosodie für die Hörverständlichkeit von Radionachrichten. In: Laurent Gautier, Pierre-Yves Modicom, Hélène Vinckel-Roisin (Hg.): Diskursive Verfestigungen. Schnittstellen zwischen Morphosyntax, Phraseologie und Pragmatik im Deutschen und im Sprachvergleich. Berlin/Boston: De Gruyter 2018, S. 279–291.

Arnheim, Rudolf: Film als Kunst. Mit einem Vorwort zur Neuausgabe. München: Hanser 1974.

Balázs, Béla: Der Film. Werden und Wesen einer neuen Kunst. 5. Aufl. Wien: Globus 1976.

Bartusch, Werner: Die Kunst der Blende im Hörspiel. In: Rundfunk und Fernsehen, 9/4, 1961, S. 382–395; 10/1, 1962, S. 18–29; 10/2, 1962, S. 122–136.

Baum, Michael: Die furchtsame Stimme. Zur Hörbuch-Bearbeitung von Klaus Manns Erzählung »Speed« (1940). In: Der Deutschunterricht. Beiträge zu seiner Praxis und wissenschaftlichen Grundlegung, 2004, 4, S. 39–49.

Becker, Ruth/Kortendiek, Beate (Hg.): Handbuch Frauen- und Geschlechterforschung. Theorie, Methoden, Empirie. 3., erweiterte und durchgesehene Auflage. Wiesbaden: VS/Springer 2010.

Bittel, Bertram/Fiedler, Ingo: Konzept und Realisierung der Analog-Digitalen Senderegien beim Südwestfunk. In: Joachim-Felix Leonhard, Hans-Werner Ludwig, Dietrich Schwarze, Erich Straßner (Hg.): Medienwissenschaft. Ein Handbuch zur Entwicklung der Medien und Kommunikationsformen. 3. Bd. Berlin/New York: De Gruyter 2002, S. 1882–1891.

Böckelmann, Angelika: Hörspiele für Kinder. Kinderliteratur als Vorlage für Hörspiele – Otfried Preußler als Autor – Bewertungskriterien. Oberhausen: Athena 2002.

Bolik, Sibylle: Das Hörspiel in der DDR. Themen und Tendenzen. Frankfurt a.M.: Lang 1994.

Bordwell, David/Thompson, Kristin: Film Art. An Introduction. 8. Aufl. New York: McGraw-Hill 2008.

Braun, Christina von/Stephan, Inge (Hg.): Gender Studien. Eine Einführung. 2. Auflage. Stuttgart/Weimar: Metzler 2006.

Braun, Christina von/Stephan, Inge (Hg.): Gender@Wissen. Ein Handbuch der Gender-Theorien. 3. überarbeitete und erweiterte Aufl. Köln/Weimar/Wien: Böhlau 2013.

Brecht, Bertolt (1992a): Vorschläge für den Intendanten des Rundfunks. In: Werke. Große kommentierte Berliner und Frankfurter Ausgabe. Hg. v. Werner Hecht, Jan Knopf, Werner Mittenzwei, Klaus-Detlef Müller. Berlin/Weimar/Frankfurt a.M.: Aufbau/Suhrkamp 1992. Bd. 21, S. 215–217.

Brecht, Bertolt (1992b): Radio – eine vorsintflutliche Erfindung? In: Werke. Große kommentierte Berliner und Frankfurter Ausgabe. Hg. v. Werner Hecht, Jan Knopf, Werner Mittenzwei, Klaus-Detlef Müller. Berlin/Weimar/Frankfurt a.M.: Aufbau/Suhrkamp 1992. Bd. 21, S. 217–218.

Brecht, Bertolt (1992c): Der Rundfunk als Kommunikationsappparat. Rede über die Funktion des Rundfunks. In: Werke. Große kommentierte Berliner und Frankfurter Ausgabe. Hg. v. Werner Hecht, Jan Knopf, Werner Mittenzwei, Klaus-Detlef Müller. Berlin/Weimar/Frankfurt a.M.: Aufbau/Suhrkamp 1992. Bd. 21, S. 552–557.

Bredella, Nathalie/ Dähne, Chris (Hg.): Infrastrukturen des Urbanen. Soundscapes, Landscapes, Netscapes. Bielefeld: transcript 2013.

Bühren, Georg: Stimmen in der Landschaft. Neue Formen des regionalen Hörspiels. In: Martina Wagner-Egelhaaf (Hg): Region – Literatur – Kultur. Regionalliteraturforschung heute. Bielefeld: Aisthesis 2001, S. 215–228.

Chion, Michel: La Musique Électroacoustique. Paris: PUF 1982.

Crook, Tim: Radio Drama. Theory and Practice. London/New York: Routledge 1999.

Davé, Shilpa S.: Apu's Brown Voice. Cultural Inflection and South Asian Accents. In: Shilpa Davé, LeiLani Nishime, Tasha G. Oren (Hg.): East Main Street. Asian American Popular. Foreword by Robert G. Lee. New York/London: University Press 2005, S. 313–336.

Davé, Shilpa S.: Indian Accents. Brown Voice and Racial Performance in American Television and Film. Illinois: University Press 2013.

Deppermann, Arnulf: Gespräche analysieren. Eine Einführung. 2. Aufl. Opladen: Leske & Budrich 2001.

Döhl, Reinhard: Nichtliterarische Bedingungen des Hörspiels. In: Wirkendes Wort. Deutsche Sprache in Forschung und Lehre, 32/3, 1982, S. 154–179.

Döhl, Reinhard: Das Neue Hörspiel. Darmstadt: Wissenschaftliche Buchgemeinschaft 1988.

Döhl, Reinhard: Das Hörspiel zur NS-Zeit. Darmstadt: Wissenschaftliche Buchgemeinschaft 1992.

Eckstein, Wiebke: Sprechstile im Hörspiel. Ein geschichtlicher Überblick. Diplomarbeit Staatliche Hochschule für Musik und Darstellende Kunst Stuttgart 2008.

Eco, Umberto: Zeichen. Einführung in einen Begriff und seine Geschichte. Frankfurt a.M.: Suhrkamp 1977.

Eco, Umberto (1987a): Lector in fabula. Die Mitarbeit der Interpretation in erzählenden Texten. München: Hanser 1987.

Eco, Umberto (1987b): Semiotik. Entwurf einer Theorie der Zeichen. Übersetzt von Günter Memmert. München: Fink 1987.

Elstner, Alice: Der Einsatz der Stimme im Hörspiel. Theorie und Praxis. Saarbrücken: VDM 2010.

Enderwitz, Anne/Rajewsky, Irina O. (Hg.): Fiktion im Vergleich der Künste und Medien. Berlin/Boston: De Gruyter 2016.

Enkel, Fritz/Schütz, Heinz: Die Herstellung von Hörspielgeräuschen. In: Technische Hausmitteilungen des NWDR, 6, 1954, S. 40–41.

Enzensberger, Hans Magnus: Palaver. Politische Überlegungen (1967–1973). Frankfurt a.M.: Suhrkamp 1974.

Fährmann, Rudolf: Die Deutung des Sprechausdrucks. Studien zur Einführung in die Praxis der charakterologischen Stimm- und Sprechanalyse. 2. Aufl. Bonn: Bouvier 1967.

Faltin, Peter: Musikalische Syntax. Ein Beitrag zum Problem des musikalischen Sinngehaltes. In: Archiv für Musikwissenschaft, 34/1, 1977, S. 1–19.

Faltin, Peter: Bedeutung ästhetischer Zeichen. Musik und Sprache. Aachen: Rader 1985.

Faulstich, Werner: Radiotheorie. Eine Studie zum Hörspiel »The War of the Worlds« (1938) von Orson Welles. Tübingen: Narr 1981.

Faulstich, Werner (Hg.): Grundwissen Medien. 5., vollständig überarbeitete und erheblich erweiterte Auflage. München: Fink 2004.

Felix, Jürgen/Giesenfeld, Günter/Heller, Heinz-B./Hickethier, Knut/Koebner, Thomas/Prümm, Karl/Solms, Wilhelm/Vogt, Guntram (Hg.): Augen-Blick. Marburger Hefte zur Medienwissenschaft, 26, 1997: Radioästhetik – Hörspielästhetik.

Fey, Antje: Geschichte des Hörbuchs in Deutschland. Definition, Marktentwicklung und Marketingstrategien. In: Der Deutschunterricht. Beiträge zu seiner Praxis und wissenschaftlichen Grundlegung, 56/4, 2004, S. 7–16.

Fischer, Eugen Kurt: Das Hörspiel. Form und Funktion. Stuttgart: Kröner 1964.

Fischer-Lichte, Erika: Semiotik des Theaters. Eine Einführung. Bd. 1: Das System der theatralischen Zeichen. Tübingen: Narr 1983.

Flückiger, Barbara: Sound Design. Die virtuelle Klangwelt des Films. 5. Aufl. Marburg: Schüren 2012.

Frank, Armin Paul: Das Hörspiel. Vergleichende Beschreibung und Analyse einer neuen Kunstform durchgeführt an amerikanischen, deutschen, englischen und französischen Texten. Heidelberg: Winter 1963.

Frank, Armin Paul: Das englische und amerikanische Hörspiel. München: Fink 1981.

Franzmann, Andreas/Rychner, Marianne/Scheid, Claudia/Twardella, Johannes (Hg.): Objektive Hermeneutik. Handbuch zur Methodik in ihren Anwendungsfeldern. Opladen/Toronto: Budrich 2023.

Friedrich, Hans Jörg: Tontechnik für Mediengestalter: Töne hören – Technik verstehen – Medien gestalten. Berlin/Heidelberg: Springer 2008.

Genette, Gérard: Die Erzählung. 2. Aufl. München: Fink 1998.

Gittel, Benjamin: Fiktion und Genre. Theorie und Geschichte referenzialisierender Lektürepraktiken 1870–1910. Berlin/Boston: De Gruyter 2021.

Gräf, Dennis/Großmann, Stephanie/Klimczak, Peter/Krah, Hans/Wagner, Marietheres: Filmsemiotik. Eine Einführung in die Analyse audiovisueller Formate. Marburg: Schüren 2011.

Grampp, Sven: Medienwissenschaft. Konstanz/München: UVK 2016.

Großmann, Stephanie: Musik im Film. In: Zeitschrift für Semiotik, 30/3-4, 2008, S. 293–320.

Groth, Peter: Hörspiele und Hörspieltheorien sozialkritischer Schriftsteller in der Weimarer Republik. Studien zum Verhältnis von Rundfunk und Literatur. Berlin: Spiess 1980.

Grün, Rita von der: Das Hörspiel im »Dritten Reich«. Eine statistische Erhebung und Auswertung entsprechender Daten aus Programm-Zeitschriften ausgewählter Jahrgänge. Frankfurt a.M.: Fischer 1984.

Gutenberg, Norbert: Formen des Sprechens. Gegenstandskonstitution und Methodologie von Gesprächs- und Redetypologie in Sprach- und Sprechwissenschaft. Univ. Diss. Berlin 1980.

Gutenberg, Norbert (Hg.): Hören und Beurteilen. Gegenstand und Methode in Sprechwissenschaft, Sprecherziehung, Phonetik, Linguistik und Literaturwissenschaft. Frankfurt a.M. 1984

Haider-Pregler, Hilde: Unsichtbare verschaffen sich Gehör. Frauen schreiben fürs Radio. In: Hiltrud Gnüg, Renate Möhrmann (Hg.): Frauen Literatur Geschichte.

Schreibende Frauen vom Mittelalter bis zur Gegenwart. Stuttgart: Metzler 1999, S. 615–631.

Hand, Richard J./Traynor, Mary: The Radio Drama Handbook. Audio Drama in Context and Practice. New York/London: Continuum 2011.

Hannes, Rainer: Erzählen und Erzähler im Hörspiel. Ein linguistischer Beschreibungsansatz. Marburg: Hitzeroth 1990.

Hannken-Illjes, Kati/Franz, Katja/Gauß, Eva Maria/Könitz, Friederike/Marx, Silke (Hg.): Stimme, Medien, Sprechkunst. Baltmannsweiler: Schneider 2017.

Hänselmann, Matthias C. (2016a): Der Zeichentrickfilm. Eine Einführung in die Semiotik und Narratologie der Bildanimation. Marburg: Schüren 2016.

Hänselmann, Matthias C. (2016b): Phasen und Formen der Tonverwendung im Animationsfilm. In: Medienwissenschaft: Berichte und Papiere 164 (Musik im Animationsfilm: Arbeitsbibliographie. Zusammengestellt von Hans J. Wulff & Ludger Kaczmarek.), 2016, S. 1–5.

Hänselmann, Matthias C.: Das Gemachte als Bewusst-Gemachtes. Produktive und rezeptive Dimensionen von Materialität und Materialtransparenz im Film. In: Hans-Joachim Backe, Julia Eckel, Erwin Feyersinger, Véronique Sina und Jan-Noël Thon (Hg.): Ästhetik des Gemachten. Interdisziplinäre Beiträge zur Animations- und Comicforschung. Berlin, Boston: De Gruyter 2018, S. 27–52.

Hänselmann, Matthias C. (2022a): Das Mundarthörspiel. In: Nils Lehnert, Ina Schenker, Andreas Wicke (Hg.): Gehörte Geschichten. Phänomene des Auditiven. Berlin/Boston: De Gruyter 2022, S. 27–38.

Hänselmann, Matthias C. (2022b): Die Sprache des Alters. Zur altersspezifischen Semantisierung des Dialekts im Mundarthörspiel. In: Henriette Herwig, Mara Stuhlfauth-Trabert (Hg.): Alter(n) in der Populärkultur. Bielefeld 2022, S. 303–316.

Hänselmann, Matthias C. (2023): MateRealität als Verfahren. Zum Vergleich von Glitch-Strukturen in Literatur, Hörspiel und Malerei. In: Bildbruch. Beobachtungen an Metaphern, 5, 2023, S. 27–43.

Hase, Friedrich Traugott: Geschichte eines Genies. 2. Bd. Leipzig: Weygand 1780.

Heger, Roland: Das österreichische Hörspiel. Wien: Braumüller 1977.

Heilmann, Christa M. (Hg.): Frauensprechen -- Männersprechen. Geschlechtsspezifisches Sprechverhalten. München/Basel: Reinhardt 1995.

Heissenbüttel, Helmut: Horoskop des Hörspiels. In: Klaus Schöning (Hg.): Neues Hörspiel. Essays, Analysen, Gespräche. Frankfurt a.M.: Suhrkamp 1970, S. 18–36.

Heister, Hans Siebert von: Um ein Hörspiel. In: Der Deutsche Rundfunk, 7, 1927, S. 437.

Heister, Hans Siebert von: Zur Frage der Sendespiele. In: Der Deutsche Rundfunk, 2/32, 1924, S. 1779.

Herder, Johann Gottfried: Adrastea. 2. Bd. Leipzig: Hartknoch 1801.

Hiebler, Heinz: Medienorientierte Literaturinterpretation. Peter Rothins Hörspiel *Solaris* nach dem Roman von Stanisław Lem. In: Nils Lehnert, Ina Schenker, Andreas Wicke (Hg.): Gehörte Geschichten. Phänomene des Auditiven. Berlin/Boston: De Gruyter 2022, S. 171–182.

Hobl-Friedrich, Mechtild: Die dramaturgische Funktion der Musik im Hörspiel. Grundlagen – Analysen. Univ. Diss. Erlangen/Nürnberg 1991.

Hoppe, Henriette: Vorstellungen von Raum und Zeit entwickeln. Auditive Gestaltungen in Milena Baischs Kinderhörspiel Anton taucht ab. In: Nils Lehnert, Ina Schenker, Andreas Wicke (Hg.): Gehörte Geschichten. Phänomene des Auditiven. Berlin/Boston: De Gruyter 2022, S. 269–283.

Hörburger, Christian: Das Hörspiel der Weimarer Republik. Versuch einer kritischen Analyse. Stuttgart: Heinz 1975.

Houben, Eva-Maria: Die Aufhebung der Zeit. Zur Utopie unbegrenzter Gegenwart in der Musik des 20. Jahrhunderts. Stuttgart: Steiner 1992.

Huwiler, Elke (2005a): Erzähl-Ströme im Hörspiel. Zur Narratologie der elektroakustischen Kunst. Paderborn: mentis 2005.

Huwiler, Elke (2005b): Sound erzählt. Ansätze einer Narratologie der akustischen Kunst. In: Harro Segeberg, Frank Schätzlein (Hg.): Sound. Zur Technologie und Ästhetik des Akustischen in den Medien. Marburg: Schüren 2005, S. 285–305.

Jakobson, Roman: Poetik. Ausgewählte Aufsätze 1921–1971. Hg. v. Elmar Holenstein und Tarcisius Schelbert. Frankfurt a.M.: Suhrkamp 1979.

Janson, Dieter: Heinrich Böll. Klopfzeichen. Eine Unterrichtseinheit zur Hörspielerarbeitung in der 10. Gymnasialklasse. In: Lehrpraktische Analysen, 44, Stuttgart: Reclam 1976.

Jiránek, Jaroslav: Zur Semiotik der Operndramaturgie (1984). In: Vladimir Karbusicky (Hg.): Sinn und Bedeutung in der Musik. Texte zur Entwicklung des musiksemiotischen Denkens. Darmstadt: Wissenschaftliche Buchgesellschaft 1990, S. 207–214.

Jost, François: L'œil-caméra. Entre film et roman. 2., erweiterte Aufl. Lyon: Presses Universitaires 1989.

Kalinak, Kathryn: Film Music. A Very Short Introduction. New York: Oxford 2010.

Karbusicky, Vladimir (Hg.): Sinn und Bedeutung in der Musik. Texte zur Entwicklung des musiksemiotischen Denkens. Darmstadt: Wissenschaftliche Buchgesellschaft 1990.

Karst, Karl: Regionalsprache im Massenmedium. Mundart und Dialekthörspiel. In: Walter Först (Hg.): Rundfunk in der Region. Probleme und Möglichkeiten der Regionalität. Köln: Kohlhammer-Grote 1984, S. 251–324.

Katalin, Somló: Erzählen und Erzähler im Hörspiel. Das literarische Hörspiel aus der Sicht der Narratologie. In: Filológia.hu, 2012, 3/3, S. 121–138.

Keckeis, Hermann: Das deutsche Hörspiel 1923–1973. Ein systematischer Überblick mit kommentierter Bibliographie. Frankfurt a.M.: Athenäum 1973.

Kjørup, Søren: Semiotik. Aus dem Dänischen übersetzt von Elisabeth Bense. Paderborn: Fink/UTB 2009.

Kleinsteuber, Hans J. (Hg.): Radio. Eine Einführung. Unter Mitarbeit von Ralph Eichmann, Uwe Hasebrink, Corinna Lüthje, Norman Müller, Frank Schätzlein. Wiesbaden: VS/Springer 2012.

Klippert, Werner: Elemente des Hörspiels. Neu herausgegeben und mit einleitenden Texten (von Anette Kührmeyer und Peter Herbertz) sowie Hörbeispielen (von Peter Handke und dem Liquid Penguin Ensmble) versehen. Saarbrücken: PoCul 2012.

Kloock, Daniela/Spahr, Angela: Medientheorien. Eine Einführung. 4. aktualisierte Auflage. Paderborn: Fink 2012.

Klose, Werner: Das Hörspiel im Unterricht. 3. Aufl. Hamburg: Hans Bredow-Institut 1962.

Klose, Werner (1970a): Das Hörspiel. In: Lehrpraktische Analysen, 31, Stuttgart: Reclam 1970.

Klose, Werner (1970b): Kleines Abc des Hörspiels. In: Dietrich Fischer, Klaus Gerth, Irene Hoffmann, Werner Klose, Manfred Müller, Heinz-Günther Pflughaupt (Hg.): Spiele. Hörspiele. Hannover: Schroedel 1970, S. 166–174.

Knilli, Friedrich: Das Hörspiel. Mittel und Möglichkeiten eines totalen Schallspiels. Stuttgart: Kohlhammer 1961.

Kobayashi, Wakiko: Unterhaltung mit Anspruch. Das Hörspielprogramm des NWDR Hamburg und NDR in den 1950er Jahren. Berlin: LIT 2009.

Köhler, Stefan: Hörspiel und Hörbuch. Mediale Entwicklung von der Weimarer Republik bis zur Gegenwart. Marburg: Tectum 2005.

Kolb, Richard: Das Horoskop des Hörspiels. Berlin-Schöneberg: Hesse 1932.

Koller, Doris: Entmythisierung des Alltags. Das Hörspielwerk Elfriede Jelineks 1972–1992. Univ. Diss. Regensburg 2007.

Köster, Lothar: Von Saussure zum Konnektionismus. Struktur und Kontinuität in der Lexemsemantik und der Musiksemiotik. Wiesbaden: DVU 1995.

Kottkamp, Ingo: Stimmen im Neuen Hörspiel. Univ. Diss. Münster 2001.

Krah, Hans/Titzmann, Michael (Hg.): Medien und Kommunikation. Eine interdisziplinäre Einführung. 3., stark erweiterte Auflage. Passau: Stutz 2013.

Krah, Hans: Einführung in die Literaturwissenschaft, Textanalyse. Kiel: Ludwik 2006.

Krah, Hans (2013a): Kommunikation und Medien: Semiotische Grundlagen. In: Hans Krah, Michael Titzmann (Hg.): Medien und Kommunikation. Eine interdisziplinäre Einführung. 3., stark erweiterte Auflage. Passau: Stutz 2013, S. 13–33.

Krah, Hans (2013b): Semantik und Semantisierung. In: Hans Krah, Michael Titzmann (Hg.): Medien und Kommunikation. Eine interdisziplinäre Einführung. 3., stark erweiterte Auflage. Passau: Stutz 2013, S. 35–55.

Krech, Eva-Maria/Richter, Günther/Stock, Eberhard/Suttner, Jutta (Hg.): Sprechwirkung. Grundfragen, Methoden und Ergebnisse ihrer Erforschung. Berlin: Akademie 1991.

Krech, Eva-Maria: Wirkungen und Wirkungsbedingungen sprechkünstlerischer Äußerungen. In: Eva-Maria Krech, Günther Richter, Eberhard Stock, Jutta Suttner (Hg.): Sprechwirkung. Grundfragen, Methoden und Ergebnisse ihrer Erforschung. Berlin: Akademie 1991, S. 193–250.

Kreuzer, Anselm C.: Filmmusik in Theorie und Praxis. Konstanz: UVK 2009.

Krug, Hans-Jürgen: Kleine Geschichte des Hörspiels. 2., überarbeitete und erweiterte Aufl. Konstanz: UVK 2008.

Krug, Hans-Jürgen: Musik im Hörspiel. In: Holger Schramm (Hg.): Handbuch Musik und Medien. Interdisziplinärer Überblick über die Mediengeschichte der Musik. 2., überarbeitete und erweiterte Auflage. Wiesbaden: Springer 2019, S. 65–93.

Kruse, Jan: Qualitative Interviewforschung. Ein integrativer Ansatz. 2. Aufl. Weinheim/Basel: Beltz 2015.

Kuhlmann, Sandra: Geschlechterkonzepte in Krimihörspielserien für Kinder. In: Kjl & m, 60/3, 2008, S. 19–25.

Kuhn, Markus/Scheidgen, Irina/Weber, Nicola Valeska (Hg.): Filmwissenschaftliche Genreanalyse. Eine Einführung. Berlin/Boston: De Gruyter 2013.

Kuhn, Markus: Filmnarratologie. Ein erzähltheoretisches Analysemodell. Berlin/Boston: De Gruyter 2011.

Ladler, Karl: Hörspielforschung. Schnittpunkt zwischen Literatur, Medien und Ästhetik. Mit einem Geleitwort von Prof. Dr. Reinhold Viehoff. Wiesbaden: Springer 2001.

Lehman, Christopher: The Colored Cartoon. Black Representation in American Animated Short Films, 1907–1954. Massachusetts: University Press 2007.

Lehnert, Nils: Genderdiskurse im Hörspiel. Figur und Geschlecht am Beispiel von Elfriede Jelineks *Für den Funk dramatisierte Ballade von drei wichtigen Männern sowie dem Personenkreis um sie herum*. In: Nils Lehnert, Ina Schenker, Andreas Wicke (Hg.): Gehörte Geschichten. Phänomene des Auditiven. Berlin/Boston: De Gruyter 2022, S. 197–211.

Lehnert, Nils/Schenker, Ina/Wicke, Andreas (Hg.): Gehörte Geschichten. Phänomene des Auditiven. Berlin/Boston: De Gruyter 2022.

Lermen, Birgit H.: Das traditionelle und neue Hörspiel im Deutschunterricht. Strukturen, Beispiele und didaktisch-methodische Aspekte. 2., unv. Aufl. Paderborn: Schöningh 1983.

Lersch, Edgar: Rundfunkgeschichte. In: Südwestrundfunk (Hg.): Öffentlich-rechtlicher Rundfunk in Deutschland. Stuttgart 2006, S. 2–6.

Liebrand, Claudia: Narrating gender – narrating Genre. »Random Harvest« als Film und radio play. In: Sigrid Nieberle, Elisabeth Strowick (Hg.): Narration und

Geschlecht. Texte – Medien – Episteme. Köln, Weimar, Wien: Böhlau 2006, S. 205–224.

Linke, Angelika/Nussbaumer, Markus/Portmann, Paul R.: Studienbuch Linguistik. Ergänzt um ein Kapitel »Phonetik/Phonologie« von Urs Willi. 5., erweiterte Aufl. Tübingen: Niemeyer 2004.

Loebe, Horst (1970a): Wie ein Hörspiel entsteht. In: Dietrich Fischer, Klaus Gerth, Irene Hoffmann, Werner Klose, Manfred Müller, Heinz-Günther Pflughaupt (Hg.): Spiele. Hörspiele. Hannover: Schroedel 1970, S. 151–156.

Loebe, Horst (1970b): Hörspiel ist nicht Lesedrama. In: Dietrich Fischer, Klaus Gerth, Irene Hoffmann, Werner Klose, Manfred Müller, Heinz-Günther Pflughaupt (Hg.): Spiele. Hörspiele. Hannover: Schroedel 1970, S. 144–146.

Lotman, Jurij M. (1972a): Die Struktur literarischer Texte. Übersetzt von Rolf-Dietrich Keil. München: Fink 1972.

Lotman, Jurij M. (1972b): Vorlesungen zu einer strukturalen Poetik. Einführung, Theorie des Verses. Hg. und mit einem Nachwort versehen v. Karl Eimermacher. Übers. v. Waltraud Jachnow. München: Fink 1972.

Lotman, Jurij M.: Probleme der Kinoästhetik. Einführung in die Semiotik des Films. Aus dem Russischen v. Christiane Böhler-Auras. Frankfurt a.M.: Syndikat 1977.

Lotman, Jurij M./Uspenskij, Boris A./Ivanov, Vjačeslav V./Toporov, Vladimir N./ Pjatigorskij, Aleksandr M.: Thesen zur semiotischen Erforschung der Kultur (in Anwendung auf slavische Texte) (1973). In: Karl Eimermacher (Hg.): Semiotica Sovietica. Sowjetische Arbeiten der Moskauer und Tartuer Schule zu sekundären modellbildenden Zeichensystemen (1962–1973). Bd. 2. Aachen: Rader 1986, S. 85–118.

Macho, Thomas: Stimmen ohne Körper. Anmerkungen zur Technikgeschichte der Stimme. In: Doris Kolesch, Sybille Krämer (Hg.): Stimme. Annäherung an ein Phänomen. Frankfurt a.M.: Suhrkamp 2006, S. 130–146.

Maempel, Hans-Joachim/Weinzierl, Stefan/Kaminski, Peter: Audiobearbeitung. In: Stefan Weinzierl (Hg.): Handbuch der Audiotechnik. Berlin/Heidelberg 2008.

Maier, Frank: Das Hörspiel. Eine technische Kunstform? Univ. Diss. Würzburg 2015.

Martínez, Matías/Scheffel, Michael: Einführung in die Erzähltheorie. 10., überarbeitete und aktualisierte Aufl. München: Beck 2016.

Maurach, Martin: Das experimentelle Hörspiel. Eine gestalttheoretische Analyse. Wiesbaden: DUV 1995.

Maye, Harun/Reiber, Cornelius/Wegmann, Nikolaus (Hg.): Original/Ton. Zur Mediengeschichte des O-Tons. Mit Hörbeispielen auf CD. Konstanz: UVK 2007.

Metz, Christian: Essais sur la Signification au Cinéma. Paris: Klincksieck 1968.

Metz, Christian: Semiologie des Films. Übersetzt von Renate Koch. München: Fink 1972.

Meyer-Kalkus, Reinhard: Stimme und Sprechkünste im 20. Jahrhundert. Berlin: Akademie 2001.

Mohn, Matthias. Die Inszenierung von Furcht und Schrecken im Hörspiel: Eine interdisziplinäre Untersuchung der Grundlagen, Mittel und Techniken der Angsterregung in der elektroakustischen Kunst. Münster, New York, München, Berlin: Waxmann 2019.

Mon, Franz: bemerkungen zur stereophonie. In: Klaus Schöning (Hg.): Neues Hörspiel. Essays. Analysen. Gespräche. Frankfurt a.M.: Suhrkamp 1970, S. 126–128.

Motte-Haber, Helga de la/Emons, Hans: Filmmusik. Eine systematische Beschreibung. München, Wien: Hanser 1980.

Müller, Dieter K./Raff, Esther: Praxiswissen Radio. Wie Radio gemacht wird – und wie Radiowerbung anmacht. Wiesbaden: VS 2007.

Mulvey, Laura: Visuelle Lust und narratives Kino. In: Liliane Weissberg (Hg.): Weiblichkeit als Maskerade. Frankfurt a.M.: Fischer 1994, S. 48–65.

Münker, Stefan/Roesler, Alexander (Hg.): Was ist ein Medium? Frankfurt a.M.: Suhrkamp 2008.

Mütherig, Vera: Audiomediale Paratextualität. Rahmungsstrategien akustischer Literatur im Hörbuch. Berlin: Vorwerk 8 2020.

Naber, Hermann/Vormweg, Heinrich/Schlichting, Hans Burkhard (Hg.): Akustische Spielformen. Von der Hörspielmusik zur Radiokunst. Der Karl-Sczuka-Preis 1955–1999. Baden-Baden: Nomos 2000.

Needham, Gary: Hong Kong Cinema. Sound and Music in Hong Kong Cinema. In: Graeme Harper, Ruth Doughty, Jochen Eisentraut (Hg.): Sound and Music in Film and Visual Media. A Critical Overview. London: Bloomsbury 2009, S. 363–374.

Neuhaus, Stefan: Grundriss der Literaturwissenschaft. 3. überarb. u. erw. Auf. Stuttgart: Francke 2009.

Nietzsche, Friedrich: Also sprach Zarathustra. Ein Buch für Alle und Keinen. Vierter und letzter Theil. Leipzig: Naumann 1891.

Nöth, Winfried (Hg.): Semiotics of the Media. State of the Art, Projects, and Perspectives. Berlin/New York: De Gruyter 1997.

Novotný, Pavel: Akustische Literatur. Experimentelles Hörspiel im Zeitalter analoger Technik. Eine Untersuchung im deutsch-tschechischen Kontext. Dresden: Thelem 2020.

Nünning, Vera/Nünning, Ansgar (Hg.): Erzähltextanalyse und Gender Studies. Stuttgart/Weimar: Metzler 2004.

Odin, Roger: Mise en Phase, Déphasage et Performativité dans *Le Tempestaire* de Jean Epstein. In: Communications 38, 1983, S. 213–238.

Odin, Roger: De la fiction. Brüssel: De Boeck 2000.

Patka, Kiron: Radio-Topologi. Zur Raumästhetik des Hörfunks. Bielefeld: transcript 2018.

Peters, Günter: Stimmen im Dunkel. Momentaufnahmen zur Geschichte und Theorie des Hörspiels. In: Bernd Kiefer, Werner Nell (Hg.): Das Gedächtnis der Schrift. Perspektiven der Komparatistik. Wiesbaden: DUV 2005, S. 183–232.

Pfister, Manfred: Das Drama. Theorie und Analyse. 11. Aufl. München: Fink 2001.

Pinto, Vito: Stimmen auf der Spur. Zur technischen Realisierung der Stimme in Theater, Hörspiel und Film. Bielefeld: transcript 2012.

Plensat, Barbara: Zu einigen Problemen der Regie im Hörspiel (2008). In: Internationale Mundartarchiv »Ludwig Soumagne« (Hg.): Zonser Hörspieltage. Eine Dokumentation. Zons: Selbstverlag 2010, S. 155–172.

Pörtner, Paul: Schallspielstudien. In: Klaus Schöning (Hg.): Neues Hörspiel. Essays. Analysen. Gespräche. Frankfurt a.M.: Suhrkamp 1970, S. 58–70.

Posner, Roland/Robering, Klaus/Sebeok, Thomas A. (Hg.): Semiotik. Ein Handbuch zu den zeichentheoretischen Grundlagen von Natur und Kultur. 4 Bde. Berlin/New York: De Gruyter 1997, 1998, 2003, 2004.

Propp, Vladimir: Morphologie des Märchens. Hg. von Karl Eimermacher. München: Hanser 1972.

Rajewsky, Irina O.: Intermedialität. Tübingen, Basel: Francke 2002.

Rein, Wolfgang (2007a): Aufnahmen in Stereo. In: Udo Zindel, Wolfgang Rein (Hg.): Das Radio-Feature. Inklusive CD mit Hörbeispielen. 2., überarbeitete Auflage. Konstanz: UVK 2007, S. 283–290.

Rein, Wolfgang (2007b): Die Klangqualität. In: Udo Zindel, Wolfgang Rein (Hg.): Das Radio-Feature. Inklusive CD mit Hörbeispielen. 2., überarbeitete Auflage. Konstanz: UVK 2007, S. 291–305.

Reinecke, Christoph: Montage und Collage in der Tonbandmusik bei besonderer Berücksichtigung des Hörspiels. Eine typologische Betrachtung. Univ. Diss. Hamburg: 1986.

Renner, Karl Nikolaus: Grenze und Ereignis. Weiterführende Überlegungen zum Ereigniskonzept von J. M. Lotman. In: Gustav Frank, Wolfgang Lukas (Hg.): Norm. Grenze. Abweichung. Kultursemiotische Studien zu Literatur, Medien und Wirtschaft. Michael Titzmann zum 60. Geburtstag. Passau 2004, S. 357–381.

Rinke, Günter: Das Pophörspiel. Definition – Funktion – Typologie. Bielefeld: transcript 2018.

Rosenbaum, Uwe (Hg.): Das Hörspiel. Eine Bibliographie. Texte, Tondokumente, Literatur. Hamburg: Hans-Bredow-Institut 1974.

Rühr, Sandra; Häusermann, Jürg; Janz-Peschke, Korinna: Das Hörbuch. Medium – Geschichte – Formen. Konstanz: UVK 2010.

Rutka, Anna: Hegemonie, Binarität, Subversion. Geschlechter-Positionen im Hörspiel ausgewählter deutscher und deutschsprachiger Autorinnen nach 1968. Lublin: Wydawnictow 2008.

Saran, Franz: Deutsche Verslehre. München: Beck 1907.

Schafer, Richard M.: Klang und Krach. Eine Kulturgeschichte des Hörens. Aus dem Amerikanischen von Kurt Simon und Eberhard Rathgeb. Frankfurt a.M.: Athenäum 1988.

Schanze, Helmut (Hg.): Metzler Lexikon Medientheorie Medienwissenschaft. Ansätze – Personen – Grundbegriffe. Unter Mitarbeit von Susanne Pütz. Stuttgart/Weimar: Metzler 2002.

Scharang, Michael: Anmerkungen zum Originalton-Hörspiel. In: Ders. (Hg.): Einer muß immer parieren. Dokumentationen von Arbeitern über Arbeiter. Mit einem Beitrag von Klaus Schöning. Darmstadt: Luchterhand 1973, S. 89–91.

Scheinpflug, Peter: Genre-Theorie. Eine Einführung. Berlin: Lit 2014.

Schenker, Ina: Bibi Blocksberg: Hexen und Macht. Eine Analyse der Erzählformen aus Gender- und postkolonialer Perspektive. In: Ute Dettmar, Ingrid Tomkowiak (Hg.): Spielarten der Populärkultur. Bern: Lang 2019, S. 285–304.

Schenker, Ina (2022a): Auditives Erzählen. Dem Leben lauschen: Hörspielserien aus transnationaler und transmedialer Perspektive. Bielefeld: transcript 2022.

Schenker, Ina (2022b): Voicing. Vom Stimmen und den Stimmungen einer performativen Zeichensetzung. In: Nils Lehnert, Ina Schenker, Andreas Wicke (Hg.): Gehörte Geschichten. Phänomene des Auditiven. Berlin/Boston: De Gruyter 2022, S. 131–142.

Schlichting, Hans Burkhard: Hörspiel. Zur Hermeneutik akustischer Spielformen. In: Helmut Brackert, Jörn Stückrath (Hg.): Literaturwissenschaft. Ein Grundkurs. Reinbek: Rowohlt 1994, S. 225–237.

Schlickers, Sabine: Focalisation, Ocularisation and Auricularisation in Film and Literature. In: Peter Hühn, Wolf Schmid, Jörg Schönert (Hg.): Point of View, Perspective, and Focalization. Modeling Mediation in Narrative. Berlin/Boston: De Gruyter 2009, S. 243–258.

Schmedes, Götz: Medientext Hörspiel. Ansätze einer Hörspielsemiotik am Beispiel der Radioarbeiten von Alfred Behrens. Münster, New York, München, Berlin: Waxmann 2002.

Schmid, Wolf: Elemente der Narratologie. Berlin: De Gruyter 2005.

Schmidt, Wolf Gerhard (Hg.): Faszinosum »Klang. Anthropologie – Medialität – kulturelle Praxis. Berlin/München/Boston: De Gruyter 2014.

Schnickmann, Tilla: Vom Sprach- zum Sprechkunstwerk. Die Stimme im Hörbuch: Literaturverlust oder Sinnlichkeitsgewinn? In: Ursula Rautenberg (Hg.): Das Hörbuch – Stimme und Inszenierung. Wiesbaden: Harrassowitz 2007, S. 21–53.

Schöning, Klaus (Hg.): Neues Hörspiel. Essays. Analysen. Gespräche. Frankfurt a.M.: Suhrkamp 1970.

Schöning, Klaus (Hg.): Originalton-Hörspiel und anderes. In: Michael Scharang (Hg.): Einer muß immer parieren. Dokumentationen von Arbeitern über Arbeiter. Mit einem Beitrag von Klaus Schöning. Darmstadt: Luchterhand 1973, S. 81–87.

Schöning, Klaus (Hg.): (1974a): Der Konsument als Produzent? In: Ders. (Hg.): Neues Hörspiel O-Ton. Der Konsument als Produzent. Versuche. Arbeitsberichte. Frankfurt a.M.: Suhrkamp 1974, S. 7–38.

Schöning, Klaus (Hg.): (1974b): Neues Hörspiel O-Ton. Der Konsument als Produzent. Versuche. Arbeitsberichte. Frankfurt a.M.: Suhrkamp 1974.

Schöning, Klaus (Hg.): Spuren des neuen Hörspiels. Frankfurt a.M.: Suhrkamp 1982.

Schubert, Antje/Sendlmeier, Walter: Was kennzeichnet gute Nachrichtensprecher im Hörfunk? Eine perzeptive und akustische Analyse von Stimme und Sprechweise. In: Walter Sendelmeier (Hg.): Sprechwirkung. Sprechstile in Funk und Fernsehen. Berlin: Logos 2005, S. 13–69.

Schwethelm, Matthias: Bücher zum Hören. Intermediale Aspekte von Audioliteratur. Erlangen/Nürnberg: Universitätsdruck 2010.

Schwitzke, Heinz: Das Hörspiel. Dramaturgie und Geschichte. Köln/Berlin: Kiepenheuer & Witsch 1963.

Sebeok, Thomas A.: Signs. An Introduction to Semiotics. 2. Aufl. Toronto/Buffalo/London: University of Toronto 2001.

Selting, Margret: Sprechstile als Kontextualisierungshinweise. In: Gerhard Stickel (Hg.): Stilfragen. Berlin/New York: De Gruyter 1995, S. 225–256.

Sendlmeier, Walter (Hg.): Sprechwirkung – Sprechstile in Funk und Fernsehen. Berlin: Logos 2005.

Soppe, August: Der Streit um das Hörspiel 1924/25. Entstehungsbedingungen eines Genres. Berlin: Spiess 1978.

Souksengphet-Dachlauer, Anna: Text als Klangmaterial. Heiner Müllers Texte in Heiner Goebbels' Hörstücken. Bielefeld: transcript 2010.

Stahl, Heiner: Geräuschkulissen. Soziale Akustik und Hörwissen in Erfurt, Birmingham und Essen (1880–1960). Köln: Böhlau 2022.

Steckel, Ronald: Mindscape/Mentale Landschaft. Ein akustisches Kontinuum. In: Andreas Stuhlmann (Hg.): Radio-Kultur und Hör-Kunst. Zwischen Avantgarde und Popularkultur 1923–2001. Würzburg: Königshausen & Neumann 2001, S. 285–297.

Steinke, Gerhard: Produktions- und Speichertechnologien im Hörfunk. In: Joachim-Felix Leonhard, Hans-Werner Ludwig, Dietrich Schwarze, Erich Straßner (Hg.): Medienwissenschaft. Ein Handbuch zur Entwicklung der Medien und Kommunikationsformen. 3. Bd. Berlin/New York: De Gruyter 2002, S. 1891–1908.

Stephan, Inge: Eisige Helden. Kälte, Emotionen und Geschlecht in Literatur und Kunst vom 19. Jahrhundert bis in die Gegenwart. Bielefeld: transcript 2019.

Stuhlmann, Andreas (Hg.): Radio-Kultur und Hör-Kunst. Zwischen Avantgarde und Popularkultur 1923–2001. Würzburg: Königshausen & Neumann 2001.

Stumpf, Carl: Tonpsychologie. Leipzig: Hirzel 1883.

Tarasti, Eero (Hg.): Musical Signification. Essays in the Semiotic Theory and Analysis of Music. Berlin/New York: De Gruyter 1995.

Timper, Christiane: Hörspielmusik in der deutschen Rundfunkgeschichte. Originalkompositionen im deutschen Hörspiel 1923–1986. Berlin: Spiess 1990.

Titzmann, Michael: Strukturale Textanalyse. Theorie und Praxis der Interpretation. München: Fink 1977.

Titzmann, Michael: Kulturelles Wissen, Diskurs, Denksystem. Zu einigen Grundbegriffen der Literaturgeschichtsschreibung. In: Zeitschrift für französische Sprache und Literatur, 99, 1989, S. 47–61.

Titzmann, Michael: Kulturelles Wissen – Diskurs – Denksystem. In: Abhandlungen. Zeitschrift für französische Sprache und Literatur, 99, 1999, S. 47–61.

Titzmann, Michael: Semiotische Aspekte der Literaturwissenschaft. Literatursemiotik. In: Roland Posner, Klaus Robering, Thomas A. Sebeok (Hg.): Semiotik. Ein Handbuch zu den zeichentheoretischen Grundlagen von Natur und Kultur. Bd. 3. Berlin/New York: De Gruyter 2003, S. 3028–3103.

Titzmann, Michael: Propositionale Analyse – kulturelles Wissen – Interpretation. In: Hans Krah, Michael Titzmann (Hg.): Medien und Kommunikation. Eine interdisziplinäre Einführung. Dritte, stark erweiterte Auflage. Passau: Stutz 2013.

Todorov, Tzvetan: Les Catégories du Récit Littéraire. In: Communications, 8, 1966, S. 125–151.

Türschmann, Jörg: Film – Musik – Filmbeschreibung. Zur Grundlegung einer Filmsemiotik in der Wahrnehmung von Geräusch und Musik. Münster: MAkS 1994.

Tynjanov, Jurij (1971a): Das literarische Faktum. In: Jurij Striedter (Hg.): Russischer Formalismus. Texte zur allgemeinen Literaturtheorie und zur Theorie der Prosa. München: Fink 1971, S. 393–431.

Tynjanov, Jurij (1971b): Über die literarische Evolution. In: Jurij Striedter (Hg.): Russischer Formalismus. Texte zur allgemeinen Literaturtheorie und zur Theorie der Prosa. München: Fink 1971, S. 433–461.

Vielhauer, Annette: Welt aus Stimmen. Analyse und Typologie des Hörspieldialogs. Neuried: Ars Una 1999.

Volkmer, Peter: Charakteristika der Radiokommunikation. Eine medienlinguistische Analyse. Marburg: Tectum 2000.

Volli, Ugo: Semiotik. Eine Einführung in ihre Grundbegriffe. Tübingen/Basel: Francke 2002.

von der Grün, Rita: Das Hörspiel im »Dritten Reich«. Eine statistische Erhebung und Auswertung entsprechender Daten aus Programm-Zeitschriften ausgewählter Jahrgänge. Frankfurt: Fischer 1984.

von der Osten, Esther: Im Hör-Spielraum. Transkription als Zwischen-Genre, am Beispiel eines Vortrags von Jean-Luc Nancy. Nils Lehnert, Ina Schenker, Andreas Wicke (Hg.): Gehörte Geschichten. Phänomene des Auditiven. Berlin/Boston: De Gruyter 2022, S. 77–89.

Vormweg, Heinrich: Was ist Original am O-Ton? Ein fiktiver Dialog. In: Akzente, 22, 1975, S. 173–187.

Vowinckel, Antje: Collagen im Hörspiel. Die Entwicklung einer radiophonen Kunst. Würzburg: Königshausen & Neumann 1995.

Wagener, Peter: Verwendung und Funktion der gesprochenen Sprache in den elektronischen Medien – dargestellt am Beispiel eines niederdeutschen Hörspiels. In: Quickborn 1979, 69, S. 162–173.

Wagner, Richard: Oper und Drama. Bd. 1: Die Oper und das Wesen der Musik. Leipzig: Weber 1852.

Walther, Elisabeth: Allgemeine Zeichenlehre. Einführung in die Grundlagen der Semiotik. 2., neu bearbeitete und erweiterte Aufl. Stuttgart: DVA 1979.

Weber, Wibke: Strukturtypen des Hörspiels – erläutert am Kinderhörspiel des öffentlich-rechtlichen Rundfunks seit 1970. Frankfurt a.M.: Lang 1997.

Wegmann, Ludwig: Zur Frage eines dramatischen Hörspiels. Univ. Diss. Münster 1935.

Weich, Stefan: Science-Fiction-Hörspiel im Wandel der Zeit. Von der Nachkriegszeit bis ins neue Jahrtausend. 1947–2006. München: TMV 2010.

Westdeutscher Rundfunk Köln (Hg.): Das Hörspiel. Ein Literaturverzeichnis. Köln: WDR 1976–83.

Wicke, Andreas: Erzählinstanzen. Narrative Vielfalt im Hörspiel der 1950er Jahre. In: Nils Lehnert, Ina Schenker, Andreas Wicke (Hg.): Gehörte Geschichten. Phänomene des Auditiven. Berlin/Boston: De Gruyter 2022, S. 155–168.

Wildgen, Wolfgang: Musiksemiotik. Musikalische Zeichen, Kognition und Sprache. Würzburg: Königshausen & Neumann 2018.

Wilkens, Henning: Zusatz-Dienst: ARI, Radiodatensystem etc. In: Joachim-Felix Leonhard, Hans-Werner Ludwig, Dietrich Schwarze, Erich Straßner (Hg.): Medienwissenschaft. Ein Handbuch zur Entwicklung der Medien und Kommunikationsformen. 3. Bd. Berlin/New York: De Gruyter 2002, S. 1908–1914.

Winkler, Peter: Notationen des Sprechausdrucks. In: Zeitschrift für Semiotik 1979, 1, S. 211–224.

Witte, Julius: Probleme des Hörspiels. In: Funk. Die Wochenschrift des Funkwesens, 1925, 2/36, S. 447.

Witting-Nöthen, Petra: Die Einführung der Stereofonie im Rundfunk. In: Geschichte im Westen, 15, 2000, S. 185–195.

Wodianka, Bettina: Radio als Hör-Spiel-Raum. Medienreflexion – Störung – Künstlerische Intervention. Bielefeld: transcript 2018.

Würffel, Stefan Bodo: Das deutsche Hörspiel. Stuttgart: Metzler 1978.

Zimmer, Renate: Handbuch der Sinneswahrnehmung. Freiburg: Herder 2011.

Zimmermann, Bernhard: Literaturwissenschaftliche Methoden der Medienanalyse. In: Joachim-Felix Leonhard, Hans-Werner Ludwig, Dietrich Schwarze, Erich

Straßner (Hg.): Medienwissenschaft. Ein Handbuch zur Entwicklung der Medien und Kommunikationsformen. Berlin/New York: De Gruyter 1999, S. 231–244.
Zindel, Udo/Rein, Wolfgang (Hg.): Das Radio-Feature. Inklusive CD mit Hörbeispielen. 2., überarbeitete Auflage. Konstanz: UVK 2007.

11.2 Medienverzeichnis

Hörspiele

3 TAGE NORDSTADT (WDR 2012; A: Philip Stegers, Benjamin Quabeck, R: Benjamin Quabeck)
ANTILOPENVERLOBUNG (BR 2013; A: Dietmar Dath, Mareike Maage, R: Leonhard Koppelmann)
BIBI BLOCKSBERG – DIE VERHEXTE HITPARADE (Kiosk 1985; A: Elfie Donnelly, R: Ulli Herzog)
BILLIE, DER REGENBOGENTIGER (2023 tonies GmbH; A: Andreas Völlinger, R: Oliver Versch)
BLAUBART VOR DER KRUMMEN LANKE (WDR 1973; A/R: Gerhard Rühm)
BRUDERLIEBE (WDR 2013; A: Annette Berger/Yves Ravey, R: Walter Adler)
DAMALS VOR GRAZ (WDR 1970; A: Gert F. Jonke, R: Heinz Hostnig)
DAS GRAS WIES WÄCHST (SR/BR/WDR 1969; A/R: Franz Mon)
DER BLAUE VOGEL (BR 1961; A: Christoph Buggert, R: Hermann Wenninger)
DER FLUG DER LINDBERGHS (Berliner Rundfunk 1929; A: Bertolt Brecht, R: Hermann Scherchen)
DER GEWISSENLOSE MÖRDER HASSE KARLSSON ENTHÜLLT DIE ENTSETZLICHE WAHRHEIT, WIE DIE FRAU ÜBER DER EISENBAHNBRÜCKE ZU TODE GEKOMMEN IST (NDR 2002; A: Henning Mankell, R: Claudia Johanna Leist)
DER OZEANFLUG. EIN RADIOLEHRSTÜCK MIT DER MUSIK VON KURT WEILL (SDR 1966; A: Bertolt Brecht, R: Peter Schulze-Rohr)
DIE APOKALYPTISCHE GLÜHBIRNE (BR 2017; A: Frank Witzel, R: Leonhard Koppelmann)
DIE BAYERISCHE PRINZESSIN – EINE CANTASTORIA (BR 2017; A/R: Dominic Robertson)
DIE FALLE ODER DIE STUDENTEN SIND NICHT AN ALLEM SCHULD (SDR, SR, WDR 1968; A: Peter O. Chotjewitz, R: Richard Hey)
DIE FEUERBRINGER. EINE SCHLAGER OPERETTA (WDR, BR 2018; A: Tomer Gardi, R: Susanne Krings)
DIE GEHEIMEN PROTOKOLLE DES SCHLOMO FREUD (WDR 2016; A: Robert Weber, R: Thomas Leutzbach)

Die Letzten vom Schwarzen Mann (NWDR 1954; A: Alfred Andersch, R: Fritz Schröder-Jahn)
Die Sicherheit einer geschlossenen Fahrgastzelle (MDR 2009; A: Thilo Reffert, R: Stefan Kanis)
Die Toten haben zu tun (Dlf 2019; A: Mudar Alhaggi, Wael Kadour, R: Erik Altorfer)
Die Umkehrung Amerikas (WDR/KRO 1976; A: Mauricio Kagel, R: Burkhard Ax)
Ein Aufnahmezustand (WDR 1969; A/R: Mauricio Kagel)
Fa:m' Ahniesgwow (DuMont-Schauberg 1959/60; A/R: Hans G Helms)
Feivel, der Mauswanderer (Karussell 1986; A: Marianne Groß, R: Lutz Riedel)
Festgefahren (Studierendenhörspiel 2023; A/R: Dorothea Kappel, Georg August Kink, Fiona Wiedemann)
Fünf Flure, eine Stunde (HR/SWR/DLF Kultur 2020; A/R: Luise Voigt)
Fünf Mann Menschen (SWF 1968; A: Ernst Jandl, Friederike Mayröcker, R: Peter Michel Ladiges)
Grauen (SRF 2020-; A/R: diverse)
Heroin (WDR 2016; A: Sebastian Büttner, Oliver Hohengarten, R: Leonhard Koppelmann)
Inschallah, Marlov – Ein Detektiv in Gefangenschaft (WDR 2015; A: David Zane Mairowitz, R: Jörg Schlüter)
Jerusalem. Desafinado (RBB 2013; A: Guido Gin Koster, R: Juliane Schmidt)
Keine Sekunde Schanze (WDR 2015; A/R: Benjamin Quabeck)
Krieger im Gelee (DLR 2016; A: Claudius Lünstedt, R: Cordula Dickmeiß)
Largoschmerzen. Ein sozialmedizinisches Desaster (BR 2014; A: Dietmar Dath, R: Leonhard Koppelmann)
LiebesFett (ORF 2013; A: Lena Kazian, R: Alice Elstner)
Mein Bruder (BR 2016; A: Peter Zemla, R: Stefanie Ramb)
Michel aus Lönneberga – Michel muss mehr Männchen machen (Phonogram 1976; A: Astrid Lindgren, R: Kurt Vethake)
Mittagsstunde (RB 2019; A: Dörte Hansen/Wolfgang Seesko, R: Wolfgang Seesko)
Moabit (SWR 2018; A: Volker Kutscher, R: Thomas Leutzbach)
Moin Vaddr läbt (HR 1980; A: Walter Kempowski, R: Horst H. Vollmer)
Mord im Pfarrhaus (BR 1970; A: Agatha Christie, R: Otto Kurth)
nachrichtentstellt (SWR 2016; A/R: Marc Matter)
Paul – oder die Zerstörung eines Hörbeispiels (WDR/BR/HR/SR 1969; A: Wolfgang Wondratschek, R: Heinz Hostnig)
Pinball (BR 2016; A: Kai Bleifuß, R: Stefanie Ramb)
Preislied (BR/NDR 1971; A/R: Paul Wühr)
Pumuckl und das grüne Gemälde (Karussell 1999; A: Ellis Kaut, R: Alexander Malachovsky)
Radioville Metropolis London (WDR 1987; A/R: Barry Bermange)

Ritter Rost und der goldene Käfer (Sony Music Entertainment 2009; A: Jörg Hilbert, R: Felix Janosa)

Ritter Rost – Der doppelte Koks (Sony Music Entertainment 2009; A: Jörg Hilbert, R: Felix Janosa)

Rosie. Ein Radio-Spektakel zum Mitmachen (RB, SWF 1969; A/R: Richard Hey)

S' Geburtsverhör (SRF 2018; A: Linda Stabler, Regie: Päivi Stalder)

Schwere See (DLF Kultur 2017; A: Christoph Güsken, R: Klaus-Michael Klingsporn)

Sendung (SR/NDR/SDR 1969; A: Konrad Wünsche, R: Raoul Wolfgang Schnell)

Soundseeing Metropolis München (WDR 1986; A/R: Paul Wühr)

The War of the Worlds (CBS 1938; A: H. G. Wells/Howard Koch, R: Orson Welles)

Träume (NDR 2007; A: Günter Eich, R: Norbert Schaeffer, Alexander Schuhmacher, Simona Ryser, Beate Andres, Sven Stricker, Bernadette Sonnenbichler)

Träume (NWDR 1951; A: Günter Eich, R: Fritz Schröder-Jahn)

Üm de Eck (RB/NDR 2021; A: Hugo Rendler, R: Wolfgang Seesko)

Ursonate (RRG 1932; A: Kurt Schwitters)

Verkommenes Ufer. Medeamaterial. Landschaft mit Argonauten (BR 1984; A: Heiner Müller, R: Paul Schalich)

Vom Schneemann, der einen Spatz unter dem Hut hatte (VEB 1981; A: Ingeborg Feustel, R: Albrecht Surkau)

Vrloreni Laawa (SWF 2021; A: Pierre Kretz, R: Mark Ginzler)

Was sollen wir überhaupt senden? Eine Radiocollage (SDR/SFB 1970; A: Helmut Heißenbüttel, R: Otto Düben)

Weekend (BRF 1930; A/R: Walter Ruttmann)

Wolokolamsker Chaussee. 3. Teil: Das Duell. Nach einem Motiv von Anna Seghers (SWF/BR/HR 1989; A: Heiner Müller, R: Heiner Goebbels)

Worte des Meeres in den Wind geschrieben (HR/DLF 1994; A: Harald Brandt, R: Burkhard Schmid)

Zeit seines Lebens (Dlf 2018; A/R: Jan Neumann)

Zeitlochbohrversuche (BR 2011; A/R: Jan Peters, Marie-Catherine Theiler)

Filme

Die fabelhafte Welt der Amélie (Le fabuleux destin d'Amélie Poulain; R: Jean-Pierre Jeunet, 2001, F/D)

Sachregister